本书的出版得到了马克思主义理论与中国实践湖北省协同创新中心的资助

新时代的马克思主义哲学中国化

汪信砚　周可　刘秉毅◎著

人民出版社

编　委　会

出 版 说 明

　　新时代 10 年，中国共产党团结带领中国人民，全面贯彻习近平新时代中国特色社会主义思想，全面贯彻党的基本路线和治国方略，采取系列战略举措，以伟大自我革命引领伟大社会革命，党和国家事业取得全方位的开创性成就、发生深层次的根本性变革。新时代 10 年中国经济社会高质量发展、国家治理体系和治理能力现代化的伟大实践，是中国共产党百年奋斗历程格外璀璨绚丽的篇章，在党史、新中国史、改革开放史、社会主义发展史、中华民族发展史上具有里程碑意义。系统总结新时代 10 年中国共产党治党治国理论创新、实践创新、制度创新的重大成就和新鲜经验，有利于全党全社会深刻领悟"两个确立"的决定性意义，不断增强"四个意识"，持续坚定"四个自信"，切实做到"两个维护"，汇聚起推进中国特色社会主义伟大事业的磅礴力量。

　　马克思主义理论与中国实践湖北省协同创新中心、武汉大学马克思主义学院组织出版"新时代马克思主义与中国实践研究"系列丛书，主要目的就在于深入研究新时代马克思主义中国化时代化的理论创新成果，尤其是经济建设、政治建设、文化建设、社会建设、生态文明建设、党的建设等领域的原创性思想和变革性实践，努力深化对"新时代坚持和发展什么样的中国特色社会主义、怎样坚持和发展中国特色社会主义，建设什么样的社会主义现代化强国、怎样建设社会主义现代化强国，建设什么样的长期执政的马克思主义政党、怎样建设长期执政的马克思主义政党"等重大时代课题的理论认识，积极探索"中国奇迹"背后的道理学理哲理，助力于马克思主义的中国化时代化。

目 录

第一编 新时代辩证唯物论的新发展

第二编　新时代马克思主义哲学方法论的建构

第三编 新时代唯物史观的理论创造

导　论
新时代马克思主义哲学中国化的三个重要向度

习近平新时代中国特色社会主义思想，是把马克思主义同当代中国实际和时代特征相结合的光辉典范，是新时代马克思主义中国化的重大标志性成果，为发展当代中国马克思主义、21世纪马克思主义作出了突出理论贡献，为实现中华民族的伟大复兴提供了理论指南。如同整个马克思主义一样，习近平新时代中国特色社会主义思想也是一个包含着哲学、经济学、科学社会主义诸方面的丰富内容的科学理论体系，而其哲学方面的内容就是习近平新时代中国特色社会主义思想的世界观和方法论。作为习近平新时代中国特色社会主义思想的哲学基础，习近平新时代中国特色社会主义思想的世界观和方法论是新时代马克思主义哲学中国化即把马克思主义哲学同新时代中国具体实际相结合的重大理论成果，它是对马克思主义哲学的创造性运用和创新性发展，是对中国传统哲学智慧的创造性转化和创新性发展，也是对新时代中国特色社会主义道路的哲学探索和哲学表达。

一、对马克思主义哲学的创造性运用和创新性发展

作为把马克思主义哲学同新时代中国具体实际相结合的产物，习近平

新时代中国特色社会主义思想的世界观和方法论首先是对马克思主义哲学的创造性运用和创新性发展。它在深刻理解马克思主义哲学的根本特点、思想伟力、时代价值的基础上，创造性地运用马克思主义哲学的立场观点方法研究新时代的中国问题，总结中国经验，不仅实现了马克思主义哲学在新时代中国的具体化，而且从多方面推进了马克思主义哲学的创新性发展，为新时代中国特色社会主义的建设和发展提供了根本的理论遵循。

（一）对运用和发展马克思主义哲学的高度理论自觉

习近平新时代中国特色社会主义思想的世界观和方法论对马克思主义哲学的创造性运用和创新性发展，表现出一种运用和发展马克思主义哲学的高度理论自觉，其对马克思主义哲学的创造性运用和创新性发展就是这种自觉意识的具体实践，而这种高度理论自觉又是建立在对马克思主义哲学的根本特点、思想伟力、时代价值的深刻理解和把握基础上的。

习近平在许多不同的场合都深刻阐述了包括马克思主义哲学在内的整个马克思主义的根本特点、思想伟力和时代价值。他指出，马克思主义深刻揭示了事物的本质和内在联系，阐明了自然、社会、思维发展的普遍规律，为人类社会发展指明了前进方向；同时，马克思主义坚持人民立场、维护人民利益，力求实现人的自由全面发展和全人类解放，深刻反映了人类对理想社会的美好憧憬，因此，尽管马克思主义创立于一个半多世纪以前，但作为一种科学的理论，它至今依然有着强大的生命力，是人们认识事物、观察世界和分析问题的强大思想武器，是"伟大的认识工具"。"在人类思想史上，还没有一种理论像马克思主义那样对人类文明进步产生了如此广泛而巨大的影响。"①"实践也证明，无论时代如何变迁、科学如何

---

① 习近平：《论党的宣传思想工作》，中央文献出版社 2020 年版，第 219—220 页。

进步，马克思主义依然显示出科学思想的伟力，依然占据着真理和道义的制高点。"① 显然，习近平的这些论述主要是就马克思主义哲学而言的。同时，他还多次直接就马克思主义哲学作了类似的论述。他说："马克思主义哲学尽管诞生在一个半世纪之前，但由于它深刻揭示了客观世界特别是人类社会发展一般规律，被历史和实践证明是科学的理论，在当今时代依然有着强大生命力，依然是指导我们共产党人前进的强大思想武器。"② 他还特别地强调，马克思主义哲学即辩证唯物主义和历史唯物主义，集中地体现了马克思主义的立场观点方法，是整个马克思主义学说的理论基础，而"马克思主义理论的科学性和革命性源于辩证唯物主义和历史唯物主义的科学世界观和方法论，为我们认识世界、改造世界提供了强大思想武器"③。

　　既然马克思主义哲学是科学的世界观和方法论，是"伟大的认识工具"，为我们提供了认识世界和改造世界的强大思想武器，那么，要正确地观察世界和分析问题，要做好各项工作，就必须认真学习马克思主义哲学，就必须掌握马克思主义哲学的立场观点方法。习近平特别阐述了学习和掌握马克思主义哲学对于新时代党的思想建设的重要意义。他形象地把理想信念比作思想的"压舱石"，把世界观、人生观、价值观比作精神世界的"总开关"。他指出，中国共产党人的理想信念包括马克思主义真理信仰、共产主义远大理想和中国特色社会主义共同理想，是建立在对马克思主义学说的深刻把握和对历史规律的深刻把握基础之上的④，而辩证唯物主义就是中国共产党人的世界观和方法论；新时代党内政治生活出现这

① 习近平：《论党的宣传思想工作》，中央文献出版社 2020 年版，第 221 页。

② 习近平：《论党的宣传思想工作》，中央文献出版社 2020 年版，第 30 页。

③ 习近平：《论党的宣传思想工作》，中央文献出版社 2020 年版，第 307—308 页。

④ 参见中共中央党史和文献研究院编：《十八大以来重要文献选编》（下），中央文献出版社 2018 年版，第 347—348 页。

样那样的问题，根子乃在于一些党员、干部理想信念这个"压舱石"发生了动摇，世界观、人生观、价值观这个"总开关"出现了松动。他还引用陈云的一段话来说明学习马克思主义哲学对于掌握正确的思想方法的重要性："学习理论，最要紧的，是把思想方法搞对头。因此，首先要学哲学，学习正确观察问题的思想方法。如果对辩证唯物主义一窍不通，就总是要犯错误。"①因此，他强调学习马克思主义理论特别是学习马克思主义哲学是"共产党人的必修课"，要求共产党员把读马克思主义经典当作一种生活习惯和精神追求，强调党员干部应该把马克思主义哲学作为自己的"看家本领"。他说，"党的各级领导干部特别是高级干部，要原原本本学习和研读经典著作，努力把马克思主义哲学作为自己的看家本领"②。

习近平强调，学习和掌握马克思主义哲学的目的，不是要背教条、背语录，而在于在实践中运用马克思主义哲学，在于切实提高用马克思主义立场观点方法分析和解决问题的能力。他说，我们要求全党认真学习马克思主义哲学，其目的是要"更好认识国情，更好认识党和国家事业发展大势，更好认识历史发展规律，更加能动地推进各项工作"③；我们要像毛泽东在《整顿党的作风》中所说的那样："不应当把马克思主义的理论当成死的教条。对于马克思主义的理论，要能够精通它、应用它，精通的目的全在于应用。如果你能应用马克思列宁主义的观点，说明一个两个实际问题，那就要受到称赞，就算有了几分成绩。被你说明的东西越多，越普遍，越深刻，你的成绩就越大。"④也就是说，要通过学习马克思主义哲学，学会运用马克思主义立场观点方法，认真研究中国的历史，研究中国的经济、政治、军事和文化，对每一问题要根据详细的材料加以具体的分

① 习近平：《论党的宣传思想工作》，中央文献出版社 2020 年版，第 31 页。
② 习近平：《论党的宣传思想工作》，中央文献出版社 2020 年版，第 40 页。
③ 习近平：《论党的宣传思想工作》，中央文献出版社 2020 年版，第 32 页。
④ 习近平：《论党的宣传思想工作》，中央文献出版社 2020 年版，第 32 页。

析，然后引出理论性的结论来。

习近平指出，中国共产党自成立起就特别重视在思想上建党，始终坚持用马克思主义哲学教育和武装全党，学哲学、用哲学是中国共产党的光荣传统，毛泽东、邓小平、江泽民、胡锦涛等党的领导人也都特别重视对马克思主义哲学的学习和运用。例如，毛泽东曾经说过，马克思主义有三个组成部分，但其最基础的东西是马克思主义哲学。毛泽东在民主革命时期写作的《反对本本主义》《实践论》《矛盾论》等，以及在社会主义建设时期写作的《论十大关系》《关于正确处理人民内部矛盾的问题》等，都灵活运用了辩证唯物主义和历史唯物主义，创立了毛泽东哲学思想，为我们党掌握和运用马克思主义哲学树立了光辉榜样。今天，我们党要团结带领全国各族人民为实现中华民族伟大复兴的中国梦奋斗，同样必须不断接受马克思主义哲学智慧的滋养，更加自觉地坚持和运用马克思主义的世界观和方法论；我们党在中国这样一个有众多人口的大国执政，面对着十分复杂的国内外环境，肩负着繁重的执政使命，如果缺乏理论思维的有力支撑，是难以战胜各种风险和困难而不断前进的。因此，习近平强调，"全党都要加强对马克思主义哲学的学习和运用，提高运用马克思主义立场、观点、方法分析和解决问题的能力"①。

习近平新时代中国特色社会主义思想的世界观和方法论不仅处处浸润着运用马克思主义哲学的自觉意识，而且也突出表现出发展马克思主义哲学的自觉意识。习近平反复强调对待科学的理论必须有科学的态度，并多次引用恩格斯的下述论断来说明对马克思主义应有的科学态度："马克思的整个世界观不是教义，而是方法。它提供的不是现成的教条，而是进一步研究的出发点和供这种研究使用的方法。"②这就是说，科学地对待马克

---

① 习近平：《论党的宣传思想工作》，中央文献出版社 2020 年版，第 40 页。

② 习近平对这段话的引用之一见习近平：《论党的宣传思想工作》，中央文献出版社 2020年版，第 334 页。

思主义，不仅应该结合不同的客观实际灵活地运用马克思主义，而且还必须根据实际情况的变化不断发展马克思主义。在习近平看来，不断发展马克思主义，既是马克思主义的本质要求，也是党和人民事业发展的需要。他指出，"把坚持马克思主义和发展马克思主义统一起来，结合新的实践不断作出新的理论创造，这是马克思主义永葆生机活力的奥妙所在"①。同时，实践的发展无止境，理论创新也没有止境。要使党和人民的事业不停顿，首先理论上不能停顿。"我们要根据时代变化和实践发展，不断深化认识，不断总结经验，不断进行理论创新，坚持理论指导和实践探索辩证统一，实现理论创新和实践创新良性互动，在这种统一和互动中发展二十一世纪中国的马克思主义。"②习近平还强调："理论的生命力在于不断创新，推动马克思主义不断发展是中国共产党人的神圣职责。我们要坚持用马克思主义观察时代、解读时代、引领时代，用鲜活丰富的当代中国实践来推动马克思主义发展，用宽广视野吸收人类创造的一切优秀文明成果，坚持在改革中守正出新、不断超越自己，在开放中博采众长、不断完善自己，不断深化对共产党执政规律、社会主义建设规律、人类社会发展规律的认识，不断开辟当代中国马克思主义、二十一世纪马克思主义新境界！"③

习近平认为，运用和发展马克思主义哲学，必须自觉坚持并不断推进马克思主义哲学中国化，亦即把马克思主义哲学同中国具体实际相结合。他指出，我们党在领导中国革命、建设和改革的长期实践中，不断推进马克思主义中国化，分别形成了毛泽东思想、邓小平理论、"三个代表"重要思想、科学发展观和习近平新时代中国特色社会主义思想，并在它们的指导下胜利完成了新民主主义革命、社会主义革命，胜利进行了改革开放新的伟

---

① 习近平：《论党的宣传思想工作》，中央文献出版社 2020 年版，第 224 页。
② 习近平：《论党的宣传思想工作》，中央文献出版社 2020 年版，第 131 页。
③ 习近平：《论党的宣传思想工作》，中央文献出版社 2020 年版，第 335 页。

大革命，开创和不断发展了中国特色社会主义，从根本上改变了中国人民和中华民族的前途命运，并在中国共产党成立百年之际在中华大地上全面建成了小康社会；以史为鉴，面对新的时代特点和实践要求，我们必须继续推进马克思主义中国化，以更加宽阔的眼界审视马克思主义在当代发展的现实基础和实践需要，坚持问题导向，坚持以我们正在做的事情为中心，聆听时代声音，更加深入地推动马克思主义同当代中国发展的具体实际相结合，"不断回答中国之问、世界之问、人民之问、时代之问"①，形成与时俱进的理论成果，继续发展当代中国马克思主义、21 世纪马克思主义。他在深刻总结历史经验的基础上指出，当代中国正在经历着史无前例的社会变革和实践创新，"这是一个需要理论而且一定能够产生理论的时代，这是一个需要思想而且一定能够产生思想的时代。"②因此，通过进一步推进马克思主义中国化，必定会让当代中国马克思主义放射出更加灿烂的真理光芒。习近平的这些论述都是针对整个马克思主义理论而言的，讲的是运用和发展整个马克思主义的问题，而运用和发展马克思主义哲学也必是题中之义。

（二）对辩证唯物主义的创造性运用和创新性发展

正是由于有了运用和发展马克思主义哲学的高度自觉意识，习近平新时代中国特色社会主义思想在把马克思主义哲学同新时代中国具体实际相结合的过程中，紧紧围绕着新时代坚持和发展什么样的中国特色社会主义、怎样坚持和发展中国特色社会主义这个根本主题，运用马克思主义哲

---

① 习近平：《高举中国特色社会主义伟大旗帜　为全面建设社会主义现代化国家而团结奋斗——在中国共产党第二十次全国代表大会上的报告》，《人民日报》2022 年 10 月 26 日第 1 版。

② 习近平：《论党的宣传思想工作》，中央文献出版社 2020 年版，第 219 页。

学的立场观点方法对新时代坚持和发展中国特色社会主义的总目标、总任务、总体布局、战略布局和发展方向、发展方式、发展动力、战略步骤、外部条件、政治保证等一系列重大基本问题作了创造性的回答，其中内在地贯穿着对辩证唯物主义的创造性运用和创新性发展。

1. 对辩证唯物主义本体论的创造性运用和创新性发展

世界统一于物质、物质决定意识的原理是辩证唯物主义本体论的基本内容，是辩证唯物主义最基本、最核心的观点和马克思主义哲学的基石。习近平强调，遵循这一原理，最重要的就是坚持一切从客观实际出发，而不是从主观愿望出发，这是我们做好各项工作的基本前提。他指出："当代中国最大的客观实际是什么？就是我国仍处于并将长期处于社会主义初级阶段。这是我们认识当下、规划未来、制定政策、推进事业的客观基点，不能脱离这个基点，否则就会犯错误，甚至犯颠覆性的错误。"①然而，对这个问题，很多同志在认识上是知道的，但在遇到具体问题时，有些同志又会出现"乱花渐欲迷人眼"的情况，经常会冒出各种主观主义的东西，有时甚至头脑发热、异想天开。例如，有的人喜欢拍脑袋决策、拍胸脯表态，盲目铺摊子、上项目，或者提出一些不切实际的高指标，结果只能是劳民伤财、得不偿失。那么，为什么会出现甚至反复出现这样的问题呢？从思想根源来看，就是没有做到一切从实际出发。

习近平也强调，客观实际并不是一成不变的，而是不断发展变化的，因此，坚持一切从实际出发，既要看到我国社会主义初级阶段基本国情没有变，也要看到我国经济社会发展每个阶段呈现出来的新特点。我国社会生产力、综合国力、人民生活水平实现了历史性跨越，我国基本国情的内涵不断发生变化，我们面临的国际国内风险、面临的难题也发生了重要变

---

① 习近平：《论党的宣传思想工作》，中央文献出版社 2020 年版，第 126 页。

化。过去长期困扰我们的一些矛盾不存在了，但一些新的矛盾又在不断产生，其中有很多是我们以往没有遇到、没有处理过的。如果守着我们对过去中国实际的认识不动，守株待兔，刻舟求剑，我们就难以前进。我们要准确把握国际国内环境变化，辩证分析我国经济发展阶段性特征，准确把握我国不同发展阶段的新变化新特点，使主观世界更好符合客观实际，按照实际决定工作方针，这是我们必须牢牢记住的工作方法。

习近平还指出："辩证唯物主义虽然强调世界的统一性在于它的物质性，但并不否认意识对物质的反作用，而是认为这种反作用有时是十分巨大的。"① 他说，我们党强调理想信念是共产党人精神上的"钙"，强调"革命理想高于天"，讲的就是精神变物质、物质变精神的辩证法。广大党员、干部理想信念坚定、干事创业精气神足，人民群众精神振奋、发愤图强，就可以创造出很多人间奇迹。相反，如果党员、干部理想动摇、宗旨意识淡化，人民群众精神萎靡、贪图安逸，那往往可以干成的事情也干不成。所以，我们必须毫不放松理想信念教育、思想道德建设、意识形态工作，大力培育和弘扬社会主义核心价值观，用富有时代气息的中国精神凝聚中国力量。

一切从客观实际出发，也就是实事求是。习近平的实事求是论不仅继承了以往中国马克思主义的实事求是思想，与毛泽东思想、邓小平理论、"三个代表"重要思想和科学发展观的辩证唯物论基础一脉相承，而且赋予实事求是更为丰富的内涵。在习近平新时代中国特色社会主义思想的世界观和方法论中，实事求是不仅是党的思想路线，也是党的基本思想方法、工作方法和领导方法，还是党的思想作风和工作作风，它与各种形式主义和官僚主义是根本对立的。所有这些，都体现了习近平新时代中国特色社会主义思想对辩证唯物主义本体论的创造性运用和创新性发展。

---

① 习近平：《论党的宣传思想工作》，中央文献出版社 2020 年版，第 127 页。

2.对辩证唯物主义认识论的创造性运用和创新性发展

辩证唯物主义认识论认为，实践决定认识，是认识的源泉和动力，是认识的目的和归宿，也是检验认识真理性的标准；认识对实践具有反作用，正确的认识推动正确的实践，错误的认识导致错误的实践。习近平指出，学习掌握认识和实践辩证关系的原理，就要坚持实践第一的观点，不断推进实践基础上的理论创新。为此，一方面，习近平特别强调"实践观点是马克思主义哲学的核心观点"，强调"我们推进各项工作，根本的还是要靠实践出真知"①，并由此特别重视坚持群众路线，特别重视调查研究。另一方面，习近平也高度重视理论工作，强调实践基础上的理论创新和全党的理论学习。他指出，我们党一贯重视理论工作，强调理论必须同实践相统一，因为理论一旦脱离了实践，就会成为僵化的教条，失去活力和生命力；实践如果没有正确理论的指导，也容易"盲人骑瞎马，夜半临深池"。他还强调，理论对规律的揭示越深刻，对社会发展和变革的引领作用就越显著；我们坚持和发展中国特色社会主义，必须高度重视理论的作用，增强理论自信和战略定力，对经过反复实践和比较得出的正确理论，不能心猿意马、犹豫不决，要坚定不移地坚持。

坚持认识和实践辩证关系的原理，就是坚持知行合一。习近平的知行合一论的核心内容是强调"'知'是基础、是前提，'行'是重点、是关键，必须以'知'促'行'，以'行'促'知'，做到知行合一，既解决认识提高问题，又解决行动自觉问题"②，它不仅是新时代中国化的马克思主义认识论，而且也是新时代的党建理论。它所强调的"知行合一"，既是马克思主义认识论的根本要求，也是新时代党员干部加强党性修养的基本

---

① 习近平：《论党的宣传思想工作》，中央文献出版社 2020 年版，第 130—131 页。

② 中共中央文献研究室、中央党的群众路线教育实践活动领导小组办公室编：《习近平关于党的群众路线教育活动论述摘编》，党建读物出版社、中央文献出版社 2014 年版，第39—40 页。

路径。习近平指出，党性是党员干部立身、立业、立言、立德的基石，新时代党员干部加强党性修养必须践行知行合一。一是在马克思主义理论学习上做到知行合一，即真学真信真用，学深悟透，入脑入心，转化为世界观、人生观和价值观，并落实为认识世界和改造世界的自觉行动。二是在坚定理想信念上做到"知行合一"，即不忘初心、牢记使命，自觉为共产主义远大理想和中国特色社会主义共同理想而奋斗。三是在主动担当作为中做到"知行合一"，即知重负重，攻坚克难，主动作为，不断开创工作新局面。作为新时代党员干部加强党性修养的基本路径，践行知行合一与坐而论道、夸夸其谈、知而不行、行而不知、表里不一等为其主要表现的各种形式的主观主义和官僚主义是根本对立的。知行合一论是习近平新时代中国特色社会主义思想对辩证唯物主义认识论的创造性运用和创新性发展。

3. 对辩证唯物主义自然观的创造性运用和创新性发展

辩证唯物主义自然观是马克思主义哲学对于人与自然关系的唯物辩证的理解。习近平指出，今天我们学习马克思，"就要学习和实践马克思主义关于人与自然关系的思想"①。他引用马克思的话说，"人靠自然界生活"，自然不仅给人类提供了生活资料来源，如肥沃的土地、渔产丰富的江河湖海等，而且给人类提供了生产资料来源；自然物构成人类生存的自然条件，人类在同自然的互动中生产、生活、发展，人类善待自然，自然也会馈赠人类，但如果说人靠科学和创造性天才征服了自然力，那么，自然力也对人进行了报复。他指出，自然是生命之母，我们必须敬畏自然、尊重自然、顺应自然、保护自然，动员全社会力量推进生态文明建设，共建美丽中国，让人民群众在绿水青山中共享自然之美、生命之美、生活之

---

① 习近平：《论党的宣传思想工作》，中央文献出版社 2020 年版，第 331 页。

美，走出一条生产发展、生活富裕、生态良好的文明发展道路。

通过对辩证唯物主义自然观的创造性运用和创新性发展，习近平提出和阐发了系统的生态文明思想。习近平生态文明思想的内容极为丰富，贯穿于习近平新时代中国特色社会主义思想的许多方面。他指出，新时代推进生态文明建设，必须坚持好以下原则：一是坚持人与自然和谐共生。在整个发展过程中，我们都要坚持节约优先、保护优先、自然恢复为主的方针，要像保护眼睛一样保护生态环境，像对待生命一样对待生态环境，要让自然生态美景永驻人间，还自然以宁静、和谐、美丽。二是坚持绿水青山就是金山银山。绿水青山就是金山银山，阐述了经济发展和生态环境保护的关系，揭示了保护生态环境就是保护生产力、改善生态环境就是发展生产力的道理，指明了实现经济发展与生态环境保护协同共生的新路径。三是坚持良好生态环境是最普惠的民生福祉。要坚持生态惠民、生态利民、生态为民，重点解决损害群众健康的突出环境问题，加快改善生态环境质量，提供更多优质生态产品，努力实现社会公平正义，不断满足人民日益增长的优美生态环境需要。四是坚持山水林田湖草是生命共同体。人的命脉在田，田的命脉在水，水的命脉在山，山的命脉在土，土的命脉在林和草，这个生命共同体是人类生存发展的物质基础。因此，必须从系统工程和全局角度寻求新的治理之道，全方位、全地域、全过程开展生态文明建设。五是坚持用最严格制度最严密法治保护生态环境。要推进生态文明体制改革和制度创新，特别是要以解决生态环境领域突出问题为导向，抓好已出台改革举措的落地。要强化制度执行，让制度成为刚性的约束和不可触碰的高压线。六是坚持共谋全球生态文明建设。要深度参与全球环境治理，增强我国在全球环境治理体系中的话语权和影响力，积极引导国际秩序变革方向，形成世界环境保护和可持续发展的解决方案①。所有这

---

① 参见习近平：《论坚持人与自然和谐共生》，中央文献出版社2022年版，第9—14页。

些，深刻地回答了为什么建设生态文明、建设什么样的生态文明、怎样建设生态文明的重大理论和实践问题。

4. 对唯物辩证法的创造性运用和创新性发展

唯物辩证法既是马克思主义的世界观也是其根本的方法论，而事物矛盾运动的基本原理是唯物辩证法的核心内容。根据事物矛盾运动的基本原理，矛盾是普遍存在的，是事物联系的实质内容和事物发展的根本动力；从根本上说，人的认识活动和实践活动就是不断认识矛盾、不断解决矛盾的过程。习近平强调，学习掌握事物矛盾运动的基本原理，必须不断强化问题意识，积极面对和化解前进中遇到的矛盾。他指出，问题是事物矛盾的表现形式，我们强调增强问题意识、坚持问题导向，就是承认矛盾的普遍性、客观性，就是要善于把认识和化解矛盾作为打开工作局面的突破口；党的十八大之后，我们强调不能简单以国内生产总值增长率论英雄，提出加快转变经济发展方式、调整经济结构，提出化解产能过剩，提出全面深化改革、全面依法治国，提出加强生态文明建设，都是为了解决一些牵动面广、耦合性强的深层次矛盾。

习近平认为，积极面对矛盾、解决矛盾，还要注意把握好主要矛盾和次要矛盾、矛盾的主要方面和次要方面的关系。面对复杂形势和繁重任务，首先要有全局观，对各种矛盾做到心中有数，同时又要优先解决主要矛盾和矛盾的主要方面，以此带动其他矛盾的解决。党的十八大以来，我们提出要协调推进全面建成小康社会、全面深化改革、全面依法治国、全面从严治党。在推进这"四个全面"过程中，我们既注重总体谋划，又注重牵住"牛鼻子"。在任何工作中，我们既要讲两点论，又要讲重点论，如果没有主次，不加区别，眉毛胡子一把抓，是做不好工作的。

习近平特别强调要通过学习掌握唯物辩证法，不断增强辩证思维能力、战略思维能力，提高驾驭复杂局面、处理复杂问题的本领。他说，我们的事业越是向纵深发展，就越要不断增强辩证思维能力。"当前，我国社会各种利益关系十分复杂，这就要求我们善于处理局部和全局、当前和长远、重点和非重点的关系，在权衡利弊中趋利避害、作出最为有利的战略抉择。我们全面深化改革，不能东一榔头西一棒子，而是要突出改革的系统性、整体性、协同性。同时，在推进改革中，我们要充分考虑不同地区、不同行业、不同群体的利益诉求，准确把握各方利益的交汇点和结合点，使改革成果更多更公平惠及全体人民。"①

通过对唯物辩证法的创造性运用和创新性发展，习近平提出和系统阐述了战略思维、辩证思维、历史思维、创新思维、精准思维、底线思维、系统思维等一系列方法论原则，它们构成了习近平新时代中国特色社会主义思想的哲学方法论。这一马克思主义哲学方法论，从根本上反对了形而上学的思想方法，与各种形式的主观主义、形式主义和机械主义是根本对立的。

（三）对历史唯物主义的创造性运用和创新性发展

习近平新时代中国特色社会主义思想对马克思主义哲学的创造性运用和创新性发展是全方位的，即不仅表现在对辩证唯物主义的创造性运用和创新性发展上，而且也表现为对历史唯物主义的创造性运用和创新性发展。习近平新时代中国特色社会主义思想对于新时代坚持和发展什么样的中国特色社会主义、怎样坚持和发展中国特色社会主义这个根本问题的创造性回答，同时体现着对辩证唯物主义和历史唯物主义的创造性运用和创新性发展，处处闪耀着辩证唯物主义和历史唯物主义的理论光芒。

---

① 习近平：《论党的宣传思想工作》，中央文献出版社 2020 年版，第 129—130 页。

1. 对历史唯物主义群众史观的创造性运用和创新性发展

历史唯物主义是一种群众史观。同历史唯心主义英雄史观根本对立，历史唯物主义群众史观第一次彻底解决了如何认识人民群众在历史上的作用问题，提出人民是历史的创造者。习近平指出，遵循历史唯物主义群众史观，我们党提出了群众路线，并把它作为党的生命线和根本工作路线。在革命、建设、改革各个历史时期，我们党都坚持紧紧依靠人民。改革开放的历程表明，许多改革都是由基层群众自发推动、自下而上形成的，广大人民群众是推动改革的重要力量。党的十八大以来，我们党坚持以人为本，尊重人民主体地位，发挥群众首创精神，紧紧依靠人民推动改革，并"在全面深化改革的指导思想中鲜明提出，要以促进社会公平正义、增进人民福祉为出发点和落脚点"①，努力实现好、维护好、发展好最广大人民根本利益，让发展成果更多更公平惠及全体人民。今天，遵循历史唯物主义群众史观，我们要始终坚守人民立场，把为人民谋幸福作为根本使命，坚持全心全意为人民服务的根本宗旨，贯彻群众路线，尊重人民主体地位和首创精神，始终保持同人民群众的血肉联系，凝聚起众志成城的磅礴力量，团结带领人民共同创造历史伟业。"这是尊重历史规律的必然选择，是共产党人不忘初心、牢记使命的自觉担当"。②

通过对历史唯物主义群众史观的创造性运用和创新性发展，习近平提出和深刻阐述了人民主体论。他指出："我们必须始终坚持人民立场，坚持人民主体地位，虚心向人民学习，倾听人民呼声，汲取人民智慧，把人民拥护不拥护、赞成不赞成、高兴不高兴、答应不答应作为衡量一切工作得失的根本标准，着力解决好人民最关心最直接最现实的利益问题，让全体中国人民和中华儿女在实现中华民族伟大复兴的历史进程中共享幸福和

---

① 习近平：《论党的宣传思想工作》，中央文献出版社 2020 年版，第 38—39 页。
② 习近平：《论党的宣传思想工作》，中央文献出版社 2020 年版，第 328 页。

荣光！"①这一人民主体论的核心内容是一切为了人民、一切依靠人民和发展成果由全体人民共享，它深刻诠释了党的根本宗旨、政治品格和价值追求，深刻回答了"我是谁、为了谁、依靠谁"的问题。

2.对历史唯物主义社会基本矛盾原理的创造性运用和创新性发展

历史唯物主义认为，生产力和生产关系、经济基础和上层建筑的矛盾是人类社会的基本矛盾，它支配着整个社会发展进程；生产关系一定要适合生产力状况，上层建筑一定要适合经济基础状况，它们的共同作用构成整个社会的矛盾运动。习近平认为："只有把生产力和生产关系的矛盾运动同经济基础和上层建筑的矛盾运动结合起来观察，把社会基本矛盾作为一个整体来观察，才能全面把握整个社会的基本面貌和发展方向。"②他指出，坚持和发展中国特色社会主义，必须不断适应社会生产力发展调整生产关系，不断适应经济基础发展完善上层建筑。改革开放以来，我国经济社会发展取得了重大成就，根本原因就是我们通过不断调整生产关系激发了社会生产力发展活力，通过不断完善上层建筑适应了经济基础发展要求。我们进行经济体制改革，进行政治体制、文化体制、社会体制、生态文明体制和党的建设制度改革，都是出于这个目的。党的十八大以来，我们提出进行全面深化改革，就是要适应我国社会基本矛盾运动的变化来推进社会发展。社会基本矛盾总是不断发展的，所以调整生产关系、完善上层建筑需要相应地不断进行下去。改革开放只有进行时、没有完成时。这是历史唯物主义态度。

习近平认为，学习掌握历史唯物主义社会基本矛盾原理，尤其要把握生产力在社会基本矛盾及其运动中的重要地位，即物质生产力是全部社会

---

① 《习近平谈治国理政》第3卷，外文出版社2020年版，第142页。

② 习近平：《论党的宣传思想工作》，中央文献出版社2020年版，第34页。

生活的物质前提和推动社会进步的最活跃、最革命的要素，生产力发展是衡量社会发展的带有根本性的标准，这为我们分析社会发展提供了可靠依据。他指出，社会主义的根本任务是解放和发展生产力，这一点在任何时候都不能动摇。在全面深化改革中，我们要坚持发展仍是解决我国所有问题的关键这个重大战略判断，使市场在资源配置中起决定性作用和更好发挥政府作用，推动我国社会生产力不断向前发展。这就是说，要把握住我国现阶段社会基本矛盾的主要方面，着力推进生产力的发展。只有紧紧围绕发展这个第一要务来部署各方面改革，以解放和发展社会生产力为改革提供强大牵引，才能更好推动生产关系与生产力、上层建筑与经济基础相适应。当然，我们要全面理解和正确运用生产力标准，不能把生产力标准绝对化，不能撇开生产关系、上层建筑来理解生产力标准。改革开放以来，我们党提出的一系列"两手抓"，包括一手抓物质文明建设、一手抓精神文明建设，一手抓经济建设、一手抓法治建设，一手抓发展、一手抓稳定，一手抓改革开放、一手抓惩治腐败等，都是符合历史唯物主义要求的。

通过对历史唯物主义社会基本矛盾原理的创造性运用和创新性发展，习近平形成和阐述了新时代具有鲜明中国特色的社会发展观，包括以人民为中心的发展思想，创新、协调、绿色、开放、共享的新发展理念，科教兴国、人才强国、创新驱动发展、乡村振兴、区域协调发展、可持续发展、军民融合发展的发展战略，全面深化改革的发展路径。特别是习近平关于我国社会主要矛盾已经转化为人民日益增长的美好生活需要和不平衡不充分的发展之间的矛盾的论断，是对唯物辩证法和历史唯物主义有关原理的综合性的创造性运用和创新性发展，深刻阐明了新时代我国社会发展的动力，极大地丰富了社会主义辩证法。

3.对历史唯物主义世界历史理论的创造性运用和创新性发展

马克思、恩格斯曾说:"各民族的原始封闭状态由于日益完善的生产方式、交往以及因交往而自然形成的不同民族之间的分工消灭得越是彻底,历史也就越是成为世界历史。"① 习近平指出,马克思、恩格斯的世界历史理论的这个预言,现在已经成为现实,历史和现实日益证明这个预言的科学价值。今天,世界多极化、经济全球化、社会信息化、文化多样化深入发展,人类交往的世界性比过去任何时候都更深入、更广泛,各国相互联系和彼此依存比过去任何时候都更频繁、更紧密;同时,"人类也正处在一个挑战层出不穷、风险日益增多的时代。世界经济增长乏力,金融危机阴云不散,发展鸿沟日益突出,兵戎相见时有发生,冷战思维和强权政治阴魂不散,恐怖主义、难民危机、重大传染性疾病、气候变化等非传统安全威胁持续蔓延。"② 基于这两个方面的事实,习近平说:"人类已经成为你中有我、我中有你的命运共同体,利益高度融合,彼此相互依存"③,"人类生活的关联前所未有,同时人类面临的全球性问题数量之多、规模之大、程度之深也前所未有。世界各国人民前途命运越来越紧密地联系在一起。"④

习近平认为:"人类命运共同体,顾名思义,就是每个民族、每个国家的前途命运都紧紧联系在一起,应该风雨同舟,荣辱与共,努力把我们生于斯、长于斯的这个星球建成一个和睦的大家庭,把世界各国人民对美好生活的向往变成现实。"⑤ 然而,现实情况却并非如此。一方面,在第二次世界大战结束后形成的全球治理结构中,美国以及西方国家集团无视国

---

① 《马克思恩格斯文集》第 1 卷,人民出版社 2009 年版,第 540—541 页。
② 《习近平谈治国理政》第 2 卷,外文出版社 2017 年版,第 538 页。
③ 《习近平谈治国理政》第 2 卷,外文出版社 2017 年版,第 481 页。
④ 习近平:《论坚持推动构建人类命运共同体》,中央文献出版社 2018 年版,第 509 页。
⑤ 习近平:《论坚持推动构建人类命运共同体》,中央文献出版社 2018 年版,第 510 页。

际法和国际关系基本准则，肆意干涉别国内政、践踏他国主权，经常以大欺小、恃强凌弱、以富压贫，使得发展中国家、特别是落后的弱小国家的人们根本无法掌握自己的命运，旧的国际秩序亟待变革；另一方面，在当今国际关系中，地区主义、单边主义仍然非常盛行，各国在应对各种全球问题上的合作还存在诸多问题，人类生存和发展所面临的严重威胁难以得到有效化解。有鉴于此，习近平反复呼吁，各国人民应同心协力，努力"构建""建设""打造""共创"一个合作共赢的人类命运共同体，即"持久和平、普遍安全、共同繁荣、开放包容、清洁美丽的世界"①。他指出，我们要站在世界历史的高度审视当今世界发展趋势和面临的重大问题，坚持和平发展道路，坚持独立自主的和平外交政策，坚持互利共赢的开放战略，不断拓展同世界各国的合作，积极参与全球治理，在更多领域、更高层面上实现合作共赢、共同发展，推动经济全球化朝着更加开放、包容、普惠、平衡、共赢的方向发展，同各国人民一道努力构建人类命运共同体，把世界建设得更加美好。

习近平的构建人类命运共同体理念是对历史唯物主义世界历史理论的创造性运用和创新性发展，是为了应对当代人类面临的共同挑战、维护和实现全人类的共同利益而提出的中国方案，为人类社会实现共同发展、持续繁荣、长治久安描绘了宏伟蓝图，体现了中国将自身发展与世界发展相统一的全球视野、世界胸怀和大国担当，也充分彰显了历史唯物主义的当代价值。

总之，习近平新时代中国特色社会主义思想在众多方面都实现了对马克思主义哲学的创造性运用和创新性发展，它是习近平新时代中国特色社会主义思想的世界观和方法论形成的根本途径，也是习近平新时代中国特色社会主义思想之所以能够实现马克思主义中国化的新的飞跃的根本原因之一。

---

① 《习近平谈治国理政》第 3 卷，外文出版社 2020 年版，第 46 页。

二、对中国传统哲学智慧的创造性转化和创新性发展

习近平新时代中国特色社会主义思想是把马克思主义基本原理同当代中国具体实际相结合的产物，而作为习近平新时代中国特色社会主义思想的哲学基础，习近平新时代中国特色社会主义思想的世界观和方法论则是把马克思主义哲学同当代中国具体实际相结合的理论成果。在任何时代，中国具体实际都既包括中国现实实际也包括中国历史实际，后者主要是指在 5000 多年文明发展中孕育的中华优秀传统文化的思想理念和知识智慧。因此，习近平新时代中国特色社会主义思想的世界观和方法论也是在把马克思主义哲学同中华优秀传统文化特别是中国传统哲学智慧相结合的过程中形成的，是对中国传统哲学智慧的创造性转化和创新性发展。

习近平对中国传统哲学智慧的创造性转化和创新性发展，主要是通过对中国传统哲学天人合一思想、辩证法思想、知行合一思想、民本思想的马克思主义哲学改铸及其在新时代治国理政实践中的运用来实现的。这几个方面的思想，涵摄着中国传统哲学各主要领域（自然观、辩证法、认识论、历史观）的精粹，积淀着中华民族对宇宙、世界、社会和人生的独特体认和感知，体现了中国传统哲学家们的认知水平、精神境界、思维方式和价值追求，是中国传统哲学智慧的结晶，其中的许多思想和理念都历久弥新、具有跨越时空而永不褪色的时代价值。通过对这些思想和理念的马克思主义哲学阐释，古为今用、推陈出新，习近平充分激活了中国传统哲学智慧，赋予其鲜活的生命力，并由此使习近平新时代中国特色社会主义思想的理论基础即习近平新时代中国特色社会主义思想的世界观和方法论具有浓郁的民族特色。

（一）对推动中国传统哲学智慧创造性转化和创新性发展的高度理论自觉

习近平新时代中国特色社会主义思想的世界观和方法论不仅具有对运用和发展马克思主义哲学的高度自觉意识，而且也表现出对推动中国传统哲学智慧创造性转化和创新性发展的高度理论自觉，其对中国传统哲学智慧的创造性转化和创新性发展就是在这种高度理论自觉导引下的创造性活动，而这种高度理论自觉又是建立在对于把马克思主义哲学同中国具体实际相结合的深刻理解和把握基础上的。

中国传统哲学智慧是中华优秀传统文化的重要组成部分，习近平对推动中国传统哲学智慧创造性转化和创新性发展的高度理论自觉也内在地含蕴于他关于推动中华优秀传统文化创造性转化和创新性发展的大量论述中。他指出："中国共产党人是马克思主义者，坚持马克思主义的科学学说，坚持和发展中国特色社会主义，但中国共产党人不是历史虚无主义者，也不是文化虚无主义者。我们从来认为，马克思主义基本原理必须同中国具体实际紧密结合起来，应该科学对待民族传统文化，科学对待世界各国文化，用人类创造的一切优秀思想文化成果武装自己。在带领中国人民进行革命、建设、改革的长期历史实践中，中国共产党人始终是中国优秀传统文化的忠实继承者和弘扬者，从孔夫子到孙中山，我们都注意汲取其中积极的养分。"① 所谓"科学对待民族传统文化"，就是"取其精华、去其糟粕，而不能采取全盘接受或者全盘抛弃的绝对主义态度"②，也就是习近平反复强调的创造性转化和创新性发展。他说："弘扬中华优秀传统文化，要处理好继承和创造性发展的关系，重点做好创造性转化和创

---

① 习近平：《论党的宣传思想工作》，中央文献出版社 2020 年版，第 83 页。
② 习近平：《论党的宣传思想工作》，中央文献出版社 2020 年版，第 90 页。

新性发展。创造性转化，就是要按照时代特点和要求，对那些至今仍有借鉴价值的内涵和陈旧的表现形式加以改造，赋予其新的时代内涵和现代表达形式，激活其生命力。创新性发展，就是要按照时代的新进步新进展，对中华优秀传统文化的内涵加以补充、拓展、完善，增强其影响力和感召力。"①在这里，习近平明确强调，把马克思主义基本原理同中国具体实际相结合，应该科学对待民族传统文化，推动中华优秀传统文化的创造性转化和创新性发展。显然，习近平所说的创造性转化和创新性发展，是指运用马克思主义的立场、观点和方法对中华优秀传统文化的创造性转化和创新性发展。

那么，我们为什么要推动中华优秀传统文化的创造性转化和创新性发展呢？根据习近平的有关论述，这主要有以下几个方面的原因。

首先，中华优秀传统文化是中国具体实际的重要构成方面。习近平指出，中国的今天是从中国的昨天和前天发展而来的，"要认识今天的中国、今天的中国人，就要深入了解中国的文化血脉，准确把握滋养中国人的文化土壤"②。"中华传统文化源远流长、博大精深，中华民族形成和发展过程中产生的各种思想文化，记载了中华民族在长期奋斗中开展的精神活动、进行的理性思维、创造的文化成果，反映了中华民族的精神追求，其中最核心的内容已经成为中华民族最基本的文化基因。"③在他看来，中华优秀传统文化虽历经5000多年的历史变迁，但始终一脉相承，不仅为中华民族生生不息、发展壮大提供了丰厚滋养，而且铸就了中华民族的精神命脉和中国人的独特精神世界，成为中华民族区别于其他民族的独特的精神标识，它已深植于中国人的内心，内化为百姓日用而不觉的价值观，潜移默化地影响着中国人的思想方式和行为方式。这就是说，中华优秀传统

文化决不只是一种已经过去了的、历史上的东西，它至今仍然在发生着深刻的影响，因而其本身就构成了中国具体实际的重要内容。因此，把马克思主义同中国具体实际相结合，必然要求把马克思主义同中华优秀传统文化相结合，必然要求运用马克思主义的立场、观点和方法实现中华优秀传统文化的创造性转化和创新性发展。习近平强调，今天继续推进马克思主义中国化，必须坚持"把马克思主义基本原理同中国具体实际相结合、同中华优秀传统文化相结合"①；也只有真正把马克思主义同中华优秀传统文化相结合，"马克思主义真理之树才能根深叶茂"②。

其次，中华优秀传统文化具有永不褪色的时代价值。习近平指出，中华优秀传统文化的许多思想理念都具有超越时空、超越民族和国家界限的普遍意义。一方面，中国优秀传统文化中蕴藏着破解当代人类所面临的共同难题的重要思想资源。例如，关于道法自然、天人合一的思想，关于自强不息、厚德载物的思想，关于天下为公、大同世界的思想，关于为政以德、政者正也的思想，关于仁者爱人、以德立人的思想，关于以民为本、安民富民乐民的思想，关于以诚待人、讲信修睦的思想，关于脚踏实地、实事求是的思想，关于知行合一、躬行实践的思想，关于清廉从政、勤勉奉公的思想，关于俭约自守、力戒奢华的思想，关于安不忘危、存不忘亡、治不忘乱、居安思危的思想，关于苟日新日日新又日新、革故鼎新、与时俱进的思想，关于集思广益、博施众利、群策群力的思想，关于中和、泰和、求同存异、和而不同、和谐相处的思想，等等。"中国优秀传统文化的丰富哲学思想、人文精神、教化思想、道德理念等，可以为人们

① 习近平：《高举中国特色社会主义伟大旗帜　为全面建设社会主义现代化国家而团结奋斗——在中国共产党第二十次全国代表大会上的报告》，《人民日报》2022 年 10 月 26 日第 1 版。

② 习近平：《高举中国特色社会主义伟大旗帜　为全面建设社会主义现代化国家而团结奋斗——在中国共产党第二十次全国代表大会上的报告》，《人民日报》2022 年 10 月 26 日第 1 版。

认识和改造世界提供有益启迪，可以为治国理政提供有益启示，也可以为道德建设提供有益启发。"①另一方面，中华优秀传统文化也是中国特色社会主义植根的文化沃土，是涵养社会主义核心价值观的重要源泉。例如，中华文化强调"天一合一""和而不同""民惟邦本""天行健，君子以自强不息""大道之行也，天下为公""天下兴亡，匹夫有责""君子坦荡荡""君子喻于义""君子义以为质""人而无信，不知其可也""言必信，行必果""仁者爱人""德不孤，必有邻""与人为善""出入相友，守望相助""扶贫济困""己所不欲，勿施于人""老吾老以及人之老，幼吾幼以及人之幼""不患寡而患不均"，等等。"像这样的思想和理念，不论过去还是现在，都有其鲜明的民族特色，都有其永不褪色的时代价值。"② 因此，习近平强调，要"推动中华文明创造性转化和创新性发展，激活其生命力，把跨越时空、超越国度、富有永恒魅力、具有当代价值的文化精神弘扬起来，让收藏在博物馆里的文物、陈列在广阔大地上的遗产、书写在古籍里的文字都活起来，让中华文明同世界各国人民创造的丰富多彩的文明一道，为人类提供正确的精神指引和强大的精神动力"③。

再次，中华优秀传统文化是我们构建中国特色哲学社会科学的重要思想资源。习近平说："中华文明历史悠久，从先秦子学、两汉经学、魏晋玄学，到隋唐佛学、儒释道合流、宋明理学，经历了数个学术思想繁荣时期。在漫漫历史长河中，中华民族产生了儒、释、道、墨、名、法、阴阳、农、杂、兵等各家学说，涌现了老子、孔子、庄子、孟子、荀子、韩非子、董仲舒、王充、何晏、王弼、韩愈、周敦颐、程颢、程颐、朱熹、陆九渊、王守仁、李贽、黄宗羲、顾炎武、王夫之、康有为、梁启超、孙

① 习近平：《在纪念孔子诞辰2565周年国际学术研讨会暨国际儒学联合会第五届会员大会开幕会上的讲话》，《人民日报》2014年9月25日第2版。
② 习近平：《论党的宣传思想工作》，中央文献出版社2020年版，第75页。
③ 习近平：《论党的宣传思想工作》，中央文献出版社2020年版，第68—69页。

中山、鲁迅等一大批思想大家，留下了浩如烟海的文化遗产。"① 他指出，这些文化遗产中包含着丰富的哲学社会科学内容，形成了极富特色的思想体系，积淀着中国人在长期的实践中形成的经验知识和思想智慧，是我们构建中国特色哲学社会科学极其宝贵的思想资源，既需要薪火相传、代代守护，也需要与时俱进、推陈出新；在哲学社会科学研究中，我们要加强对这些思想资源的挖掘和阐发，努力使其与当代文明相适应、与现代社会相协调，亦即推动其创造性转化和创新性发展，并围绕当代中国和世界发展所面临的各种重大问题，着力提出体现中国立场、中国智慧、中国价值的理念、思想和主张，构建具有中国特色、中国风格、中国气派的哲学社会科学学科体系、学术体系和话语体系。

（二）对中国传统哲学天人合一思想的创造性转化和创新性发展

天人关系问题是中国传统哲学的中心问题之一，天人合一思想是中国传统哲学的重要内容。中国传统哲学的各家各派特别是儒家和道家学说都包含有丰富的天人合一思想。从总体上看，中国传统哲学天人合一思想的主要内涵有以下几个方面。

第一，天人是统一的。按照张岱年先生的看法，"古代所谓'合一'，与现代语言中所谓'统一'可以说是同义语"，"合一是指对立的两方彼此又有密切相联不可分离的关系"②，因此，天人合一的最基本的含义就是天人统一。当然，各家各派学说对天人统一的理解是各不相同的。其中，道家从本原的意义上来理解这种统一。老子认为，天人具有共同的本原即

① 习近平：《论党的宣传思想工作》，中央文献出版社 2020 年版，第 215—216 页。
② 张岱年：《中国哲学中"天人合一"思想的剖析》，《北京大学学报（哲学社会科学版）》1985 年第 1 期。

"道"："道生一，一生二，二生三，三生万物。万物负阴而抱阳，冲气以为和。"（《老子·四十二章》）在庄子看来，天人是一体的。他说："天地与我并生，而万物与我为一。"（《庄子·齐物论》）儒家则往往从义理上理解天人统一，认为人道与天道、人性与天理是相通的。孔子说："能尽人之性，则能尽物之性；能尽物之性，则可以赞天地之化育；可以赞天地之化育，则可以与天地参矣。"（《中庸》第22章）孟子则说："尽其心者，知其性也，知其性则知天矣。"（《孟子·尽心上》）张载明确提出"天人合一"的命题，强调天道与人性、知天与知人的统一性。程颢也主张天人统一。他甚至认为，"天人本无二，不必言合"（《二程遗书·卷六》），因此，"知性便知天"（《二程遗书·卷二上》）。

第二，天人服从共同的普遍规律。道家天人统一的本原论本身就内含着天人都遵循共同规律的思想。老子认为，既然道生成天地万物和人，天地万物和人也就都效法道，即"人法地，地法天，天法道，道法自然"（《老子·二十五章》）。庄子也明确主张人应遵循天地固有之"常"即规律。他说："天地固有常矣，日月固有明矣，星辰固有列矣，禽兽固有群矣，树木固有立矣。夫子亦放德而行，循道而趋，已至矣。"（《庄子·天道》）儒家天人统一的义理论也能得出天人有共同规律的结论。孔子常说的"天命"，实际上就是天人都遵循的普遍规律。他说："道之将行也与，命也；道之将废也与，命也。"（《论语·宪问》）在他看来，天命虽不可违逆，但却是可知的，并且"不知命，无以为君子也。"（《论语·尧曰》）孟子也在同样的意义上讲天命，并且在他那里天本身就是不可违抗的命运，正所谓"顺天者存，逆天者亡"（《孟子·离娄上》）。荀子主张"天行有常，不为尧存，不为桀亡"（《荀子·天论》），认为人可以"制天命而用之"（《荀子·天论》）。朱熹所谓的天理实际上也是天人都遵循的普遍规律。他说："天之所以为天，理而已。天非有此道理，不能为天，故苍苍者即此道理之天。"（《朱子语类·卷二十五》）在他看来，"理"是天地万物之根本，天得此理为"天理"，人得此理为"性"，天地人相通即在于此"理"。

第三，人只有敬天爱物才能达至天人合一的理想境界。在中国传统哲学天人合一思想中，天人合一也是天人关系的理想境界即天人和谐，它须通过人们敬天爱物来达至。在如何敬天爱物的问题上，道家主张自然无为，其中，"自然"即自然而然、依其本性发展，"无为"即不妄为，二者实际上是一回事。老子讲"道法自然"，就是强调"道"对天地万物都不妄加干涉，只是让它们按其本性自然发展，而"道常无为而无不为"（《老子·三十七章》）。在老子看来，人效法"道"，就要效法其自然无为的精神，"辅万物之自然而不敢为"（《老子·六十四章》），这样才能与天地万物"玄同"。庄子也认为，"无始而非卒也，人与天一也"，万物生灭变化无穷，人应"正而待之"、顺应其自然变化（《庄子·山木》）。如果说敬天爱物在道家思想中主要表现为顺应万物的自然变化，那么，儒家则赋予其更多的人文内涵。孔子强调要敬畏"天命"，即"君子有三畏，畏天命，畏大人，畏圣人之言"（《论语·季氏》）。在他看来，人顺应天命则有德，以德合天才能"与天地参"。孟子主张"亲亲而仁民，仁民而爱物"（孟子·尽心上），要求人们以仁爱之心对待万物。《易传》提出"范围天地之化而不过、曲成万物而不遗"，张岱年先生认为它集中表达了天人调谐的理想境界①。张载提出"民吾同胞；物吾与也"②，也主张要像对待同胞那样珍爱万物。上述这些敬天爱物的思想不仅强调人要"知常""知和"，而且也告诫人要"知足""知止"。例如，老子认为"祸莫大于不知足"（《老子·四十六章》），孔子主张"钓而不纲，弋不射宿"（《论语·述而》），《吕氏春秋》反对"竭泽而渔""焚薮而田"，等等。

---

① 参见张岱年：《中国哲学中"天人合一"思想的剖析》，《北京大学学报（哲学社会科学版）》1985 年第 1 期。
② 《张载集》，中华书局 1978 年版，第 62 页。

习近平高度重视中国传统哲学的天人合一思想，多次提到"天人合一"这一命题。例如，2013 年 12 月 12 日，习近平在中央城镇化工作会议上的讲话中说："两千多年前，管子就提出'因天材，就地利，故城郭不必中规矩，道路不必中准绳'。有的城市规划专家说，要本着同土地谈恋爱的立场来做好规划。这都体现了尊重自然、顺应自然、天人合一的理念。"①2014 年 4 月 1 日，习近平在布鲁日欧洲学院的演讲中说，中国古代思想家们"提出的很多理念，如孝悌忠信、礼义廉耻、仁者爱人、与人为善、天人合一、道法自然、自强不息等，至今仍然深深影响着中国人的生活"②。2014 年 5 月 4 日，习近平在北京大学师生座谈会上的讲话中列举了中华优秀传统文化中许多具有鲜明的民族特色和永不褪色的时代价值的思想和理念，其中就包括"天人合一"③。2014 年 5 月 15 日，习近平在中国国际友好大会暨中国人民对外友好协会成立 60 周年纪念活动上的讲话中指出："中华文化崇尚和谐，中国'和'文化源远流长，蕴涵着天人合一的宇宙观、协和万邦的国际观、和而不同的社会观、人心和善的道德观。"④2014 年 9 月 24 日，习近平在纪念孔子诞辰 2565 周年国际学术研讨会暨国际儒学联合会第五届会员大会开幕会上的讲话中，在阐述中国优秀传统文化中蕴藏着解决当代人类面临的难题的重要启示时，也讲到了"天人合一"⑤。2015 年 11 月 30 日，习近平在气候变化巴黎大会开幕式上的讲话中说："中华文明历来强调天人合一、尊重自然。"⑥2017 年 1 月 18 日，

---

① 中共中央文献研究室编：《十八大以来重要文献选编》（上），中央文献出版社 2014 年版，第 603 页。

② 习近平：《论坚持推动构建人类命运共同体》，中央文献出版社 2018 年版，第 98 页。

③ 习近平：《论党的宣传思想工作》，中央文献出版社 2020 年版，第 75 页。

④ 习近平：《论坚持推动构建人类命运共同体》，中央文献出版社 2018 年版，第 106—107 页。

⑤ 习近平：《在纪念孔子诞辰 2565 周年国际学术研讨会暨国际儒学联合会第五届会员大会开幕会上的讲话》，《人民日报》2014 年 9 月 25 日第 2 版。

⑥ 《习近平谈治国理政》第 2 卷，外文出版社 2017 年版，第 530 页。

习近平在在联合国日内瓦总部"共同构建人类命运共同体"的演讲中指出，"我们应该遵循天人合一、道法自然的理念，寻求永续发展之路"①。2017 年 4 月 21 日，习近平在广西考察工作时强调，"顺应自然、追求天人合一，是中华民族自古以来的理念，也是今天现代化建设的重要遵循。"②2019 年 4 月 28 日，习近平在二〇一九年中国北京世界园艺博览会开幕式上的讲话中指出："锦绣中华大地，是中华民族赖以生存和发展的家园，孕育了中华民族 5000 多年的灿烂文明，造就了中华民族天人合一的崇高追求。"③2019 年 5 月 15 日，习近平在亚洲文明对话大会开幕式上的主旨演讲中说："道法自然、天人合一是中华文明内在的生存理念。"④

习近平对中国传统哲学天人合一思想的创造性转化和创新性发展主要表现在以下几个方面：

第一，习近平用人与自然的关系来诠释中国传统哲学天人合一思想所思考的天人关系。在中国传统哲学天人合一思想演变过程中，各家各派学说及其在不同的发展时期对"天"的理解是各不相同的。例如，道家所谓的"天"主要是指自然之天。而在庄子那里，自然之天又可分为两类，即与地相对的物质之天和表示万物本然之性的天。道家也经常谈论"自然"，如"道法自然"等，但道家所说的"自然"并非自然界，而是指万物的本然之性即自然而然。儒家所谓的"天"则主要是一种义理之天，其中，孔子有时也会谈论自然之天，但他所说的天更多的是指有意志的主宰之天；孟子之"天"至少有主宰之天和命运之天两种情况；荀子之"天"有时指

---

① 《习近平谈治国理政》第 2 卷，外文出版社 2017 年版，第 544 页。
② 《习近平在广西考察工作时强调扎实推动经济社会持续健康发展以优异成绩迎接党的十九大胜利召开》，《人民日报》2017 年 4 月 22 日第 1 版。
③ 《习近平谈治国理政》第 3 卷，外文出版社 2020 年版，第 374 页。
④ 《习近平谈治国理政》第 3 卷，外文出版社 2020 年版，第 471 页。

自然之天，有时又是指有意志的天；而在董仲舒那里，天又呈现为一种"有意志的人格神"，天人合一的根本在于天人感应①。正因如此，中国传统哲学天人合一思想杂糅着一些神秘主义和唯心主义的因素。习近平剔除了这些神秘主义和唯心主义因素，将中国传统哲学天人合一思想中的"天"直接理解为自然，将其所谓的天人关系直接理解为人与自然的关系。同时，习近平还将老子所说的"道法自然"中的"自然"理解为自然界，将"道法自然"理解为遵循自然规律、尊重自然。通过这一创造性转换，中国传统哲学的天人合一思想就能成为今天我们处理人与自然关系的基本理念和中国式现代化建设的重要遵循。

第二，习近平把中国传统哲学天人合一的宇宙观或世界观转化为处理人与自然关系的价值观。中国传统哲学的天人合一思想实际上是一种宇宙观或世界观。说它是一种宇宙观，是因为它内含着对于包括人在内的宇宙万物的本原和普遍规律的思辨；而说它是一种世界观，则是因为它所思考的天人关系实际上也就是人与世界的关系，而后者正是哲学世界观的内容。习近平在把中国传统哲学的天人合一思想所谓的天人关系理解为人与自然的关系的同时，也把其天人合一的宇宙观或世界观转化为人们在处理人与自然关系时应该秉持的价值观。按照这种价值观，人们应当顺应自然规律、保护自然生态环境，努力建设生态文明。而作为处理人与自然关系的价值目标，生态文明的核心要义是人与自然的和谐共生，而这正是中国传统哲学天人合一思想所追求的理想境界。习近平指出："'万物各得其和以生，各得其养以成。'大自然是包括人在内一切生物的摇篮，是人类赖以生存发展的基本条件。大自然孕育抚养了人类，人类应该以自然为根，尊重自然、顺应自然、保护自然。不尊重自然，违背自然规律，只会遭到

---

① 参见于盼盼等：《儒家、道家及〈易传〉的"天人合一"思想》，《焦作大学学报》2019年第 3 期。

自然报复。自然遭到系统性破坏，人类生存发展就成了无源之水、无本之木。"①"建设生态文明，首先要从改变自然、征服自然转向调整人的行为、纠正人的错误行为。要做到人与自然和谐，天人合一，不要试图征服老天爷。"②

第三，习近平还把中国传统哲学天人合一思想的生态智慧转化为生态文明建设的价值原则。虽然中国传统哲学天人合一思想主要是一种宇宙观或世界观，但其中积淀和包含着丰富的生态智慧。习近平对这些生态智慧进行了充分发掘，并由此提出了一系列生态文明建设的价值原则：一是要像保护眼睛和生命一样保护生态环境。习近平根据中国传统哲学的天人统一观，提出了"人与自然是生命共同体"的命题。他指出，"自然是生命之母，人与自然是生命共同体"③。他还说："山水林田湖是一个生命共同体，形象地讲，人的命脉在田，田的命脉在水，水的命脉在山，山的命脉在土，土的命脉在树。金木水火土，太极生两仪，两仪生四象，四象生八卦，循环不已。"④ 正因如此，人类对自然的伤害最终必然伤及人类自身。因此，我们"要像保护眼睛一样保护生态环境，像对待生命一样对待生态环境"⑤。二是"绿水青山就是金山银山"。习近平还把中国传统哲学的天人统一观运用于考察保护生态环境与发展生产力的关系，提出了"两山"理论。他指出："我们既要绿水青山，也要金山银山。宁要绿水青山，不

① 习近平：《共同构建人与自然生命共同体——在"领导人气候峰会"上的讲话》，《人民日报》2021 年 4 月 23 日第 2 版。

② 中共中央文献研究室编：《习近平关于社会主义生态文明建设论述摘编》，中央文献出版社 2017 年版，第 24 页。

③ 中共中央宣传部：《习近平新时代中国特色社会主义思想学习纲要》，学习出版社、人民出版社 2019 年版，第 167 页。

④ 中共中央文献研究室编：《习近平关于社会主义生态文明建设论述摘编》，中央文献出版社 2017 年版，第 55 页。

⑤ 中共中央文献研究室编：《习近平关于社会主义生态文明建设论述摘编》，中央文献出版社 2017 年版，第 8 页。

要金山银山，而且绿水青山就是金山银山。"① 也就是说："要克服把保护生态与发展生产力对立起来的传统思维，……更加自觉地推动绿色发展、循环发展、低碳发展，决不以牺牲环境、浪费资源为代价换取一时的经济增长，……为子孙后代留下可持续发展的'绿色银行'。"② 三是对自然资源要取之以时、取之有度。习近平引用孔子的"子钓而不纲，弋不射宿"、荀子的"草木荣华滋硕之时则斧斤不入山林，不夭其生，不绝其长也；鼋鼍、鱼鳖、鳅鳝孕别之时，罔罟、毒药不入泽，不夭其生，不绝其长也"、《吕氏春秋》的"竭泽而渔，岂不获得？而明年无鱼；焚薮而田，岂不获得？而明年无兽"等等，强调"这些关于对自然要取之以时、取之有度的思想，有十分重要的现实意义"③。四是要形成绿色生产方式和消费方式。习近平引用唐代诗人白居易所说的"天育物有时，地生财有限，而人之欲无极。以有时有限奉无极之欲，而法制不生其间，则必物暴殄而财乏用矣"④，以此说明人的需求的无限性与自然资源的有限性的矛盾，强调要"形成节约适度、绿色低碳、文明健康的生活方式和消费模式"⑤。

（三）对中国传统哲学辩证法思想的创造性转化和创新性发展

中国传统哲学中充盈着辩证法思想，它们为习近平新时代中国特色社

① 中共中央文献研究室编：《习近平关于社会主义生态文明建设论述摘编》，中央文献出版社 2017 年版，第 21 页。
② 中共中央宣传部编：《习近平总书记系列重要讲话读本》，学习出版社、人民出版社 2014 年版，第 125—126 页。
③ 中共中央党史和文献研究院编：《十八大以来重要文献选编》（下），中央文献出版社 2018 年版，第 164 页。
④ 中共中央文献研究室编：《习近平关于社会主义生态文明建设论述摘编》，中央文献出版社 2017 年版，第 118 页。
⑤ 《习近平谈治国理政》第 2 卷，外文出版社 2017 年版，第 396 页。

会主义思想提供了丰富的养分。习近平用典中有大量出自中国古代典籍的富含辩证法思想的命题、名句或论断，习近平运用它们来阐释党的方针政策、阐述中国特色社会主义建设中的各种问题，并古为今用、推陈出新，赋予其全新的意义和生命力，从而通过对中国传统哲学辩证法思想的创造性转化和创新性发展形成和体现了以下几种具有鲜明中国特色和时代特点的辩证思维。

一是注重整体的战略思维。注重整体、讲求统筹谋划是中国传统哲学辩证法思想的重要特点。上述中国传统哲学天人合一思想就突出地体现了这种注重整体的辩证思维。例如，《老子》所描绘的就是一幅道生万物、天人一体的整体宇宙图景。在中国传统哲学看来，既然宇宙万物本身是整体性的，那么，人们在认识和实践中就应该从整体着眼去把握事物、从全局出发去谋划事情。习近平极为重视中国传统哲学这种注重整体的辩证思维，并将其创造性地转化为一种战略思维。他多次引用中国传统典籍中的经典名句，告诫人们特别是领导干部要有这种注重整体的战略思维。例如，习近平在 2013 年 11 月 9 日中国共产党十八届三中全会上作的关于《中共中央关于全面深化改革若干重大问题的决定》的说明中指出："全面深化改革是关系党和国家事业发展全局的重大战略部署，不是某个领域某个方面的单项改革。'不谋全局者，不足谋一域。'大家来自不同部门和单位，都要从全局看问题，首先要看提出的重大改革举措是否符合全局需要，是否有利于党和国家事业长远发展。要真正向前展望、超前思维、提前谋局。"①2016 年 2 月 19 日，习近平在党的新闻舆论工作座谈会上的讲话中又再次引用"不谋全局者，不足谋一域"这一清末举人陈澹然《迁都建藩议》里的名句，要求党的新闻工作领导者"自觉在大局下思考、在大局下行动，在围绕中心、服务大局中找到

---

① 习近平：《论坚持全面深化改革》，中央文献出版社 2018 年版，第 43 页。

坐标、找准定位，做到服从服务于党和国家大局不错位"①。习近平还引用战国尸佼《尸子》中的"见骥一毛，不知其状；见画一色，不知其美"，用来说明在"经济大合唱"中"每个部门、每个人都要有整体战略的意识，心朝一处想、劲朝一处使，声朝一处发"②，亦即都应该认识到自己是整体的一部分并自觉地服务于整体。事实上，注重整体的战略思维统驭着习近平新时代中国特色社会主义思想的各个方面。习近平提出的实现中华民族伟大复兴的中国梦、"四个全面"战略布局、五大发展理念、总体国家安全观、构建人类命运共同体理念等，都无不鲜明地体现了这种注重整体的战略思维。

二是革故鼎新的创新思维。崇尚变通、追求创新也是中国传统哲学辩证法思想的鲜明特点。中国传统哲学中充满了"万物皆化"的常变思想，按照这种常变思想，"变化者，乃天地之自然。"（《抱朴子·内篇·黄白》中国古代哲学家们认为，既然变化是天地万物的本性，人们在认识和实践中也应该善于变通、革故鼎新和不断进取。习近平承继了这种崇尚变通、追求创新的辩证思维，并将其创造性地转化为治国理政的创新思维。他引用明末清初王夫之的"新故相推，日生不滞"，说明"全面建成小康社会、全面深化改革、全面依法治国、全面从严治党要继续发力"③。他多次引用汉代桓宽的"明者因时而变，知者随事而制"，由此反对固步自封、因循守旧，要求人们"摒弃不合时宜的旧观念，冲破制约发展的旧框框，让各种发展活力迸发出来"④。他也多次引用《易经》中的"穷则变，变则通，通则久"以及"凡益之道，与时偕行"，希望人们不断解放思想、大胆突破原有体制的束缚，因势利导、与时俱进地进行

① 《习近平关于全面从严治党论述摘编》，中央文献出版社 2016 年版，第 88 页。

② 习近平：《摆脱贫困》，福建人民出版社 1992 年版，第 9 页。

③ 《国家主席习近平发表二〇一七年新年贺词》，《人民日报》2017 年 1 月 1 日第 1 版。

④ 《习近平谈治国理政》第 1 卷，外文出版社 2018 年版，第 330 页。

创新，永葆发展的动能和活力①。他还引用《礼记·大学》中的话勉励青年勇于创新："广大青年一定要勇于创新创造。创新是民族进步的灵魂，是一个国家兴旺发达的不竭源泉，也是中华民族最深沉的民族禀赋，正所谓'苟日新，日日新，又日新'。生活从不眷顾因循守旧、满足现状者，从不等待不思进取、坐享其成者，而是将更多机遇留给善于和勇于创新的人们。"②

　　三是和而不同的和合思维。面对客观世界普遍存在的矛盾，中国传统哲学表现出强调和而不同的鲜明特点。"和"，是指矛盾双方的统一性，亦即它们之间的相互依存、相互贯通和相互转化；"同"，则是指无差别的绝对同一。孔子说："君子和而不同，小人同而不和。"（《论语·子路》）西周史伯则说："和实生物，同则不继。"（《国语·郑语》）因此，和而不同，就是"尚和去同"。习近平充分吸收了这种和而不同、"尚和去同"的辩证思维，并将其创造性地转化为分析和处理国际国内各种矛盾的和合思维。他指出："中华文化崇尚和谐，中国'和'文化源远流长，蕴涵着天人合一的宇宙观、协和万邦的国际观、和而不同的社会观、人心和善的道德观。"③ 他引用庄子的"物之不齐，物之情也"，强调"和而不同是一切事物发生发展的规律"④，并用冯友兰《国立西南联合大学纪念碑碑文》中的"五色交辉，相得益彰；八音合奏，终和且平"以及《三国志·夏侯玄传》中"和羹之美，在于合异"和《左传·昭公二十年》中"若琴瑟之专

---

① 参见习近平：《在纪念中国人民抗日战争暨世界反法西斯战争胜利 69 周年座谈会上的讲话》，《人民日报》2014 年 9 月 4 日第 2 版；《共倡开放包容共促和平发展——在伦敦金融城市长晚宴上的演讲》，《人民日报》2015 年 10 月 23 日第 2 版；《习近平谈治国理政》第 3 卷，外文出版社 2020 年版，第 250 页。

② 《习近平谈治国理政》第 1 卷，外文出版社 2018 年版，第 51 页。

③ 习近平：《论坚持推动构建人类命运共同体》，中央文献出版社 2018 年版，第 106—107 页。

④ 习近平：《在纪念孔子诞辰 2565 周年国际学术研讨会暨国际儒学联合会第五届会员大会开幕会上的讲话》，《人民日报》2014 年 9 月 25 日第 2 版。

壹，谁能听之"的名言，对和而不同的重要性作了说明。他还引用《礼记·中庸》中的"万物并育而不相害，道并行而不相悖"，强调"要尊重文明多样性，推动不同文明交流对话、和平共处、和谐共生，不能唯我独尊、贬低其他文明和民族"[①]。他指出："要积极树立双赢、多赢、共赢的新理念，摒弃你输我赢、赢者通吃的旧思维，'各美其美，美人之美，美美与共，天下大同'"[②]。而按照费孝通先生的阐释，"各美其美，美人之美，美美与共，天下大同"就是在全球范围内坚持和而不同的和合思维的具体表现[③]。

习近平用典中还有许多其他体现中国传统哲学辩证法智慧的名句，如"多言数穷，不如守中。""甘瓜抱苦蒂，美枣生荆棘。""聪者听于无声，明者见于未形。""得其大者可以兼其小。""秉纲而目自张，执本而末自从。""操其要于上，而分其详于下。""独阴不成，独阳不生。""事必有法，然后可成。""大厦之成，非一木之材也；大海之阔，非一流之归也。""蠹众而木折，隙大而墙坏。""千丈之堤，以蝼蚁之穴溃；百尺之室，以突隙之烟焚。""积羽沉舟，群轻折轴。""合抱之木，生于毫末；九层之台，起于累土。""骐骥一跃，不能十步；驽马十驾，功在不舍。锲而舍之，朽木不折；锲而不舍，金石可镂。"习近平对这些名句的引用和阐释，以及他对盲人摸象、郑人买履、坐井观天、掩耳盗铃、揠苗助长、削足适履、画蛇添足等典故的分析和批判，也都体现了他对中国传统哲学辩证法思想的创造性转化和创新性发展。

---

① 习近平：《论坚持推动构建人类命运共同体》，中央文献出版社 2018 年版，第 133 页。
② 习近平：《论坚持推动构建人类命运共同体》，中央文献出版社 2018 年版，第 132—133 页。
③ 参见费孝通：《费孝通全集》第 17 卷（2000—2004），内蒙古人民出版社 2009 年版，第 539 页。

（四）对中国传统哲学知行合一思想的创造性转化和创新性发展

知行观是中国传统哲学的重要内容。中国传统哲学所谓的知，往往既包括"德性之知"即道德意识或道德自觉，也包括"见闻之知"即关于事实的知识；中国传统哲学所谓的行，则"是指人的所有行为实践的总和"，而至明末清初，王夫之进一步把行明确地界定为"实践"①。中国传统哲学知行观素有重行的传统。《尚书》提出，"非知之艰，行之惟艰。"（《尚书·说命中》）孔子认为，真正有学问的人必然懂得如何把知付之于行、能够学以致用。荀子更是儒家重行的代表，他主张"行高于知"，把行视为知的目的和检验知的标准。墨家主张"取名予实"，而其所谓的"实"，既包括实情，也包括实效。道家反对坐而论道，要求人们在实践中"悟道"和"行道"。宋代以后，人们对知行关系作了进一步思考和探索，其中，程颐主张"知先行后"，朱熹主张"知轻行重"，王阳明提出"知行合一"，王夫之主张"行先知后"，等等。

习近平以王阳明的"知行合一"说为切入点，通过对它的创造性转化和创新性发展，批判地继承了中国传统哲学知行观的合理因素并使其发扬光大，形成了新时代具有鲜明特色的中国马克思主义知行观。习近平对王阳明"知行合一"说的创造性转化和创新性发展，主要体现在以下两个方面。

第一，对王阳明"知""行"范畴的改造。

王阳明所谓的知，主要是指"德性之知"即"良知"，如"知爱知敬，知是知非，当恻隐自然恻隐，当羞恶自然羞恶，当辞让自然辞让"②。要理

---

① 参见宋志明：《中国传统知行观综论》，《江南大学学报（人文社会科学版）》2015 年第 4 期。

② 参见陈银峰：《王阳明"知行合一"思想初探》，《丝绸之路》2011 年第 8 期。

解这一点，首先须了解王阳明提出知行合一说的目的。对此，他本人就曾有明确的说明。"问知行合一。先生曰：'此须识我立言宗旨。今人学问，只因知行分作两件，故有一念发动，虽是不善，然却未曾行，便不去禁止。我今说过知行合一，正要人晓得一念发动处，便即是行了。发动处有不善，就将这不善的念克倒了，须要彻根彻底，不使那一念不善潜伏在胸中。此是我立言宗旨。'"（《传习录·黄直录》）可见，王阳明提出"知行合一"说的目的是为了克服各种"不善的念"。这样一来，他所谓的"知行合一"中的"知"主要是指德性之知即良知也就很好理解了。在他看来，作为一种道德意识或道德自觉，良知是道德原则与道德情感的统一，是一种发乎性体的先验知识，它不仅使我们明辨是非，而且使我们"好"是"恶"非。他说："心自然会知，见父自然知孝，见兄自然知弟，见孺子入井自然知恻隐，此便是良知，不假外求。"（《传习录·徐爱录》）这里所说的"自然"，就是强调良知的先验性，亦即认为它是人的内心先天本有、与生俱来的东西，而不是外在环境因素如教育等影响的结果或实践经验的内化。王阳明所谓的行，是指人的一切行为，也包括人的精神活动和心理行为。王阳明说："凡谓之行者，只是着实去做这件事。若着实做学问思辩的工夫，则学问思辩亦便是行矣。学是学做这件事，问是问做这件事，思辩是思辩做这件事，则行亦便是学问思辩矣。若谓学问思辩之，然后去行，却如何悬空先去学问思辩得？行时又如何去得做学问思辩的事？行之明觉精察处，便是知；知之真切笃实处，便是行。"（《答友人问》）按照这种说法，只要"着实去做"，学、问、思辩也皆是行，甚至"一念发动处，便即是行了"（《传习录·黄直录》）。可见，王阳明在把知行混为一谈的同时，也把行主观化了。

习近平对王阳明的"知""行"范畴进行了马克思主义哲学的改造。一是对王阳明"知"的范畴的改造。如前所述，王阳明所谓的知，主要是指"德性之知"即良知。"德性之知"也构成习近平所谓的知的重要内容。在习近平那里，"德性之知"既包括理想信念，也包括道德修养。共产主义的远大理想和中国特色社会主义的共同理想，中国共产党人的初心使命和全心全意为人民服务的宗旨，社会主义核心价值观，政治意识、大局意识、核心意识、看齐意识"四个意识"，道路自信、理论自信、制度自信、文化自信"四个自信"以及共产党员的党性修养以及道德修为，都是习近平特别强调的"德性之知"。可以说，这种"德性之知"是世界观、人生观和价值观的统一。重视"德性之知"，鲜明地体现了习近平对中国传统哲学的知行观、特别是王阳明"知行合一"说的继承和弘扬。但是，习近平从根本上反对了王阳明关于"德性之知"即良知的先验论，认为人们只有通过教育和学习才能获得上述各方面的"德性之知"。因此，习近平强调，要"坚持用马克思主义中国化最新成果武装头脑、凝心聚魂，用理想信念和党性教育固本培元、补钙壮骨，着力教育引导全党坚定理想、坚定信念，增强中国特色社会主义道路自信、理论自信、制度自信、文化自信"①。同时，习近平所谓的知，决不仅限于这种"德性之知"，而是也包括各种"见闻之知"，即通过学习而把握到的各种科学知识和通过实践而掌握的经验知识。在这一点上，习近平对知的理解也克服了王阳明往往把知归结为良知的缺陷，表现出回归中国传统哲学知行观大多将知视为"德性之知"与"见闻之知"的统一的特点。二是对王阳明"行"的范畴的改造。前述表明，王阳明往往知行不分、以知为行并由此把行主观化了。习近平克服了这种对行的唯心主义理解，他所说的行就是人们能动地改造世界的客观实践活动，它不过是对马克思主义哲学的实践范畴所作的一种具有鲜明中国特色的表述。当然，习近平知行观中的"行"也有行动、践行、躬行等意谓，旨在区别于和反对那种仅停留在口头上的形式主义作

---

① 习近平：《在党的十八届六中全会第二次全体会议上的讲话（节选）》，《求是》2017 年第 1 期。

风。而这一点，也体现了习近平知行观对中国传统哲学知行观素来重视行的传统的继承和弘扬。

第二，对王阳明知行关系思想的扬弃。

从总体上看，王阳明反对"知先行后"说，主张知行合一。关于知行合一，王阳明曾用三个命题来加说明：一是"知是行的主意，行是知的工夫"。《传习录》载："爱曰：古人说知行做两个，亦是要人见得分晓，一行做知的功夫，一行做行的功夫，即功夫始有下落。先生曰：此却失了古人宗旨也。某尝说知是行的主意，行是知的功夫。"（《传习录·徐爱录》）按照这一命题，知是行的依据并主导着行，而行则是知的实现和结果，因而知行是合一的。二是"知是行之始，行是知之成"。王阳明认为："知是行之始，行是知之成。若会得时，只说一个知，已自有行在。只说一个行，已自有知在。"（《传习录·徐爱录》）根据这一命题，知是行的开始，行是知的完成，因而知行是合一的。三是"知之真切笃实处即是行，行之明觉精察处即是知"。王阳明说："知之真切笃实处即是行，行之明觉精察处即是知。知行工夫，本不可离，只为后世学者分作两截用功，失却知行本体，故有合一并进之说。"（《答顾东桥书》）这一命题是说，知达到真切笃实的地步就是行，而行表现出明觉精察时就是知，因而知行是合一的。上述王阳明用以说明知行合一的三个命题，都是旨在强调知中有行、行中有知或知离不开行、行也离不开知，而这也正是他所说的"知行合一"的要义。他举例说，"故《大学》指个真知行与人看，说'如好好色，如恶恶臭'。见好色属知，好好色属行，只见那好色时已自好了，不是见了后又立个心去好；闻恶臭属知，恶恶臭属行，只闻那恶臭时已自恶了，不是闻了后别立个心去恶。如鼻塞人虽见恶臭在前，鼻中不曾闻得，便亦不甚恶，亦只是不曾知臭。就是称某人知孝、某人知弟，必是其人已曾行孝、行弟，方可称他知孝、知弟；不成只是晓得说些孝弟的话，便可称为知孝弟。又如知痛，必已自痛了方知痛；知寒，必已自寒了；知饥，必已自饥了。知行

如何分得开?"(《传习录·徐爱录》)

习近平高度重视王阳明的知行合一思想,自 2013 年以来在许多不同的场合多次使用"知行合一"的命题。但是,习近平对王阳明知行合一思想进行了辩证扬弃。与王阳明把"知行合一"视为一个事实命题、认为知行本是合一的看法不同,在习近平那里,"知行合一"是一个规范命题,或者说是对广大党员和干部提出的一项要求。正是这一点,决定了习近平与王阳明的知行合一思想有以下两个方面的根本区别:首先,王阳明认为知行合一是一种必然,而习近平则认为知行合一并非必然。王阳明认为知行本是合一的,因而实际上把知行合一视为一种必然。与此不同,习近平指出并批评了知行关系上的种种错位现象:一是不知不行,即既不认真学习也不努力作为;二是知而不行,即一切停留在口头言语上;三是不知却行,如盲目行动、瞎指挥;四是虽知硬行,如明知故犯、顶风违纪。知行关系上的种种错位现象表明,知行合一并非是必然的。其次,王阳明强调知行合一是一种实然,而习近平则强调知行合一是一种应然。在王阳明那里,既然知行本是合一的,那么,知行合一就是一种事实、一种实然。与此不同,在习近平看来,知行合一是只有通过克服上述各种错位现象才能达致的知行关系的应然状态。他指出,"'知'是基础、是前提,'行'是重点、是关键,必须以'知'促'行'、以'行'促'知',做到知行合一"①。之所以出现上述区别,其根本原因在于习近平对王阳明的"知行合一"命题进行了创造性转化和创新性发展,即把"知行合一"理解为知行统一,并强调在知行关系中行是重点和关键,强调必须以行促知、把思想转化为行动。他说:"我国古人关于知行合一的论述,强调的也是认识和实践的关系。如荀子的'不闻不若闻之,闻之不若见之,见之不若知之,知之不

---

① 中共中央文献研究室、中央党的群众路线教育实践活动领导小组办公室编:《习近平关于党的群众路线教育活动论述摘编》,党建读物出版社、中央文献出版社 2014 年版,第 39 页。

若行之'；西汉刘向的'耳闻之不如目见之，目见之不如足践之，足践之不如手辨之'；宋代陆游的'纸上得来终觉浅，绝知此事要躬行'；明代王夫之的'知行相资以为用'；等等。我们推进各项工作，根本的还是要靠实践出真知。"①由此可见，习近平实际上是以王阳明的知行合一说为切入点而对中国传统哲学知行合一思想进行了创造性转化和创新性发展。

（五）对中国传统哲学民本思想的创造性转化和创新性发展

中国传统哲学中有着独特的民本思想，这种独特的民本思想不仅内容宏富，而且源远流长。它发端于殷周之际，绵延不绝地演进至明清时期，贯穿于整个中国传统哲学的发展过程。"民本思想在商周先秦时代已萌芽、出现；民本主义形成为思想体系，则在汉晋唐时代，到明清日趋完善"②。作为中国传统政治哲学的核心内容，民本思想曾对中国古代社会的发展产生重大影响，它在防范君权滥用、保障民生、缓和社会矛盾、维护社会和谐与稳定方面发挥了重要作用。因此，中国传统哲学的民本思想受到习近平的高度重视。2014 年 2 月，习近平在主持第十八届中央政治局第十三次集体学习时指出，要"深入挖掘和阐发中华优秀传统文化讲仁爱、重民本……的时代价值，使中华优秀传统文化成为涵养社会主义核心价值观的重要源泉"③。2014 年 10 月，习近平在文艺工作座谈会上的讲话中指出，中华民族在长期实践中培育和形成的"重民本"等思想理念，"不论过去还是现在，都有其永不褪色的价值"④。2019 年 5 月，习近平在亚洲文明对话大会开幕式上的主旨演讲中说，"自古以来，中华文明在继承创新

---

① 习近平：《论党的宣传思想工作》，中央文献出版社 2020 年版，第 131 页。
② 陈胜粦：《民本主论纲》，《学术研究》1991 年第 3 期。
③ 《习近平谈治国理政》第 1 卷，外文出版社 2018 年版，第 164 页。
④ 习近平：《坚定文化自信，建设社会主义文化强国》，《求是》2019 年第 12 期。

中不断发展",其"民本理念等在世界上影响深远,有力推动了人类文明发展进程"①。2019 年 10 月,习近平在党的十九届四中全会第二次全体会议上的讲话中说,"中华民族创造了灿烂的古代文明,形成了关于国家制度和国家治理的丰富思想",其中就包括"民贵君轻、政在养民的民本思想","这些思想中的精华是中华优秀传统文化的重要组成部分,也是中华民族精神的重要内容"②。不仅如此,习近平还对中国传统哲学民本思想进行了创造性转化和创新性发展,形成了具有鲜明中国特色的马克思主义民本思想,包括人民主体论和以人民为中心的发展思想。习近平对中国传统哲学民本思想的创造性转化和创新性发展主要表现在以下几个方面。

一是变革了民本思想的历史观基础。中国传统哲学民本思想的核心理念是贵民、敬民、安民、爱民、惠民。习近平用典中的"民惟邦本,本固邦宁"(《尚书·五子之歌》)、"天视自我民视,天听自我民听"(《尚书·泰誓》)、"人视水见形,视民知治不"(司马迁《史记·殷本纪第三》)、"政之所兴在顺民心,政之所废在逆民心"(《管子·牧民》)、"凡治之道,必先富民"(《管子·治国》)、"治政之要在于安民,安民之道在于察其疾苦"(张居正《请蠲积逋以安民生疏》)、"乐民之乐者,民亦乐其乐;忧民之忧者,民亦忧其忧"(《孟子·梁惠王下》)、"善为国者,爱民如父母之爱子、兄之爱弟,闻其饥寒为之哀,见其劳苦为之悲"(刘向《说苑·政理》)、"德莫高于爱民;行莫贱于害民"(《晏子春秋·内篇·问下》)、"圣人无常心,以百姓之心为心"(《老子·四十九章》)、"去民之患,如除腹心之疾"(苏辙《上皇帝书》)、"利民之事,丝发必兴;厉民之事,毫末必去"(万斯大《周官辨非·天官》)、"足寒伤心,民寒伤国"(荀悦《申鉴·政体》)、"治国有常,而利民为本"(《文子·上义》)等,都莫不体现了上述民本思想

①　《习近平谈治国理政》第 3 卷,外文出版社 2020 年版,第 470—471 页。
②　习近平:《坚持和完善中国特色社会主义制度　推进国家治理体系和治理能力现代化》,《求是》2020 年第 1 期。

的核心理念。但是，从总体上看，中国传统哲学民本思想的理论基础是一种英雄史观。在这种民本思想看来，君主爱民，"如父母之爱子、兄之爱弟"，是皇恩浩荡、君主有德和施仁政的表现，君主才是国家兴亡和社会发展的决定力量。与此不同，习近平的民本思想是建立在马克思主义的群众史观基础上的。习近平强调，"人民是历史的创造者，是真正的英雄"①；"人民群众有着无尽的智慧和力量，只有始终相信人民，紧紧依靠人民，充分调动广大人民的积极性、主动性、创造性，才能凝聚起众志成城的磅礴之力"②。

二是重置了民本思想的价值本位。以一定的历史观为基础的民本思想，本身属于社会价值观的范畴，是对于为国者或当政者应该如何对待民众或人民的一种规范性回答。尽管中国传统哲学民本思想以贵民、敬民、安民、爱民、惠民为其核心理念，但它本质上并不是真正以民为本或以民为价值本位的，亦即并没有真的确认民的主体地位、把民视为国家或社会的主人。人们通常认为，《尚书》是中国传统哲学民本思想的源头，但在《尚书》中，君民关系是天命使然，君王只有"用康保民"（《尚书·康诰》），才能体现自己的德性，也才配受天命。因此，《尚书》里所谓的"民惟邦本"，实际上是强调君王要以民作为"邦本"。显然，在这里，君王才是真正的价值本位或国家主人，它所体现的实质上是"君本"而非"民本"。孔子是先秦儒家民本思想的开创者，其"仁政""养民""富民""信民""宽民"思想对后世民本思想有重要影响。但孔子明确主张，"民可使由之，不可使知之"（《论语·泰伯第八》）；"天下有道，则礼乐征伐自天子出；……天下有道，则庶民不议"（《论语·季氏第十六》）。这同样也是不折不扣的"君本"思想。孟子的"民贵君轻"思想常为人们所乐道，但孟子的原话是这

---

① 习近平：《在庆祝中国共产党成立 95 周年大会上的讲话》，《人民日报》2016 年 7 月 2 日第 2 版。

② 《习近平谈治国理政》第 2 卷，外文出版社 2017 年版，第 52 页。

样说的："民为贵，社稷次之，君为轻。是故得乎丘民而为天子，得乎天子为诸侯，得乎诸侯为大夫。"（《孟子·尽心下》）根据这一论述，"贵民"的主体亦即居于价值本位上的乃是最高君王即天子，它表达的同样还是一种"君本"思想。习近平在马克思主义群众史观基础上，从根本上重置了民本思想的价值本位，真正确立了人民作为国家和社会主人的主体地位。党的十八大以来，习近平反复强调"坚持人民主体地位"，强调"江山就是人民、人民就是江山，打江山、守江山，守的是人民的心"，强调"中国共产党根基在人民、血脉在人民、力量在人民"①，强调"必须把人民放在心中最高位置"②，从而使人民真正成为价值本位。

三是转换了民本思想的价值诉求。由其英雄史观和"君本"思想所决定，中国传统哲学民本思想的价值诉求也不是真正为民谋利。孟子曾说："得天下有道，得其民，斯得天下矣；得其民有道，得其心，斯得民矣。"（《孟子·离娄上》）由此可见，孟子之所以强调"贵民"，就是因为在他看来，只有"贵民"，君王才能得民心，进而才能得天下。荀子曾有著名的君民舟水之喻："选贤良，举笃敬，兴孝弟，收孤寡，补贫穷，如是则庶人安政矣。庶人安政，然后君子安位。传曰：'君者舟也，庶人者水也，水则载舟，水则覆舟。'此之谓也。"（《荀子·王制》）显然，虽然这一君民舟水之喻所内含的敬民、安民、惠民思想在客观上能促成一些利民的"仁政"，但它本身的目的却是为了"君子安位"，亦即巩固君王的统治地位。荀子还强调："民不亲不爱，而求其为己用、为己死，不可得也。"（《荀子·君道》）这就说得更明白了：他之所以主张亲民爱民乃是为了用民，他的民本思想所追求的是民为君用、民为君死。管子也是中国传统哲学民本思想的重要代表。他说："夫霸王之所始也，以人为本。"（《管

---

① 《习近平谈治国理政》第 4 卷，外文出版社 2022 年版，第 9 页。
② 《习近平谈治国理政》第 2 卷，外文出版社 2017 年版，第 52 页。

子·霸言》）就是说，如果想要称霸诸侯、夺得天下，就必须以人为本。可见，中国传统哲学民本思想的价值诉求都是为统治阶级的利益服务的，都是"以王道为目的，以民道为手段"①的。习近平依据马克思主义的群众史观以及中国共产党人的初心和使命对中国传统哲学民本思想的价值诉求作了根本转换，牢固坚持了全心全意为人民服务的根本宗旨。习近平特别强调"人民对美好生活的向往，就是我们的奋斗目标"②，强调发展为了人民和发展的成果由人民共享。他在引用《尚书》中的"天视自我民视，天听自我民听"一语时强调，"人民立场是党的根本政治立场，全心全意为人民服务是党的根本宗旨"，"全党同志无论职位高低，都要把人民拥护不拥护、赞成不赞成、高兴不高兴、答应不答应作为衡量一切工作得失的根本标准。我们的工作和决策必须识民情、接地气，以人民利益为重、以人民期盼为念，真诚倾听群众呼声，真实反映群众愿望，真情关心群众疾苦"③。

上述对中国传统哲学天人合一思想、辩证法思想、知行合一思想、民本思想的创造性转化和创新性发展，只是习近平对中国传统哲学智慧创造性转化和创新性发展的主要方面。除此以外，习近平的传统文化用典中还包括"为政篇""治理篇""立德篇""修身篇""笃行篇""劝学篇""任贤篇""天下篇""廉政篇""信念篇""法治篇""文学篇"等多方面的丰富内容④，其中也蕴含着独特而深刻的中国传统哲学智慧，如"大道之行，天下为公"的大同思想、协和万邦的国际观、和而不同的社会观、人心和善的道德观、义利合一的利益观等，习近平同样也对这些方面的中国传统

---

① 唐代兴、左益：《先秦思想札记》，巴蜀书社 2009 年版，第 35 页。

② 《习近平谈治国理政》第 1 卷，外文出版社 2018 年版，第 4 页。

③ 习近平：《在纪念朱德同志诞辰 130 周年座谈会上的讲话》，《人民日报》2016 年 11 月 30 日第 2 版。

④ 参见人民日报评论部编：《习近平用典》，人民日报出版社 2015 年版；《习近平用典》第二辑，人民日报出版社 2018 年版。

哲学智慧进行了创造性转化和创新性发展。所有这些，使得习近平新时代中国特色社会主义思想的世界观和方法论具有鲜明的中国风格，也充分体现了习近平新时代中国特色社会主义思想是"中华文化和中国精神的时代精华"①。

三、对新时代中国特色社会主义道路的哲学探索和哲学表达

习近平新时代中国特色社会主义思想是在新时代继续探索和推进中国特色社会主义道路的过程中形成和不断发展的，也是新时代中国特色社会主义道路的理论建构和理论引领。作为习近平新时代中国特色社会主义思想的哲学基础，习近平新时代中国特色社会主义思想的世界观和方法论是对新时代中国特色社会主义道路的哲学探索和哲学表达。习近平对马克思主义哲学的创造性运用和创新性发展、对中国传统哲学智慧的创造性转化和创新性发展，其目的也都在此。

（一）对中国特色社会主义建设必须坚持的立场观点方法的哲学阐释

2010 年 3 月，习近平在中共中央党校 2010 年春季学期开学典礼上的讲话中，从哲学上系统地阐释了中国特色社会主义理论体系中贯穿的马克思主义立场观点方法。尔后，习近平将这些立场观点方法贯注和运用于新时代中国特色社会主义思想的创立、阐释之中。不仅如此，党的十八大以

---

① 参见《中共中央关于党的百年奋斗重大成就和历史经验的决议》，《人民日报》2021 年11 月 17 日第 1 版。

来，在探索和推进中国特色社会主义道路的过程中，习近平又从不同的角度对这些立场观点方法作了进一步的论述。因此，习近平对中国特色社会主义理论体系中贯穿的马克思主义立场观点方法的哲学阐释，实质上是对中国特色社会建设在任何时候都须臾不能离开的基本遵循的哲学澄明，因而对于新时代中国特色社会主义建设也是完全适用的。

习近平指出，"马克思主义立场观点方法，贯穿于马克思列宁主义、毛泽东思想和中国特色社会主义理论体系之中，是马克思主义科学思想体系的精髓所在"[①]；"只有努力学习和掌握马克思主义立场观点方法，才能从根本上不断提高自己的思想理论水平和辨别是非能力，增强认识世界和改造世界的能力，坚定中国特色社会主义信念和共产主义理想"[②]，把中国特色社会主义事业不断推向前进。中国特色社会主义理论体系中贯穿的马克思主义立场观点方法，也就是中国特色社会主义建设必须坚持的立场观点方法。

中国特色社会主义建设必须坚持的立场，就是马克思主义立场，也就是"始终站在人民大众立场上"[③]。从马克思、恩格斯在《共产党宣言》中明确提出共产党人始终为无产阶级、为绝大多数劳动人民谋利益，到列宁强调党是无产阶级的先进部队和要为人民群众服务、代表他们的利益，再到毛泽东关于共产党人必须全心全意为人民服务的重要思想，都鲜明地体现了这一立场。这一立场也贯穿于中国特色社会主义理论体系。改革开放之初，邓小平就把马克思主义立场贯彻到对社会主义现代建设的根本目标、价值取向的规定之中。他明确地指出，社会主义现代化建设要"代表

---

① 习近平：《深入学习中国特色社会主义理论体系　努力掌握马克思主义立场观点方法》，《求是》2010 年第 7 期。

② 习近平：《深入学习中国特色社会主义理论体系　努力掌握马克思主义立场观点方法》，《求是》2010 年第 7 期。

③ 习近平：《深入学习中国特色社会主义理论体系　努力掌握马克思主义立场观点方法》，《求是》2010 年第 7 期。

着人民的最大的利益、最根本的利益"①，"要把人民拥护不拥护、赞成不赞成、高兴不高兴、答应不答应作为制定方针政策和作出决断的出发点和归宿"②；要把"是否有利于提高人民的生活水平"作为衡量党和国家各项工作成败得失的根本尺度。"三个代表"重要思想和科学发展观更是把"始终代表中国最广大人民的根本利益""实现好、维护好、发展好最广大人民的根本利益"作为保持党的先进性的根本要求与党和国家一切工作的中心任务。可见，人民立场是马克思列宁主义和毛泽东思想的一贯的、根本的立场，也是中国特色社会主义理论体系的根本出发点和落脚点。在此基础上，习近平通过对历史经验的深刻总结和对时代要求的深刻洞察，在新时代条件下明确指出人民立场是党的根本政治立场，认为"在新的长征路上，全党必须牢记，为什么人、靠什么人的问题，是检验一个政党、一个政权性质的试金石。我们要始终把人民立场作为根本政治立场，把人民利益摆在至高无上的地位，不断把为人民造福事业推向前进"③。

中国特色社会主义建设必须坚持的观点，就是马克思主义观点，特别是辩证唯物主义和历史唯物主义的基本观点。其中，最重要的有以下几个观点。

一是关于人类社会发展规律及其历史趋势的观点。马克思主义揭示了人类社会发展的基本规律，即生产关系一定要适合生产力状况的规律以及上层建筑一定要适合经济基础状况的规律，阐明了社会基本矛盾的运动决定着社会主义必然代替资本主义、人类社会必然走向共产主义的深刻道理。中国特色社会主义理论体系依据这一历史唯物主义基本观点，强调社会主义社会超越资本主义社会的历史必然性，它在坚定我们共产主义的理想信念的同时，又在深刻认识和科学把握我国社会主义初级阶段的实际境

---

① 《邓小平文选》第 2 卷，人民出版社 1994 年版，第 163 页。
② 《习近平谈治国理政》第 2 卷，外文出版社 2017 年版，第 5—6 页。
③ 《习近平谈治国理政》第 2 卷，外文出版社 2017 年版，第 52 页。

况与具体国情的基础上提出了中国特色社会主义的共同理想，即把我国建设成为富强、民主、文明、和谐、美丽的社会主义现代化强国，实现中华民族的伟大复兴。中国特色社会主义的共同理想，是共产主义远大理想在我国社会发展特定阶段上的具体化，是其最终实现所必经的历史环节；为中国特色社会主义的共同理想而奋斗，就是为将来实现共产主义最高理想而奋斗。习近平强调："革命理想高于天。没有远大理想，不是合格的共产党员；离开现实工作而空谈远大理想，也不是合格的共产党员。""我们一些同志之所以理想渺茫、信仰动摇，根本的就是历史唯物主义观点不牢固。"①

二是关于物质生产活动是人类社会存在和发展根本前提的观点。马克思主义科学地阐明了物质生产在历史发展与社会生活中的基础地位，认为生产力的发展是人类社会发展的最本质的根源和最始源的动力。中国特色社会主义理论体系牢牢把握并运用这一基本观点，明确主张社会主义的根本任务就是发展生产力、解放生产力，坚持以经济建设为中心，坚持用发展的办法来解决前进中的问题。在总结社会主义建设的正反两方面历史经验基础上，邓小平把解放和发展生产力作为社会主义社会的本质规定，强调发展是硬道理。在推进党的理论创新过程中，江泽民把"始终代表中国先进生产力的发展要求"作为党的先进性建设的根本内容，明确把"发展"与党的时代使命内在地关联起来，提出发展是党执政兴国的第一要务。胡锦涛更是把经济发展作为一切发展的前提，要求加快经济发展方式转变、实现经济社会又快又好发展。习近平指出，"我国改革开放以来的实践充分证明，紧紧扭住解放和发展社会生产力，就能为其他各方面改革提供强大推动"，"在全面深化改革中，我们要坚持发展仍是解决我国所有问题的关键这个重大战略判断，……推动我国社会生产力不断向前发展"②。

---

① 习近平：《关于坚持和发展中国特色社会主义的几个问题》，《求是》2019年第7期。
② 习近平：《论党的宣传思想工作》，中央文献出版社2020年版，第35—37页。

　　三是关于经济政治文化社会协调发展的观点。马克思主义认为，人类社会是一个有机体，社会发展是在社会系统诸要素综合作用、社会生活诸领域相互影响的过程中实现的；要促进社会发展，必须协调好社会系统诸要素、社会生活诸领域之间的关系。从这一重要观点出发，中国特色社会主义理论体系强调社会主义社会是经济政治文化协调发展、社会生活全面进步的社会。早在改革开放之初，邓小平就反复强调要高度重视和精心处理现代化建设各种任务之间的关系，特别是强调物质文明建设和精神文明建设"两手抓"。沿着这一协调发展的总体观，党的十六大在阐述贯彻落实"三个代表"重要思想的要求时，强调要在大力发展生产力的基础上不断促进社会主义物质文明、政治文明和精神文明协调发展。而随着我国社会主义物质文明建设的迅速发展，科学发展观进一步强调要推进全面协调可持续发展，特别是要实现经济与社会协调发展和社会全面进步。新时代我国经济政治文化社会协调发展进入新的历史阶段，面临新的更高的时代要求，需要更加内在、和谐与有机的协调发展。为此，习近平指出，"协调发展是制胜要诀。我们要学会运用辩证法，善于'弹钢琴'，处理好局部和全局、当前和长远、重点和非重点的关系，……着力推动区域协调发展、城乡协调发展、物质文明和精神文明协调发展，推动经济建设和国防建设融合发展"①。

　　四是关于人的全面发展的观点。马克思主义历来认为，人的自由而全面发展是共产主义的本质特征，也是建设社会主义的价值追求。中国特色社会主义理论体系坚持这一基本观点，把促进人的全面发展作为党的执政理念和经济社会发展的根本目标。在改革开放之初，邓小平强调，在坚持以经济建设为中心的同时一定要教育全国人民做到有理想、有道德、有文

---

① 中共中央党史和文献研究院编：《十八大以来重要文献选编》（下），中央文献出版社2018年版，第162页。

化、有纪律，成为全面发展的"四有"新人。江泽民指出，我们建设有中国特色社会主义的各项事业，都要努力促进人的全面发展。胡锦涛指出，树立和落实科学发展观，必须坚持以人为本，推进社会全面进步和人的全面发展。习近平则强调说，要通过"着力解决好发展不平衡不充分问题，大力提升发展质量和效益，更好满足人民在经济、政治、文化、社会、生态等方面日益增长的需要，更好推动人的全面发展、社会全面进步"①。

中国特色社会主义建设必须坚持的方法，就是与马克思主义世界观相统一的方法论，包括唯物辩证的思想方法、实事求是的思想方法、群众路线的工作方法等。

唯物辩证的思想方法，是马克思主义方法论的内核，是中国特色社会主义建设必须坚持的根本思想方法。习近平对唯物辩证思想方法进行了精辟的理论提炼与哲学概括："客观地而不是主观地、发展地而不是静止地、全面地而不是片面地、系统地而不是零散地、普遍联系地而不是孤立地观察事物、分析问题、解决问题，在矛盾双方对立统一的过程中把握事物发展规律，这是学习和掌握唯物辩证思想方法的基本要求。"②中国特色社会主义理论体系特别注重正确认识和把握我国社会的主要矛盾，强调必须把解决这个主要矛盾作为党和国家工作的中心任务，强调构建社会主义和谐社会是一个不断解决社会矛盾的过程，强调辩证看待和正确处理改革发展稳定的关系、先富与共富的关系、计划与市场的关系、社会主义与资本主义的关系、物质文明与精神文明的关系、经济发展与社会发展的关系、发展速度与效益的关系以及人口资源环境的关系，提出和坚持了总揽全局和统筹规划、立足当前和着眼长远、全面推进和重点突破、兼顾各方和综合平衡的统筹兼顾的方法论。习近平强调，我们的事业越是向纵深发展，就

---

① 《习近平谈治国理政》第 3 卷，外文出版社 2020 年版，第 9 页。
② 习近平：《深入学习中国特色社会主义理论体系 努力掌握马克思主义立场观点方法》，《求是》2010 年第 7 期。

越要"学习掌握唯物辩证法的根本方法，不断增强辩证思维能力，提高驾驭复杂局面、处理复杂问题的本领"①。

实事求是是马克思主义的精髓和活的灵魂，也是中国特色社会主义建设必须坚持的根本思想方法。坚持实事求是的思想方法，就是坚持一切从实际出发，反对教条主义和经验主义，坚持理论联系实际来制订方针政策。邓小平指出："搞社会主义一定要遵循马克思主义的辩证唯物主义和历史唯物主义，也就是毛泽东同志概括的实事求是，或者说一切从实际出发。"②"实事"就是客观存在的一切事物，"是"是客观事物变化发展的规律性，"求"就是我们去调查、去研究、去探索和把握客观事物的规律，这是辩证唯物主义认识论的基本原理，既肯定事物变化发展的客观性，又注重发挥人的主观能动性，是"合目的性"与"合规律性"的辩证统一。中国特色社会主义理论体系深刻洞悉我国社会发展的历史阶段与具体国情，坚持改革开放的基本国策，坚持马克思主义中国化，从理论和实践结合上系统回答了处于社会主义初级阶段的中国如何建设社会主义等系列重大理论和实际问题。面对新时代世情和我国国情的重大变化，习近平更是特别强调党和国家各项方针政策的制定都必须牢固坚持实事求是的原则。他指出："实践反复证明，坚持实事求是，就能兴党兴国；违背实事求是，就会误党误国。"③

群众路线，是马克思主义认识论和方法论在中国革命与社会主义建设实践中的创造性运用，也是中国特色社会主义建设必须坚持的根本工作方法，它是中国特色社会主义建设的基本立场即人民立场的必然要求。邓小平提出的"三个有利于"标准，既是对人民立场的强调，也蕴含着群众路线的工作方法。邓小平指出，党只有密切联系和依靠群众，高度重视和认

---

① 习近平：《论党的宣传思想工作》，中央文献出版社 2020 年版，第 129 页。
② 《邓小平文选》第 3 卷，人民出版社 1993 年版，第 118 页。
③ 习近平：《坚持实事求是的思想路线》，《学习时报》2012 年 5 月 28 日第 1 版。

真听取群众的呼声，才能形成坚不可摧的力量，顺利地完成自己的各项任务。群众路线的工作方法也是实践"三个代表"重要思想的内在要求，因为只有始终保持同人民群众的血肉联系，党的路线、方针、政策和各项工作才能真正反映人民群众的要求，党才能成为最广大人民利益的忠实代表。科学发展观强调人民群众是推动科学发展的主体，坚持发展为了人民、发展依靠人民、发展成果由人民共享。因此，贯彻和落实科学发展观，同样也必须坚持群众路线的工作方法。习近平指出，"我们党来自人民、扎根人民、造福人民，全心全意为人民服务是党的根本宗旨，必须以最广大人民根本利益为我们一切工作的根本出发点和落脚点，坚持把人民拥护不拥护、赞成不赞成、高兴不高兴作为制定政策的依据，顺应民心、尊重民意、关注民情、致力民生，既通过提出并贯彻正确的理论和路线方针政策带领人民前进，又从人民实践创造和发展要求中获得前进动力"①。

2022 年 10 月，习近平在党的二十大报告中又明确阐述了新时代中国特色社会主义思想中所贯穿的立场观点方法，亦即六个"坚持"：一是坚持人民至上，即始终站稳人民立场、把握人民愿望、尊重人民创造、集中人民智慧，形成人民所需要的理论，使之成为指导人民认识世界和改造世界的强大思想武器；二是坚持自信自立，即坚信中国的问题必须从中国基本国情出发并由中国人自己来解答，坚定"四个自信"，以更加积极的历史担当和创造精神为发展马克思主义作出新的贡献；三是坚持守正创新，即以科学的态度对待科学、以真理的精神追求真理，满腔热忱地对待新生事物，不断深化和拓展认识，不断推进理论创新和实践创新；四是坚持问题导向，即强化问题意识，聚焦国际国内各种重大问题，不断提出真正解决问题的新理念新思路新办法；五是坚持系统观念，即用普遍联系的、全面系统的、发展变化的观点看问题，通过历史看现实、透过现象看本质，

---

① 《习近平谈治国理政》第 3 卷，外文出版社 2020 年版，第 182 页。

把握好全局和局部、当前和长远、宏观和微观、主要矛盾和次要矛盾、特殊和一般的关系，不断提高辩证思维能力；六是坚持胸怀天下，即拓展世界视野，顺应人类发展进步潮流，积极回应各国人民普遍关切，为解决人类面临的共同问题作出贡献，以广博胸襟借鉴吸收人类文明成果，推动建设更加美好的世界①。习近平在这里所阐述的新时代中国特色社会主义思想中所贯穿的立场观点方法与上述他所阐释的中国特色社会主义建设必须坚持的立场观点方法是根本一致的，可以说，前者是他在新时代治国理政实践中对后者的创造性运用。例如，坚持人民立场，就必须在实际工作中始终坚持人民至上；坚持唯物辩证的思想方法，就必须坚持自信自立、守正创新、问题导向、系统观念和胸怀天下。当然，习近平新时代中国特色社会主义思想中所贯穿的立场观点方法本身也构成一个有机的体系，其中的每一个方面都有着丰富的内涵，必须结合习近平新时代中国特色社会主义思想的世界观和方法论各个方面的内容来加以理解和把握。

通过上述对中国特色社会主义建设必须坚持的立场观点方法的哲学阐释，以及对新时代中国特色社会主义思想中所贯穿的立场观点方法的论述，习近平厘清了新时代中国特色社会主义建设的基本遵循，为新时代中国特色社会主义道路指明了前进的方向。

（二）对中国特色社会主义新时代社会主要矛盾及其破解路径的哲学审思

党的十八大以后，以习近平同志为核心的党中央立足于我国社会发展实际，正确把握到我国社会主要矛盾发生了根本变化，从而作出了中国特

---

① 参见习近平：《高举中国特色社会主义伟大旗帜　为全面建设社会主义现代化国家而团结奋斗——在中国共产党第二十次全国代表大会上的报告》，《人民日报》2022年10月26日第1版。

色社会主义进入新时代的重大科学判断。正是基于中国特色社会主义新时代社会主要矛盾发生了根本变化这一客观现实以及解决我国社会主要矛盾的客观需要，以习近平同志为主要代表的中国共产党人创立了习近平新时代中国特色社会主义思想。可以说，对新时代我国社会主要矛盾及其破解路径的哲学审思构成了习近平新时代中国特色社会主义思想的理论内核。

习近平对新时代我国社会主要矛盾的哲学审思具有广阔的历史视野，它是立足于中华民族伟大复兴的历史进程来观察和思考新时代我国社会主要矛盾的变化及其重大意义的。党的十九届六中全会《决议》结合党的百年奋斗历程对此作了系统阐释。根据这一决议的阐述，党的百年奋斗历程，就是不断探索我国社会主要矛盾及其破解路径、由此不断推进中华民族伟大复兴并取得重大成就的过程。这一历程表明，党的百年奋斗史，就是不断解决我国社会主要矛盾并由此不断实现马克思主义中国化伟大飞跃的历史。

近代中国社会主要矛盾是帝国主义和中华民族的矛盾以及封建主义和人民大众的矛盾。因此，在新民主主义革命时期，党面临的主要任务是反帝反封建，争取中华民族的独立和中国人民的解放，为实现中华民族伟大复兴创造根本社会条件。为了解决这一矛盾和完成这一任务，以毛泽东同志为主要代表的中国共产党人创立了毛泽东思想，实现了马克思主义中国化的第一次伟大飞跃。而在毛泽东思想的指引下，党领导人民取得了新民主主义革命和社会主义革命的胜利，实现了中华民族站起来的伟大飞跃。

社会主义改造完成后，党的八大对我国社会主要矛盾作出了新的判断，认为国内主要矛盾已经不再是阶级矛盾，而"已经是人民对于建立先进的工业国的要求同落后的农业国的现实之间的矛盾，已经是人民对于经济文化迅速发展的需要同当前经济文化不能满足人民需要的状况之间的矛盾"①。此后

---

① 参见《中国共产党第八次全国代表大会关于政治报告的决议》，人民出版社1956年版，第4页。

一个时期，党和国家的工作所取得的成就和出现的重大失误都是与是否坚持了党的八大对这一时期我国社会主要矛盾的科学判断紧密相关的。党的十一届三中全会以后，党明确我国社会的主要矛盾是人民日益增长的物质文化需要同落后的社会生产之间的矛盾。为了解决这一矛盾、完成这一任务，以邓小平、江泽民、胡锦涛同志为主要代表的中国共产党人先后创立了邓小平理论、"三个代表"重要思想和科学发展观，形成了中国特色社会主义理论体系，实现了马克思主义中国化的第二次历史飞跃。而在这一理论的指引下，党领导人民进行改革开放与社会主义现代化建设并取得重大成就，实现了中华民族从站起来到富起来的伟大飞跃。

进入新时代以后，我国社会主要矛盾又发生了根本变化。经过30多年的改革开放和现代化建设，我国经济总量发生飞跃性变化，社会物质文明建设取得了巨大历史成就，实现了总体小康、奔向全面小康的历史性跨越。因此，我国社会的主要矛盾已不再是人民日益增长的物质文化需要同落后的社会生产之间的矛盾。在新的历史发展阶段，能否敏锐地认识到我国社会主要矛盾的根本变化、准确地把握新时代我国社会主要矛盾，关系到能否在新时代继续推进中国特色社会主义和中华民族复兴的伟大事业。正是基于继续推进中国特色社会主义和中华民族复兴的伟大事业的高度责任感和使命感，习近平在党的十九大报告中对新时代我国社会主要矛盾作出了科学判断和概括。习近平指出："中国特色社会主义进入新时代，我国社会主要矛盾已经转化为人民日益增长的美好生活需要和不平衡不充分的发展之间的矛盾。"① 可以说，正是为了解决这一新时代社会主要矛盾、实现中华民族伟大复兴的宏伟目标，以习近平同志为主要代表的中国共产党人创立了习近平新时代中国特色社会主义思想，实现了马克思主义中国化的新的飞跃，而在它的指引下，中华民族伟大复兴迎来了新的历史飞

---

① 《习近平谈治国理政》第3卷，外文出版社2020年版，第9页。

跃——从富起来到强起来的伟大飞跃。

习近平对新时代我国社会主要矛盾的哲学审思，不仅体现在对新时代我国社会主要矛盾的深刻分析上，而且还表现为对于如何破解这一矛盾的战略谋划。显然，在新时代我国社会主要矛盾中，不平衡不充分的发展乃是矛盾的主要方面，因此，破解这一矛盾的关键，就在于解决发展的不平衡不充分问题、实现我国社会生活各个方面的更平衡、更充分的发展。正如习近平所指出："我国社会主要矛盾的变化是关系全局的历史性变化，对党和国家工作提出了许多新要求。我们要在继续推动发展的基础上，着力解决好发展不平衡不充分问题，大力提升发展质量和效益，更好满足人民在经济、政治、文化、社会、生态等方面日益增长的需要，更好推动人的全面发展、社会全面进步。"① 可以说，谋求新时代经济、政治、文化、社会、生态等各个方面更平衡更充分的发展、努力满足人民日益增长的美好生活需要，构成了习近平新时代中国特色社会主义思想全部内容的主题。党的十九届六中全会决议从坚持党的全面领导等十三个方面阐述了习近平新时代中国特色社会主义思想的科学体系，而上述主题像一根红线一样贯穿于习近平新时代中国特色社会主义思想的各个方面之中。

在经济建设方面，习近平反复强调，发展仍然是解决我国一切问题的基础和关键，是"解决一切问题的总钥匙"②。同时，他也特别强调必须推进我国经济的高质量发展。而为了实现我国经济的高质量发展，习近平在党的十八届五中全会第二次全体会议上的讲话中明确提出了创新、协调、绿色、开放、共享五大发展理念。其中，"创新"注重的是解决发展动力问题，也可以说是解决发展不充分的问题。以往我国经济之所以存在发展

---

① 《习近平谈治国理政》第 3 卷，外文出版社 2020 年版，第 9 页。

② 习近平：《论坚持推动构建人类命运共同体》，中央文献出版社 2018 年版，第 435 页。

不充分的问题，其根本原因之一在于它主要是依靠资源和低成本劳动力等要素投入来实现的。确立创新发展理念，就是要使发展动力从主要依靠资源和低成本劳动力等要素投入转向创新驱动。"协调"注重的是解决发展不平衡问题。以往我国经济发展水平比较低下，在相当一段时间里的主要任务是实现高速发展，结果出现了区域发展、城乡发展、行业或产业发展之间的不平衡问题。确立协调发展理念，就是要消除这些不平衡问题，实现不同区域之间、城乡之间、不同行业或产业之间的协调发展。"绿色"注重的是解决人与自然和谐问题。习近平指出，在新时代，我国必须"坚定走生产发展、生活富裕、生态良好的文明发展道路"[1]。"开放"注重的是解决发展内外联动问题，即"发展更高层次的开放型经济，以扩大开放带动创新、推动改革、促进发展"[2]。"共享"注重的是解决社会公平正义问题，即努力解决分配不公以及"收入差距、城乡区域公共服务水平差距较大"问题，通过"作出更有效的制度安排，使全体人民朝着共同富裕方向稳步前进"[3]。总之，贯彻新发展理念，就是"必须实现创新成为第一动力、协调成为内生特点、绿色成为普遍形态、开放成为必由之路、共享成为根本目的的高质量发展"[4]。

习近平指出，要满足人民日益增长的美好生活需要，在推进我国经济高质量发展的同时，还必须大力推进政治建设、法治建设、文化建设、社会建设、生态文明建设等各个方面的工作。其中，在政治建设方面，

---

[1]　习近平：《在党的十八届五中全会第二次全体会议上的讲话（节选）》，《求是》2016年第1期。

[2]　习近平：《在党的十八届五中全会第二次全体会议上的讲话（节选）》，《求是》2016年第1期。

[3]　习近平：《在党的十八届五中全会第二次全体会议上的讲话（节选）》，《求是》2016年第1期。

[4]　《中共中央关于党的百年奋斗重大成就和历史经验的决议》，《人民日报》2021年11月17日第1版。

习近平强调必须坚持人民当家作主,"积极发展全过程人民民主"①。在法治建设方面,习近平指出,必须坚持全面依法治国,"保障和促进社会公平正义"②。在文化建设方面,习近平强调,要坚持以人民为中心的导向,弘扬社会主义核心价值观,继承和发扬中华民族优秀传统文化,把最好的精神食粮奉献给人民,不断丰富人民精神世界、增强人民精神力量,不断提升国家文化软实力。在社会建设方面,习近平强调,要顺应人民群众对美好生活的向往,加强和创新社会治理,持续提升人民获得感、幸福感、安全感,朝着实现全体人民共同富裕的目标稳步迈进。在生态文明建设方面,习近平强调,绿水青山就是金山银山,山水林田湖是一个生命共同体,必须自觉推进绿色发展,努力满足人民对更优美环境的追求。

总之,习近平对中国特色社会主义新时代社会主要矛盾及其破解路径作了深刻的哲学审思,由此不仅推进了对我国社会主要矛盾及其变化的认识、丰富和发展了马克思主义社会主义矛盾学说,而且对新时代中国特色社会主义道路作了哲学筹划和哲学建构,并由此勾画了新时代中国特色社会主义发展的战略图景。

---

① 《中共中央关于党的百年奋斗重大成就和历史经验的决议》,《人民日报》2021 年 11 月 17 日第 1 版。

② 《中共中央关于党的百年奋斗重大成就和历史经验的决议》,《人民日报》2021 年 11 月 17 日第 1 版。

第一编

新时代辩证唯物论的新发展

第 一 章

新时代的实事求是论

实事求是是习近平新时代中国特色社会主义思想的鲜明特色，它体现在习近平新时代中国特色社会主义思想理论体系的各个方面。实事求是不仅是习近平新时代中国特色社会主义思想的基本精神，而且也是其重要理论主题。实事求是论构成了习近平新时代中国特色社会主义思想最根本的辩证唯物论基础。习近平的实事求是论承继了自毛泽东以来的中国马克思主义哲学的实事求是思想，同时又赋予其新的理论内涵，实现了对中国马克思主义哲学实事求是思想的创造性运用和创新性发展。在习近平看来，作为党的思想路线，实事求是是马克思主义的精髓和灵魂，是党的基本思想方法、工作方法和领导方法，也是党的思想作风和工作作风。

一、实事求是是马克思主义的精髓和灵魂

习近平指出，"马克思、恩格斯没有直接用过'实事求是'这个词汇，但他们创立的辩证唯物主义和历史唯物主义，突出强调的就是实事求是。实事求是，是毛泽东同志用中国成语对辩证唯物主义和历史唯物主义世界观和方法论所作的高度概括"，它是"马克思主义的精髓和灵魂"①。

---

① 习近平：《坚持实事求是的思想路线》，《学习时报》2012 年 5 月 28 日第 1 版。

（一）实事求是是马克思主义世界观与方法论的高度统一

"实事求是"一语，源出于东汉史学家班固所撰《汉书·景十三王传》。在该书中，班固称河间献王刘德"修学好古，实事求是"①。唐代学者颜师古注"实事求是"为"务得事实，每求真是也"，意思是说，做学问务必掌握充分的事实材料，以求得正确的结论。清代初年，顾炎武大力倡导实事求是的学风，反对空谈心性、轻视实务的虚浮态度，主张经世致用，对清代学术产生重要影响，实事求是也因此成为清代学者普遍推崇和广泛运用的治学方法，乾嘉学派甚至把他们的训诂考据称为"实事求是之学"。清代著名学者钱大昕说："通儒之学，必自实事求是始。"②另一位清代著名学者阮元也说："余之说经，推明古训，实事求是而已，非敢立异也。"③到了近代，郭嵩涛、郑观应、梁启超等一批学者也经常用"实事求是"来概括西方学术的基本精神。由此可见，在中国传统文化中，"实事求是"的思想源远流长，但它主要是被作为一种治学态度和治学方法而为人们所重视和强调。

在把马克思主义基本原理同中国革命具体实际相结合、探寻中国革命道路的过程中，毛泽东对中国传统文化中的"实事求是"的思想进行了提炼、改铸和重塑，并实际上将其确立为党的思想路线。他指出，实事求是实质上是对待马克思主义理论的应有态度，即马克思主义的态度。所谓马克思主义的态度，就是要有目的地去研究马克思主义理论，就是为着解决中国革命的理论和策略问题而去从马克思主义理论寻找立场观点方法。"这种态度，就是实事求是的态度。'实事'就是客观存在着的一切事物，'是'就是客观事物的内部联系，即规律性，'求'就是我们去研究。我们要从

---

① 班固:《汉书·景十三王传》(卷五十三)，中华书局 1962 年版，第 2410 页。

② 钱大昕:《潜研堂文集》，上海古籍出版社 1989 年版，第 421 页。

③ 阮元:《揅经室集·自序》，中华书局 1993 年版，第 1 页。

国内外、省内外、县内外、区内外的实际情况出发，从其中引出其固有的而不是臆造的规律性，即找出周围事变的内部联系，作为我们行动的向导。而要这样做，就须不凭主观想象，不凭一时的热情，不凭死的书本，而凭客观存在的事实，详细地占有材料，在马克思列宁主义一般原理的指导下，从这些材料中引出正确的结论。"① 在这一论述中，毛泽东揭示了"实事求是"的三层基本含义：一是一切从实际出发，包括认识事物、制定路线方针政策、开展各项工作等等都要从实际情况出发；二是理论联系实际，即"在马克思主义的一般原理的指导下"去分析研究来自客观实际的材料，得出正确的结论；三是用关于"周围事变的内部联系"的知识即真理性的认识"作为我们行动的向导"、指导实践活动并在实践中检验和发展真理。这样，实事求是既是马克思主义世界观和方法论的根本要求，也是共产党人应有的思想方法和工作方法，同时还是党的思想作风和工作作风。由此，毛泽东赋予"实事求是"以全新的内涵，将其由历史上的一种治学态度和治学方法创造性地转化为党的思想路线。根据毛泽东对"实事求是"的提炼和概括，1982 年中国共产党第十二次全国代表大会通过的新党章对党的实事求是的思想路线作了完整的表述，这就是：一切从实际出发，理论联系实际，实事求是，在实践中检验真理和发展真理。

之所以说实事求是是"马克思主义的精髓和灵魂"，是因为它是马克思主义世界观与方法论的高度统一，突出地体现了唯物主义的科学态度与辩证方法的统一，体现了客观规律性与主观能动性的统一，也体现了主观与客观、认识与实践的具体的历史的统一。首先，实事求是强调客观事物具有不以人的意志为转移的运动变化规律，要求人们尊重客观事实、尊重客观规律，坚持了马克思主义的彻底的唯物主义即辩证唯物主义和历史唯物主义的根本立场。其次，实事求是要求人们充分发挥主观能动性，即在

---

① 《毛泽东选集》第 3 卷，人民出版社 1991 年版，第 801 页。

正确的理论指导下积极探求客观事物的规律，努力实现主观与客观、认识与实践的具体的历史的统一，坚持了马克思主义的能动反映论。再次，实事求是要求人们用关于客观事物及其发展规律的真理性认识指导实践，并在实践中检验真理和发展真理，坚持了马克思主义的实践观和真理观。总之，实事求是内在地融合着马克思主义的唯物论、辩证法、实践观、规律观和能动反映论，是彻底的唯物论与彻底的辩证法的有机整体。

（二）实事求是的思想路线的丰富和发展

党的实事求是的思想路线是在马克思主义中国化过程中形成的，也是随着马克思主义中国化事业的推进而不断充实、丰富和发展的。实事求是是马克思主义的精髓和灵魂，突出和生动地表现为它是中国马克思主义的精髓和灵魂。习近平指出："实事求是作为党的思想路线，它始终是马克思主义中国化理论成果的精髓和灵魂，即是毛泽东思想的精髓和灵魂，是包括邓小平理论、'三个代表'重要思想以及科学发展观在内的中国特色社会主义理论体系的精髓和灵魂。"①

实事求是的思想路线是毛泽东在领导中国革命和建设过程中通过把马克思主义的普遍原理与中国革命具体实际相结合而确立起来的。"马克思、恩格斯创立了辩证唯物主义和历史唯物主义的思想路线，毛泽东同志用中国语言概括为'实事求是'四个大字。"② 实事求是也是毛泽东思想的核心内容和精神实质，毛泽东思想就是在同背离实事求是的思想路线的各种错误倾向作不懈斗争的过程中形成和发展起来的。因此，邓小平反复强调"实事求是"是"毛泽东思想的出发点、根本点"，是"毛泽东思想的精

---

① 习近平：《坚持实事求是的思想路线》，《学习时报》2012年5月28日第1版。
② 《邓小平文选》第2卷，人民出版社1994年版，第278页。

髓"①。习近平指出："毛泽东思想活的灵魂是贯穿其中的立场、观点、方法，它们有三个基本方面，这就是实事求是、群众路线、独立自主。"②。

在改革开放和社会主义现代化建设的新时期，以邓小平同志为主要代表的中国共产党人结合时代特征和党的实践经验，对党的思想路线进行了新的概括，在重申"实事求是"原则的同时为党的思想路线增添了"解放思想"这一新的重要内容。正是由于坚持了解放思想、实事求是的思想路线，邓小平领导全党成功地突破了"两个凡是"的禁锢和姓"资"、姓"社"的困扰，开辟了一条中国特色社会主义的现代化道路。因此，江泽民多次强调，"解放思想，实事求是，是建设有中国特色社会主义理论的精髓"，是"邓小平理论的精髓"③。习近平指出，"我们纪念邓小平同志，就要学习他始终坚持实事求是的理论品质。实事求是，是邓小平同志一生最重要的思想特点。""邓小平同志坚持党的思想路线，坚持一切从实际出发，常说自己是'实事求是派'，反复强调'拿事实来说话'"。"邓小平同志最鲜明的思想和实践特点，就是从实际出发、从世界大势出发、从国情出发，始终坚持我们党一贯倡导的实事求是、群众路线、独立自主。"④

进入新世纪以后，以江泽民同志为主要代表的中国共产党人对发生了巨大变化的国际国内形势进行了周密分析，在提出和系统阐述"三个代表"重要思想的同时，给党的思想路线注入了"与时俱进"这一新的内涵。把与时俱进与解放思想、实事求是并提，是对党的思想路线更完整、更全面、更富于时代特征的新概括。解放思想、实事求是、与时俱进，是使我

---

① 《邓小平文选》第 2 卷，人民出版社 1994 年版，第 114、126 页。

② 习近平：《在纪念毛泽东同志诞辰 120 周年座谈会上的讲话》，《人民日报》2013 年 12 月 27 日第 2 版。

③ 中共中央文献研究室编：《江泽民论有中国特色社会主义（专题摘要）》，中央文献出版社 2002 年版，第 13、17 页。

④ 习近平：《在纪念邓小平同志诞辰 110 周年座谈会上的讲话》，《人民日报》2014 年 8 月 21 日第 2 版。

们党保持先进性的决定性因素，是"三个代表"重要思想的精髓。习近平指出："解放思想、实事求是、与时俱进，是马克思主义活的灵魂，是我们适应新形势、认识新事物、完成新任务的根本思想武器。"①

党的十六大以后，以胡锦涛同志为主要代表的中国共产党人高举马克思列宁主义、毛泽东思想、邓小平理论和"三个代表"重要思想的伟大旗帜，认真研究和回答中国特色社会主义现代化建设中的新问题，不断推进党的理论创新，形成了以人为本、全面协调可持续发展的科学发展观这一重大战略思想，并给党的思想路线注入了"求真务实"这一新的内涵。科学发展观本身也集中体现了解放思想、实事求是、与时俱进、求真务实的要求。习近平指出，"解放思想、实事求是、与时俱进、求真务实"是"科学发展观最鲜明的精神实质"②。

习近平认为，作为马克思主义的精髓和灵魂，实事求是的思想路线虽然在其发展过程中不断地被注入新的理论内涵，但其本身是一个有机整体。就是说，作为实事求是的思想路线的构成方面，解放思想、实事求是、与时俱进、求真务实是内在统一的。

首先，实事求是是党的思想路线的核心。纵观党的思想路线的发展过程，可以看出，实事求是的原则就像一根红线一样贯穿其中，而解放思想、与时俱进和求真务实的要求则是结合新的时代条件对实事求是原则的进一步发挥。其中，解放思想的要求内在地体现着实事求是的原则，解放思想就是为了更好地做到实事求是。习近平指出："解放思想的目的在于更好实事求是。"③同样，与时俱进和求真务实的要求也内在地体现着

---

① 中共中央文献研究室编：《十八大以来重要文献选编》（上），中央文献出版社 2014 年版，第 115 页。

② 习近平：《全面贯彻落实党的十八大精神要突出抓好六个方面工作》，《求是》2013 年第·1 期。

③ 习近平：《在庆祝海南建省办经济特区 30 周年大会上的讲话》，《人民日报》2018 年 4 月 14 日第 2 版。

实事求是的原则。与时俱进是以发展的眼光对实事求是原则的创造性运用。习近平强调说："坚持实事求是不是一劳永逸的，在一个时间一个地点做到了实事求是，并不等于在另外的时间另外的地点也能做到实事求是，在一个时间一个地点坚持实事求是得出的结论、取得的经验，并不等于在变化了的另外的时间另外的地点也能够适用。"①面对变化了的客观实际情况，如果我们的思想和观念不能与时俱进，坚持实事求是就会成为一句空话。求真务实则是在各项实际工作中坚持实事求是原则的具体表现。习近平指出，只有坚持求真务实，才会避免在实际工作上出现各种违背实事求是原则的错误。

其次，解放思想是实事求是的前提。实事求是的根本要求之一，就是一切从实际出发。然而，客观实际是不断变化发展着的，人们的思想认识落后于客观实际的情形是经常发生的，它必然会这样那样地妨碍着人们做到一切从实际出发。因此，在任何时候，要做到实事求是，就必须解放思想。习近平指出，解放思想与实事求是本身是辩证统一的，解放思想就是要求我们的思想认识冲破各种过时的观念和偏见的束缚，改变那种不接受新事物的因循守旧的精神状态，使我们的思想更符合客观实际，"只有解放思想，才能真正做到实事求是；只有实事求是，才是真正解放思想。"② 只有不断地解放思想，不断地研究新情况、解决新问题，把思想认识从各种不合时宜的观念、做法和体制的束缚中解放出来，才能始终正确地把握不断变化发展着的客观实际，使实事求是的要求落到实处。如果因循守旧、思想僵化、只知道"唯书""唯上"，是根本不可能做到实事求是的。

再次，与时俱进是实事求是的内在要求。"与时俱进，就是党的全部

---

① 习近平:《在纪念毛泽东同志诞辰 120 周年座谈会上的讲话》,《人民日报》2013 年 12 月 27 日第 2 版。

② 习近平:《坚持实事求是的思想路线》,《学习时报》2012 年 5 月 28 日第 1 版。

理论和工作要体现时代性，把握规律性，富于创造性。"① 在新的时代条件下，坚持实事求是，就要根据新的时代特点和时代要求继续大力推进马克思主义中国化，不断深化对共产党执政规律、社会主义建设规律和人类社会发展规律的认识，勇于理论创新、实践创新、制度创新、文化创新以及其他各方面创新，从而做到与时俱进，使党在理论上、思想上永远站在时代的前列，使党的全部工作都做到体现时代性、把握规律性和富于创新性。习近平强调，"实事求是永无止境，解放思想也永无止境"，我们要在与时俱进中不断地开拓马克思主义理论发展的新境界，"用发展着的马克思主义指导新的实践，始终坚持真理、修正错误，勇于变革、勇于创新，永不僵化、永不停滞，不为任何风险所惧，不被任何干扰所惑，在深入研究新情况、不断解决新问题的实践中努力开创各项工作新局面"②。

最后，求真务实是实事求是的作风保证。坚持实事求是不能仅停留在口头上，更不能表里不一、说一套做一套，而必须落实到行动上。把实事求是的原则落实到实际工作中就要做到求真务实："求真"就是要按照解放思想、实事求是、与时俱进的要求，在各项实际工作中不断"求是"，即在全面了解和把握实际的基础上不断探索和总结规律，使提出的工作思路、方案、举措符合实际情况、符合客观规律；"务实"就是在符合客观规律的正确认识指导下努力实践和行动，就是扎实工作、真抓实干和不断开拓进取，就是把各种理想、蓝图、规划、方案和设想转化为实实在在的工作业绩。只有在实际工作中真正做到求真务实，才能把实事求是落到实处。正因如此，胡锦涛强调："求真务实，是辩证唯物主义和历史唯物主义一以贯之的科学精神，是我们党的思想路线的核心内容，也是党的优良

---

① 江泽民：《全面建设小康社会，开创中国特色社会主义事业新局面——在中国共产党第十六次全国代表大会上的报告》，《求是》2002 年第 22 期。

② 习近平：《坚持实事求是的思想路线》，《学习时报》2012 年 5 月 28 日第 1 版。

传统和共产党人应该具备的政治品格。"① 习近平更明确地指出："领导干部一定要求真务实，大力弘扬我们党优良的思想作风和工作作风，讲老实话、办老实事、做老实人，这是坚持实事求是的作风保证。"②

（三）实事求是是中国革命和建设事业的制胜法宝

正因为实事求是是马克思主义的精髓和灵魂，所以习近平把实事求是提到兴党兴国之魂的高度来认识和强调。他指出，我们党是靠实事求是起家和不断发展壮大的，我们党的历史表明，什么时候坚持实事求是，党和人民的事业就能够顺利发展；什么时候离开了实事求是，党和人民的事业就会遭受挫折。"实践反复证明，坚持实事求是，就能兴党兴国；违背实事求是，就会误党误国。"③ 这一重要论述，是对党的历史上正反两方面经验教训的深刻总结。

中国新民主主义革命的曲折发展过程，是党的实事求是的思想路线的形成和确立过程，也是实事求是思想路线在与各种"左"倾和右倾错误路线作斗争中逐渐取得胜利的过程。对此，1945 年党的六届七中全会通过的《关于若干历史问题的决议》曾作过较系统的阐述。决议在总结建党以后特别是党的六届四中全会至遵义会议前这一段党的历史及其经验教训时强调说："一切政治路线、军事路线和组织路线之正确或错误，其思想根源都在于它们是否从马克思列宁主义的辩证唯物论和历史唯物论出发，是否从中国革命的客观实际和中国人民的客观需要出发。"④《决议》指出，

---

① 胡锦涛：《大力弘扬求真务实精神大兴求真务实之风继续深入开展党风廉政建设和反腐败斗争》，《人民日报》2004 年 1 月 13 日第 1 版。

② 习近平：《坚持实事求是的思想路线》，《学习时报》2012 年 5 月 28 日第 1 版。

③ 习近平：《坚持实事求是的思想路线》，《学习时报》2012 年 5 月 28 日第 1 版。

④ 《毛泽东选集》第 3 卷，人民出版社 1991 年版，第 987 页。

各种"左"倾和右倾错误路线的代表，"他们的思想根源乃是主观主义和形式主义"，"他们的'理论'和实际脱离，他们的领导和群众脱离，他们不是实事求是，而是自以为是"，因而多次使中国革命遭受惨重的损失；与此相反，"毛泽东同志在土地革命战争时期所规定的政治路线、军事路线和组织路线，正是他根据马克思列宁主义的普遍真理，根据辩证唯物论和历史唯物论，具体地分析了当时国内外党内外的现实情况及其特点，并具体地总结了中国革命的历史经验，特别是一九二四年至一九二七年革命的历史经验的光辉的成果。"①"由于坚持了正确的马克思列宁主义的路线，并向一切与之相反的错误思想作了胜利的斗争，党才在三个时期中取得了伟大的成绩，达到了今天这样在思想上、政治上、组织上的空前的巩固和统一，发展为今天这样强大的革命力量，有了一百二十余万党员，领导了拥有近一万万人民、近一百万军队的中国解放区，形成为全国人民抗日战争和解放事业的伟大的重心。"②也正是由于坚持了这条"正确的马克思列宁主义的路线"即实事求是的思想路线，以毛泽东同志为主要代表的中国共产党人，把马克思主义基本原理同中国具体实际相结合，开辟了农村包围城市、武装夺取政权的正确革命道路，创立了毛泽东思想，为夺取新民主主义革命胜利指明了正确方向。

新中国成立后，以毛泽东同志为主要代表的中国共产党人坚持实事求是的思想路线，努力把马克思主义基本原理同中国具体实际进行"第二次结合"，对中国社会主义革命和建设道路进行了艰辛的探索，提出了一系列关于社会主义革命和建设的重要思想，不仅丰富和发展了毛泽东思想，而且制定和实施了一系列正确的方针政策，创造了社会主义革命和建设的伟大成就，为实现中华民族伟大复兴奠定了根本政治前提和制度基础，为

---

① 《毛泽东选集》第 3 卷，人民出版社 1991 年版，第 987 页。
② 《毛泽东选集》第 3 卷，人民出版社 1991 年版，第 953 页。

在新的历史时期开创中国特色社会主义提供了宝贵经验、理论准备和物质基础。然而，从 1958 年开始，党和国家的政治生活中先后出现了"大跃进"运动、人民公社化运动、反右派斗争扩大化等严重背离实事求是思想路线的错误。特别是毛泽东偏离了他本人亲自提出的实事求是的思想路线，对当时我国阶级形势以及党和国家政治状况作了完全错误的估计，提出"以阶段斗争为纲"，发动和领导了"文化大革命"，而林彪、江青两个反革命集团利用毛泽东的错误，进行了大量祸国殃民的罪恶活动，酿成了十年内乱，使中国社会主义事业遭受了严重挫折和损失。

"文化大革命"结束后，以邓小平同志为主要代表的中国共产党人强调实事求是是毛泽东思想的精髓，旗帜鲜明反对"两个凡是"的错误观点，支持和领导开展真理标准问题的讨论，推动进行各方面的拨乱反正。在邓小平的领导下，党的十一届三中全会恢复和重新确立了实事求是的思想路线，停止使用"以阶级斗争为纲"的错误提法，确定把全党工作的着重点转移到社会主义现代化建设上来，作出实行改革开放的重大决策，实现了党的历史上具有深远意义的伟大转折。40 多年来，遵循这条在实践中不断丰富和发展的实事求是的思想路线，以邓小平、江泽民、胡锦涛、习近平同志为主要代表的中国共产党人坚持把马克思主义基本原理同不同时期中国具体实际相结合，相继创立了邓小平理论、"三个代表"重要思想、科学发展观和习近平新时代中国特色社会主义思想，形成并不断发展了中国特色社会主义理论体系，深刻回答了什么是社会主义和怎样建设社会主义、建设什么样的党和怎样建设党、实现什么样的发展和怎样发展，以及新时代坚持和发展什么样的中国特色社会主义、怎样坚持和发展中国特色社会主义、建设什么样的社会主义现代化强国和怎样建设社会主义现代化强国、建设什么样的长期执政的马克思主义政党和怎样建设长期执政的马克思主义政党等重大时代课题，不断开辟中国马克思主义理论发展的新境界，而且带领人民不断取得中国特色社会主义建设新成就，迎来了中华民族伟大复兴的光明前景。

总之，作为马克思主义的精髓和灵魂，实事求是的思想路线是我们党领导人民不断取得革命和建设成就的制胜法宝，是保证党和国家事业健康发展的关键。因此，习近平强调："全党同志要坚持解放思想、实事求是、与时俱进、求真务实，在实践中认识真理、把握规律，用发展着的马克思主义指导新的实践，用新的实践丰富和发展马克思主义，努力开创事业发展新局面、马克思主义发展新境界。"①

二、实事求是是党的思想方法、工作方法和领导方法

党的思想路线首先是作为思想方法起作用的。思想方法是人们在一定世界观指导下观察、研究事物和现象、分析和解决问题所遵循的方式方法，它是由世界观转化而来的。实事求是是党的思想路线，首先就表现为它是党的基本思想方法。所以，习近平指出："实事求是是马克思主义的精髓，是我们共产党人的重要思想方法。我们过去取得的一切成就都是靠实事求是。今天，我们要把中国特色社会主义事业继续推向前进，还是要靠实事求是。"②

（一）实事求是是党的思想方法

作为党的基本思想方法，实事求是是与主观主义根本对立的。正如前

---

① 习近平：《在纪念胡耀邦同志诞辰 100 周年座谈会上的讲话》，《人民日报》2015 年 11 月 21 日。
② 习近平：《在纪念朱德同志诞辰 130 周年座谈会上的讲话》，《人民日报》2016 年 11 月 30 日。

述，主观主义就是中国革命史上各种"左"倾和右倾错误的思想根源，是那些"左"倾和右倾路线代表者的思想方法。主观主义有两种表现形式：一种是教条主义，另一种是经验主义。"教条主义的特点，是不从实际情况出发，而从书本上的个别词句出发。它不是根据马克思列宁主义的立场和方法来认真研究中国的政治、军事、经济、文化的过去和现在，认真研究中国革命的实际经验，得出结论，作为中国革命的行动指南，再在群众的实践中去考验这些结论是否正确；相反地，它抛弃了马克思列宁主义的实质，而把马克思列宁主义书本上的若干个别词句搬运到中国来当做教条，毫不研究这些词句是否合乎中国现时的实际情况。"①经验主义则从狭隘的经验出发，满足于个人的局部经验，把它们当作到处可以使用的教条，不懂得理论的作用，不承认"没有革命的理论，就不会有革命的运动"，轻视对马克思主义理论的学习和运用。"经验主义和教条主义的出发点虽然不同，但是在思想方法的本质上，两者却是一致的。他们都是把马克思列宁主义的普遍真理和中国革命的具体实践分割开来；他们都违背辩证唯物论和历史唯物论，把片面的相对的真理夸大为普遍的绝对的真理；他们的思想都不符合于客观的全面的实际情况。"②在这里，教条主义的错误并不在于它重视书本、重视马克思主义理论，而在于它把马克思主义理论甚至把马克思主义本本上的个别词句当作抽象的教条，当作在任何情况下都适用、可以解决一切问题的灵丹妙药，不懂得马克思主义的原理原则只是我们行动的指南，不懂得必须结合中国的实际来运用马克思主义理论；经验主义的错误也不在于它重视经验，而在于它仅仅重视和满足于自己狭隘的经验，不懂得必须以马克思主义的普遍原理作为行动的指南。教条主义和经验主义都背离了一切从实际出发、理论联系实际的原则和要求，都

---

① 《毛泽东选集》第 3 卷，人民出版社 1991 年版，第 988 页。
② 《毛泽东选集》第 3 卷，人民出版社 1991 年版，第 989 页。

是与实事求是相对立的、必须予以坚决摒弃和克服的错误思想方法。

　　作为两种根本对立的思想方法，实事求是与主观主义体现了对于马克思主义的两种截然相反的态度。对此，毛泽东在《改造我们的学习》一文中作过深刻的分析和论述。毛泽东指出，在中国革命的历史上，对待马克思列宁主义有两种相互对立的态度：一种是主观主义的态度。"在这种态度下，就是抽象地无目的地去研究马克思列宁主义的理论。不是为了要解决中国革命的理论问题、策略问题而到马克思、恩格斯、列宁、斯大林那里找立场，找观点，找方法，而是为了单纯地学理论而去学理论。不是有的放矢，而是无的放矢。"① 这种态度"违背了马克思、恩格斯、列宁、斯大林所谆谆告诫人们的一条基本原则：理论和实际统一"②。另一种是"马克思列宁主义的态度"。"在这种态度下，就是要有目的地去研究马克思列宁主义的理论，要使马克思列宁主义的理论和中国革命的实际运动结合起来，是为着解决中国革命的理论问题和策略问题而去从它找立场，找观点，找方法的。这种态度，就是有的放矢的态度。'的'就是中国革命，'矢'就是马克思列宁主义。我们中国共产党人所以要找这根'矢'，就是为了要射中国革命和东方革命这个'的'的。这种态度，就是实事求是的态度。"③ 毛泽东还强调说，实事求是的态度即理论和实践统一的态度，它是共产党员起码应该具备的态度，而"反科学的反马克思列宁主义的主观主义的方法"是共产党的大敌，是工人阶级的大敌，是人民的大敌；只有打倒了主观主义，马克思列宁主义的真理才会抬头，革命才会胜利④。正是根据以上论述，习近平说："毛泽东同志还把实事求是形象地比喻为'有的放矢'。我们要坚持用马克思主义的'矢'去射中国革命、建设、改革

---

① 《毛泽东选集》第 3 卷，人民出版社 1991 年版，第 799 页。
② 《毛泽东选集》第 3 卷，人民出版社 1991 年版，第 798 页。
③ 《毛泽东选集》第 3 卷，人民出版社 1991 年版，第 801 页。
④ 参见《毛泽东选集》第 3 卷，人民出版社 1991 年版，第 800—801 页。

的'的'。"①

（二）实事求是是党的工作方法和领导方法

实事求是是党的基本思想方法，必然也是党的工作方法和领导方法，因为工作方法和领导方法不过是思想方法在实际工作或领导工作中的具体运用。事实上，习近平常常是将实事求是作为党的基本思想方法、工作方法和领导方法并提的。例如，他说："实事求是，是马克思主义的根本观点，是中国共产党人认识世界、改造世界的根本要求，是我们党的基本思想方法、工作方法、领导方法。"②

实事求是是党的根本工作方法。中国共产党历来重视工作方法，强调党的工作方法对于坚守初心、担当使命、实现目标、完成任务的极端重要性。早在1934年，毛泽东在《关心群众生活，注意工作方法》一文中就曾形象地说："我们不但要提出任务，而且要解决完成任务的方法问题。我们的任务是过河，但是没有桥或没有船就不能过。不解决桥或船的问题，过河就是一句空话。不解决方法问题，任务也只是瞎说一顿。"③因此，在领导中国革命和建设的长期实践中，中国共产党不断总结实践经验，不断探索和形成了多样化的行之有效的工作方法，如群众路线的工作方法、统筹兼顾的工作方法、调查研究的工作方法、批评与自我批评的工作方法，等等。而作为党的根本工作方法，实事求是是贯穿于这些具体的工作方法的基本精神和灵魂。例如，群众路线的工作方法的基本内容是从

---

① 习近平:《在纪念毛泽东同志诞辰120周年座谈会上的讲话》,《人民日报》2013年12月27日第2版。

② 习近平:《在纪念毛泽东同志诞辰120周年座谈会上的讲话》,《人民日报》2013年12月27日第2版。

③ 《毛泽东选集》第1卷,人民出版社1991年版,第139页。

群众中来、到群众中去。对此，毛泽东曾作了精辟的阐述：在我党的一切工作中，凡是正确的领导，必须坚持从群众中来、到群众中去，即将群众的分散的、无系统的意见集中起来，形成一定的方针政策，又到群众中去作宣传解释，将其化为群众的意见，使群众在实践中坚持下去，并在群众实践中检验这些方针政策是否正确，然后再把群众的意见集中起来，把经过完善的方针政策再到群众中坚持下去，"如此无限循环，一次比一次地更正确、更生动、更丰富"①。群众是党的工作对象，是一切社会实践的主体，群众的意见、需要、愿望和追求是党的工作所面临的最大实际。"从群众中来"，就是从实际出发；"到群众中去"，就是在群众实践中检验和发展真理。因此，从群众中来、到群众中去的群众路线的工作方法，不仅是党的群众观点的具体实践，而且也鲜明地体现了实事求是的基本精神。再如，统筹兼顾也内在地体现着实事求是的精神。习近平指出，新中国成立前后，毛泽东就提出了统筹兼顾、"弹钢琴"等思想方法和工作方法。他引用毛泽东的话说："弹钢琴要十个指头都动作，不能有的动，有的不动。但是，十个指头同时都按下去，那也不成调子。要产生好的音乐，十个指头的动作要有节奏，要互相配合。党委要抓紧中心工作，又要围绕中心工作而同时开展其他方面的工作。我们现在管的方面很多，各地、各军、各部门的工作，都要照顾到，不能只注意一部分问题而把别的丢掉。凡是有问题的地方都要点一下，这个方法我们一定要学会。"②显然，要学会和做到统筹兼顾，首先必须对全局及全局中的中心工作和各部门工作的客观实际有全面了解，需要求得中心工作与各部门工作的内在联系之"是"，简言之，首先必须做到实事求是。

实事求是是党的根本工作方法，突出地体现在党的领导工作中。党

---

① 《毛泽东选集》第 3 卷，人民出版社 1991 年版，第 899 页。

② 《习近平在省部级主要领导干部学习贯彻党的十八届五中全会精神专题研讨班上的讲话》，《人民日报》2016 年 5 月 10 日第 2 版。

的工作主要是领导工作，因而实事求是也是党的根本领导方法。毛泽东在《关于领导方法的若干问题》一文中指出："我们共产党人无论进行何项工作，有两个方法是必须采用的，一是一般和个别相结合，二是领导和群众相结合。"① 这里所说的"领导和群众相结合"的方法，即"正确的领导意见只能从群众中集中起来又到群众中坚持下去的"方法，也就是前述从群众中来、到群众中去的群众路线的工作方法。毛泽东正是在这篇文章中论述群众路线的工作方法，也就是说，毛泽东是将群众路线的工作方法作为党的领导方法来加以强调的，因此，群众路线的工作方法所体现的实事求是的精神，实际上是党的领导方法应该具有的基本精神。2016 年，习近平就学习毛泽东《党委会的工作方法》作出重要批示，要求各级党委特别是其主要负责人重温这篇文章。《党委会的工作方法》是 1949 年 3 月毛泽东在党的七届二中全会结束时所作的总结讲话的一部分，它所说的党委会的工作方法实际上就是党的领导方法。毛泽东在该文中阐述了十二种工作方法或领导方法，包括"要善于当'班长'""要把问题摆到桌面上来""'互通情报'""不懂得和不了解的东西要问下级，不要轻易表示赞成或反对""学会'弹钢琴'""要'抓紧'""胸中有'数'""'安民告示'""'精兵简政'""注意团结那些和自己意见不同的同志一道工作""力戒骄傲"和"划清两种界限"，这些方法都内含着实事求是的要求。例如，关于"不懂得和不了解的东西要问下级，不要轻易表示赞成或反对"的工作方法，毛泽东解释说，中央有些文件起草后压下暂时不发，就是因为其中还有些问题没有弄清楚，需要先征求下级的意见；我们切不可强不知以为知，要"不耻下问"，要善于倾听下面干部的意见，先做学生然后再做先生，先向下面干部请教然后再下命令。再如，关于"胸中有'数'"的工作方法，毛泽东指出，对情况和问题一定要注意到它们的数量方面，要有基本的数

① 《毛泽东选集》第 3 卷，人民出版社 1991 年版，第 897 页。

量的分析，比如说，要进行土地改革，对于地主、富农、中农、贫农各占人口多少，各有多少土地，这些数字就必须了解，才能据以定出正确的政策①。在上述两例中，无论是强调要"善于倾听下面干部的意见"，还是强调"对情况和问题一定要注意到它们的数量方面"，其目的都是为了做到实事求是。

实事求是之所以成为党的根本领导方法，是由于实事求是是党的思想路线和基本思想方法，同时也与党的领导工作的性质密切相关。党的领导工作的核心内容是决策。而要作出科学决策，就必须始终坚持实事求是。习近平指出："决策是一个提出问题、分析问题、解决问题的过程。为了防止和克服决策中的随意性及其造成的失误，提高决策的科学化水平，必须把调查研究贯穿于决策的全过程，真正成为决策的必经程序。该通过什么调研程序决策的事项，就要严格执行相关调研程序，不能嫌麻烦、图省事。对本地区、本部门事关改革发展稳定全局的问题，应坚持做到不调研不决策、先调研后决策。提交讨论的重要决策方案，应该是经过深入调查研究形成的，有的要有不同决策方案作比较。特别是涉及群众切身利益的重要政策措施出台，要采取听证会、论证会等形式，广泛听取群众意见。"②习近平强调必须把调查研究贯穿于决策的全过程，也就是强调决策必须始终坚持从客观实际出发，亦即必须始终坚持实事求是。

习近平指出，从总体上看，当前我们党能够贯彻执行实事求是的思想路线。广大党员干部自觉以实事求是的思想路线指导工作，坚持解放思想、实事求是、与时俱进、开拓创新，在不同领域和战线取得了显著的成绩，积累了很多新的经验，展示了共产党人追求进步、追求真理的科学态度和良好形象。但是，也要清醒地看到，一些党员和干部在坚持实事求是

---

① 参见毛泽东：《党委会的工作方法》，《毛泽东选集》第 4 卷，第 1440—1444 页。

② 习近平：《谈谈调查研究》，《学习时报》2011 年 11 月 21 日第 1 版。

的思想路线方面还做得很不够，在思想方法、工作方法和领导方法上还存在一些必须引起重视的问题。例如，有的因循守旧、固步自封，思想和工作明显落后于客观形势的要求；有的机关作风严重，长期呆在办公室里，不愿下基层，没有或很少接触群众，不了解基层和实际情况，不接"地气"；有的还是固守从本本出发的教条主义思维方式，只唯上、唯书，就是不唯实；有的为了迎合或满足某种需要，满嘴假话、空话、大话，甚至弄虚造假；有的不喜欢听真话、实话，不愿意择善而从、承认和改正错误；有的明哲保身，怕担风险，对错误的东西听之任之；有的不按客观规律办事，急功近利，急于求成甚至蛮干、瞎干。凡此种种，都严重违背了实事求是的要求，都没有遵循实事求是的思想方法、工作方法和领导方法，必须坚决予以纠正和克服。

（三）坚持实事求是的基本路径

习近平还深刻阐述了如何坚持和遵循实事求是的思想方法、工作方法和领导方法的问题。在他看来，在实践中坚持和遵循实事求是的思想方法、工作方法和领导方法，要着力做好以下几个方面。

第一，坚持实事求是，首先必须全面地了解和把握"实事"。习近平认为，坚持实事求是，最基础的工作在于搞清楚"实事"，亦即了解实际、掌握实情。为此，必须对实际情况作深入、系统和细致的调查研究。"只有通过调查研究，努力掌握全面、真实、丰富、生动的第一手材料，真正搞清楚本地区本部门本单位的实际情况，真正搞清楚影响改革发展稳定的突出问题，真正及时了解人民群众的所思所盼，我们才能真正掌握客观实际中的'实事'，做到耳聪目明、心中有数。"① 他指出，重视调查研究，

---

① 习近平：《坚持实事求是的思想路线》，《学习时报》2012 年 5 月 28 日第 1 版。

是我们党在革命、建设、改革各个历史时期做好领导工作的重要传家宝。"回顾我们党的发展历程可以清楚地看到，什么时候全党从上到下重视并坚持和加强调查研究，党的工作决策和指导方针符合客观实际，党的事业就顺利发展；而忽视调查研究或者调查研究不够，往往导致主观认识脱离客观实际、领导意志脱离群众愿望，从而造成决策失误，使党的事业蒙受损失。"① 他说，现在的通信手段越来越发达，获取信息的渠道越来越多，但都不能代替领导干部亲力亲为的调查研究，因为直接与基层干部群众接触，面对面地了解情况和商讨问题，对领导干部在认识上和感受上所起的作用与间接听汇报、看材料是不同的。他还特别强调，领导干部不仅要重视调查研究，而且要学习和掌握正确方法，努力提高调查研究水平和成效。他指出，调查研究的目的之一是要把事情的真相和全貌搞清楚，因而必须深入实际、深入基层、深入群众，多层次、多方位、多渠道地调查了解情况，既要调查机关，又要调查基层；既要调查干部，又要调查群众；既要解剖典型，又要了解全局；既要到工作局面好和先进的地方去总结经验，又要到困难较多、情况复杂、矛盾尖锐的地方去研究问题。其中，基层、群众、重要典型和困难的地方，应成为调研重点，要花更多时间去了解和研究。同时，搞调研要带着问题下去，尽力掌握调研活动的主动权，调研中可以有"规定路线"，但还应有"自选动作"，看一些没有准备的地方，搞一些不打招呼、不作安排的随机性调研，力求准确、全面、深透地了解情况，避免出现"被调研"现象，防止调查研究走过场。只有这样去调查研究，才能获得在办公室难以听到、不易看到和意想不到的新情况，找出解决问题的新视角、新思路和新对策。

习近平着重强调，了解实际、掌握实情，最为重要的是要清醒认识和准确把握我国社会主义初级阶段的基本国情。我国社会主义初级阶段的基

---

① 习近平：《谈谈调查研究》，《学习时报》2011 年 11 月 21 日第 1 版。

本国情，最突出的特点是人口多、底子薄和发展很不平衡。比如说，我国有 14 亿多人口，其中的半数人口又在农村，因此，当我们考虑我国城镇化问题的时候，虽然我们也应该学习和借鉴国外城镇化的有关经验，但决不能简单照搬其他国家的做法。又比如，与西方发达资本主义国家相比较，我国实行的是社会主义制度，又属于发展中国家，社会制度和经济文化发展水平很不相同，因此，在推进改革和发展时，我们既要借鉴那些适合我们的东西，又要鉴别和摒弃那些不适合我们的东西。再比如，虽然现在我国经济总量居世界第二位，但我国人均国内生产总值仍然较低，发展过程中不平衡不协调不可持续的问题非常突出，因此，我们固然要充分肯定我们已经取得的成就、充分认识到我们继续前进的坚实基础，也要特别清醒地认识到发展过程中存在的困难和问题。"我们推进改革发展、制定方针政策，都要牢牢立足社会主义初级阶段这个最大实际，都要充分体现这个基本国情的必然要求，坚持一切从这个基本国情出发。任何超越现实、超越阶段而急于求成的倾向都要努力避免，任何落后于实际、无视深刻变化着的客观事实而因循守旧、固步自封的观念和做法都要坚决纠正。"①

第二，坚持实事求是，必须深入探索和掌握事物发展的规律。习近平指出："坚持实事求是，关键在于'求是'，就是探求和掌握事物发展的规律。"②他强调，我们作决策、办事情、谋发展，都要认识规律、遵循规律；能否按客观规律办事，是决定我们的各项工作特别是领导工作能否掌握主动权和得失成败的关键所在。他之所以特别重视学习和掌握马克思主义，强调马克思主义是领导干部工作制胜的看家本领，就是因为"马克思主义揭示了事物的本质、内在联系及发展规律，是'伟大的认识工具'，

① 《习近平谈治国理政》第 1 卷，外文出版社 2018 年版，第 26 页。
② 习近平：《坚持实事求是的思想路线》，《学习时报》2012 年 5 月 28 日第 1 版。

是人们观察世界、分析问题的有力思想武器"①。同时，他也特别强调要在马克思主义的指导下深入探索和把握各个方面、各个领域的规律，如人类社会发展规律、社会主义建设规律、共产党执政规律、经济发展规律、社会主义市场经济规律、社会运行和治理规律、改革规律、创新发展规律、世界转型过渡期国际形势的演变规律、文艺工作规律、宣传思想工作规律、思想政治工作规律、高校党建工作规律、教育和人才成长规律、教书育人规律、学前教育规律、学生成长规律、教师成长发展规律、思政课建设规律、高级任职教育院校建设规律、干部成长规律和干部教育培训规律、青少年成长规律、社会公益事业建设规律、城市建设和发展规律、乡村建设规律、生态文明建设规律、生态系统规律、马克思主义政党建设规律、管党治党规律、宪法法律发展规律、立法规律、司法规律、公安工作规律、金融规律、统计工作规律、知识分子工作规律、群团工作规律、大数据发展规律、人工智能发展规律、互联网规律、网络空间发展和治理规律、科研规律、科技管理规律、科技创新规律、技术发展和转移规律、科技人才成长和发展规律、农业科技规律、经济建设和国防建设协调发展规律、网信军民融合规律、现代军队建设规律、部队党的建设规律、军事教育规律、军事科研规律、军事训练规律、现代战争规律、战争指导规律、战略力量运用规律、集团军建设管理和作战运用规律、世界足球发展规律，等等。

习近平指出，实践是人们获取关于客观规律的认识的基本途径，要认识和把握客观规律，就必须勇于并善于实践。"在实践中积累经验、进行理论升华，再用以指导实践、推动实践，在实践中使认识得到检验、修正、丰富和发展，这是认识客观规律的根本途径，也是把握客观规律的必由之路。"② 在他看来，作为实践活动的必要准备和实践过程的内在环节，

---

① 习近平：《论党的宣传思想工作》，中央文献出版社 2020 年版，第 219—220 页。

② 习近平：《坚持实事求是的思想路线》，《学习时报》2012 年 5 月 28 日第 1 版。

调查研究对于人们认识和把握各个方面、各个领域的规律极其重要。他强调说，调查研究包括调查与研究两个方面、两个环节。衡量调查研究工作成效如何、搞得好不好，不是看调查研究在多大规模上开展、经历了多长时间或调研报告写得如何，而要看调查研究是否管用、是否真正有助于解决工作中的问题。而要真正把问题解决好，就必须在调查的基础上进行深入研究。他指出，就目前的实际情况看，领导干部开展调查研究尚存在各类问题，既有调查不够方面的问题，也有研究不够方面的问题，而研究不够的问题可能更为突出。比如说，有的人下去转了一圈，带了一堆材料回来，写个报告汇报一下就了事；有的人既不听调研汇报也不看调研材料，更谈不上在调查的基础上做研究。这种调查多研究少、材料多分析少的所谓的调查研究，是什么问题也解决不了的。"我们要充分认识到，调查研究的根本目的是解决问题，调查结束后一定要进行深入细致的思考，进行一番交换、比较、反复的工作，把零散的认识系统化，把粗浅的认识深刻化，直至找到事物的本质规律，找到解决问题的正确办法。"① 他强调说，各级领导干部在调查研究中都应该像毛泽东所要求的那样，对调查得来的大量而零碎的材料进行去粗取精、去伪存真、由此及彼、由表及里的分析和思考，透过纷繁复杂的现象抓住事物的本质，从事物的表面联系中发现其内在的规律，由此作出正确的决策。

习近平说："为什么理论与实际必须联系而不能互相脱离呢？因为理论是从实践中产生的，理论是否正确还要接受实践检验并要在实践中得到丰富和发展；同时，理论只有与实际紧密联系，才能发挥对实践的指导作用，实现自身的价值和意义。"② 为此，习近平特别强调以下两个方面：

一方面，理论工作者必须自觉坚持以马克思主义为指导，深入研究当

---

① 习近平：《谈谈调查研究》，《学习时报》2011 年 11 月 21 日第 1 版。
② 习近平：《坚持实事求是的思想路线》，《学习时报》2012 年 5 月 28 日第 1 版。

今中国和世界的经济、文化、社会等各个领域的重大问题，对这些问题作出科学的理论解释，并为解决这些问题提供正确的方案，真正成为理论联系实际的理论家。习近平特别告诫说，我们应该认真研究马克思主义经典著作、运用世界社会主义运动的历史经验，但我们决不能脱离中国具体实际而盲目地照抄照搬；同时，我们也要研究西方经济学、政治学等各方面的理论和资本主义经济发展的经验，分析和借鉴其中的有益成分，但同样也不能离开中国具体实际而盲目照搬照套。他认为，无论是照搬照抄经典著作和世界社会主义运动的历史经验，还是照搬照套西方理论和资本主义经济发展的经验，都是背离理论联系实际原则的。他特别强调要大力推进实践基础上的理论创新、深入推动马克思主义同当代中国发展的具体实际相结合、不断开辟二十一世纪马克思主义发展新境界，强调要加快构建中国特色哲学社会科学。他指出："我国哲学社会科学应该以我们正在做的事情为中心，从我国改革发展的实践中挖掘新材料、发现新问题、提出新观点、构建新理论，加强对改革开放和社会主义现代化建设实践经验的系统总结，加强对发展社会主义市场经济、民主政治、先进文化、和谐社会、生态文明以及党的执政能力建设等领域的分析研究，加强对党中央治国理政新理念新思想新战略的研究阐释，提炼出有学理性的新理论，概括出有规律性的新实践。这是构建中国特色哲学社会科学的着力点、着重点。"①

另一方面，实际工作者特别是领导干部必须努力学习和运用马克思主义理论。"领导干部一定要打牢马克思主义理论功底，这是坚持实事求是的理论基础。道理很清楚，没有科学理论功底，不掌握科学的世界观和方法论，就不能透过事物的现象看本质，就不能把握事物的内在联系，就容易陷于盲目性、片面性、被动性，也就很难做到实事求是。"②他指出，广

---

① 习近平：《论党的宣传思想工作》，中央文献出版社 2020 年版，第 232—233 页。
② 习近平：《坚持实事求是的思想路线》，《学习时报》2012 年 5 月 28 日第 1 版。

大领导干部要弘扬理论联系实际的优良学风，不仅要重视和加强对马克思主义理论的学习，更要学会运用马克思主义立场观点方法分析和解决在实际工作上遇到的各种问题，注重借鉴历史经验教训，同时不断总结新鲜经验，不断增强工作的原则性、系统性、预见性、主动性和创造性。

第四，坚持实事求是，必须坚持为了人民利益坚持真理、修正错误。如前所述，党的实事实是的思想路线的核心内容之一是"在实践中检验真理和发展真理"。在实践中检验真理和发展真理，必然要求坚持真理、修正错误。只有坚持真理、修正错误，才能不断发展真理。坚持真理、修正错误，既是在实践中检验和发展真理的客观需要，也是遵循党的宗旨、坚守党的立场的必然要求。习近平多次强调，全心全意为人民服务是党的根本宗旨，人民立场是党的根本政治立场，中国共产党人的初心和使命就是为中国人民谋幸福、为中华民族谋复兴，因此，我们要始终把人民放在心中最高位置。他说："全心全意为人民服务，是我们党一切行动的根本出发点和落脚点，是我们党区别于其他一切政党的根本标志。党的一切工作，必须以最广大人民根本利益为最高标准。检验我们一切工作的成效，最终都要看人民是否真正得到了实惠，人民生活是否真正得到了改善，人民权益是否真正得到了保障。"①。既然党没有任何自己的特殊利益、一切以人民根本利益为最高标准，就没有必要掩饰缺点、回避问题、文过饰非，就必须为了人民利益坚持真理、修正错误。正如习近平所说，"坚持实事求是，就要坚持为了人民利益坚持真理、修正错误。要有光明磊落、无私无畏、以事实为依据、敢于说出事实真相的勇气和正气，及时发现和纠正思想认识上的偏差、决策中的失误、工作中的缺点，及时发现和解决

---

① 习近平：《在纪念毛泽东同志诞辰 120 周年座谈会上的讲话》，《人民日报》2013 年 12 月 27 日第 2 版。

存在的各种矛盾和问题，使我们的思想和行动更加符合客观规律、符合时代要求、符合人民愿望。"①

　　必须坚持为了人民利益坚持真理、修正错误，是党的百年奋斗所取得的一条重要经验。中国共产党之所以伟大，不在于其从不犯错误，而在于其富于自我革命精神，善于从错误中学习并勇于改正错误。在百年党史上，在新民主主义革命时期，党曾在指导思想上纠正了各种"左"右倾错误，特别是陈独秀右倾机会主义错误和王明"左"倾教条主义错误，使中国革命走上了正确道路。党的十一届三中全会后，党又在总结历史经验的基础上纠正了以往一个时期"以阶级斗争为纲"的错误，彻底否定了"文化大革命"，使中国社会主义建设走上了健全发展的轨道。党的十八大以来，以习近平同志为核心的党中央深入推进党的建设新的伟大工程，以前所未有的巨大勇气和决心进行党风廉政建设和反腐败斗争，解决了许多长期想解决而没有解决的问题和顽疾，消除了党、国家、军队内部存在的一些随时都可能导致严重后果的隐患，使管党治党方面令人忧虑的宽松软状况得到了根本扭转，推动党和国家事业取得历史性成就、发生了历史性变革。因此，习近平在中共第十九届中央纪律检查委员会第六次全会上的讲话中指出："一百年来，党外靠发展人民民主、接受人民监督，内靠全面从严治党、推进自我革命，勇于坚持真理、修正错误，勇于刀刃向内、刮骨疗毒，保证了党长盛不衰、不断发展壮大。"②党的百年奋斗及其所取得的伟大成就表明，只要坚持为了人民利益坚持真理、修正错误，党就能永远立于不败之地。

---

① 习近平：《在纪念毛泽东同志诞辰 120 周年座谈会上的讲话》，《人民日报》2013 年 12 月 27 日第 2 版。
② 《习近平谈治国理政》第 4 卷，外文出版社 2022 年版，第 549—550 页。

三、实事求是是党的思想作风和工作作风

思想作风是人们在一定的世界观、人生观和价值观的指导下形成的人生态度、思想境界和精神风貌，而工作作风则是思想作风在实际工作中的具体表现。作为党的思想路线，实事求是不仅是党的思想方法、工作方法和领导方法，而且也是党的思想作风和工作作风。

（一）求真务实：实事求是的思想作风和工作作风

实事求是的思想作风和工作作风，集中地表现为思想行为上的求真务实，它是辩证唯物主义和历史唯物主义的世界观及其所决定的人生观和价值观的必然要求。

习近平指出："领导干部一定要求真务实，大力弘扬我们党优良的思想作风和工作作风，讲老实话、办老实事、做老实人，这是坚持实事求是的作风保证。坚持求真务实，既要在'求真'上下功夫，更要在'务实'上做文章，尤其要做到讲实情、出实招、办实事、求实效。"[1]这一论述表明，讲实情、出实招、办实事、求实效是作为求真与务实之有机统一的求真务实的具体表现，也是新时代党的思想作风和工作作风建设的重点。

"讲实情，就是讲事物的本来面貌，讲真话、讲真理。"[2]按照习近平的这一论述，讲实情，首先是要讲事物的本来面貌。而要讲事物的本来面貌，首先必须认识和把握事物的本来面貌。对于领导干部来说，要认识和把握事物的本来面貌，就必须重视和开展调查研究。正如前述，调查研

---

[1] 习近平：《坚持实事求是的思想路线》，《学习时报》2012 年 5 月 28 日第 1 版。
[2] 习近平：《坚持实事求是的思想路线》，《学习时报》2012 年 5 月 28 日第 1 版。

究是坚持实事求是的思想方法、工作方法和领导方法的必然要求，是领导干部全面了解和把握"实事"、深入探索和掌握事物发展规律的基本途径。在习近平看来，领导干部做调查研究，本身也有一个思想作风和工作作风问题。首先，要"身入"基层，更要"心到基层"。所谓"身入"基层，就是要眼睛向下看、脚步向下迈，就是要放下架子、扑下身子、深入一线，近的远的地方都要去，好的差的情况都要看，表扬和批评的话都要听，不能搞作秀式调研、盆景式调研、蜻蜓点水式调研；所谓"心到基层"，就是要有全面深入地了解实际、服务基层和服务群众的真心、决心和恒心，不做表面文章，不知难而退，不浅尝辄止。只有这样，方可了解实情，真正把情况摸实摸透。其次，要真研究问题、研究真问题。研究真问题，就是时刻都要有强烈的问题意识、始终坚持鲜明的问题导向，就是要心中装着问题并且为了解决问题而去搞调查研究。调查研究的根本目的是解决问题，那种不研究真问题、不是真正为了解决问题的所谓的调查研究是没有任何意义的。真研究问题，就是"要在深入分析思考上下功夫，去粗取精、去伪存真、由此及彼、由表及里，找到事物的本质和规律，找到解决问题的办法"①。

讲实情，也包括讲真话、讲真理。习近平说："讲真话是一个领导干部真理在身、正义在手和有公心、有正气的重要体现。"②看一个干部是不是实事求是，可以从很多方面来看，但首要的是要看他是不是讲真话、讲实话。习近平指出，讲真话，前提是要听真话。为此，他特别强调，要营造和保持讲真话、讲心里话的良好氛围，鼓励人们如实反映情况和提出不同意见，积极开展批评与自我批评，坚决反对干部之间相互吹捧和上下级之间逢迎讨好，坚决反对把党内生活庸俗化。比如说，现在有的干部善于

---

① 习近平：《努力成为可堪大用能担重任的栋梁之才》，《求是》2022 年第 3 期。
② 习近平：《坚持实事求是的思想路线》，《学习时报》2012 年 5 月 28 日第 1 版。

察言观色，每逢有上级领导来调研就准备几个口袋，然后揣摩上级领导的意图而投其所好地提供材料。要杜绝这种现象，领导干部调研就一定要从客观实际出发，不能带着事先定好的调子下去，要把结论建立在扎实深入的调查研究的基础上，对于调查了解到的真实情况和各种问题，要坚持有一是一、有二是二，既报喜又报忧，不唯书、不唯上、只唯实。习近平告诫领导干部说："听真话是一种智慧。英国哲学家培根曾讲过：能够听到别人给自己讲实话，使自己少走或不走弯路，少犯错误或不犯大的错误，这实在是福气和造化。"① 习近平还列举了《古文辑要》上的一个故事来说明营造讲真话的良好氛围的重要性。这个故事是说：初唐名臣裴矩在隋朝做官时，曾经阿谀逢迎，溜须拍马，想方设法满足隋炀帝的要求；可到了唐朝，他却一反故态，敢于当面跟唐太宗争论，成了忠直敢谏的诤臣。司马光就此评论说："裴矩佞于隋而诤于唐，非其性之有变也。君恶闻其过，则诤化为佞；君乐闻其过，则佞化为诤"。习近平指出："这个故事告诉我们，人们只有在那些愿意听真话、能够听真话的人面前，才敢于讲真话，愿意讲真话，乐于讲真话。我们的领导干部一定要本着'言者无罪，闻者足戒'的原则，欢迎和鼓励别人讲真话。"②

"出实招，就是要求按照实际情况决定工作方针，不提不切实际的口号，不提超越阶段的目标，不做不切实际的事情。"③ 根据习近平的这一论述，要做到出实招，就必须按照实际情况决定工作方针。早在延安时期，毛泽东就曾作过类似的论述。在《改造我们的学习》一文中，毛泽东在阐述"实事求是的态度"亦即实事求是的作风时曾经明确指出，根据这种"实事求是的态度"，"我们要从国内国外、省内外、县内外、区内外的实际情况出发，从其中引出其固有的而不是臆造的规律性，即找出周围事变

---

① 习近平：《坚持实事求是的思想路线》，《学习时报》2012 年 5 月 28 日第 1 版。
② 习近平：《坚持实事求是的思想路线》，《学习时报》2012 年 5 月 28 日第 1 版。
③ 习近平：《坚持实事求是的思想路线》，《学习时报》2012 年 5 月 28 日第 1 版。

的内部联系，作为我们行动的向导。"①习近平的上述论断实际上是对毛泽东这一论述的进一步发挥，它把毛泽东所说的"我们行动的向导"具体化为"工作方针"，并对如何按照实际情况决定工作方针作了进一步的阐释。习近平特别强调，我们要从实际出发谋划事业和工作，使点子、政策、方案符合实际情况、符合客观规律、符合科学精神，决不能好高骛远。

习近平强调出实招，强调要按照实际情况决定工作方针，是对毛泽东实事求是思想的继承和发挥，也是对党的历史经验的深刻总结。在党的百年历史上，曾多次出现不按实际情况决定工作方针、特别是超越历史阶段的"左"的错误，它们都曾使党的事业遭受重大挫折和损失。在民主革命时期，曾连续出现瞿秋白"左"倾盲动错误、李立三"左"倾冒险错误和王明"左"倾教条主义错误，虽然其具体表现形式各不相同，但它们都有一个共同特点，即所提出和制定的路线方针都超越了当时的革命发展阶段，"都混淆了民主革命和社会主义革命的一定界限，并主观地急于要超过民主革命"②，结果都无一例外地遭到惨败。新中国成立后，"由于对社会主义建设经验不足，对经济发展规律和中国经济基本情况认识不足，更由于毛泽东同志、中央和地方不少领导同志在胜利面前滋长了骄傲自满情绪，急于求成，夸大了主观意志和主观努力的作用，没有经过认真的调查研究和试点，就在总路线提出后轻率地发动了'大跃进'运动和农村人民公社化运动，使得以高指标、瞎指挥、浮夸风和'共产风'为主要标志的'左'倾错误严重地泛滥开来"③。正是鉴于这些历史经验教训，习近平特别强调我们要清醒认识和准确把握我国社会主义初级阶段的基本国情，强调我们制定各项方针政策都决不能脱离这个基本国情。

习近平不仅强调在战略上出实招即按照实际情况决定工作方针，而且

① 《毛泽东选集》第3卷，人民出版社1991年版，第801页。
② 《毛泽东选集》第3卷，人民出版社1991年版，第972页。
③ 《关于建国以来党的若干历史问题的决议》，《人民日报》1981年7月1日第1版。

也特别重视在战术上即在各项具体工作中出实招，反对好高骛远地提不切实际的口号、提超越阶段的目标和做不切实际的事情。例如，在谈到扶贫问题时，他说，要精准扶贫，切忌喊口号，也不要定好高骛远的目标。2016 年 3 月，习近平在全国两会期间指出："脱贫和高标准的小康是两码事。我们不是一劳永逸，毕其功于一役。相对贫困、相对落后、相对差距将长期存在。要实事求是，求真务实，踏踏实实做这个事，不能搞数字游戏。"①

"办实事，就是要求从点滴入手、从具体事做起，力戒形式主义、官僚主义，力戒空谈。"②习近平的这一论述表明，所谓办实事，就是要实实在在地做事、做实实在在的事，就是要真抓实干，而决不只是纸上谈兵、夸夸其谈，一切仅仅停留在口头上。毛泽东当年也曾尖锐地批评过这种夸夸其谈的作风，说这种人作演讲就会开列甲乙丙丁、一二三四一大串，写文章则会夸夸其谈一大篇，实际上不过是哗众取宠。他指出："这种作风，拿了律己，则害了自己；拿了教人，则害了别人。"③习近平对夸夸其谈的作风的批评与毛泽东是一脉相承的，都是为了强调实干、反对空谈。

习近平反复强调"空谈误国，实干兴邦"。他说："'空谈误国，实干兴邦'。这是千百年来人们从历史经验教训中总结出来的治国理政的一个重要结论。古人曰：'道虽迩，不行不至；事虽小，不为不成'，'为政贵在行，以实则治，以文则不治'。历史上有许多空谈误国的教训，比如战国时期的赵括，只会'纸上谈兵'，以致 40 万赵军全军覆没，赵国从此一蹶不振直至灭亡。此类误国之鉴，发人深省。"④正是鉴于这类历史经验教训，习近平反复强调实干的重要性。2012 年 12 月，他在广东考察工作时

---

① 《习近平谈务实作风》，《人民日报》（海外版）2017 年 6 月 21 日第 5 版。
② 习近平：《坚持实事求是的思想路线》，《学习时报》2012 年 5 月 28 日第 1 版。
③ 《毛泽东选集》第 3 卷，人民出版社 1991 年版，第 800 页。
④ 习近平：《关键在于落实》，《求是》2011 年第 6 期。

说，"面向未来，全面建成小康社会要靠实干，基本实现现代化要靠实干，实现中华民族伟大复兴要靠实干。"①2013年4月，他在同全国劳动模范代表座谈时指出，"幸福不会从天而降，梦想不会自动成真。""真抓才能攻坚克难，实干才能梦想成真。我们要在全社会大力弘扬真抓实干、埋头苦干的良好风尚。"② 习近平还有许许多多类似的论述，如"幸福是奋斗出来的""幸福美好生活不是从天上掉下来的，而是要靠艰苦奋斗来创造""社会主义不是喊出来的，是实实在在干出来的""新时代是奋斗出来的""一百年来，我们取得的一切成就，是中国共产党人、中国人民、中华民族团结奋斗的结果"等等。习近平说，"崇尚实干、狠抓落实是我反复强调的。如果不沉下心来抓落实，再好的目标，再好的蓝图，也只是镜中花、水中月。"③ 他还经常强调要以"抓铁有痕、踏石留印"的劲头抓工作。"抓铁有痕、踏石留印"这一具有鲜明特色的习近平语录，充分体现了他特别重视"办实事"、特别崇尚实干。

习近平强调，要办实事、真抓实干，必须敢于担当作为。干部的职责和价值就在于担当作为，而不是当官享福。担当和作为是紧密联系、有机统一的，作为必然会有一定的风险，因而作为就需要担当。只有敢于担当才能真正有作为，而不作为其实就是不担当。凡是有益于党的事业和人民利益的事情，我们就要不畏艰难、勇于担责，大胆地干、坚决地干。

习近平还把"办实事"或真抓实干具体化为"从点滴入手、从具体事做起"，并要求人们将其落实在各个方面的工作中。例如，2013年5月，习近平在同各界优秀青年代表座谈时的讲话中，希望广大青年"立足本职、

---

① 《增强改革的系统性整体性协同性　做到改革不停顿开放不止步——习近平在广东省考察工作并发表重要讲话》，《人民日报》2012年12月12日第1版。

② 《习近平同全国劳动模范代表座谈时强调　充分发挥工人阶级主力军作用依靠诚实劳动开创美好未来》，《人民日报》2013年4月29日第1版。

③ 《习近平谈抓落实》，《人民日报》（海外版）2017年4月26日第5版。

埋头苦干，从自身做起，从点滴做起，用勤劳的双手、一流的业绩成就属于自己的人生精彩"①；2017 年 6 月，习近平在山西考察工作时强调，"推出的每件民生实事都要一抓到底，一件接着一件办，一年接着一年干"②；在 2018 年新年贺词中，习近平说，"中共十九大描绘了我国发展今后 30 多年的美好蓝图。九层之台，起于累土。要把这个蓝图变为现实，必须不驰于空想、不骛于虚声，一步一个脚印，踏踏实实干好工作"③。

"求实效，就是要求雷厉风行、狠抓落实，不抓则已、抓则必成，做出实实在在的业绩，不好大喜功、不做表面文章、不搞花架子。"④ 根据习近平的这一论述，求实效，就是要狠抓落实，做出实实在在的业绩。强调求实效，是为了反对好大喜功、做表面文章、搞花架子的飘浮作风。在现实中，有些干部慕虚荣、图虚名、务虚功，善于搞那种装门面、掺水分的"假""大""虚""空"，经常用"花架子"忽悠组织，摆"假样子"糊弄群众，造"典型"、建"盆景"、亮"样板"显示政绩，看起来光鲜亮丽甚至轰轰烈烈，实质上是水中月、镜中花。习近平指出，这种种表现与实事求是的作风是完全背道而驰的，必须从根本上加以克服。

求实效，关键是要狠抓落实。所谓狠抓落实，就是要敢于直面问题，矛盾面前不躲闪，挑战面前不畏惧，困难面前不退缩，在关键时刻和危急关头豁得出来、顶得上去、经得住考验，就是要扭住关键、精准发力，敢于啃硬骨头，盯着抓、反复抓，直到抓出成效。习近平指出，狠抓落实，要从以下几个方面着手：第一，要树立正确的政绩观。在抓落实的问题上，不同的政绩观会有不同的做法和不同的结果。一些人之所以不能狠抓

---

① 《习近平谈治国理政》第 1 卷，外文出版社 2018 年版，第 52 页。
② 《习近平在山西考察工作时强调·扎扎实实做好改革发展稳定各项工作为党的十九大胜利召开营造良好环境》，《人民日报》2017 年 6 月 24 日第 1 版。
③ 《国家主席习近平发表二〇一八年新年贺词》，《人民日报》2018 年 1 月 1 日第 1 版。
④ 习近平：《坚持实事求是的思想路线》，《学习时报》2012 年 5 月 28 日第 1 版。

落实、热衷于搞华而不实甚至劳民伤财的"形象工程",一个重要原因就是政绩观出了问题,即个人主义思想严重,追求的是树立个人形象、为自己升迁铺路,忘记了全心全意为人民服务这一党的根本宗旨。"我们做事情、干工作,如果做到了上有利于国家、下有利于人民;既符合国家和人民眼前利益的要求,又符合国家和人民长远利益的要求;既能促进经济社会发展,又能促进国家富强和人民幸福,那就做出了党和人民所需要的真正的政绩。"① 只有树立这样的政绩观,把抓落实的出发点放到为党尽责、为民造福上,才能创造出经得起实践、人民、历史检验的业绩。第二,要持之以恒。而要做到持之以恒地抓落实,必须锻造出这样几种品质:一是要有咬定青山不放松、不达目的誓不休的决心和毅力。如果不能经常抓、反复抓、持久抓,而是时松时紧、忽冷忽热、虎头蛇尾,是不可能抓出成效的。二是要发扬钉钉子精神。"我们要有钉钉子的精神,钉钉子往往不是一锤子就能钉好的,而是要一锤一锤接着敲,直到把钉子钉实钉牢,钉牢一颗再钉下一颗,不断钉下去,必然大有成效。"② 三是要有功成不必在我的境界。有了这样的境界,才能防止和自觉纠正各种急功近利的行为,不贪眼前之功、不图一时之名,一张蓝图干到底,特别是重视和乐做打基础、利长远的事情。第三,要确保各项措施落细、落稳。有些政策不能落实或某些方面落实不到位、落实过程中变形变味,多数属于"最后一公里"问题,而"最后一公里"问题往往是由相关配套措施过"粗"、细化和量化不够造成的。因此,"抓落实的工作必须抓得很具体很细致很扎实,这也是发扬求真务实、真抓实干优良作风的必然要求。在一些地方、部门和单位,许多问题客观地存在着,之所以看不到、想不到、抓不到,解决不了,一个重要原因就在于失之于'粗',失之于'虚',工作抓得不具体不

---

① 习近平:《关键在于落实》,《求是》2011 年第 6 期。
② 《习近平谈治国理政》第 1 卷,外文出版社 2018 年版,第 400 页。

细致不扎实。古人说，天下大事必作于细。抓落实的过程，也是一个积小胜为大胜、积跬步致千里的过程。从细处入手，落实才会日见成效。"①

总之，讲实情、出实招、办实事、求实效是坚持党的实事求是的思想作风和工作作风的基本要求。习近平说："如果我们的各级领导干部在各自的工作岗位上，时时处处都坚持讲实情、出实招、办实事、求实效，实事求是的要求就会在各个地方、各个部门、各个单位变成实实在在的行动！"②

（二）党的实事求是的作风建设

习近平指出，是否坚持实事求是、求真务实的思想作风和工作作风，是领导干部党性纯不纯、强不强的一个重要体现，而坚持实事求是最需要解决的是党性问题；各级领导干部必须自觉带头加强自身的党性修养，始终坚守全心全意为人民服务的根本宗旨，努力涵养一切以人民利益和党的事业为重的思想境界和公而忘私、不计个人得失的品格，以坚强的党性来保证做到实事求是。他说："干部是不是实事求是可以从很多方面来看，最根本的要看是不是讲真话、讲实话，是不是干实事、求实效""年轻干部要坚持以党性立身做事，把说老实话、办老实事、做老实人作为党性修养和锻炼的重要内容，敢于坚持真理，善于独立思考，坚持求真务实。"③

习近平强调，实事求是、求真务实的思想作风和工作作风是党的光荣传统。早在延安时期，毛泽东就强调共产党员应该是实事求是的模范，也只有坚持实事求是才能完成既已确定的任务。延安整风时期，毛泽东不仅对实事求是作了精辟论述，而且还实际上将其确定为党的思想路线。"进

---

① 习近平：《关键在于落实》，《求是》2011 年第 6 期。

② 习近平：《坚持实事求是的思想路线》，《学习时报》2012 年 5 月 28 日第 1 版。

③ 习近平：《努力成为可堪大用能担重任的栋梁之才》《求是》2022 年第 3 期。

入改革开放新时期，邓小平更加强调坚持彻底的求真务实精神。他说：'我读的书并不多，就是一条，相信毛主席讲的实事求是。'""正是因为具有这种彻底的求真务实精神，邓小平同志果断从容处理了党和国家面对的一系列重大问题，指导党和人民劈波斩浪开创了党和国家事业新局面。"①其他老一辈无产阶级革命家也都具有这种彻底的求真务实精神。朱德一向坚持实事求是、求真务实，他的许多真知灼见都是实事求是的结晶。刘少奇始终实事求是、勇于直面问题、随时准备坚持真理、随时准备修正错误，他是敢于担当、勇于创造的光辉榜样。周恩来一生勇肩重任、勇挑重担、呕心沥血、任劳任怨，是勇于担当、鞠躬尽瘁的杰出楷模。陈云富于实事求是的精神，他的一生是践行实事求是的一生。万里具有实事求是、勇于探索的开拓精神，他始终坚持一切从实际出发。胡耀邦具有求真务实、敢于担当的优秀品质，他坚持实事求是原则，并躬行实践。刘华清求真务实、真抓实干，他是实事求是的身体力行者。党的十三大以后，以江泽民同志、胡锦涛同志为主要代表的中国共产党人接续奋斗，始终坚持实事求是这个须臾不可离开的重要法宝，推动中国特色社会主义事业不断发展。

习近平指出，十一届三中全会以后，党重新确立了解放思想、实事求是的思想路线，高度重视抓作风建设，全党精神面貌和作风状况焕然一新，为改革开放和社会主义现代化建设事业提供了重要保障。而随着世情、国情、党情的深刻变化，虽然各级党组织和党员、干部的思想作风和工作作风总体上是好的，但各种作风方面的问题也日益严峻地摆在全党面前，有些问题还相当严重，这集中表现在形式主义、官僚主义、享乐主义和奢靡之风这"四风"上。其中，形式主义主要表现为"不求实效，

---

① 习近平：《在纪念邓小平同志诞辰 110 周年座谈会上的讲话》，《人民日报》2014 年 8 月 21 日第 2 版。

文山会海、花拳绣腿，贪图虚名、弄虚作假"，"实质是主观主义、功利主义，根源是政绩观错位、责任心缺失"；官僚主义主要表现为"脱离实际、脱离群众，高高在上、漠视现实，唯我独尊、自我膨胀"，"实质是封建残余思想作祟，根源是官本位思想严重、权力观扭曲"；享乐主义主要表现为"精神懈怠、不思进取，追名逐利、贪图享受，讲究排场、玩风盛行"，"实质是革命意志衰退、奋斗精神消减，根源是世界观、人生观、价值观不正确"；而奢靡之风则主要表现为"铺张浪费、挥霍无度，大兴土木、节庆泛滥，生活奢华、骄奢淫逸，甚至以权谋私、腐化堕落"，"实质是剥削阶级思想和腐朽生活方式的反映，根源是思想堕落、物欲膨胀"①。这"四风"严重背离了党的根本宗旨，严重败坏了党的实事求是、求真务实的优良作风，严重损害了党群干群关系，是人民群众深恶痛绝、反映最为强烈的问题，也是当前党内存在的其他问题的重要根源。党的十八大以后，党中央制定和出台了八项规定、在全党开展了以为民、务实、清廉为主要内容的党的群众路线教育实践活动，直接聚焦于反对"四风"。"反对形式主义，要着重解决工作不实的问题，教育引导党员、干部改进学风文风会风，改进工作作风，在大是大非面前敢于担当、敢于坚持原则，真正把心思用在干事业上，把功夫下到察实情、出实招、办实事、求实效上。反对官僚主义，要着重解决在人民群众利益上不维护、不作为的问题，教育引导党员、干部深入实际、深入基层、深入群众，坚持民主集中制，虚心向群众学习，真心对群众负责，热心为群众服务，诚心接受群众监督，坚决整治消极应付、推诿扯皮、侵害群众利益的问题。反对享乐主义，要着重克服及时行乐思想和特权现象，教育引导党员、干部牢记'两个务必'，克己奉公，勤政廉政，保持昂扬向上、奋发有为的精神状态。反对

---

① 参见《习近平谈治国理政》第 1 卷，外文出版社 2018 年版，第 368—370 页；《习近平关于"不忘初心、牢记使命"论述摘编》，中央文献出版社、党建读物出版社 2019 年版，第 189 页。

奢靡之风，要着重狠刹挥霍享乐和骄奢淫逸的不良风气，教育引导党员、干部坚守节约光荣、浪费可耻的思想观念，做到艰苦朴素、精打细算，勤俭办一切事情。"①简言之，开展党的群众路线教育实践活动、解决"四风"问题，就是要切实践行党的根本宗旨，切实贯彻党的群众观点和群众路线，弘扬党的光荣传统和优良作风，包括实事求是、求真务实的作风。

根据习近平的论述，弘扬实事求是、求真务实的作风，是开展党的群众路线教育实践活动、解决"四风"问题的重要目的，而要切实解决"四风"问题，本身也必须坚持和发扬实事求是、求真务实的优良作风，即"要从实际出发，抓住主要矛盾，什么问题突出就着重解决什么问题，什么问题紧迫就抓紧解决什么问题，找准靶子，有的放矢，务求实效"②；"要从领导干部特别是主要领导干部抓起，树立正确政绩观，尊重客观实际和群众需求，强化系统思想和科学谋划，多做为民造福的实事好事，杜绝装样子、搞花架子、盲目铺摊子"③；"要发扬钉钉子精神，保持力度、保持韧劲，善始善终、善作善成，不断取得作风建设新成效"④；要建立长效机制，经常抓、长期抓，锲而不舍地纠"四风"树新风。

习近平强调，党的作风问题决不是一个小问题，它关系到党的形象、人心向背甚至党的生死存亡，我们要把作风建设作为党的建设的永恒课题，以永远在路上的执着抓作风建设，坚持抓常、抓细、抓长，确保改进作风规范化、常态化、长效化，使党的作风全面好起来，使实事求是、求真务实的优良作风不断发扬光大，确保党始终同人民同呼吸、共命运、心连心，确保全面从严治党要求真正落到实处。

① 《习近平谈治国理政》第 1 卷，外文出版社 2018 年版，第 374—375 页。
② 《习近平谈治国理政》第 1 卷，外文出版社 2018 年版，第 375 页。
③ 《坚持严的主基调不动摇　坚持不懈把全面从严治党向纵深推进》，《人民日报》2022 年 1 月 19 日第 1 版。
④ 《习近平谈治国理政》第 1 卷，外文出版社 2018 年版，第 382 页。

第 二 章

新时代的知行合一论

　　知行关系是习近平新时代中国特色社会主义思想的一个重要理论主题，知行合一论构成了习近平新时代中国特色社会主义思想的认识论基础。习近平的知行合一论是习近平在新时代治国理政实践中对马克思主义认识论的创造性运用和创新性发展，也是其立足于新时代中国社会现实、特别是党的建设需要对中国传统哲学知行观的创造性转化和创新性发展，因而是马克思主义认识论中国化的重大成果，是具有鲜明特色的新时代中国马克思主义知行观。习近平指出，"'知'是基础、是前提，'行'是重点、是关键，必须以'知'促'行'、以'行'促'知'，做到知行合一"①。这一论述，是习近平知行合一论的集中表达，不仅在新时代条件下对知与行、认识与实践的关系作了马克思主义哲学的深刻阐释，而且也创新和发展了新时代的党建理论。

一、知是基础和前提，必须以知促行

　　知即认识、知识，行即实践、行动。马克思主义认识论认为，与动物

---

① 中共中央文献研究室、中央党的群众路线教育实践活动领导小组办公室编：《习近平关于党的群众路线教育活动论述摘编》，党建读物出版社、中央文献出版社 2014 年版，第 39 页。

消极地适应环境的本能活动不同，人的实践是在一定的意识、认识指导下进行的，因而是一种有目的的自觉活动；人们只有首先正确地认识世界，才能有效地改造世界，即在实践活动中取得成功。中国传统哲学家们主张"知先行后"（程颐）、"知是行的主意"（王阳明），所说的大体上也是这个意思。习近平承继了这些思想，强调知是行的基础和前提、从而也是实现知行合一的基础和前提，因而必须以知促行。

（一）知是基础和前提

与许多中国传统哲学家一样，习近平所说的"知"是广义的"知"，它既包括"见闻之知"即关于客观事物的属性、本质和规律的认识，也包括"德性之知"（或所谓的"良知"）即理想信念和道德修养。在他看来，这两类知识或认识都是极为重要的，它们都是行或实践的基础和前提。他说，"认识对实践具有反作用，正确的认识推动正确的实践，错误的认识导致错误的实践"①。

作为党的总书记和党的政治建设、思想建设的主要设计者，在上述两类知识或认识中，习近平更为重视"德性之知"即理想信念和道德修养。这是因为，理想信念和道德修养是共产党人党性的基本构成要素，而党性是党员干部立身、立业、立言、立德的基石，是党的先进性、纯洁性的集中表现；党员的党性修养状况直接关系到全党的精神状态和战斗力，关系到党的领导是否能够坚强有力，甚至关系到党的生死存亡。在习近平看来，对党员干部来说，以知促行，首先必须筑牢理想信念、加强道德修养。

"革命理想高于天"，这是习近平多次申述过的一个重要论断，它从战

---

① 习近平：《论党的宣传思想工作》，中央文献出版社 2020 年版，第 131 页。

略高度对中国共产党人的理想信念的地位及其在党领导革命、建设、改革各个时期中的伟大作用作了精辟概括。习近平指出，无论是对个人还是集体，如政党、民族和国家，理想信念都是至关重要的，它能给人们以无穷的力量，能使人们愈挫愈勇，而如果缺乏理想信念，则会不打自垮、不战自败；中国共产党人的理念信念，即对马克思主义的信仰和对中国特色社会主义的信念，是共产党人的精神家园和安身立命的根本，是共产党人精神世界的"压舱石"和精神上的"钙"。他说："坚定理想信念，坚守共产党人精神追求，始终是共产党人安身立命的根本。对马克思主义的信仰，对社会主义和共产主义的信念，是共产党人的政治灵魂，是共产党人经受住任何考验的精神支柱。形象地说，理想信念就是共产党人精神上的'钙'，没有理想信念，理想信念不坚定，精神上就会'缺钙'，就会得'软骨病'。"①

习近平指出，在党的历史上，共产主义远大理想激励着无数共产党人英勇奋斗，许许多多的烈士为了这个理想甚至献出了自己的宝贵生命，"砍头不要紧，只要主义真""敌人只能砍下我们的头颅，决不能动摇我们的信仰"，这些大义凛然、视死如归的誓言生动诠释了共产党人对理想信念的忠贞和坚守；对马克思主义的信仰，对中国特色社会主义的信念，对实现中华民族伟大复兴中国梦的信心，始终是支撑中国人民站起来、富起来、强起来的强大精神力量。"今天，像战争年代那种血与火的生死考验少了，但具有新的历史特点的伟大斗争仍然在继续，我们正面临着一系列重大挑战、重大风险、重大阻力、重大矛盾的艰巨考验。没有坚定的理想信念，就会在乱云飞渡的复杂环境中迷失方向、在泰山压顶的巨大压力下退缩逃避、在糖衣炮弹的轮番轰炸下缴械投降。"②

---

① 《习近平谈治国理政》第 1 卷，外文出版社 2018 年版，第 15 页。

② 习近平：《论中国共产党历史》，中央文献出版社 2021 年版，第 254 页。

对于同样属于"德性之知"的道德修养的重要性，习近平也有大量的论述。他引用《大学》中的"德者，本也"以及蔡元培的"若无德，则虽体魄智力发达，适足助其为恶"来说明道德修养的重要性，认为无论是对个人还是对社会来说，道德都具有基础性的意义，做人做事最为首要的就是崇德修身。他说："国无德不兴，人无德不立。必须加强全社会的思想道德建设，激发人们形成善良的道德意愿、道德情感，培育正确的道德判断和道德责任，提高道德实践能力尤其是自觉践行能力，引导人们向往和追求讲道德、尊道德、守道德的生活，形成向上的力量、向善的力量。只要中华民族一代接着一代追求美好崇高的道德境界，我们的民族就永远充满希望。"①

习近平尤其重视领导干部的道德修养。他指出："领导干部要讲政德。政德是整个社会道德建设的风向标。立政德，就要明大德、守公德、严私德。"②明大德，就是要立志报效祖国、服务人民，就是要对党忠诚，政治立场坚定，在大是大非面前旗帜鲜明，能够经受住各种风浪的考验，在各种诱惑面前不为所动。守公德，就是牢记党的根本宗旨，全心全意为人民服务，立党为公、执政为民，自觉践行人民对美好生活的向往就是我们的奋斗目标的承诺，做到"心底无私天地宽"。严私德，就是严格约束自己的操守和行为，戒贪止欲、克己奉公，切实把人民赋予的权力用来造福于人民，廉洁修身，廉洁齐家，防止"枕边风"成为贪腐的导火索，防止子女打着自己的旗号非法牟利，防止身边人把自己"拉下水"③。他强调说，

---

① 中共中央文献研究室编：《习近平关于社会主义文化建设论述摘编》，中央文献出版社2017年版，第137页。

② 《习近平参加重庆代表团审议 希望重庆广大干部群众团结一致、沉心静气 加快建设内陆开放高地山清水秀美丽之地 努力推动高质量发展 创造高品质生活 让重庆各项工作迈上新台阶》，《重庆日报》2018年3月11日第1版。

③ 参见《习近平参加重庆代表团审议 希望重庆广大干部群众团结一致、沉心静气 加快建设内陆开放高地山清水秀美丽之地 努力推动高质量发展 创造高品质生活 让重庆各项工作迈上新台阶》，《重庆日报》2018年3月11日第1版。

我们的用人标准是德才兼备、以德为先，因为德是首要、是方向，一个人只有明大德、守公德、严私德，其才方能用得其所；面对纷繁复杂的社会现实，党员干部特别是领导干部务必把加强道德修养作为十分重要的人生必修课，从做好小事、管好小节开始起步，"见善则迁，有过则改"，踏踏实实修好公德、私德，时时处处见贤思齐，以严格标准加强自律、接受他律，不断加强道德修养，不断提高道德认识、陶冶道德情操、锤炼道德意志、提升道德境界，努力以道德的力量去赢得人心、赢得事业成就。

习近平也高度重视"见闻之知"亦即各种科学文化知识。他说："知识就是力量、就是财富。知识可以改变一个人的命运，也可以改变一个民族、一个国家的命运。古今中外，传承知识、创新知识、学习知识、运用知识，始终与历史进步相伴、与社会发展共存，是人类提高自己的重要阶梯，是国家发展兴盛的重要基础。"①他指出，我们要建设的党，是目光远大、胸怀宽阔、善于总结经验、善于吸收一切人类文明成果的政党，是科学理论武装、具有世界眼光、善于把握规律、富有创新精神的马克思主义政党，广大党员干部必须自觉坚持以党的理论创新成果为指导，广泛掌握各种科学文化知识，不断增强按客观规律办事的自觉性和主动性，不断深化对共产党执政规律、社会主义建设规律、人类社会发展规律的认识。一百年来，我们党之所以始终具有旺盛的生命力，党领导的事业之所以能够不断取得新成就，从根本上说就是因为有马克思主义先进理论的指导，就是因为不断用人类的先进文化知识充实和提高自己。今天，我们在"探求未知的道路上会不断遇到各种新情况新问题，需要有远大的目光和开拓奋进的勇气，需要掌握和运用人类创造的最新理论成果、最新科学知识及

---

① 习近平：《勤学善思　学以致用　提高战略思考和政治决断能力》，《学习时报》2012年9月10日第1版。

时总结经验、深刻揭示规律、科学预见未来"①。

习近平强调说，缺乏科学文化知识或者知识老化就会出现"本领恐慌"。他多次指出，在当今时代，人类知识增长越来越快，知识更新周期越来越缩短，各种新知识层出不穷。在农耕时代，一个人读几年书，其所掌握的知识够用一辈子；在工业经济时代，一个人要读十几年书，其所学知识方够用一辈子；而到了知识经济时代，一个人必须终生学习，才能不至于落后于时代前进的脚步、适应工作的要求。因此，我们要在事业和工作中赢得主动、赢得优势、赢得未来，就必须努力更新知识、优化知识结构、拓宽视野和眼界，不断提高各方面的知识素养、学习和掌握各方面新的科学文化知识。在现实中，有些人有做好工作的愿望和干劲，但面对新情况和新问题，由于缺乏相应的科学知识，没有做好工作的过硬本领，习惯于用以往的老思路老套路来加以应对，结果事与愿违，陷入少知而迷、不知而盲、无知而乱的境地。

（二）必须以知促行

正如前述，习近平所说的"知"是广义的"知"，它既包括"德性之知"即理想信念和道德修养，也包括"见闻之知"即关于客观事物的属性、本质和规律的认识。所谓以知促行，就是要以这两类知识或认识为人们的行为或实践提供基本遵循、正确方向和精神支撑。

"人才有高下，知物由学。"习近平引用王充《论衡》中的这一论断来说明学习是获得知识的基本途径。在他看来，要获取或形成上述两类知识、做到以知促行，就必须努力加强以下几个方面的学习。

---

① 习近平：《关于建设马克思主义学习型政党的几点学习体会和认识》，《学习时报》2013年4月28日第1版。

一是深入学习马克思主义理论。习近平指出，只有在理论上清醒才有可能在政治上坚定，而坚定的理想信念只能建立在对马克思主义深刻理解的基础上；全体党员干部必须把学习马克思主义理论作为必修课，自觉运用马克思主义科学理论武装头脑，始终保持对远大理想和奋斗目标的清醒认知和执着追求，在真学真懂真信中坚定理想信念。他强调说，尽管马克思主义诞生在一个半多世纪之前，但马克思主义理论产生于那个时代又远远超越于那个时代，既是时代精神的精华又是整个人类精神的精华；历史和现实特别是科学社会主义实践证明，马克思主义理论今天仍然具有强大的生命力。一方面，马克思主义深刻地反映了客观世界特别是人类历史发展的普遍规律，揭示了人类社会进步的方向，至今依然显示出科学思想的伟力、依然占据着真理的制高点，是"伟大的认识工具"，是人们观察和认识世界、分析问题的思想利器。另一方面，马克思主义始终坚持人民立场，以实现人类解放和人的自由全面发展为己任，表达了人类共同的价值诉求即对理想社会的美好憧憬，至今依然占据着道义的制高点。中国共产党人的理想信念，就是建立在马克思主义科学真理的基础之上、建立在马克思主义揭示的人类社会发展规律的基础之上、建立在为最广大人民谋利益的崇高价值的基础之上的。只有真学真懂马克思主义理论，才能真正做到对马克思主义虔诚而执着、至信而深厚，真正让理想信念成为自己心中的灯塔、凝聚精气神的灵魂。例如，马克思恩格斯在《共产党宣言》中曾阐述了"两个必然"的论断即"资产阶级的灭亡和无产阶级的胜利是同样不可避免的"，这是就人类历史发展的大趋势而言的，它揭示了历史规律的必然指向。要理解这"两个必然"，还必须深刻领会马克思提出的"两个决不会"，即任何一种社会形态，在其所能容纳的生产力全部发挥出来之前，是决不会消亡的；而新的更高级的生产关系，在其存在条件在旧社会的胎胞中发育成熟之前，是决不会产生的。只有同时把握上述"两个必然"和"两个决不会"，我们方才能够理解为何资本主义至今并没有完全消亡、而社会主义却还会遭遇苏联解体和东欧剧变那样的曲折，也才能够理解为何马克思主义科学预见的共产主义还需经过长期奋斗才能实现。"学懂了这一认识和研究社会历史发展的科学世界观和方法论，我们就能坚定理想的主心骨、筑牢信念的压舱石，保持强大的战略定力。"①习近平还特别告诫说："马克思主义经典作家眼界广阔、知识丰富，马克思主义理论体系和知识体系博大精深，涉及自然界、人类社会、人类思维各个领域，涉及历史、经济、政治、文化、社会、生态、科技、军事、党建等各个方面，不下大气力、不下苦功夫是难以掌握真谛、融会贯通的。"②

习近平强调，广大党员干部尤其要学懂弄通作为马克思主义中国化理论成果的中国马克思主义，包括毛泽东思想、邓小平理论、"三个代表"重要思想和科学发展观以及习近平新时代中国特色社会主义思想，特别是要深刻理解和把握其中所贯穿的马克思主义立场观点方法，提高认识世界和改造世界的能力，坚定共产党人的理想信念。他多次谈到，毛泽东曾经指出："如果我们党有一百个至二百个系统地而不是零碎地、实际地而不是空洞地学会了马克思列宁主义的同志，就会大大提高我们党的战斗力量。"③他说，我们党今天仍然面临这个问题，只有学懂弄通了马克思列宁主义和党的系列理论创新成果，特别是领会了其中所贯穿的马克思主义立场观点方法，才能做到心明眼亮，才能深刻认识和准确把握客观世界的规律、人类社会发展的规律，始终坚定共产主义理想和中国特色社会主义信念，始终坚定道路自信、理论自信、制度自信和文化自信，始终不为任何风险所惧、不被任何干扰所惑，带领人民坚定不移地沿着中国特色社会主义方向勇往直前。

二是深入学习党章和党的路线方针政策。习近平指出，党章是党的根

---

① 习近平：《论党的宣传思想工作》，中央文献出版社 2020 年版，第 37 页。
② 习近平：《论党的宣传思想工作》，中央文献出版社 2020 年版，第 222 页。
③ 习近平：《领导干部要爱读书读好书善读书》，《学习时报》2009 年 5 月 18 日第 1 版。

本大法，也是全体党员必须遵循的总规矩，集中体现了党的基本性质和根本宗旨、党的理论创新成果、路线方针政策以及党的重要主张，规定了党的重要制度和体制机制，是全党时刻都必须遵守的根本行为规范；认真学习党章，是全体党员的基本功和必修课，广大党员特别是领导干部要通过学习党章，自觉加强党性修养，大力强化党的意识，包括宗旨意识、大局意识、执政意识和责任意识，真正做到为党分忧、为国尽责、为民奉献。他强调说，学习党章既要原原本本、反反复复地学，也要联系实际、深入思考地学，做到不仅知其然，而且知其所以然。在联系实际方面，既要联系党的历史实际，也要联系党的现实实际，包括今天党所处历史方位和承担历史使命的实际、理论创新和坚定理想信念的实际、按照党的性质宗旨更好为人民服务的实际、遵行党的基本路线做好各项工作的实际、履行党员义务权利和发挥党员先锋模范作用的实际、遵守党的纪律规矩和解决党内存在突出问题的实际等，深入思考如何身体力行党章对党组织和党员干部的要求，深入思考按照党章的要求自己身上还存在哪些问题，深入思考如何加强自身党性修养和如何把全面从严治党落到实处。要通过这样的学习，把党章融会贯通，做到学而懂、学而信、学而用。他也强调对党的路线方针政策的学习，认为这是领导干部要做的基本功课，是制定决策、解决问题的基本前提。他还特别强调，广大党员干部要自觉带头学习、践行和弘扬社会主义核心价值观，用自己的高尚人格感召和带动广大群众。

三是认真学习历史。习近平指出，历史是前人各种知识、经验和智慧的总汇，是最好的老师和教科书，各级领导干部都应注意学习历史，包括中国历史和世界历史，特别是中华文明史、世界社会主义史、中国近代史、中国革命史、新中国史、改革开放史和中国共产党的历史，通过学习历史不断深化对人类社会发展规律、社会主义建设规律和共产党执政规律的认识，开阔自己的眼界和胸襟，提高认识能力、精神境界和工作水平。在谈到学习中华文明发展史时，他强调说，我们要继承中华民族的优良传统，汲取其中有时代意义的东西，并努力在新的实践中发扬光大；我们要借鉴和汲取中国历史上治国理政的丰富经验，将依法治国和以德治国相结合，做好人才选拔和运用工作，唯贤是举、扬长避短、人尽其才、才尽其用；我们要学习中华优秀传统文化和中华民族的高尚精神追求，用以丰富精神世界，提升思想境界，陶冶道德情操，培养浩然正气，时时刻刻注意自重、自省、自警、自励，坚守和践行全心全意为人民服务的根本宗旨，在各种考验中交出党和人民满意的答卷，为党和人民事业不断作出自己的贡献。在谈到学习中国近代史时，他指出："学习中国近现代史，就要深刻认识历史和人民选择中国共产党、选择马克思主义、选择社会主义道路、选择改革开放的历史必然性，增强建设中国特色社会主义事业的信心。"[1] 在谈到学习中国革命史时，他说："中国革命历史是最好的营养剂，重温这部伟大历史能够受到党的初心使命、性质宗旨、理想信念的生动教育，必须铭记光辉历史、传承红色基因。"[2] 在谈到学习中国共产党的历史时，他说："要做到学史明理、学史增信、学史崇德、学史力行，教育引导全党同志学党史、悟思想、办实事、开新局。"[3]

习近平尤其重视对党史的学习。他指出，我们党的历史，是矢志践行初心使命的历史，是筚路蓝缕奠基立业的历史，也是创造辉煌开辟未来的历史。在以往的百年奋斗历程中，党团结和带领人民开辟了伟大道路，创建了伟大功业，铸就了伟大精神，积累了宝贵经验，创造了堪称中华民族发展史、人类社会进步史上的奇迹。广大党员要以学习党的历史为重点，做到知史爱党、知史爱国，在学习领悟中坚定理想信念，在奋发有为中践行初心使命。在学习党史时，"我们要牢牢把握党的历史发展的主题和主线、主流和本质，从党的光辉历程和伟大业绩中获得继往开来的强大动

---

① 习近平：《领导干部要读点历史》，《学习时报》2011 年 9 月 5 日第 1 版。
② 习近平：《在党史学习教育动员大会上的讲话》，《求是》2021 年第 7 期。
③ 习近平：《在党史学习教育动员大会上的讲话》，《求是》2021 年第 7 期。

力，始终坚定中国特色社会主义信念和共产主义远大理想，永葆共产党人的政治本色。"①"在新时代，坚定信仰信念，最重要的就是要坚定中国特色社会主义道路自信、理论自信、制度自信、文化自信。党的百年奋斗历程和伟大成就是我们增强'四个自信'最坚实的基础。"② 他还强调，学习党史，要特别注重学习党的历史上形成的"坚持真理、坚守理想，践行初心、担当使命，不怕牺牲、英勇斗争，对党忠诚、不负人民"的伟大建党精神③，如红船精神、井冈山精神、长征精神、遵义会议精神、延安精神、西柏坡精神、红岩精神、抗美援朝精神、"两弹一星"精神、特区精神、抗洪精神、抗震救灾精神、抗疫精神等。"这些宝贵精神财富跨越时空、历久弥新，集中体现了党的坚定信念、根本宗旨、优良作风，凝聚着中国共产党人艰苦奋斗、牺牲奉献、开拓进取的伟大品格，深深融入我们党、国家、民族、人民的血脉之中，为我们立党兴党强党提供了丰厚滋养。"④ 我们要认真学习和弘扬这些宝贵精神、赓续红色血脉，用以滋养初心、淬炼灵魂，从中汲取信仰的力量。

四是努力学习英雄模范。习近平指出，在我国革命、建设、改革的非凡历程中，涌现出了一代又一代顽强拼搏、不懈奋斗的感天动地的英雄模范，他们用智慧和汗水、用鲜血和生命为民族复兴、国家富强、人民幸福书写了可歌可泣的壮丽篇章，其中，"劳动模范和先进工作者是坚持中国道路、弘扬中国精神、凝聚中国力量的楷模，他们以高度的主人翁责任感、卓越的劳动创造、忘我的拼搏奉献，为全国各族人民树立了学习的榜样。"⑤"全国道德模范体现了热爱祖国、奉献人民的家国情怀，自强不

---

① 习近平：《领导干部要读点历史》，《学习时报》2011 年 9 月 5 日第 1 版。

② 习近平：《在党史学习教育动员大会上的讲话》，《求是》2021 年第 7 期。

③ 参见习近平：《在庆祝中国共产党成立一百周年大会上的讲话》，《求是》2021 年第 14 期。

④ 习近平：《在党史学习教育动员大会上的讲话》，《求是》2021 年第 7 期。

⑤ 习近平：《在庆祝"五一"国际劳动节暨表彰全国劳动模范和先进工作者大会上的讲话》，《人民日报》2015 年 4 月 29 日第 2 版。

息、砥砺前行的奋斗精神，积极进取、崇德向善的高尚情操。"① 各行各业都有许多英雄模范，而雷锋、焦裕禄是他们中的杰出代表。习近平号召全国人民特别是全体党员和干部向各个领域、各条战线上的英雄模范学习，学习"爱岗敬业、争创一流，艰苦奋斗、勇于创新，淡泊名利、甘于奉献"的劳模精神，学习"把崇高的理想信念和道德品质追求融入日常的工作生活，在自己岗位上做一颗永不生锈的螺丝钉"的雷锋精神，学习艰苦奋斗、迎难而上、科学求实、亲民爱民、无私奉献的焦裕禄精神，学习英雄模范展现的"忠诚、执着、朴实的鲜明品格"："忠诚，就是英雄模范们都对党和人民事业矢志不渝、百折不挠，坚守一心为民的理想信念，坚守为中国人民谋幸福、为中华民族谋复兴的初心使命，用一生的努力谱写了感天动地的英雄壮歌"；"执着，就是英雄模范们都在党和人民最需要的地方冲锋陷阵、顽强拼搏，几十年如一日埋头苦干，为国为民奉献的志向坚定不移，对事业的坚守无怨无悔，为民族复兴拼搏奋斗的赤子之心始终不改"；"朴实，就是英雄模范们都在平凡的工作岗位上忘我工作、无私奉献，不计个人得失，舍小家顾大家，具有功成不必在我、功成必定有我的崇高精神，其中很多同志都是做隐姓埋名人、干惊天动地事的典型，展现了一种伟大的无我境界"②。习近平强调，榜样的力量是无穷的，学习和弘扬英雄模范的优秀精神品质，能够为我们奋进新时代、实现中华民族伟大复兴提供强大的精神力量和有力的道德支撑。

五是广泛学习各种科学文化知识。习近平强调，无论是哪一类领导干部，也不管其曾经学过什么专业，都应该以提高科学素养为目标，努力学

① 《习近平对全国道德模范表彰活动作出重要指示强调：深化群众性精神文明创建活动 着力培养担当民族复兴大任的时代新人》，《人民日报》2019 年 9 月 6 日第 1 版。
② 习近平：《在国家勋章和国家荣誉称号颁授仪式上的讲话》，《人民日报》2019 年 9 月 30 日第 2 版。

习科学文化知识，弘扬科学精神，树立科学观念，掌握科学方法，不断深化对本职工作的内在规律的认识。同时，领导干部还应学习和掌握哲学、经济、政治、历史、文化、社会、军事、外交等方面的知识。领导干部对科学文化知识的学习，要结合各自的工作实际，要根据自己所从事的工作的需要，重点学好做好相关领导工作、履行岗位职责所不可或缺的知识和技能，要坚持干一行学一行、缺什么知识补什么知识，不断提高知识化和专业化水平，切实提高战略思维能力、创新思维能力和辩证思维能力，使自己真正成为所在领域的行家里手和内行领导。除了各种专业知识、业务知识外，领导干部还要学习一些涵养德性的知识，如文史知识、文学知识，以学益智，以学修身。例如，学习文学知识，能够提高文学素养和审美鉴赏能力，能够使情操得到陶冶，培养高尚的生活情趣；"学史可以看成败、鉴得失、知兴替；学诗可以情飞扬、志高昂、人灵秀；学伦理可以知廉耻、懂荣辱、辨是非。"①

书籍是人类知识的载体，是人类智慧的结晶。而要掌握各种知识，就要勤于读书。"读书学习是领导干部加强党性修养、坚定理想信念、提升精神境界的一个重要途径。"②习近平指出，领导干部不仅要喜欢读书，把读书作为一种生活习惯、生活态度、生活方式和精神追求，而且要读好书，特别是马克思主义原著、做好领导工作必需的各种知识书籍和古今中外优秀传统文化书籍，还要善读书，坚持阅读与思考相统一，坚持读书与运用相结合，锲而不舍、持之以恒。习近平还引用王国维论述治学的著名诗句来说明读书学习要有三种境界："首先，要有'望尽天涯路'那样志存高远的追求，有耐得住'昨夜西风凋碧树'的清冷和'独上高楼'的寂寞，静下心来通读苦读；其次，要勤奋努力，刻苦钻研，舍得付出，百折

---

① 《习近平谈治国理政》第 1 卷，外文出版社 2018 年版，第 406 页。
② 习近平：《领导干部要爱读书读好书善读书》，《学习时报》2009 年 5 月 18 日第 1 版。

不挠，下真功夫、苦功夫、细功夫，即使是'衣带渐宽'也'终不悔'，'人憔悴'也心甘情愿；再次，要坚持独立思考，学用结合，学有所悟，用有所得，要在学习和实践中'众里寻他千百度'，最终'蓦然回首'，在'灯火阑珊处'领悟真谛。"① 只有像这样目标明确、恒心不移，方法得当，讲求读书效率和质量，才能在读书学习中增长知识、增加智慧、增强本领和提高思想水平。

习近平指出，重视学习和善于学习是党的优良传统和政治优势，是党保持发展先进性、始终走在时代前列的重要保障，也是党员干部健康成长、提升素质、增长本领和不断进步的重要途径。中国共产党人是依靠学习走到今天的，也必须依靠学习开创未来。在新时代条件下，只有在全党范围内大兴学习之风，坚持认真学、深入学、持久学、刻苦学，坚持学习、学习、再学习，党才能始终跟上时代进步的潮流，才能担负起带领人民实现中华民族伟大复兴的光荣使命。

二、行是重点和关键，必须以行促知

实践观点是马克思主义哲学的根本观点，也是马克思主义认识论的首要的基本的观点。马克思主义认识论不仅强调知或认识是行或实践的前提和基础，而且更为强调行或实践对知或认识的决定作用。毛泽东指出，辩证唯物论强调，理论依赖于实践，它以实践为基础，同时又服务于实践；判定认识或理论是不是真理，不能依据我们主观上觉得如何来确定，而必须依据社会实践的结果如何来确定，检验认识或理论的真理性的标准只能是社会实践。"实践的观点是辩证唯物论的认识论之第一的和基本的

---

① 习近平：《领导干部要爱读书读好书善读书》，《学习时报》2009 年 5 月 18 日第 1 版。

观点。"① 而用习近平的话来说："实践观点是马克思主义哲学的核心观点。实践决定认识，是认识的源泉和动力，也是认识的目的和归宿。"② 中国传统哲学家们也大都特别重行，如荀子提出"不闻不若闻之，闻之不若见之，见之不若知之，知之不若行之"，西汉刘向主张"耳闻之不如目见之，目见之不如足践之，足践之不如手辨之"，宋代陆游认为"纸上得来终觉浅，绝知此事要躬行"，等等。正是基于马克思主义哲学的实践观点和中国传统哲学素来重行的传统，习近平强调，在知与行、认识与实践的关系中，行或实践是重点和关键；要实现知行合一，必须以行促知。

（一）行是重点和关键

对于知与行、认识与实践关系中行或实践是重点和关键的问题，习近平结合治国理政实践作了以下几个方面的阐述。

首先，行或实践是知或认识的源泉和动力。毛泽东曾说："人的正确思想是从哪里来的？是从天上掉下来的吗？不是。是自己头脑里固有的吗？不是。人的正确思想，只能从社会实践中来，只能从社会的生产斗争、阶级斗争和科学实验这三项实践中来。"③ 他还说，人的认识是"从实践发生，而又服务于实践"的，是"基于实践的由浅入深的"的发展过程④。习近平指出，毛泽东的《实践论》等著作，"灵活运用了辩证唯物主义世界观和方法论，形成了具有鲜明中国特色的马克思主义哲学思想，为我们党掌握和运用辩证唯物主义树立了光辉典范"⑤。习近平也创造性地

---

① 《毛泽东选集》第 1 卷，人民出版社 1991 年版，第 284 页。
② 习近平：《论党的宣传思想工作》，中央文献出版社 2020 年版，第 130—131 页。
③ 《毛泽东文集》第 8 卷，人民出版社 1999 年版，第 320 页。
④ 参见《毛泽东选集》第 1 卷，人民出版社 1991 年版，第 284、286 页。
⑤ 习近平：《论党的宣传思想工作》，中央文献出版社 2020 年版，第 124 页。

运用了马克思主义认识论，并在对毛泽东的上述思想作进一步发挥的基础上明确提出："我们推进各项工作，根本的还是要靠实践出真知。"① 所谓实践出真知，就是指只有在实践中才能认识和把握真理，也只有在实践中才能深化和发展真理。习近平关于"实践出真知"的论断，简明扼要地阐述了实践是认识的源泉和动力的道理。

实践出真知，突出地表现在党的理论创新上。党的十九届六中全会决议所总结和概括的党的百年历史经验之一，就是必须始终坚持实践基础上的理论创新。决议指出："马克思主义理论不是教条而是行动指南，必须随着实践发展而发展，必须中国化才能落地生根、本土化才能深入人心。""只要我们勇于结合新的实践不断推进理论创新、善于用新的理论指导新的实践，就一定能够让马克思主义在中国大地上展现出更强大、更有说服力的真理力量。"② 百年党史上马克思主义中国化的系列伟大飞跃生动地证明了这一点。正是在长期的中国革命实践中，以毛泽东同志为主要代表的中国共产党人，把马克思主义同中国具体实际相结合，对通过艰辛探索、付出巨大牺牲而积累的一系列宝贵经验进行理论概括，终于成功找到了农村包围城市、武装夺取政权的中国特色革命道路，创立了毛泽东思想，并在新中国成立以后的社会主义革命和社会主义建设实践中进一步丰富和发展了毛泽东思想，实现了马克思主义中国化的第一次伟大飞跃。也正是在改革开放和社会主义现代化建设实践中，以邓小平、江泽民、胡锦涛同志为主要代表的中国共产党人围绕什么是社会主义和怎样建设社会主义、建设什么样的党和怎样建设党、实现什么样的发展和怎样发展等重大问题接续探索，形成了中国特色社会主义理论体系，实现了马克思主义中国化的第二次伟大飞跃。而在开创中国特色社会主义新时代的实践中，以

---

① 习近平：《论党的宣传思想工作》，中央文献出版社 2020 年版，第 131 页。
② 《中共中央关于党的百年奋斗重大成就和历史经验的决议》，《人民日报》2021 年 11 月 17 日第 1 版。

习近平同志为主要代表的中国共产党人，坚持把马克思主义同新时代中国具体实际相结合、同中华优秀传统文化相结合，与时俱进地推进党的理论创新，对新时代坚持和发展中国特色社会主义、建设社会主义现代化强国和马克思主义执政党等重大时代课题进行了深入探索，提出了一系列原创性的新理念新思想新战略，创立了习近平新时代中国特色社会主义思想，实现了马克思主义中国化新的飞跃①。由此可见，百年党史上党的理论创新都是在实践基础上实现和不断发展的。

实践出真知，也表现在党的路线方针政策的形成和不断完善上。党的群众路线是党的根本工作路线、根本领导方法和工作方法，也是党的根本认识路线。毛泽东曾说，在党的一切实际工作中，凡属正确的领导，都必须坚持从群众中来、到群众中去的群众路线②。其中，"从群众中来"就是指党的路线方针政策的制定必须建立在将群众的意见集中起来的基础之上，即必须首先深入群众，把群众分散的无系统的意见集中起来，经过研究，化为集中的系统的意见，然后据此形成党的路线方针政策，从而使党的路线方针政策反映和体现人民群众的利益、愿望和要求。人民群众是社会历史的主人，也是社会实践的主体，因此，从群众中来也就是从人民群众的社会实践中来。毛泽东在具体阐释党的群众路线时还指出，要通过从群众中来、到群众中去、再从群众中集中起来、再到群众中坚持下去，如此无限循环，使党的路线方针政策"一次比一次地更正确"③。毛泽东在这里所强调的，是党的路线方针政策必须经由人民群众社会实践的检验而不断完善。习近平进一步发挥了毛泽东的这些思想。他说："人民的伟大实践是认识的真正源泉。只有切实尊重人民首创精神，倾听人民呼声，反映

---

① 参见《中共中央关于党的百年奋斗重大成就和历史经验的决议》，《人民日报》2021年11月17日第1版。

② 参见《毛泽东选集》第3卷，人民出版社1991年版，第899页。

③ 《毛泽东选集》第3卷，人民出版社1991年版，第899页。

人民意愿，及时发现、总结、概括人民创造的新鲜经验，才能获得正确反映客观规律的真理性认识，才能制定出符合客观规律的科学决策。"①。党的路线方针政策是在实践基础上形成和不断完善的，最突出地体现在党章的修订上。习近平指出，党章是党的路线方针政策的集中体现，而党章的内容是随着党带领人民进行革命、建设和改革的实践的发展而不断丰富和完善的；在自成立以来的奋斗历史中，"我们党总是认真总结革命建设改革的成功经验，及时把党的实践创新、理论创新、制度创新的重要成果体现到党章中，从而使党章在推进党的事业、加强党的建设中发挥了重要指导作用"②。

实践出真知，还表现在个人经验知识积累和才干提升上。习近平多次引用毛泽东关于"读书是学习，使用也是学习，而且是更重要的学习"③的著名论述，强调既要向书本学习也要向实践学习、既多读有字之书也多读无字之书，强调人们应该勇于实践，在实践中积累经验、增长见识和提升本领。他要求广大青年在学习和工作中面向实际、深入实践，在立足本职的创新创造中不断积累经验、深化认识，成长为有学问、有才干的实干家。他说，"学习是成长进步的阶梯，实践是提高本领的途径"，广大青年"要坚持学以致用，深入基层、深入群众，在改革开放和社会主义现代化建设的大熔炉中，在社会的大学校里，掌握真才实学，增益其所不能，努力成为可堪大用、能担重任的栋梁之材"④。在谈到领导干部的学习问题时，他说，领导干部的学习，有理论知识的学习，也有实践知识的学习；同时，领导干部的学习可以有多种形式，而在干中学、在学中干就是其中

---

① 习近平：《坚持实事求是的思想路线》，《学习时报》2012 年 5 月 28 日第 1 版。

② 习近平：《认真学习党章 严格遵守党章》，《求是》2012 年第 23 期。

③ 《毛泽东选集》第 1 卷，人民出版社 1991 年版，第 181 页。

④ 参见习近平：《在同各界优秀青年代表座谈时的讲话》，《人民日报》2013 年 5 月 5 日第 2 版。

的一种重要形式。他指出，党和国家的事业涉及各个领域和各个方面，领导干部不可能总在某一个领域、某一个岗位上工作，他们不可能什么都懂，要求他们把所有的东西都掌握了再来干工作显然是不现实的，因此，坚持边干边学、边学边干就成为领导干部成长的必由之途。他还强调说，今天，由于世情、国情和党情的发展变化，全党必然面临这样一个重要课题，即如何正确把握和处理我国发展起来后各个方面不断涌现出来的新情况新问题。既然是新情况新问题，我们对其必然会不熟悉或者不太熟悉，也不可能有现成的经验可以借鉴。要认识好、处理好这些新情况新问题，"唯一的途径就是增强我们自己的本领。增强本领就要加强学习，既把学到的知识运用于实践，又在实践中增长解决问题的新本领"，"领导干部要发扬理论联系实际的马克思主义学风，带着问题学，拜人民为师，做到干中学、学中干，学以致用、用以促学、学用相长，千万不能夸夸其谈、陷于'客里空'"①。

实践出真知，对于"德性之知"的形成和发展同样也是适用的。习近平强调，要形成坚定的理想信念，必须在实践中经受砥砺、锤炼和考验。他指出，新时代的中国青年不仅要牢固确立起对马克思主义的信仰、对中国特色社会主义的信念，而且要自觉投身于社会实践，到人民群众中去，到新时代的广阔天地中去，在创业奋斗中升华理想信念。在谈到领导干部的理想信念问题时，他说："我常说要修炼共产党人的'心学'，坚持学思用贯通、知信行统一，其中一个重要目的就是要求党员干部坚定理想信念、增强党性。形成坚定理想信念，既不是一蹴而就的，也不是一劳永逸的，也不是自己认为坚定就坚定的，而是要在斗争实践中不断砥砺、经受考验，而且这种考验是长期的，很多时候也是严酷的，是要终其一生

---

① 《习近平在中央党校建校80周年庆祝大会暨2013年春季学期开学典礼上的讲话》，《人民日报》2013年3月3日第2版。

的。"① 在习近平看来，实践同样也是提升道德修养的根本途径。他认为，一个人要形成自觉的道德意识、养成良好的道德品质，必须从小做起。"从小做起，就是要从自己做起、从身边做起、从小事做起，一点一滴积累，养成好思想、好品德。"② 他希望少先队员通过参加义务植树从小养成爱护环境、珍惜自然的意识，希望大学生们扎扎实实干事，踏踏实实做人，于实处用力，把核心价值观内化为精神追求、外化为自觉行动，并要求广大青年把正确的道德认知、自觉的道德养成、积极的道德实践紧密结合起来，不断修身立德，打牢道德根基，在人生道路上走得更正、走得更远。他还指出，领导干部修政德，包括明大德、守公德、严私德，必须"在实践中把做人与做官统一起来"，"把做人的过程看做是完善自我人格、夯实从政基石的过程，把做官的过程看做是提升政德境界、践行为民宗旨的过程，就像毛泽东当年号召共产党员的那样，把自己培养成'一个高尚的人，一个纯粹的人，一个有道德的人，一个脱离了低级趣味的人，一个有益于人民的人'"③。他还特别强调，培育和践行社会主义核心价值观，必须使其日常化、具体化、形象化、生活化，使其像空气一样无时不在，让人人都能在社会生活中随时感知和领悟它，变成人们自觉的精神追求和实际行动，做到明大德、守公德、严私德，由此真正发挥社会主义核心价值观的重要作用。

其次，行或实践是知或认识的目的和归宿。习近平指出，学习包括向书本学习和在实践中学习是获取知识的基本途径，学习就是求知的活动和过程，而学习的目的在于运用，在于服务实践、提高工作本领和解决实际问题的能力。他说，我们学到的各种知识，不能仅停留在书本上，也不能

---

① 《习近平谈治国理政》第4卷，外文出版社2022年版，第523页。
② 中共中央文献研究室编：《习近平关于青少年和共青团工作论述摘编》，中央文献出版社2017年版，第31页。
③ 习近平：《之江新语》，浙江人民出版社2007年版，第258—259页。

只装在头脑里，而应该落实到行动上；一个人若不能把所学知识运用于实践、落实于行动，即使他"学富五车、才高八斗"，也并没有达到学习的目的。他引用宋代大儒朱熹关于知行关系的论述"为学之实，固在践履。苟徒知而不行，诚与不学无异"，并解释道，这句话的意思是说，学习的目的就在于实践，倘若只是明白了道理而不去做，那么学与不学也就没有什么区别。他还指出，对于领导干部来说，衡量学习的成效和水平的高低，不能只看其读了多少书，而应着重看其运用所学知识分析和解决实际工作中的问题的能力如何；领导干部一定要把读书学习与实践运用结合起来，通过读书学习增强实际工作能力，通过实践运用提高读书学习的效率和水平。

习近平强调说，领导干部加强对所学理论和知识的实践运用，尤其要注意以下三个方面：一是要勇于实践，把理论和知识转化为能力。学习、掌握理论和知识本身并不是目的，其目的在于用理论和知识解决实际问题，在于提高工作能力、增强工作本领。那么，理论、知识如何才能转化为本领和能力呢？答案是必须通过实践。实践就是理论、知识向本领和能力转化、变成本领和能力的根本途径。因此，领导干部必须勇于实践，运用所学理论和知识分析和解决实践中的各种问题，不断开拓新的实践领域，努力使自己所进行的实践成为自觉的、系统的、有科学根据的实践，而不是盲目的、零碎的、想当然的实践。二是要运用理论和知识着力改造客观世界。把理论和知识运用于实践的过程，也就是在理论和知识的指导和引领下改造客观世界的过程。领导干部学习和掌握马克思主义理论特别是党的理论创新成果，就应该通过深化对人类社会发展规律、社会主义建设规律和共产党执政规律的认识，真正提高工作水平和工作实效，做好本职工作，尤其是要在深刻认识和把握中国特色社会主义发展规律的基础上，提高科学决策水平，有效应对新时代中国特色社会主义建设实践中出现的新情况新问题，确保我国各项事业又好又快发展，努力实现好广大人民群众的根本利益。三是要运用理论和知识自觉改造主观世界。人们在实践中不仅改造客观世界，而且也改造着自己的主观世界。因此，把理论和知识运用于实践，既是一种改造客观世界的过程，也是一种改造自己的主观世界的过程。强调领导干部要把马克思主义理论当作自己的"看家本领"，就是要求他们运用马克思主义理论，在改造客观世界的同时改造主观世界，"牢固树立马克思主义世界观、人生观、价值观和正确的权力观、地位观、利益观，切实解决好理想信念、思想作风、道德情操、清正廉洁等问题，不断增进与人民群众的感情，始终保持共产党人的本色"①。

实践也是"德性之知"的目的和归宿。习近平说："理想信念不是拿来说、拿来唱的，更不是用来装点门面的，只有见诸行动才有说服力。要知行合一、言行一致，保持对理想信念的激情和执着，牢固树立正确的世界观、权力观、事业观，用自己的实际行动为坚持和发展中国特色社会主义、为实现共产主义远大理想不懈奋斗。"② 对党员干部来说，将理想信念付诸行动，用实际行动为坚持和发展中国特色社会主义、为实现共产主义而奋斗，就是要在实践中和本职工作岗位上坚持全心全意为人民服务的根本宗旨，坚守为中国人民谋幸福、为中华民族谋复兴的初心使命，勤奋工作，廉洁奉公，吃苦在前、享受在后，像张思德、焦裕禄、谷文昌、廖俊波等优秀共产党员那样，用理想之光照亮奋斗之路，用铁骨铮铮的实际行动深刻诠释坚守信念的意义，为理想信念而奋不顾身地拼搏，甚至献出自己的生命。

同样，道德修养也不只是为了个人精神世界的完善，其目的是要为人的行为或实践提供精神支撑。道德属于精神文明的范畴，道德建设是为物质文明建设服务的。习近平指出，着力培育和践行社会主义核心价值观，

---

① 习近平：《领导干部要爱读书读好书善读书》，《学习时报》2009 年 5 月 18 日第 1 版。
② 习近平：《在党的十九届一中全会上的讲话》，《前线》2018 年第 1 期。

大力推进社会主义道德包括社会公德、职业道德、家庭美德、个人品德等的建设，其目的是要以社会主义道德的阳光温暖人间，让社会主义精神文明的雨露滋润社会，造就一批又一批堪当民族复兴大任的时代新人，为奋进新时代、共筑中国梦提供强大精神力量和道德支撑；在进行全社会的思想道德建设时，不仅要注重激发人们形成高度的道德自觉，包括善良的道德意愿和道德情感、正确的道德判断和强烈的道德责任感，更要着力提高人们的道德实践能力特别是自觉践行能力，引导人们在实践中讲道德、尊道德、守道德，在全社会形成守德、向善的力量。为此，他要求广大党员干部特别是领导干部既立意高远又立足平实地修德，从做好小事、管好小节开始起步，踏踏实实地明大德、守公德、严私德，时时处处见贤思齐、见德思齐，严于自律并自觉接受他律，努力以道德的力量赢得人心、赢得事业成就。

再次，行或实践是知或认识之真的检验标准。习近平指出，坚持实践的观点这一马克思主义认识论的核心观点，就要坚持在实践中认识、检验和发展真理；而在实践中检验真理和发展真理，也是党的实事求是的思想路线的重要内容。他强调，我们之所以要学习和坚持马克思主义，是因为马克思主义深刻揭示了客观世界特别是人类历史发展的普遍规律，被历史和实践证明是科学的理论。也就是说，我们对马克思主义的信仰是建立在实践检验基础上的。"实践证明，马克思主义的命运早已同中国共产党的命运、中国人民的命运、中华民族的命运紧紧连在一起，它的科学性和真理性在中国得到了充分检验，它的人民性和实践性在中国得到了充分贯彻，它的开放性和时代性在中国得到了充分彰显！"①因此，中国人民选择马克思主义、中国共产党把马克思主义写在自己的旗帜上是无比正确的，中国共产党人坚持把马克思主义同中国具体实际相结合、不断推进马

---

① 习近平：《论党的宣传思想工作》，中央文献出版社 2020 年版，第 326 页。

克思主义中国化时代化是无比正确的。同样，我们对中国特色社会主义的信念也是建立在实践检验基础上的，因为历史和实践充分证明，只有社会主义才能救中国，只有坚持和发展中国特色社会主义才能发展中国、才能实现中华民族伟大复兴。正是在马克思主义中国化时代化的系列理论成果的引领下，中华民族伟大复兴的进程不断向前推进，先后实现了从"站起来""富起来"到"强起来"的伟大飞跃。

实践也是检验党的路线、方针、政策是否正确的根本标准。党的路线、方针、政策实际上是党依据对于其在特定时期所面临的主要任务、所要解决的主要问题等的认识制定的，如果这种认识出现偏差，那么，依据这种认识而制定的路线、方针、政策也必然会存在问题。因此，对于党的路线、方针、政策是否正确的检验实际上是对其所依据的认识是否正确的检验，其根本标准也只能是实践。例如，我们之所以说改革开放以来党的路线、方针、政策是完全正确的，就是因为它们经受了实践的充分检验。习近平在庆祝改革开放 40 周年大会上的讲话中指出："40 年的实践充分证明，党的十一届三中全会以来我们党团结带领全国各族人民开辟的中国特色社会主义道路、理论、制度、文化是完全正确的，形成的党的基本理论、基本路线、基本方略是完全正确的。"① 由于人民群众是实践的主体，实践总是人民群众的实践，所以，检验党的路线、方针、政策是否正确的根本标准归根到底是人民群众的实践。故此，习近平多次强调，"时代是出卷人，我们是答卷人，人民是阅卷人"，党的路线、方针、政策如何，只能由人民来评判，我们必须坚持"把人民拥护不拥护、赞成不赞成、高兴不高兴、答应不答应作为衡量一切工作得失的根本标准"②。

---

① 习近平：《在庆祝改革开放 40 周年大会上的讲话》，《人民日报》2018 年 12 月 19 日第 2 版。

② 习近平：《在纪念朱德同志诞辰 130 周年座谈会上的讲话》，《人民日报》2016 年 11 月 30 日第 2 版。

习近平指出，党员干部的理想信念是否坚定亦即是否是真信、是否具有守德向善的道德修养，也要经受实践检验。他说，在革命战争年代，对党员干部理想信念是否坚定的检验，就看其能否为党和人民的事业舍生忘死，如战场上冲锋号一吹响其能否立即冲上去，这样的检验很直接；和平建设时期，虽然生死考验也会有，但毕竟不多，检验党员干部理想信念是否坚定会比较难，但也不是完全没有办法检验，"那就主要看干部是否能在重大政治考验面前有政治定力，是否能树立牢固的宗旨意识，是否能对工作极端负责，是否能做到吃苦在前、享受在后，是否能在急难险重任务面前勇挑重担，是否能经得起权力、金钱、美色的诱惑。这样的检验需要一个过程，不是一下子、经历一两件事、听几句口号就能解决的，要看长期表现，甚至看一辈子"①。而如果党员干部不能明大德、守公德和严私德，行动上的各种出轨越界、违法乱纪的行为也就在所难免了。

（二）必须以行促知

既然在知与行、认识与实践的关系中行或实践是重点和关键，要做到知行合一，就必须以行促知。所谓以行促知，就是通过实践深化和丰富认识、以行动自觉巩固和推进思想自觉，就是通过实践检验和不断发展真理。习近平在谈到党的群众路线教育实践活动必须坚持"以知促行、以行促知"时曾说："集中教育活动需要提高认识，更需要付诸行动，以新的思想认识推动实践，又以新的实践深化思想认识。""实践证明，集中教育活动只有坚持知行合一，不断让思想自觉引导行动自觉、让行动自觉深化思想自觉，才能抓得实、做得深、走得远。"② 这里所谓的"以新的实践深

---

① 《习近平谈治国理政》第 1 卷，外文出版社 2018 年版，第 415 页。
② 习近平：《在党的群众路线教育实践活动总结大会上的讲话》，《人民日报》2014 年 10 月 9 日第 2 版。

化思想认识""让行动自觉深化思想自觉",说的就是"以行促知"。

根据习近平的有关论述,以行促知,关键是要做到以下几个方面。

第一,要根据实践的发展不断推进马克思主义的发展。习近平指出,实践发展无止境,理论创新也没有止境。马克思主义并没有结束真理,而是开辟了通向真理的道路。马克思主义发展的历史,就是马克思、恩格斯及其后继者即各国马克思主义者在实践中不断推进马克思主义的历史。马克思主义传入中国后,既引领了中华文明和中国社会的深刻变革,也历经了一个同中国实际相结合而逐步中国化的过程,毛泽东思想、邓小平理论、"三个代表"重要思想、科学发展观和习近平新时代中国特色社会主义思想,就是在这一过程中形成和创造的系列标志性成果。即使是在今天,这一过程也还远未结束。当今时代的变化以及我国社会主义现代化建设实践的深度和广度空前未有,其复杂情况也远远超过马克思主义经典作家的预想。与此同时,我国目前还处于社会主义初级阶段,我国社会主义实践的时间还不长、经验还不充足,面对各种不断涌现的新情况新问题,我们唯有在实践中奋力探索、勇于理论创新,继续不断地推进马克思主义中国化时代化,才能不断地把我们的事业推向前进。"我们要以更加宽阔的眼界审视马克思主义在当代发展的现实基础和实践需要,坚持问题导向,坚持以我们正在做的事情为中心,聆听时代声音,更加深入地推动马克思主义同当代中国发展的具体实际相结合,不断开辟二十一世纪马克思主义发展新境界,让当代中国马克思主义放射出更加灿烂的真理光芒。"① 根据实践的发展不断推进马克思主义的发展,一个重要方面就是要立足于当代中国的伟大实践,推进哲学社会科学各个领域的理论创新、繁荣和发展我国哲学社会科学。习近平指出:"当代中国正经历着我国历史上最为广泛而深刻的社会变革,也正在进行着人类历史上最为宏

----

① 习近平:《论党的宣传思想工作》,中央文献出版社 2020 年版,第 242—243 页。

大而独特的实践创新。这种前无古人的伟大实践，必将给理论创造、学术繁荣提供强大动力和广阔空间。这是一个需要理论而且一定能够产生理论的时代，这是一个需要思想而且一定能够产生思想的时代。""一切有理想、有抱负的哲学社会科学工作者都应该立时代之潮头、通古今之变化、发思想之先声，积极为党和人民述学立论、建言献策，担负起历史赋予的光荣使命。①

第二，要坚持理论联系实际，坚持"学以致用、用以促学"。所谓"用以促学"，就是通过所学知识或既有认识的实践运用来增进知识、促进认识，并在实践中增长解决问题的新本领。习近平指出，学习是成长进步的阶梯，实践是提高本领的途径，要做到学以致用、用以促学，关键是要坚持理论联系实际，把学到的东西运用于实践。对于党员干部特别是领导干部来说，坚持理论联系实际，既要联系工作实际，又要联系自己的思想实际。一方面，要把学习党的基本理论、基本路线、基本纲领、基本经验同社会主义现代化建设的实践紧密联系起来，从理论与实践的结合上研究和解决经济社会发展中的重大问题，提高运用党的基本理论解决实际问题的能力，不断拓宽领导工作思路，推动经济社会又好又快发展。另一方面，要把学习党的基本理论与加强党性修养结合起来，联系自己的思想实际查找问题，努力提升精神境界和道德情操，把党性要求转化为培养高尚品德和发扬优良作风的自觉行动。

第三，要坚持问计于民，努力向人民群众学习。马克思主义的实践观点与党的群众观点是内在一致的。人民群众既是历史的创造者也是社会实践的主体，勇于实践就必须深入基层、深入群众，向实践学习、在实践中学习就包括向人民群众学习。以行促知、用以促学，必须尊重和依靠人民群众，自觉拜师人民群众，不断从人民群众中汲取智慧和力量。习近平强

---

① 习近平：《论党的宣传思想工作》，中央文献出版社 2020 年版，第 219 页。

调，人民群众是真正的英雄和我们力量的源泉，在人民面前，我们永远是小学生；我们必须充分尊重人民群众的首创精神，尊重人民群众在实践活动中所表达的意愿、所创造的经验，自觉向人民群众学习，向能者求教、向智者问策。他说，我们"要带着感情、带着责任深入群众当中，倾听群众呼声，体察群众疾苦，始终把人民群众的安危冷暖放在心上，虚心向群众请教，真正做到问政于民、问需于民、问计于民"①。

三、知行合一与新时代共产党人的党性修养

习近平的知行合一论，既是新时代中国马克思主义认识论，也是新时代中国共产党人的党性修养论。它不仅强调知是前提和基础、必须以知促行，强调行是重点和关键、必须以行促知，由此对知行合一的丰富内涵作了深刻阐释，而且还把知行合一化为共产党人的党性要求，指明了新时代中国共产党人党性修养的基本途径。习近平指出："我们讲知行合一，'知'和'行'是相辅相成的。只有把道理真正弄懂了，行动才能自觉持久；只有行动上落实了，对道理的领悟才能更深入。如果光有'知'，没有'行'，那这个'知'最后也不会起多大作用；反之，如果光有'行'，没有'知'，只知其然而不知其所以然，那这个'行'也是难以持久的。所以，增强党员、干部的思想自觉和行动自觉，要在'知'和'行'两方面同时努力，既以'知'促'行'，又以'行'促'知'。"②

---

① 习近平：《关于建设马克思主义学习型政党的几点学习体会和认识》，《学习时报》2013年4月28日第1版。

② 中共中央党史和文献研究院编：《习近平关于力戒形式主义官僚主义重要论述选编》，中央文献出版社2020年版，第53—54页。

（一）知行相资、学用相长

所谓知行相资、学用相长，就是要通过所学知识的实践运用，使知与行、学与用相互凭借、相互促进。习近平多次引用王夫之的"知行相资以为用"来说明这一点。在他看来，知行相资、学用相长既是知行合一的内在规定，也是新时代共产党人的党性要求。新时代党员干部加强党性修养、践行知行合一，首先必须做到知行相资、学用相长。

习近平指出，我们党努力建设马克思主义学习型政党，这是在深刻总结党的建设历史经验基础上作出的重要战略决策，体现了对时代发展潮流和新形势下党的建设需要的高度自觉。

首先，建设马克思主义学习型政党是使党永远站在时代前列和始终保持先进性的客观需要。理论上和实践上的先进性，是马克思主义政党区别于其他各种政党最鲜明的本质特点。我们党在理论上的先进性源于马克思主义的先进性，党要保持和发展这种理论上的先进性，就必须毫不动摇地坚持马克思主义的指导地位，用马克思主义作为团结全党前进的思想旗帜和认识、改造世界的强大思想武器，因而必然要求我们高度重视和自觉学习马克思主义理论。马克思主义理论是一个博大精深的思想体系，是人类全部知识的结晶和迄今为止最先进的理论，并且它始终是随着时代、实践和科学的发展而不断丰富发展的。建设马克思主义学习型政党，首先就是要用马克思主义这一具有丰富知识含量、思想含量的先进理论把我们党的思想武装起来，而要做到这一点，没有老实的科学态度、深入扎实的功夫和持之以恒的毅力是根本不可能的。

其次，建设马克思主义学习型政党是在新的历史时期弘扬党的优良传统、发扬党的政治优势的内在要求。我们党历来高度重视学习并善于学习，一部党的历史就是不断地进行创造性学习的历史。每当重大历史转折时期，我们党都特别强调对马克思主义的学习，而每一次这样的学习热潮都极大地推进了党的事业。在新民主主义革命时期，我们党正是凭借着对马克思主义和各种先进科学文化知识的学习，用科学的世界观和方法论武装了自己，获得了巨大的精神力量，从而在与旧中国各种政治力量的斗争和较量中不断发展壮大，最终带领人民夺取了革命胜利，建立了新中国。新中国成立后特别是进入改革开放时期以后，我们党更加重视理论和知识学习，号召全体党员积极借鉴人类文明发展的一切有益成果，努力学习一切有利于我国发展的新思想、新知识和新经验。新时代以来，党中央把学习放在空前重要的位置，全党更加自觉地加强学习马克思主义理论和各种科学文化知识，在理论上和思想上为开辟中国特色社会主义建设新局面作了充分准备。回顾党的奋斗历程，我们党之所以能够克服各种困难、战胜各种艰难险阻和从容应对各种挑战，领导人民不断取得革命和建设新成就，从根本上说就是因为始终坚持用马克思主义先进理论武装头脑，就是因为能够通过学习而不断用新的科学文化知识充实和提高自己。

再次，建设马克思主义学习型政党也是新时代条件下对党的建设提出的新要求。进入新时代以来，党中央着力推进全面深化改革，各种社会问题交织，各种社会矛盾频现，我国发展凸现出许多新的阶段性特征，党面临着空前严峻的执政考验、改革开放考验、市场经济考验和外部环境的考验。面对国内外、党内外形势的深刻变化，我们党只有更加重视和善于学习，更加自觉地用马克思主义和各种科学文化知识武装思想和头脑，才能不断提高执政能力和领导水平、有效应对国内外各种风险，才能经受住各种考验，始终站在时代前列，带领人民继续推进改革开放和社会主义现代化建设，不断取得中国特色社会主义建设新成就。

习近平强调，我们要教育和引导广大党员干部把学习成果转化为提升党性修养的精神营养，做到真学真懂真信真用。真学，就是要把学习当作一种自觉行动和一种兴趣爱好、一种健康的生活方式、一种精神追求，就是要把马克思主义理论和党的理论创新成果作为武装头脑、指导实践、推动工作的看家本领和思想武器来学，密切联系自己的工作实际和思想实际积极地学，带着问题并为了解决问题而认真踏实、持之以恒地学。真懂，就是学深悟透，把握精神实质、领会精髓要义。学习和思考是紧密联系、相辅相成的，正如孔子所说，"学而不思则罔，思而不学则殆"。如果只是机械地被动地接受而不加思考，是不可能吸收、消化任何理论和知识并将其转化为能力的。只有边学边作深入思考，才能把零散的、孤立的东西变为系统的东西，把粗浅的感性认识变为精深的理性认识，从而对所学的东西做到既知其然也知其所以然，真正全面而深刻地把握所学内容。真信，就是入脑入心，就是转化为世界观、人生观和价值观，就是深刻认识马克思主义理论和党的理论创新成果所揭示的人类社会发展规律、共产党执政规律、社会主义建设规律，坚定共产主义的远大理想和中国特色社会主义的信念，在任何风险和干扰面前都不为所动，心无旁骛地为实现中华民族伟大复兴而奋斗。真用，就是理论联系实际、学用结合，以所学理论和知识服务于实现人民群众的根本利益，服务于改革发展稳定大局和经济社会发展，把学习成效转化为解决实际问题的能力，不断拓宽工作思路、创新工作方法、提升工作本领。总之，真学真懂真信真用，就是学思用贯通、知信行统一，它集中体现了知行相资、学用相长的党性要求。

习近平指出，当前党内的学习风气从总体上看是好的，多数党员干部能够自觉学习、认真学习和刻苦学习。但同时也应看到，有些人思想懒惰、不思进取，终日昏昏沉沉、庸碌无为，不好学也不愿学；有些人热衷于各种场合的应酬、忙于各种事务，不勤学；有些人喜欢装点门面、走过场，不真学；有些人学风浮躁、浅尝辄止，不深学也不真懂；有些人倒是学了一堆，但学用脱节，不善学也不真用。凡此种种，都没有做到真学真懂真信真用，都是背离知行相资、学用相长的党性要求的。

（二）言行一致、表里如一

《中国共产党章程》明确规定，党员必须"维护党的团结和统一，对党忠诚老实，言行一致，坚决反对一切派别组织和小集团活动，反对阳奉阴违的两面派行为和一切阴谋诡计"。因此，习近平强调："要切实加强组织管理，引导党员、干部正确对待组织的问题，言行一致、表里如一，讲真话，讲实话，讲心里话，接受党组织教育和监督。"①

是否言行一致、表里如一，表征着理想信念是否坚定。习近平强调，理想信念不能只停留在口头上，而应该落实在行动中。共产党人必须自觉挺起精神脊梁，用实际行动让人民群众感受到理想信念的强大力量。有了坚定的理想信念坚定，党员干部就能炼就"金刚不坏之身"，在大是大非面前旗帜鲜明，能够经受住各种诱惑、风险和困难的考验，甚至不惜献出自己的宝贵生命。例如，李大钊面对敌人的屠刀，威武不屈，英勇就义，以实际行动证明他的理想信念坚如磐石。焦裕禄拖着病体带领兰考人民封沙治水改地，孔繁森两次进藏、忘我奉献，黄旭华"干惊天动地事，做隐姓埋名人"，都用实际行动表明他们具有坚定的理想信念。老一辈无产阶级革命家也都用他们的革命生涯生动诠释了他们始终坚守理想信念。"十月革命一声炮响，给中国送来了马克思列宁主义。从纷然杂陈的各种观点和路径中，经过反复比较和鉴别，毛泽东同志毅然选择了马克思列宁主义，选择了为实现共产主义而奋斗的崇高理想。在此后的革命生涯中，不管是'倒海翻江卷巨澜'，还是'雄关漫道真如铁'，毛泽东同志始终都矢志不移、执着追求。"②"周恩来同志一生都遵奉自己的誓言。不论革命力量多么弱小，白色恐怖多么残酷，对敌斗争多么激烈，政治局势多么

---

① 《习近平谈治国理政》第 1 卷，外文出版社 2018 年版，第 396 页。

② 习近平：《在纪念毛泽东同志诞辰 120 周年座谈会上的讲话》，《人民日报》2013 年 12 月 27 日第 2 版。

复杂，党和国家事业面临的挑战多么严峻，担负的责任多么艰巨，个人的处境多么困难，他都始终保持坚定的理想信念和旺盛的革命精神。"①"我们纪念邓小平同志，就要学习他对共产主义远大理想和中国特色社会主义信念无比坚定的崇高品格。信念坚定，是邓小平同志一生最鲜明的政治品格，也永远是中国共产党人应该挺起的精神脊梁。"②"我们纪念朱德同志，就是要学习他追求真理、不忘初心的坚定信念。朱德同志经历过旧民主主义革命的失败，从切身体验中认识到，旧的道路走不通了，只有马克思主义才是解决中国问题的真理。在确立马克思主义信仰、树立为共产主义事业奋斗的崇高理想后，无论面对什么样的艰难险阻和重大挫折，他始终没有动摇。"③"我们纪念胡耀邦同志，就是要学习他坚守信仰、献身理想的高尚品格。胡耀邦同志从青少年时期起就立志高远，要做新制度的建设者。自从树立共产主义远大理想之后，不论是严酷的战争环境，还是和平建设年代、改革开放时期，他都坚持理想信念，坚韧不拔奋斗、探索、前进。"④

相反，如果缺乏理想信念或者理想信念不坚定，就会精神上缺"钙"而患"软骨病"，就会一遇困难和挫折就迷失方向、摇摆不定。习近平说，"在我们党员、干部队伍中，信仰缺失是一个需要引起高度重视的问题。在一些人那里，有的以批评和嘲讽马克思主义为'时尚'、为噱头；有的精神空虚，认为共产主义是虚无缥缈的幻想，'不问苍生问鬼神'，热衷于算命看相、求神拜佛，迷信'气功大师'；有的信念动摇，把配偶子女移

---

① 习近平:《在纪念周恩来同志诞辰 120 周年座谈会上的讲话》,《人民日报》2018 年 3 月 2 日第 2 版。

② 习近平:《在纪念邓小平同志诞辰 110 周年座谈会上的讲话》,《人民日报》2014 年 8 月 21 日第 2 版。

③ 习近平:《在纪念朱德同志诞辰 130 周年座谈会上的讲话》,《人民日报》2016 年 11 月 30 日第 2 版。

④ 习近平:《在纪念胡耀邦同志诞辰 100 周年座谈会上的讲话》,《人民日报》2015 年 11 月 21 日第 2 版。

民到国外、钱存在国外，给自己'留后路'，随时准备'跳船'；有的心为物役，信奉金钱至上、名利至上、享乐至上，心里没有任何敬畏，行为没有任何底线。"①习近平指出，这种理想信仰不坚定、精神迷失的人，其行为是必然会越轨越界的。"从那些落马领导干部的忏悔录中不难看到，他们都是理想信念先出了问题。有的是看到社会上阴暗面太多，对社会主义前途心生悲观而丢掉了理想信念；有的是人生不顺特别是仕途遇到挫折，对个人前途心生失望而丢掉了理想信念；有的是受亲情友情所累，违反原则办事而丢掉了理想信念；有的是经不住金钱、美色等诱惑而丢掉了理想信念；有的是临近退休，认为没有必要再那么坚守，赶紧给自己安排好晚年生活而丢掉了理想信念。凡此种种，说明领导干部必须始终把理想信念铭记于心、见诸于行，任何时候任何情况下都不可忽视或偏离，否则出问题是迟早的事。"②

是否言行一致、表里如一，也反映着个人的道德修养。党员干部特别是领导干部修政德，包括明大德、严公德、守私德，也必须做到言行一致、表里如一，也就是做到"慎独"。"慎独"一词出自《礼记·中庸》所谓的"莫见乎隐，莫显乎微，故君子慎其独也"，其意思是说，当一个人独处而无他人监视时，也能严格要求自己，恪守本分，自觉遵从道德准则。刘少奇曾把"慎独"视为共产党员党性修养的最高境界。他在《论共产党员的修养》中说："即使在他个人独立工作、无人监督、有做各种坏事的可能的时候，他能够'慎独'，不做任何坏事。"③习近平曾引用刘少

---

① 中共中央党史和文献研究院、中央"不忘初心、牢记使命"主题教育领导小组办公室编：《习近平关于"不忘初心、牢记使命"论述摘编》，中央文献出版社、党建读物出版社 2019 年版，第 76 页。

② 中共中央党史和文献研究院、中央"不忘初心、牢记使命"主题教育领导小组办公室编：《习近平关于"不忘初心、牢记使命"论述摘编》，中央文献出版社、党建读物出版社 2019 年版，第 84 页。

③ 中共中央文献编辑委员会编：《刘少奇选集》上卷，人民出版社 1981 年版，第 133 页。

奇的这一论述，并多次强调党员干部要有这种"慎独"境界。他指出："党员干部特别是领导干部手中往往掌握一定的权力，不仅要主动接受组织、制度的监督，而且还要不断加强自律，做到台上台下一个样，人前人后一个样，尤其是在私底下、无人时、细微处，更要如履薄冰、如临深渊，始终不放纵、不越轨、不逾矩。"① 他认为，要做到"慎独"，首先要坚定理想信念，坚持正确的政治方向，遵循鲜明的政治原则，珍惜个人的政治生命，以形成内在的"定力"，同时还要时刻反躬自省，就像古人讲的"吾日三省吾身"，自重、自省、自警、自励，洁身自好，存正祛邪，注重修身养德，增强防腐拒变的"免疫力"。

言行一致、表里如一，也就是要做老实人、说老实话、办老实事。习近平强调，党员干部"要坚持以党性立身做事，把说老实话、办老实事、做老实人作为党性修养和锻炼的重要内容"②。做老实人、说老实话、办老实事的"三老"作风中，做老实人是前提和根本，说老实话、办老实事是做老实人的表现，其中，说老实话是做老实人见之于言，办老实事是做老实人付之于行，言行一致便是做老实人。习近平说："老实做人、做老实人，是共产党员先进性的内在要求，是领导干部'官德'的外在表现。这里所说的'老实人'，就是思想务实、生活朴实、作风扎实的人，就是尊重科学、尊重实践、尊重规律的人，就是诚实守信、言行一致、表里如一的人，就是勤勤恳恳工作、努力进取创造、任劳任怨奉献的人。"③ 他指出，党员干部做老实人或老老实实做人，作为一种高尚的人生态度和严谨的道德实践，尤其要从以下四个方面着力。

一是对党和人民忠诚老实。所谓对党和人民忠诚老实，就是要襟怀坦白、光明磊落，在政治上、思想上、行动上同党中央保持高度一致，始终

---

① 习近平：《之江新语》，浙江人民出版社 2007 年版，第 272 页。

② 《习近平谈治国理政》第 4 卷，外文出版社 2022 年版，第 529 页。

③ 习近平：《领导干部要认认真真学习》，《学习时报》2013 年 4 月 28 日第 1 版。

坚持人民立场，创业干事处处为人民着想。对党忠诚是每个共产党人入党时的庄严誓言，也是共产党人首要的政治品质。"对党忠诚，必须一心一意、一以贯之，必须表里如一、知行合一，任何时候任何情况下都不改其心、不移其志、不毁其节。"①

二是对工作尽职尽责。也就是说，领导干部担任什么职务就要切实履行什么责任，亦即在其位谋其政尽其责，务必为官一任、造福一方。"要始终保持一股艰苦奋斗的劲头和锐意进取的激情，把全部心思和精力用在干事创业上。定下来的事情就要雷厉风行、抓紧实施，部署了的工作就要一抓到底、见到成效，以咬定青山不放松的精神真抓实干、攻坚克难，努力创造出经得起实践、群众和历史检验的业绩。"②

三是对群众满怀真情。各级领导干部要自觉坚持马克思主义的群众观点和党的群众路线，深刻认识和摆正与人民群众的关系，不断增进和深化对人民群众的感情，努力调动广大群众的积极性、主动性和创造性。"要设身处地、换位思考，把人民群众的安危冷暖放在心上，以群众的忧乐为忧乐，以百姓的疾苦为疾苦，切实解决人民群众最关心、最直接、最现实的利益问题，做到权为民所用、情为民所系、利为民所谋"③。

四是对成绩谦虚谨慎。领导干部要处理好个人与集体、个人与组织的关系，"任何时候都要虚怀若谷，而不能居功自傲，更不能把自己做出的成绩作为向组织上伸手的资本。要胸怀大局、淡泊名利，做到成绩面前不张扬、荣誉面前不伸手、责任面前不推诿。"④

---

① 《习近平在中央党校（国家行政学院）中青年干部培训班开班式上发表重要讲话》，《人民日报》2021年3月2日第1版。

② 习近平：《领导干部要认认真真学习》，《学习时报》2013年4月28日第1版。

③ 习近平：《领导干部要认认真真学习》，《学习时报》2013年4月28日第1版。

④ 习近平：《领导干部要认认真真学习》，《学习时报》2013年4月28日第1版。

习近平还特别指出，做老实人与当老好人是有根本区别的。"老实人讲真理，老好人讲面子；老实人坚持实事求是，老好人信奉实用主义；老实人尊重客观规律，老好人盲从'专家''权威'；老实人积极进取、奋发有为，老好人庸庸无能、碌碌无为；老实人坚持在原则基础上加强团结，老好人搞没有原则的一团和气；老实人是敢说真话、敢说实话的耿介之士，老好人是你好我好大家好的好好先生。毫无疑问，党和人民的事业要开创新局面、取得新胜利，需要的是亿万讲老实话、做老实事的老实人，而不是那些不分是非、不干实事的老好人。领导干部要自觉加强党性锻炼和'官德'修养，坚持做老实人、不做老好人。"①

习近平指出，在我们的党员干部中，绝大多数人能够按照党的要求做老实人、说老实话、办老实事，但也必须承认，现实生活中仍有一些党员干部背离了这一要求，不讲党性，言行不一、表里不一，说一套做一套，当面一套背后一套，大耍两面派手法，做"两面人"。有的口头上满嘴马列、大谈信仰，私底下却迷信"大师"、笃信风水、供拜鬼神；有的嘴上高喊忠诚，背后却欺上瞒下、对抗组织；有的口头上强调任人唯贤、五湖四海，背地里却任人为钱、用人唯亲；有的张口"反腐"、闭口"廉洁"，私下里却大搞腐败；有的工作表态"气壮山河"，工作落实"水过地皮湿"。这类"两面人"在一些地方还大行其道，在官场里混得风生水起，严重地败坏了党在人民群众中的形象。习近平反复强调党员干部要做老实人，就是针对这种"阴阳两面人"而言的。习近平多次强调："这种口是心非的'两面人'，对党和人民事业危害很大，必须及时把他们辨别出来、清除出去。"②

---

① 习近平：《领导干部要认认真真学习》，《学习时报》2013 年 4 月 28 日第 1 版。
② 习近平：《在第十八届中央纪律检查委员会第六次全体会议上的讲话》，《人民日报》2016 年 5 月 3 日第 2 版。

（三）知重负重、担当作为

知重负重、担当作为，就是明知任务繁难而依然负重前行，勇挑重担、奋力作为，不断开创工作新局面。习近平指出："越是伟大的事业，越是充满挑战，越需要知重负重。全党同志都要保持'越是艰险越向前'的英雄气概，保持'敢教日月换新天'的昂扬斗志，埋头苦干、攻坚克难，努力创造无愧于党、无愧于人民、无愧于时代的业绩。"①知重负重、担当作为，是党领导人民进行的伟大事业对全体党员的必然要求，也是新时代中国共产党人加强党性修养、践行知行合一的基本途径。

知重负重、担当作为，源于对理想信念的激情和对初心使命的坚守。习近平强调，心中有信仰，脚下有力量。他指出，我们党取名为"共产党"，就是认定了共产主义这个远大理想，而理想信念之火一经点燃就永远不会熄灭；在党的百年历史上，无数共产党人为了理想信念甚至不惜抛头颅、洒鲜血。"今天，我们早已远离战火纷飞的险境，长期过着和平生活，最容易患上理想信念缺失的'软骨病'。共产主义是我们党的远大理想，为了实现这个远大理想，就必须坚定中国特色社会主义信念。全党同志要增强'四个意识'、坚定'四个自信'，在全面建设社会主义现代化国家新征程上披荆斩棘、奋力前行，不断夺取新时代中国特色社会主义新胜利。"②中国共产党人对理想信念的执着，具体地表现为对党的初心和使命的坚守。"党的初心和使命是党的性质宗旨、理想信念、奋斗目标的集中体现，激励着我们党永远坚守，砥砺着我们党坚毅前行。从石库门到天安门，从兴业路到复兴路，我们党近百年来所付出的一切努力、进行的一切斗争、作出的一切牺牲，都是为了人民幸福和

---

① 习近平：《在"七一勋章"颁授仪式上的讲话》，《人民日报》2021 年 6 月 30 日第 2 版。
② 习近平：《用好红色资源、赓续红色血脉，努力创造无愧于历史和人民的新业绩》，《求是》2021 年第 19 期。

民族复兴。正是由于始终坚守这个初心和使命，我们党才能在极端困境中发展壮大，才能在濒临绝境中突出重围，才能在困顿逆境中毅然奋起。"①总之，正是对理想信念、初心使命的执着和坚守，为中国共产党人知重负重、担当作为提供了强大精神支撑。相反，如果"没有理想信念，或者理想信念不坚定，就经不起风吹浪打，关键时刻就会私心杂念丛生，甚至临阵脱逃"②。

知重负重、担当作为，贵在担当。知重而负其重，特别需要知难而上的担当精神。习近平指出："干部就要有担当，有多大担当才能干多大事业，尽多大责任才会有多大成就。不能只想当官不想干事，只想揽权不想担责，只想出彩不想出力。要意气风发、满腔热情干好，为官一任、造福一方。"③他认为，勇于担当，既是党员干部必须具备的政治品格，也是其应尽的义务和责任；是否勇于担当，最能体现党员干部的党性和作风。"我们做人一世，为官一任，要有肝胆，要有担当精神，应该对'为官不为'感到羞耻"④。在他看来，党员干部尤其是领导干部要有以下两个方面的担当。

一是"对党忠诚、为党分忧、为党尽职、为民造福的政治担当"。政治担当集中地体现为对党和人民的忠诚。习近平强调，"领导干部要忠诚干净担当，忠诚始终是第一位的。对党忠诚，就要增强'四个意识'、坚定'四个自信'、做到'两个维护'，严守党的政治纪律和政治规矩，始终在政治立场、政治方向、政治原则、政治道路上同党中央保持高度一致。这种一致必须是发自内心、坚定不移的，任何时候任何情况下都要站得稳、靠得

---

① 习近平：《在"不忘初心、牢记使命"主题教育总结大会上的讲话》，《求是》2020 年第 3 期。

② 习近平：《努力成为可堪大用能担重任的栋梁之才》，《求是》2022 年第 3 期。

③ 《习近平谈治国理政》第 2 卷，外文出版社 2017 年版，第 145 页。

④ 习近平：《在党的群众路线教育实践活动总结大会上的讲话》，《人民日报》2014 年 10 月 9 日第 2 版。

住。"① 对党忠诚、对人民忠诚决不是抽象的而是非常具体的，它要以担当来诠释和体现，没有担当就谈不上忠诚。"检验党员干部是不是对党忠诚，在革命年代就要看能不能为党和人民事业冲锋陷阵、舍生忘死，在和平时期也有明确的检验标准。比如，能不能坚持党的领导，坚决维护党中央权威和集中统一领导，自觉在思想上政治上行动上同党中央保持高度一致；能不能坚决贯彻执行党的理论和路线方针政策，不折不扣把党中央决策部署落到实处；能不能严守党的政治纪律和政治规矩，做政治上的明白人、老实人；能不能坚持党和人民事业高于一切，自觉执行组织决定，服从组织安排，等等，都是对党忠诚的直接检验。"② 如果在工作中不能迎难而上，在危难时刻不愿挺身而出，在斗争面前不敢"亮剑"，那就根本谈不上对党和人民的忠诚。因此，广大党员干部"要用知重负重、攻坚克难的实际行动，诠释对党的忠诚、对人民的赤诚"，"把绝对忠诚化作攻坚克难、锐意进取的实际行动，创造得到人民群众认可、经得起实践和历史检验的实绩"③。

二是"守土有责、守土负责、守土尽责的责任担当"。习近平指出："担当就是责任，好干部必须有责任重于泰山的意识，坚持党的原则第一、党的事业第一、人民利益第一，敢于旗帜鲜明，敢于较真碰硬，对工作任劳任怨、尽心竭力、善始善终、善作善成。'疾风识劲草，烈火见真金。'为了党和人民事业，我们的干部要敢想、敢做、敢当，做我们时代的劲草、真金。"④ 强化责任担当，必须通过以下几个方面落到实处：首

---

① 《习近平在中央党校（国家行政学院）中青年干部培训班开班式上发表重要讲话强调　在常学常新中加强理论修养　在知行合一中主动担当作为》，《人民日报》2019年3月2日第1版。

② 习近平：《努力成为可堪大用能担重任的栋梁之才》，《求是》2022年第3期。

③ 《习近平在中央党校（国家行政学院）中青年干部培训班开班式上发表重要讲话强调　在常学常新中加强理论修养　在知行合一中主动担当作为》，《人民日报》2019年3月2日第1版。

④ 《习近平谈治国理政》第1卷，外文出版社2018年版，第416页。

先，要有舍我其谁的民族责任担当，即牢记"空谈误国，实干兴邦"的道理，保持奋发有为的精神状态，继续把中国特色社会主义事业推向前进，继续为实现中华民族伟大复兴的中国梦而努力奋斗。其次，要有矢志不渝的为民责任担当，即牢记人民对美好生活的向往就是我们的奋斗目标，"始终把人民放在心中最高的位置，牢记责任重于泰山，时刻把人民群众的安危冷暖放在心上"①，"始终与人民心心相印、与人民同甘共苦、与人民团结奋斗，夙夜在公，勤勉工作，努力向历史、向人民交一份合格的答卷"②。再次，要有坚定不移的改革责任担当，即牢记改革开放是坚持和发展中国特色社会主义的必由之路，勇立改革潮头，奋勇搏击，敢于较真碰硬，坚定不移地推进各项改革事业，做新时代发展的开路人。最后，还要有恪尽职守的职责担当，即牢记"干事担事，是干部的职责所在，也是价值所在"③的道理，树立"功成不必在我"的正确的政绩观，以钉钉子的精神担当尽责，一张蓝图绘到底，一任接着一任干，脚踏实地把既定战略目标变为现实。

知重负重、担当作为，重在作为。习近平指出，党员干部应该在善于作为中展现担当、通过担当来努力作为。"担当和作为是一体的，不作为就是不担当，有作为就要有担当。"④他说，干部做事总是有风险的，正因为有风险，才需要担当；只有豁得出去、敢闯敢干，矛盾和困难才可能得到解决。他还多次讲过两晋学士王衍虚谈废务、最终被人杀死的故事，以此说明"担当作为就要真抓实干、埋头苦干，决不能坐而论道、光说不练"，并特别强调王衍的故事对党员领导干部的警示意义，因为"现实中，此类夸夸其谈、不干实事的人也很多。比如，有的唱功好、做功差，工作

---

① 《习近平谈治国理政》第 1 卷，外文出版社 2018 年版，第 409 页。
② 《习近平谈治国理政》第 1 卷，外文出版社 2018 年版，第 5 页。
③ 习近平：《努力成为可堪大用能担重任的栋梁之才》，《求是》2022 年第 3 期。
④ 习近平：《努力成为可堪大用能担重任的栋梁之才》，《求是》2022 年第 3 期。

落实在口号上，决心停留在嘴巴上；有的摆花架子、做表面文章，应景造势、敷衍应付；有的消极懈怠、得过且过，上面推一推才动一动，不推就不作为；更有的有令不行、有禁不止，甚至欺上瞒下、弄虚作假"①。他还指出，要通过干部用人制度建设，把那些只会玩花拳绣腿、光喊口号不行动的人从干部队伍中清除出去，把勇于担当、善于作为的干部选任到领导岗位上来，使党员领导干部都能在知行合一中主动担当作为，成为可堪大用能担重任的栋梁之才。

---

① 习近平：《努力成为可堪大用能担重任的栋梁之才》，《求是》2022 年第 3 期。

第 三 章

新时代的生态文明思想

习近平的生态文明思想是习近平新时代中国特色社会主义思想的世界观和方法论的基本内容，它构成了习近平新时代中国特色社会主义思想的自然观基础。习近平的生态文明思想是习近平在新时代治国理政实践中为适应新时代中国经济社会持续发展的要求、促进人与自然关系的协调与和谐、满足人民对美好生活的需要而实现的重大理论创造，它是对马克思主义哲学特别是马克思主义自然观的创造性运用和创新性发展，也是对中国传统哲学生态智慧的创造性转化和创新性发展，深刻地回答了为什么建设生态文明、建设什么样的生态文明、怎样建设生态文明的重大理论和实践问题，是新时代中国生态文明建设的基本遵循，也为解决当今世界极其严峻的生态环境问题、促进全球范围内人与自然和谐共生提供了中国方案。

一、人与自然是生命共同体

习近平的生态文明思想有其特定的本体论基础，有人称之为"生态本体论"①，它集中地体现为习近平所提出的"人与自然是生命共同体"的理

---

① 参见王雨辰：《论习近平生态文明思想对人类生态文明思想的革命》，《马克思主义理论学科研究》2022 年第 3 期。

念。这一理念是习近平依据马克思主义自然观对人与自然关系的创造性阐释，内在地含蕴着中国传统哲学的生态智慧，也体现了对现代西方生态文明理论的超越。"人与自然是生命共同体"的理念从本体论层面回答了为什么建设生态文明和建设什么样的生态文明的问题。

（一）对人与自然关系的深刻思考

作为对于人与自然关系的唯物辩证的理解，马克思主义自然观认为，人是通过劳动实践而从自然界分化独立出来的，但人从自然界分化独立出来以后须臾也不能脱离自然界。这是因为，一方面，人的存在是自然存在与社会存在的有机统一。虽然社会性是人的本质属性，但人是一种有肉体的生命存在物，必然具有一定的肉体组织，而"我们连同我们的肉、血和头脑都是属于自然界和存在于自然界之中的"①，因此，"人直接地是自然存在物"②。另一方面，人类产生以后，又必须不断地与自然界进行物质、能量和信息的变换，特别是必须不断地从自然界获取物质资料，以便满足吃穿住行等最基本的物质生活需要，否则，人类根本无法生存下去。正是基于这两个方面，马克思指出："自然界，就它自身不是人的身体而言，是人的无机的身体。人靠自然界生活。这就是说，自然界是人为了不致死亡而必须与之处于持续不断地交互作用过程的、人的身体。所谓人的肉体生活和精神生活同自然界的联系，不外是自然界同自身相联系，因为人是自然界的一部分。"③习近平依据马克思主义自然观指出，人靠自然界生活，自然是人类生存的最为基础的条件，它为人类的生存和发展提供必不可少的物质资料。"人类善待自然，自然也会馈赠人类，但'如果说人

---

① 《马克思恩格斯文集》第 9 卷，人民出版社 2009 年版，第 560 页。
② 《马克思恩格斯文集》第 1 卷，人民出版社 2009 年版，第 209 页。
③ 《马克思恩格斯文集》第 1 卷，人民出版社 2009 年版，第 161 页。

靠科学和创造性天才征服了自然力，那么自然力也对人进行报复'。"① 他还引用恩格斯的论述说："我们不要过分陶醉于我们人类对自然界的胜利。对于每一次这样的胜利，自然界都对我们进行报复。每一次胜利，起初确实取得了我们预期的结果，但是往后和再往后却发生完全不同的、出乎预料的影响，常常把最初的结果又消除了。"② 习近平得出结论说，"自然是生命之母，人与自然是生命共同体，人类必须敬畏自然、尊重自然、顺应自然、保护自然。我们要坚持人与自然和谐共生……动员全社会力量推进生态文明建设"③。

人与自然是生命共同体的理念是对马克思主义自然观的丰富和发展，也是对中国传统哲学生态智慧的承继和弘扬。事实上，习近平也正是援引中国传统哲学"天人合一""道法自然"的生态智慧来阐述人与自然是生命共同体的。他说："人与自然是生命共同体。生态环境没有替代品，用之不觉，失之难存。'天地与我并生，而万物与我为一。''天不言而四时行，地不语而百物生。' 当人类合理利用、友好保护自然时，自然的回报常常是慷慨的；当人类无序开发、粗暴掠夺自然时，自然的惩罚必然是无情的。人类对大自然的伤害最终会伤及人类自身，这是无法抗拒的规律。"④ 他还用荀子的"万物各得其和以生，各得其养以成"（《荀子·天论》）来说明大自然是包括人在内一切生物的摇篮和人类生存的根基，用唐代诗人白居易的诗句"天育物有时，地生财有限"来说明人们应该珍惜自然资源，等等。

人与自然是生命共同体的理念也是对现代西方生态文明理论的超越。

---

① 习近平：《论党的宣传思想工作》，中央文献出版社 2020 年版，第 331 页。
② 中共中央文献研究室编：《习近平关于社会主义生态文明建设论述摘编》，中央文献出版社 2017 年版，第 10—11 页。
③ 习近平：《论党的宣传思想工作》，中央文献出版社 2020 年版，第 331 页。
④ 《习近平谈治国理政》第 3 卷，外文出版社 2020 年版，第 360—361 页。

现代西方生态文明理论大体上可区分为"深绿"和"浅绿"两大思潮。其中，"深绿"思潮的生态文明理论把生态环境问题的根源归结为历史上由来已久的人类中心主义价值观及其主导下的科学技术的应用，主张以建立在尊重自然事物"内在价值"基础上的各种形式的生态中心主义取代人类中心主义，同时也主张弃绝科学技术的应用。而作为对"深绿"思潮的理论回应，"浅绿"思潮的生态文明理论既批判近代人类中心主义只强调自然事物的工具价值、把自然视为人类可以基于自身的需要而随意宰制的对象的"人类沙文主义"或"人类专制主义"性质，认为其在实践上必然导致生态危机，同时也批判"深绿"思潮编造的自然事物"内在价值"说的理论虚妄性及其对人类的尊严和价值的贬抑，认为人类中心主义的立场是不可能真正超越的，并由此主张一种强调人类保护生态环境的责任、义务和只满足人的理性需要的"弱"人类中心主义或现代人类中心主义。但是，由于"浅绿"思潮的生态文明理论并未认清和区分人类中心主义的两种形式，即类本位的人类中心主义（与生态中心主义相对待的、以人类整体的和长远的利益为价值取向的人类中心主义）与个体本位和群体本位的人类中心主义（以个体或群体的利益为价值取向的个体中心主义和群体中心主义，相对于生态中心主义来说它们也被归于人类中心主义），它对近代人类中心主义的批判并未揭示其个体中心主义和群体中心主义的实质，它所谓的"人的理性需要"与现代资产阶级经济学家的"理性人"假设异曲同工，它所秉持的"弱"人类中心主义或现代人类中心主义也仍然不过穿着某种绿色伪装的、为资本逐利行为服务的个体中心主义和群体中心主义，因而它对人类保护生态环境的责任和义务的强调也必然流于空谈。现代西方生态文明理论的"深绿"和"浅绿"思潮看似根本对立，实则在思维方式上是同一的，即都把人与自然视为根本对立的，只不过"深绿"思潮主张通过使人服从自然来消解人与自然的对立，而"浅绿"思潮则主张通过使自然服从于作为个体或群体的"人的理性需要"来缓和人与自然之间的矛盾。与此不同，按照习近平人与自然是生命共同体的理念，从本原的意义上说，人与自然并不是矛盾和对立的，它们实际上是共生共荣的。正如习近平所说："人因自然而生，人与自然是一种共生关系，对自然的伤害最终会伤及人类自身。"① 因此，如果说现代西方"深绿"思潮的生态文明理论主张的是生态中心主义，而现代西方"浅绿"思潮的生态文明理论秉持的实质上是个体中心主义和群体中心主义，那么，习近平"人与自然是生命共同体"的理念则既反对生态中心主义也反对各种形式的个体中心主义和群体中心主义，它强调人类必须为了自己的整体的和长远的利益而尊重自然、顺应自然和保护自然。

（二）对人类文明发展历史经验的深刻总结

既然人与自然是生命共同体，人与自然是一种共生关系，那么，人与自然关系的应然状态就是人与自然和谐共生，而这正是生态文明的本质规定。习近平说："生态文明是人类社会进步的重大成果。人类经历了原始文明、农业文明、工业文明，生态文明是工业文明发展到一定阶段的产物，是实现人与自然和谐发展的新要求。"② 这一论断，既是从人与自然关系历史演变中得出的必然结论，也是对人类文明发展历史经验的深刻总结。

习近平指出，在人类历史上，世界各地都曾有过因破坏自然生态环境而酿成的惨痛教训。这种情况也曾引起马克思、恩格斯的注意和高度重视，他们曾经研究和列举过波斯、美索不达米亚、希腊、小亚细亚

---

① 中共中央文献研究室编：《习近平关于社会主义生态文明建设论述摘编》，中央文献出版社 2017 年版，第 11 页。

② 中共中央文献研究室编：《习近平关于社会主义生态文明建设论述摘编》，中央文献出版社 2017 年版，第 6 页。

等地的人们为了获得耕地而毁灭森林最终又导致土地荒芜的事例。当然，从总体上看，在近代以前，这类生态环境问题还带有某种局域性特点，人与自然的关系基本上还是和谐、协调的。而自近代人类进入工业文明时代以后，传统工业化浪潮席卷全球，它在极大地推动社会生产力发展、创造空前未有的社会物质财富的同时，也导致了人类对自然资源的掠夺式开发，打乱了自然生态系统的惯常循环，破坏了地球原有的生态平衡，导致了全球性的生态环境问题。从20世纪上半叶开始，许多西方工业国家都出现了环境公害事件，如1930年比利时马斯河谷烟雾事件、1943年洛杉矶光化学烟雾事件、1948年美国多诺拉镇烟雾事件、1952年伦敦烟雾事件、1953—1959年日本水俣病事件、1968年日本米糠油事件等。这些震惊世界的环境公害事件曾使成千上万的人致病致死，造成巨大的社会危害，而其根源就是传统工业化对生态环境的污染和破坏。

传统工业化对我国生态环境的破坏也有各种突出表现。经过改革开放40多年的高速工业化，我国同样也积累了大量的生态环境问题，并且已经进入高强度频发阶段，能源资源日益紧张，大气、土壤、水体污染相当严重，许多地区经常出现雾霾天气，生态系统及其功能显著退化，它们严重影响了人民群众的生命健康，成为制约我国经济社会发展和现代化建设的瓶颈。因此，"我们建设现代化国家，走美欧老路是走不通的，再有几个地球也不够中国人消耗。中国现代化是绝无仅有、史无前例、空前伟大的。现在全世界发达国家人口总额不到十三亿，十三亿人口的中国实现了现代化，就会把这个人口数量提升一倍以上。走老路，去消耗资源，去污染环境，难以为继！"① 正是由于深刻认识到这一点，习近平强调，中国社会主

---

① 中共中央文献研究室编：《习近平关于社会主义生态文明建设论述摘编》，中央文献出版社2017年版，第3—4页。

义现代化必须走出一条新的发展道路，必须同步推进物质文明建设与生态文明建设，必须珍爱自然、保护生态环境，走生产发展、生活富裕、生态良好的文明发展道路。概言之，"中国式现代化是人与自然和谐共生的现代化"①。这样一种人与自然和谐共生的中国式现代化，开创了人类文明新形态。

习近平指出，建设生态文明，促进人与自然和谐共生，关系到人类文明的存续和中华民族的未来。一方面，生态的兴衰决定着文明的兴衰。习近平说："生态兴则文明兴，生态衰则文明衰。生态环境是人类生存和发展的根基，生态环境变化直接影响文明兴衰演替。"② 在世界文明史上，这方面的正反事例比比皆是。古代尼罗河、底格里斯河和幼发拉底河、印度河和恒河、长江和黄河等大江大河流域水量充沛、土地肥沃、植被茂盛，这种优良的生态环境曾经孕育和滋养了古代世界灿烂的四大文明。而后来，由于气候变化和生态环境衰退，尤其是由于土地荒漠化，其中的一些文明又逐渐衰落了。在拉丁美洲，新石器时代的印第安玛雅人依托热带丛林的自然环境建立了城邦式国家，在天文学、数学、艺术、建筑、农业等方面都达到了极高成就，独立创造了玛雅文明。但玛雅人粗放的原始游耕方式导致了日益严重的资源消耗和环境破坏，庞大的人口数量更是成为脆弱的雨林生态难以承受之重，气候干旱、自然灾害、环境恶化、资源枯竭、水源污染、人口爆炸、粮食不足、瘟疫蔓延等各种生态环境问题及其引起的社会冲突，最终摧毁了玛雅文明。在中华文明史上，楼兰文明的兴衰也是这方面的一个典型。古代塔里木河盆地优越的自然生态条件，曾经使那里崛起了繁华的古楼兰王国，造就了独特的楼兰文明，而自然环境的

①　习近平：《高举中国特色社会主义伟大旗帜　为全面建设社会主义现代化国家而团结奋斗——在中国共产党第二十次全国代表大会上的报告》，《人民日报》2022年10月26日第1版。

②　习近平：《论坚持人与自然和谐共生》，中央文献出版社2022年版，第2页。

退化特别是干旱少雨、冰川萎缩、河流干涸、生态恶化，又使楼兰文明谜一般地突然湮灭于茫茫沙漠之中。如果再从整体上看，包括楼兰文明所在区域在内的古丝绸之路、河西走廊、黄土高原、太行山脉等中国西部大片地区都曾水丰草茂、森林葱郁、山清水秀，它们由此也成为中华文明的重要发源地，但后来这些地区生态环境遭到破坏，加剧了经济衰落，使得唐中叶以后中国政治经济文化中心不断向东南方向转移，这是生态变迁影响中华文明发展的最为突出的例证。

另一方面，良好的生态环境是中华民族生息繁衍和永续发展的基础。习近平指出："生态环境是人类生存最为基础的条件，是我国持续发展最为重要的基础。"[1]因此，建设生态文明、促进人与自然和谐共生，关系着人民的长远福祉和中华民族的未来，是功在当代、利在千秋的事业，也是实现中华民族伟大复兴的中国梦的重要内容。习近平强调说，新时代以来，党中央把生态文明建设纳入中国特色社会主义的总体布局和战略布局，不仅提出要大力建设生态文明，而且强调把生态文明建设融入经济建设、政治建设、文化建设、社会建设各个方面和全过程，努力推进人与自然和谐共生的中国式现代化，就是为了实现中华民族的永续发展，为子孙后代留下天蓝、地绿、水清的生产生活环境。他说："我之所以要盯住生态环境问题不放，是因为如果不抓紧、不紧抓，任凭破坏生态环境的问题不断产生，我们就难以从根本上扭转我国生态环境恶化的趋势，就是对中华民族和子孙后代不负责任。"[2]

---

[1]　中共中央文献研究室编：《习近平关于社会主义生态文明建设论述摘编》，中央文献出版社 2017 年版，第 13 页。

[2]　中共中央文献研究室编：《习近平关于社会主义生态文明建设论述摘编》，中央文献出版社 2017 年版，第 15 页。

二、绿水青山就是金山银山

"绿水青山就是金山银山"的理念，通常被人们称为"两山论"，它是2005年习近平主政浙江时最初明确提出的。其中，"绿水青山"是指良好的生态环境，而"金山银山"则是指经济发展的成果，亦即社会物质财富。党的十八大以来，这一理念不断丰富和发展，并被写入党的十九大和二十大报告、最新修订的《中国共产党章程》和宪法，成为党的重要执政理念以及党和国家工作的根本遵循。"绿水青山就是金山银山"的理念，深刻地揭示了经济发展与生态环境保护的辩证关系，从发展观上回答了为什么建设生态文明和建设什么样的生态文明的问题。

根据历史唯物主义的基本原理，生产力是整个社会发展的根本动力，要实现社会进步和发展，必须大力促进生产力的发展，亦即必须大力促进社会经济的发展。然而，当代广大发展中国家都普遍面临着经济发展与环境保护的难题。一方面，要实现经济发展，就必须大力推进和实现工业化，而以高投入、高能耗、高污染等为主要特征的传统工业化必然造成生态环境的破坏；另一方面，第二次世界大战后，世界上100多个国家同时走上现代化和工业化道路，它们共同面临的本来就是因发达国家的工业化而早已变得脆弱不堪的全球生态环境，同时它们也不再可能像早先工业化国家那样向落后国家转移生态危机。改革开放以来，随着我国工业化进程的推进，这一难题也日益凸显。能否应对和解开这一难题，直接关系到能否在新时代把中国特色社会主义事业继续推向前进。正是在这种背景下，习近平对经济发展与生态环境保护的关系进行了辩证思考，并由此形成和提出了绿水青山就是金山银山的理念。他深刻地指出，经济发展与生态环境保护之间既会产生矛盾又可辩证统一，关键是要正确认识和处理经济发展与生态环境保护之间的关系，努力促进经济发展与生态环境保护相协调。"绿水青山就是金山银山"的理念实际上也就是绿色发展理念。习近平在阐释绿色发展理念时说:"绿色发展注重的是解决人与自然和谐问题。"①这一新发展理念把"绿色"与"发展""绿水青山"与"金山银山"亦即生态环境保护与经济发展内在地统一起来,努力实现人与自然的和谐共生。

"我们既要绿水青山,也要金山银山。宁要绿水青山,不要金山银山,而且绿水青山就是金山银山。"②这是习近平对于绿水青山就是金山银山的理念最完整的阐述,它深刻地揭示了经济发展与生态环境保护的辩证法。这一论述包含着以下三个内在相关的命题。

(一)"既要绿水青山,也要金山银山"

"既要绿水青山,也要金山银山"的命题,克服和超越了将"绿水青山"与"金山银山"对立起来的形而上学思维方式的片面性,深刻揭示和阐明了经济发展与生态环境保护之间的辩证统一及其实现路径。

在经济发展与生态环境保护的关系问题上,现实中存在着这样两种不同的看法:一种看法认为,要发展经济就必然会破坏生态环境,而为了保护生态环境,就只能把发展的步子放慢一些,否则将得不偿失;另一种看法认为,保护生态环境必然会影响经济增长,因此,为了发展经济,必须付出一些生态环境代价。显然,这两种看法都看到了经济发展与生态环境保护之间存在着矛盾,但它们都把这种矛盾绝对化了。习近平指出:"这两种观点都把生态环境保护和发展对立起来了,都是不全面的。"③一

---

① 中共中央文献研究室编:《习近平关于社会主义生态文明建设论述摘编》,中央文献出版社 2017 年版,第 28 页。
② 中共中央文献研究室编:《习近平关于社会主义生态文明建设论述摘编》,中央文献出版社 2017 年版,第 21 页。
③ 中共中央文献研究室编:《习近平关于社会主义生态文明建设论述摘编》,中央文献出版社 2017 年版,第 22 页。

方面，强调发展经济不能以破坏生态环境为代价是正确的，但为了生态环境的保护而舍弃经济发展则是根本错误的。落后就要挨打、贫穷就会受欺辱，这是中国近代历史给我们留下的刻骨铭心的教训。党的十一届三中全会以来，我们党始终坚持以经济建设为中心，坚定不移地把发展作为执政兴国的第一要务，用短短几十年的时间就走完了发达国家几百年走过的发展历程，取得了巨大的经济建设成就，使我国实现了从生产力相对落后的状态到经济总量跃升世界第二的历史性突破。但是，我国的基本国情即仍然处于并将长期处于社会主义初级阶段这一点并没有变，我国在世界上的地位即仍然是世界上最大的发展中国家这一点也没有变，我国人均国内生产总值在世界上的排名还很落后。同时，我国发展过程中还存在许多困难和问题、还面临着不少风险和挑战，经济社会发展不平衡、不充分的问题十分突出，并构成了当前我国社会主要矛盾的主要方面。在这种情况下，发展仍然是解决我国社会各种问题的基础和关键。例如，发展是破解当前我国发展不平衡、不充分的问题的必然选择，是实现"两个一百年"奋斗目标、全面建设社会主义现代化强国的根本途径，是实现国家繁荣、社会稳定、人民幸福的基本要求，甚至也是我们巩固党的领导、做好意识形态工作、坚定全体人民的共产主义主义远大理想和中国特色社会主义共同理想的前提。"从根本上说，没有扎扎实实的发展成果，没有人民生活不断改善，空谈理想信念，空谈党的领导，空谈社会主义制度优越性，空谈思想道德建设，最终意识形态工作也难以取得好的成效。"①因此，我们必须牢固坚持发展是硬道理的战略思想，继续把发展作为第一要务，并在经济发展的基础上推动社会全面进步，坚决反对一切无视经济发展重要性的言行。

---

① 中共中央文献研究室编：《习近平关于社会主义经济建设论述摘编》，中央文献出版社2017年版，第5页。

另一方面，强调发展是第一要务是正确的，但认为发展必须付出生态环境代价则是错误的。我们确实需要大力推进经济发展，但我们所需要的是保护生态环境、守住绿水青山前提下的高质量发展，是可持续的发展。其实，经济发展与生态环境保护并不是截然对立的，它们从根本上讲是相辅相成、有机统一的，关键是要改变惯性思维、创新发展思路。实践证明，生态环境问题归根到底是经济发展方式或发展模式问题，而不同的发展方式、发展模式体现着不同的发展思路和发展理念，并导致不同的经济结构、产业结构。我国今天面临的生态环境问题，就源于以往那种粗放型发展模式，这一发展模式的特点是高度依赖资源消耗、规模扩张和高能耗高排放产业。"我国多年形成的产业结构具有高能耗、高碳排放特征，高能耗工业特别是重化工业比重偏高。工业用能占全社会用能的百分之七十，其中钢铁、建材、石化、有色、化工等五大耗能产业就占近百分之五十。"①这种发展方式和产业结构所体现的是一种只要经济增长而不计生态环境代价的思路，它必然会造成生态环境的破坏。要转变这种思路和摒弃这种发展方式，就必须坚持和贯彻新发展理念、推进绿色发展。绿色发展就是经济增长与环境保护同时并举和相得益彰的发展，就是把经济发展与生态环境保护有机统一起来并在促进经济增长过程中保护生态环境、又在保护生态环境过程中促进经济增长的发展，就是经济社会发展与人口、资源、环境相适应和相协调的发展。习近平指出："推动形成绿色发展方式和生活方式，是发展观的一场深刻革命。这就要坚持和贯彻新发展理念，正确处理经济发展和生态环境保护的关系，像保护眼睛一样保护生态环境，像对待生命一样对待生态环境，坚决摒弃损害甚至破坏生态环境的发展模式，坚决摒弃以牺牲生态环境换取一时一地经济增长的做法，让

---

① 中共中央文献研究室编：《习近平关于社会主义生态文明建设论述摘编》，中央文献出版社 2017 年版，第 38 页。

良好生态环境成为人民生活的增长点、成为经济社会持续健康发展的支撑点、成为展现我国良好形象的发力点，让中华大地天更蓝、山更绿、水更清、环境更优美。"①

（二）"宁要绿水青山，不要金山银山"

"宁要绿水青山，不要金山银山"的命题，强调了环境保护相对于一时经济增长的优先性，是人们处理经济发展与环境保护矛盾关系的重要方法论原则。

一般来说，人们都会理解和接受"既要绿水青山，也要金山银山"的道理。但是，当生态环境保护与特定时期的经济增长相矛盾和冲突即鱼和熊掌不能兼得时，有些人就会为保眼前的经济增长而置保护生态环境于不顾，这也就是习近平所说的那种"因为经济发展遇到一点困难，就开始动铺摊子上项目、以牺牲环境换取经济增长的念头，甚至想方设法突破生态红线"②的情况。习近平从以下三个方面分析和批评了这种做法。

首先，这种做法完全背离了以人民为中心的发展思想。习近平指出，我们必须牢固坚持以人民为中心的发展思想，做到发展为了人民和造福人民，把人民是否真正得到了实际利益、生活是否得到了改善、是否真正满意作为衡量发展成效的标准。"以人民为中心"决不能只是停留在口头上和文件中，而必须体现在经济社会发展的各个环节和各个方面。"如果经济发展了，但生态破坏了、环境恶化了，大家整天生活在雾霾中，吃不到安全的食品，喝不到洁净的水，呼吸不到新鲜的空气，居住不到宜居的环

---

① 中共中央文献研究室编：《习近平关于社会主义生态文明建设论述摘编》，中央文献出版社 2017 年版，第 36—37 页。

② 习近平：《论坚持人与自然和谐共生》，中央文献出版社 2022 年版，第 227 页。

境，那样的小康、那样的现代化不是人民希望的。"①

其次，这种做法属于典型的竭泽而渔，也不利经济的长远发展。如果放任对资源和环境的竭泽而渔，也许能够得到眼前的经济利益和一时的经济增长，但从长远来看，必然会付出比这种收益远为巨大的经济代价。在这方面，以往是有深刻教训的。"很多国家，包括一些发达国家，在发展过程中把生态环境破坏了，搞起一堆东西，最后一看都是一些破坏性的东西。再补回去，成本比当初创造的财富还要多。"②这样做的结果与发展经济的初衷本身是南辕北辙的，它实际上陷入了先把最基本的生存环境破坏掉再用更大的成本修复最基本的生存环境的怪圈，完全是得不偿失的。因此，习近平强调，必须把经济活动限制在自然资源和生态环境能够承受的限度内，决不能以破坏生态环境为代价去换取眼前的经济增长，决不能走"先污染后治理"的路子，"在生态环境保护上一定要算大账、算长远账、算整体账、算综合账，不能因小失大、顾此失彼、寅吃卯粮、急功近利。"③

再次，这种做法是那种简单以国内生产总值增长率论英雄的片面政绩观的结果。习近平指出，一些地方的领导之所以会为了一时的经济增长而想方设法地突破生态红线，是那种唯 GDP 的片面政绩观作祟的结果；现在我们必须彻底革除这种观念，决不能再以 GDP 论英雄，一定要把生态环境保护放在优先地位。他在谈到对地方领导干部的评价时曾说，即使生产总值下滑了，"但在绿色发展方面搞上去了，在治理大气污染、解决雾霾方面作出贡献了，那就可以挂红花、当英雄。反过来，如果就是简单为了生产总值，但生态环境问题越演越烈，或者说面貌依旧，即便搞上去

① 中共中央文献研究室编：《习近平关于社会主义生态文明建设论述摘编》，中央文献出版社 2017 年版，第 36 页。
② 中共中央文献研究室编：《习近平关于社会主义生态文明建设论述摘编》，中央文献出版社 2017 年版，第 3 页。
③ 中共中央文献研究室编：《习近平关于社会主义生态文明建设论述摘编》，中央文献出版社 2017 年版，第 8 页。

了，那也是另一种评价了"。①

由上可见，"宁要绿水青山，不要金山银山"与坚持发展是第一要务并不矛盾，恰恰相反，它更深刻地体现了发展是第一要务的要求。"宁要绿水青山，不要金山银山"，所强调的是环境保护相对于一时经济增长的优先性，而坚持生态优先、把生态环境保护放在第一位，并不是否定发展是第一要务，而是要形成一种遏制以牺牲生态环境为代价换取一时经济发展的做法、实现可持续的绿色发展的倒逼机制。关于这一点，习近平曾举了一个典型例子：长江石首段有一家产能居世界前三的大型化工企业，其严重污染环境的问题多年难以解决，群众反映很大，后来环保部门对其开出了"史上最大环保罚单"，倒逼企业投入巨资进行污染治理，不仅解决了多年的污染问题，而且推动企业实现了转型升级，从而能够创造更大的经济效益。这一事例说明，只有坚持"宁要绿水青山，不要金山银山"，方可真正做到"既要绿水青山，也要金山银山"。

（三）"绿水青山就是金山银山"

"绿水青山就是金山银山"的命题，揭示了"绿水青山"与"金山银山"之间的深层次本质关系，阐明了良好的生态环境本身就可以有效促进经济发展。

习近平指出，以往人们对"两座山"之间关系的认识经历了一个曲折的过程，它大体上包括三个阶段：第一个阶段是以牺牲绿水青山为代价去换取金山银山，即只顾开发自然、向自然索取资源，基本不考虑或极少考虑自然生态环境的承载能力；第二个阶段是意识到既要金山银山也须保住

---

① 中共中央文献研究室编：《习近平关于社会主义生态文明建设论述摘编》，中央文献出版社 2017 年版，第 21 页。

绿水青山，即随着经济发展与资源环境的矛盾日渐显露出来，人们开始觉悟到只有留得青山在才能有柴烧；第三个阶段是终于明白绿水青山本身就是金山银山，即认识到生态优势能够转化为经济优势、良好的生态环境本身就能创造出经济效益①。由此可见，"绿水青山就是金山银山"是人们经过长期实践并付出巨大代价后才获得的认识。

习近平从以下三个方面阐释了"绿水青山就是金山银山"这一命题。

首先，绿水青山藏蕴着金山银山。马克思认为，虽然物质财富是由劳动创造的，但劳动对象是由自然界提供的，劳动资料特别是生产工具的创造也离不开自然界，因此，自然界同劳动一样也是物质财富的源泉。现代经济学进一步提出了"自然资本"的概念，认为自然资本由自然资源、生命系统和生态构成，自然资本存量对经济安全系数和经济发展前景有决定性的作用，因而是影响经济可持续发展的关键性因素。习近平承继了马克思关于自然界是物质财富来源的思想并非常重视"自然资本"概念。他指出："绿水青山既是自然财富、生态财富，又是社会财富、经济财富。保护生态环境就是保护自然价值和增值自然资本，就是保护经济社会发展潜力和后劲，使绿水青山持续发挥生态效益和经济社会效益。"②这也就是说，绿水青山作为自然资本是藏蕴着巨大的金山银山的。

其次，绿水青山能够带来金山银山。习近平说，金山银山买不到绿水青山，但绿水青山却可以带来金山银山。"'鱼逐水草而居，鸟择良木而栖。'如果其他各方面条件都具备，谁不愿意到绿水青山的地方来投资、来发展、来工作、来生活、来旅游？从这一意义上说，绿水青山既是自然财富，又是社会财富、经济财富。"③只要有正确的发展思路，因地制宜选

---

① 参见习近平：《之江新语》，浙江人民出版社 2007 年版，第 186 页。

② 习近平：《论坚持人与自然和谐共生》，中央文献出版社 2022 年版，第 10 页。

③ 中共中央文献研究室编：《习近平关于社会主义生态文明建设论述摘编》，中央文献出版社 2017 年版，第 23 页。

择好发展产业，绿水青山不仅可以吸引投资和人才，而且可以促成很多新的经济增长点。例如，我国的旅游风景名胜区大部分分布在中西部地区，而大部分景区周边又都是贫困村，发展生态旅游和绿色种养就可以带动这些地方走出一条生态脱贫的路子。

再次，绿水青山可以变成金山银山。习近平指出，"生态总价值，就是绿色 GDP 的概念，说明生态本身就是价值。这里面不仅有林木本身的价值，还有绿肺效应"①。绿水青山转变为金山银山必须借助于市场手段。在承认自然价值和自然资本的前提下，通过建立和完善生态环境保护者受益、使用者付费、破坏者赔偿的利益导向机制，就可以实现生态产品的价值，使绿水青山由自然财富向经济财富转化。特别是在我国大力推进"碳达峰、碳中和"的过程中，绿色循环低碳发展已成为产业变革的主要方向，"林票""碳票"和碳金融等多元化的生态产品不断涌现，绿水青山更是可以直接变成真金白银。例如，人们种植树林，一棵树也不用砍，仅凭"林票"或"碳票"就能源源不断地获得经济收入。

正因为绿水青山就是金山银山，所以习近平反复强调，保护生态环境就是保护生产力，改善生态环境就是发展生产力。他说："绿色生态是最大财富、最大优势、最大品牌，一定要保护好，做好治山理水、显山露人的文章，走出一条经济发展和生态文明水平提高相辅相成、相得益彰的路子。"②

三、良好生态环境是最普惠的民生福祉

"良好生态环境是最普惠的民生福祉"的理念，把增进最普惠的民生

---

① 习近平：《论坚持人与自然和谐共生》，中央文献出版社 2022 年版，第 141—142 页。
② 习近平：《论坚持人与自然和谐共生》，中央文献出版社 2022 年版，第 137 页。

福祉作为生态文明建设的根本价值诉求，体现了以人民为中心的发展思想，是历史唯物主义的群众史观在生态文明建设问题上的创造性运用，从历史观上回答了为什么建设生态文明和怎样建设生态文明的问题。

新时代以来，我国社会主要矛盾发生了重要变化，已经转化为人民日益增长的美好生活需要和不平衡不充分的发展之间的矛盾，而人民对优美生态环境的需要是人民美好生活需要的重要内容，并因此而构成了我国社会主要矛盾的一个重要方面。习近平指出："人民对美好生活的向往是我们党的奋斗目标，解决人民最关心最直接最现实的利益问题是执政党使命所在。人心是最大的政治。我们要积极回应人民群众所想、所盼、所急，大力推进生态文明建设，提供更多优质生态产品，不断满足人民日益增长的优美生态环境需要。"①习近平新时代中国特色社会主义思想的全部内容都是围绕着如何解决新时代我国社会主要矛盾而展开的，习近平新时代中国特色社会主义思想的根本理论主题就是满足人民日益增长的美好生活需要。作为习近平新时代中国特色社会主义思想的重要内容，习近平生态文明思想的理论主题则是满足人民日益增长的优美生态环境需要，而良好生态环境是最普惠的民生福祉的理念就是这一理论主题的具体化。

良好生态环境是最普惠的民生福祉的理念，深刻地揭示了生态环境与民生福祉的关系，阐述了生态惠民、生态利民、生态为民的生态民生观，具有极为丰富的内涵。

（一）环境就是民生

所谓民生，就是人民的生活。在社会发展的不同阶段上，民生的内容和侧重点是有所不同的。在社会发展水平较低的情况下，民生主要是指生

---

① 习近平：《论坚持人与自然和谐共生》，中央文献出版社 2022 年版，第 8 页。

存、生计，民生问题主要表现为生存权或衣食住行等基本生活需要的保障。所以，民主革命时期的孙中山说："民生就是人民的生活——社会的生存、国民的生计、群众的生命便是。"① 他还根据当时中国的现实情况指出，"我们现在要解决民生问题，并不是要解决安适问题，也不是要解决奢侈问题，只要解决需要问题。这个需要问题，就是要全国四万万人都可以得衣食的需要，要四万万人都是丰衣足食。"② 而在社会发展的较高阶段上，在基本的生存需要有了保障以后，人的发展就日益成为民生的重要内容，生活品质的提高、精神需要的满足等也随之凸显为重要的民生问题。生态环境既是人的生存的基本条件，也密切关涉人的发展需要的满足，在社会发展各个阶段上都是极为重要的民生保障。因此，习近平作出了"环境就是民生"的论断。他说："环境就是民生，青山就是美丽，蓝天也是幸福。发展经济是为了民生，保护生态环境同样也是为了民生。"③

习近平从以下两个方面对"环境就是民生"的论断进行了阐释。

首先，良好生态环境是人民生命健康的重要保障。进入新时代以来，习近平多次阐述生态环境问题对人民生命健康的影响，强调"绿水青山不仅是金山银山，也是人民群众健康的重要保障"④。2016年1月，他在省部级主要领导干部学习贯彻党的十八届五中全会精神专题研讨班上的讲话中说："改革开放以来，我国经济发展取得历史性成就，这是值得我们自豪和骄傲的，也是世界上很多国家羡慕我们的地方。同时必须看到，我们也积累了大量生态环境问题，成为明显的短板，成为人民群众反映强烈的突出问题。比如，各类环境污染呈高发态势，成为民生之患、民心之痛。这

---

① 《孙中山选集》，人民出版社 1981 年版，第 802 页。

② 《孙中山选集》，人民出版社 1981 年版，第 865 页。

③ 《习近平谈治国理政》第 3 卷，外文出版社 2020 年版，第 362 页。

④ 中共中央文献研究室编：《习近平关于社会主义生态文明建设论述摘编》，中央文献出版社 2017 年版，第 90 页。

样的状况，必须下大气力扭转。"①2016 年 8 月，习近平在全国卫生与健康大会上的讲话中说："良好的生态环境是人类生存与健康的基础。经过三十多年快速发展，我国经济建设取得了历史性成就，同时也积累了不少生态环境问题，其中不少环境问题影响甚至严重影响群众健康。老百姓长期呼吸污染的空气、吃带有污染物的农产品、喝不干净的水，怎么会有健康的体魄？"② 习近平说，正因为生态环境问题严重影响群众的生命健康，所以它既是重大经济问题，也是重大社会和政治问题，因此，我们要坚决遏制污染和破坏生态环境的行为，坚定推进绿色发展，"让老百姓呼吸上新鲜的空气、喝上干净的水、吃上放心的食物、生活在宜居的环境中、切实感受到经济发展带来的实实在在的环境效益，让中华大地天更蓝、山更绿、水更清、环境更优美，走向生态文明新时代"③。

其次，良好生态环境也是人民幸福生活的重要内容。习近平说："对人的生存来说，金山银山固然重要，但绿水青山是人民幸福生活的重要内容，是金钱不能代替的。你挣到了钱，但空气、饮用水都不合格，哪有什么幸福可言。"④他指出，社会越发展，人民的生活水平越高，生态环境在人民群众生活幸福指数中所占的地位就越重要，人民群众对天蓝地绿水清的优美环境的需要必然会越迫切，安全食品、干净饮水、清新空气、宜居环境等越来越珍贵；从我国经济社会发展来看，以往由于生产力水平低下，为了更多地生产粮食、解决人民的温饱问题，我们不得已毁林毁草开

---

① 中共中央文献研究室编：《习近平关于社会主义生态文明建设论述摘编》，中央文献出版社 2017 年版，第 11 页。

② 中共中央文献研究室编：《习近平关于社会主义生态文明建设论述摘编》，中央文献出版社 2017 年版，第 90 页。

③ 中共中央文献研究室编：《习近平关于社会主义生态文明建设论述摘编》，中央文献出版社 2017 年版，第 33 页。

④ 中共中央文献研究室编：《习近平关于社会主义生态文明建设论述摘编》，中央文献出版社 2017 年版，第 4 页。

荒、填湖造地，而现在我们已经解决了温饱问题，我们必须顺应人民群众对美好生活的追求，同时我们现在也有条件和能力满足人民群众优美生态环境的期盼。因此，他强调，良好生态环境本身构成了全面建成小康社会的重要指标，"小康全面不全面，生态环境质量很关键"①，我们"不能一边宣布全面建成小康社会，一边生态环境质量仍然很差，这样人民不会认可，也经不起历史检验"②；良好生态环境也是人与自然和谐共生的现代化的必然要求和应有之义，也只有生态环境良好的现代化才是能够得到人民认可的现代化。

（二）良好生态环境是最公平的公共产品

习近平指出："良好生态环境是最公平的公共产品，是最普惠的民生福祉。"③ 所谓公共产品，是指政府或其他公共机构向社会提供的物品、劳务或服务。以往说到公共产品，人们一般想到的是国防、科技、文化、体育、教育、交通、医疗卫生、养老等方面的事务。强调良好生态环境是公共产品，也就是要求各级政府自觉承担生态环境治理的主体责任，把生态产品纳入政府提供的基本公共服务体系，把生态环境治理作为衡量领导干部个人能力和业绩的标准。作为一种公共产品，良好生态环境可以使人人受益、人人共享，任何人都不得垄断或独占清新空气、干净饮水、安全食品、宜居环境等优质生态资源。也正因如此，习近平才说良好生态环境是最普惠的民生福祉。

---

① 中共中央文献研究室编：《习近平关于社会主义生态文明建设论述摘编》，中央文献出版社 2017 年版，第 8 页。

② 习近平：《论坚持人与自然和谐共生》，中央文献出版社 2022 年版，第 7 页。

③ 中共中央文献研究室编：《习近平关于社会主义生态文明建设论述摘编》，中央文献出版社 2017 年版，第 4 页。

要使良好生态环境成为最公平的公共产品，关键是要使生态权益在不同社会群体之间得到公平分配。所谓生态权益，是指人们享有和利用生态资源的权利以及行使这种权利所带来的各种利益，包括对于生态资源的使用权和知情权、生态环境治理的参与权和生态环境受到侵害的诉讼权等，它们属于基本人权即生存权和发展权的重要内容。政府是生态资源的管理者，有责任和义务在不同社会群体之间公平地分配生态权益。只有使生态权益在不同群体之间得到公平分配，亦即实现包括代内正义和代际正义在内的生态正义，良好生态环境才能成为最公平的公共产品。

在代内生态正义方面，习近平着重论述了城乡之间生态权益的公平分配问题，要求把城乡都建设成为生态环境良好的美丽家园。一方面，习近平强调城市建设要以宜居环境作为中心目标。他说："过去很长一段时间，我们城市工作指导思想不太重视人居环境建设，重建设、轻治理，重速度、轻质量，重眼前、轻长远，重发展、轻保护，重地上、轻地下，重新城、轻老城。现在，人民群众对城市宜居生活的期待很高，城市工作要把创造优良人居环境作为中心目标，努力把城市建设成为人与人、人与自然和谐共处的美丽家园。"[1]为此，他要求人们让城市融入大自然的怀抱，特别是那些山城和水城不要去劈山填海，而应该保持现有特色和独有风光，"让居民望得见山、看得见水、记得住乡愁"[2]。另一方面，习近平也强调，"搞新农村建设要注意生态环境保护，注意乡土味道，体现农村特点，保留乡村风貌，不能照搬照抄城镇建设那一套，搞得城市不像城市、农村不像农村"[3]。他指出，我国许多乡村地区都拥有青山绿水、碧海

---

① 中共中央文献研究室编：《习近平关于社会主义生态文明建设论述摘编》，中央文献出版社 2017 年版，第 89 页。

② 中共中央文献研究室编：《习近平关于社会主义生态文明建设论述摘编》，中央文献出版社 2017 年版，第 49 页。

③ 中共中央文献研究室编：《习近平关于社会主义生态文明建设论述摘编》，中央文献出版社 2017 年版，第 50 页。

蓝天，自然风光秀丽，这些是花钱都买不到的财富，我们要特别珍惜和精心呵护；在新农村建设过程中，决不能使这些富有特色的乡情美景消失不见了，要使它们与现代生活融为一体，让自然美景永驻人间。

在代际生态正义方面，习近平指出，"资源开发利用既要支撑当代人过上幸福生活，也要为子孙后代留下生存根基"①，我们不能用那种杀鸡取卵、竭泽而渔的破坏性方式搞发展，而要为子孙后代留下天蓝、地绿、水净的美好家园。他反复强调良好生态环境对中华民族永续发展的特殊重要性，所关注的实际上也是代际生态正义问题。他在谈到青藏高原生态保护问题时说，青藏高原被称为"世界屋脊""中华水塔"和"地球第三极"，其生态十分脆弱，在开发与保护的问题上一定要算大账和长远账，呵护好青藏高原的生态环境就是对中华民族的永续发展和长远利益的最大贡献。他在谈到长江和黄河的生态保护问题时说，长江和黄河都是千百年来养育着中华民族的母亲河，也是中华民族生生不息、永续发展的重要支撑，长江和黄河流域都要坚持共抓大保护、不搞大开发和生态优先、绿色发展的原则，切实担负起保护生态环境的责任，让母亲河永远健康，永远造福子孙后代。

（三）把解决突出生态环境问题作为民生优先领域

习近平特别强调要把解决突出生态环境问题作为民生优先领域。他强调："有利于百姓的事再小也要做，危害百姓的事再小也要除。打好污染防治攻坚战，就要打几场标志性的重大战役，集中力量攻克老百姓身边的突出生态环境问题。"②与生态环境相关的民生问题很多，而把解决突出生

① 中共中央文献研究室编：《习近平关于社会主义生态文明建设论述摘编》，中央文献出版社 2017 年版，第 78 页。
② 习近平：《论坚持人与自然和谐共生》，中央文献出版社 2022 年版，第 16 页。

态环境问题作为民生优先领域，集中体现了习近平生态民生观的生态惠民、生态利民、生态为民的价值追求。

习近平指出，把解决突出生态环境问题作为民生优先领域，要从以下几个方面着手。

一是坚决打赢蓝天保卫战，这是重中之重。全国各地雾霾天气频发，重度污染天气的天数不断增加，使人民群众的健康受到严重影响，社会舆论反映相当激烈。这既是引人注目的生态环境问题，也是典型、突出的民生问题，如果任其发展下去必然变成重大政治问题。有关地区和部门必须立下军令状，力行污染物减排尤其是大气污染防治，特别是要加强源头治理，从根本上扭转大气质量恶化趋势。要通过调整产业结构、能源结构和运输结构、推进达标排放、治理"散乱污"企业和其他污染源、大力发展清洁能源等系列措施，尽快消除重度污染天气，把蓝天白云、繁星闪烁还给老百姓。

二是打好水源地保护、城市黑臭水体治理攻坚战。我国水安全已经全面亮起红灯，水已然成为严重短缺的产品，一些地方已经出现了水危机。水危机是生存危机，是民族存续危机。而水危机的出现，归根结底还是由于生态破坏和过度开发所致。例如，黄河水资源利用率已高达70%，远超40%这一国际公认的警戒线，并且污染黄河的事件时有发生，使得现在的黄河已经不堪重负。有人说"地球上最后一滴水，就是人的眼泪"，我们绝不能让这种情况出现。破解水危机问题，要从涵养水源入手，从修复破损的生态入手。要坚决遏止破坏水源地生态环境和污染水质的行为，不仅要确保饮用水的清洁安全，而且还要消灭城市黑臭水体，把清水绿岸、鱼翔浅底的景象还给老百姓。

三是打好农业面源污染治理攻坚战。我国有些地区，由重金属、农药、化肥、畜禽养殖废弃物、生活垃圾等造成的农业面源污染包括水体污染和土壤污染非常严重。农药和化肥的过量施用和各种污染物的倾倒，造成水质恶化、土壤退化和肥力下降，这种情况反过来又促使人们加大农药和化肥的用量，由此形成恶性循环。而在一些重金属污染区，土壤重金属含量超标，甚至已经到了积重难返的地步。在这类被严重污染的土壤里和水体中种养的各种农作物或水产品，会直接或间接地被人食用，严重地影响人民群众的身体健康。加强农业面源污染治理，特别要着力解决水体和土壤污染农产品安全问题，让老百姓吃得安全、吃得放心。

四是打好农村人居环境综合整治攻坚战。农村环境如何，不仅直接关系到我国 6 亿多农村居民日益增长的优美生态环境需要能否得到满足，而且也与城镇居民日益增长的美好生活需要能否得到满足有着莫大的关系，因为"农村环境直接影响米袋子、菜篮子、水缸子、城镇后花园"①。要加快推进畜禽养殖废弃物处理和资源化，支持专业化企业利用畜禽养殖废弃物和秸秆产生沼气、生物天然气等清洁能源，重点解决好新农村建设中的厕所问题，改变农村许多地方污水乱排、垃圾乱扔、秸秆乱烧的脏乱差状况，打造美丽乡村，为老百姓留住鸟语花香的田园风光。

（四）把建设美丽中国转化为全体人民自觉行动

上述生态民生观的实践，必然要求把建设美丽中国转化为全民自觉行动。这是因为，既然良好生态环境是最普惠的民生福祉，能使每个人都受益，能使人人共享优质生态资源和生态产品，那么，每个人也都应该是良好生态环境的自觉建设者。在这里，共建是共享的前提，而共享是共建的目的。习近平指出："生态文明是人民群众共同参与共同建设共同享有的事业，要把建设美丽中国转化为全体人民自觉行动。每个人都是生态环境

---

① 习近平：《论坚持人与自然和谐共生》，中央文献出版社 2022 年版，第 18 页。

的保护者、建设者、受益者，没有哪个人是旁观者、局外人、批评家，谁也不能只说不做、置身事外。"①

把建设美丽中国转化为全民自觉行动，首先必须使全体人民牢固树立生态文明理念，自觉尊重自然、顺应自然和保护自然，特别是要在全社会强化生态意识、环保意识和节约意识。在这一问题上，各级领导干部担负着重要责任。"实践证明，生态环境保护能否落到实处，关键在领导干部。一些重大生态环境事件背后，都有领导干部不负责任、不作为的问题，都有一些地方环保意识不强、履职不到位、执行不严格的问题，都有环保有关部门执法监督作用发挥不到位、强制力不够的问题。"② 因此，各级领导干部必须先行强化生态文明理念、带头重视生态文明建设。同时，要大力加强对广大人民群众的生态文明宣传教育，使"绿水青山就是金山银山"的理念深入人心，使人们普遍形成珍惜资源和勤俭节约的消费观念、保护环境和爱绿植绿护绿的环保意识以及热爱自然和珍爱生命的生态意识，由此在全社会营造出爱护生态环境的良好氛围。为此，要特别注意加强对青少年的生态文明教育，使他们从小就形成热爱自然、保护环境的好习惯。"要加强生态文明宣传教育，把珍惜生态、保护资源、爱护环境等内容纳入国民教育和培训体系，纳入群众性精神文明创建活动，在全社会牢固树立生态文明理念，形成全社会共同参与的良好风尚。"③

把建设美丽中国转化为全民自觉行动，重在动员全民自觉参与生态文明创建活动。其中，特别是要动员全民弘扬塞罕坝精神，一代一代坚持

---

① 习近平：《论坚持人与自然和谐共生》，中央文献出版社 2022 年版，第 11—12 页。
② 中共中央文献研究室编：《习近平关于社会主义生态文明建设论述摘编》，中央文献出版社 2017 年版，第 110 页。
③ 中共中央文献研究室编：《习近平关于社会主义生态文明建设论述摘编》，中央文献出版社 2017 年版，第 122 页。

不懈地播种绿色、植树造林。习近平指出："植树造林是实现天蓝、地绿、水净的重要途径，是最普惠的民生工程。要坚持全国动员、全民动手植树造林，努力把建设美丽中国化为人民自觉行动。"①因此，各级领导不仅要带头参加义务植树，而且要积极引导广大人民群众包括少年儿童自觉参与到义务植树活动中来，把义务植树深入持久地开展下去，让山川大地绿起来。同时，也要大力动员全民珍爱我们的生活环境，节约能源和资源，坚决杜绝浪费。例如，要推动全民自觉洁水和节水，在全社会营造亲水、惜水、节水的良好氛围，消除水龙头上的浪费，使保护水源、节约用水成为全体人民的生活习惯和自觉行动。

把建设美丽中国转化为全民自觉行动，还必须引导全民形成绿色生活方式和消费模式。改革开放以来，随着社会经济的不断发展，人民的生活水平不断提高，但社会上也兴起了奢侈浪费之风，一些地方热衷于兴建大广场、大马路、大草坪、大剧院、大灯光、高档饭店、豪华会馆、洗浴中心，一些人崇尚"土豪"式的生活方式，住大别墅，开豪华车，整天大吃大喝，一掷千金，醉生梦死。必须对这种奢侈炫耀、浪费无度的消费行为进行有效遏制，引导人们牢固树立勤俭节约的消费观，形成节约适度、绿色低碳、文明健康的生活方式和消费模式，在全社会营造一种勤俭节约的良好风尚。"绿色生活方式涉及老百姓的衣食住行。要倡导简约适度、绿色低碳的生活方式，反对奢侈浪费和不合理消费。广泛开展节约型机关、绿色家庭、绿色学校、绿色社区创建活动，推广绿色出行，通过生活方式绿色革命，倒逼生产方式绿色转型。"②

---

① 中共中央文献研究室编：《习近平关于社会主义生态文明建设论述摘编》，中央文献出版社 2017 年版，第 118—119 页。

② 习近平：《论坚持人与自然和谐共生》，中央文献出版社 2022 年版，第 16 页。

四、全方位、全地域、全过程开展生态文明建设

习近平指出："要从系统工程和全局角度寻求新的治理之道，不能再是头痛医头、脚痛医脚，各管一摊、相互掣肘，而必须统筹兼顾、整体施策、多措并举，全方位、全地域、全过程开展生态文明建设。"① 全方位、全地域、全过程开展生态文明建设的理念，强调以系统工程的思路推进生态文明建设，体现了习近平生态文明思想对中国传统哲学智慧注重整体的战略思维的创造性转化和对于唯物辩证法的创造性运用，从方法论上回答了怎样建设生态文明的问题。

（一）全方位开展生态文明建设

习近平强调，必须克服以往我国生态环境治理中"九龙治水"即各个部门各自为政、各个方面相互掣肘、各项措施互不衔接的弊端，从以下三个层面全方位开展生态文明建设。

一是在战略层面把生态文明建设纳入中国特色社会主义事业总体布局，并把生态文明建设内在地融入经济建设、政治建设、文化建设、社会建设各个方面和全过程。党的十八大报告明确强调要把生态文明建设纳入中国特色社会主义事业"五位一体"总体布局，强调把生态文明建设融入经济建设、政治建设、文化建设、社会建设各个方面和全过程。党的十八大以来，以习近平同志为核心的党中央全力推进这项工作并取得重大进展。所谓把生态文明建设融入经济建设，就是要通过全面贯彻绿色发展理念和变革发展方式，努力推进绿色发展、低碳发展和循环发展，使经济社

---

① 习近平：《论坚持人与自然和谐共生》，中央文献出版社 2022 年版，第 12 页。

会发展与人口资源环境相协调，使经济发展与生态环境保护相得益彰。把生态文明建设融入政治建设，就是要充分认识到生态环境问题内含着或者本身就是重大政治问题，通过加强党的领导和相关制度建设为生态文明建设提供政治保障，并把生态文明建设作为重要政治任务，督促各级领导干部切实履行生态环境保护的职责，使其坚决扛起生态文明建设的政治责任。把生态文明建设融入文化建设，就是要大力培育和发展中国特色社会主义生态文化，特别是在全社会倡导和践行以"绿水青山就是金山银行"为核心的生态价值观，强化全民的生态意识和环保意识，形成人人珍爱和保护生态环境的文化氛围，同时大力发展生态文化产业，努力满足人民不断增长的生态文化需要。把生态文明建设融入社会建设，则是要把生态环境保护纳入社会基本公共服务体系，通过提供更多优质生态产品来保障和改善民生，防范和化解各种生态环境风险，保障人民群众的生态权益，努力实现生态正义，使把良好的生态环境视为最公平的公共产品和最普惠的民生福祉的生态民生观的价值追求落到实处。

二是在政策层面综合运用行政、市场、法治、科技等多种手段推进生态文明建设。"环境治理是系统工程，需要综合运用行政、市场、法治、科技等多种手段。"[1]在生态文明建设过程中，生态环境治理的决策及其落实过程中的行政监督和行政执法等活动是不可或缺的。合理运用行政手段，关键是要落实各级政府生态文明建设责任制，严格考核问责。为此，必须首先明确和压实各级政府作为环境治理主体的职责，同时建立科学的干部考核评价体系，把生态环境治理成效作为考核干部能力和成绩的核心指标，并把考核结果作为干部提拔使用的重要依据。除行政监管外，市场化手段也是生态文明建设不可或缺的手段。"要充分运用市场化手段，推进生态环境保护市场化进程，撬动更多社会资本进入生态环境保护领域。

---

[1] 习近平：《论坚持人与自然和谐共生》，中央文献出版社 2022 年版，第 20 页。

要完善资源环境价格机制，将生态环境成本纳入经济运行成本。"① 在生态文明建设过程中引入市场化手段，也就是要让市场在资源配置中起决定作用，建立生态环境保护者受益、使用者付费、破坏者赔偿的利益导向机制，让生态环境治理成为企业成本的一部分，由此促使企业自觉保护生态环境。在生态文明建设中，法治手段也不可缺位。生态环境治理必须有法有依、有法必依、执法必严、违法必究，让生态环境保护的有关法律成为不可触碰的红线，由此大幅提高环境违法成本，让破坏和损害生态环境的人"望而却步"。生态文明建设还必须大力借助于科技手段，充分发挥科技在生态环境保护方面的突出重要作用，特别是要通过实施创新驱动发展战略，运用科技手段变革那种高度依赖资源消耗、高能耗高排放的不合理产业结构，构建资源消耗少、环保节能的产业结构，加快形成绿色、低碳的生产方式和生活方式。同时，还要大力研发和应用各种生态环境治理技术，如环境监测技术、污水处理技术、雾霾治理技术、二氧化碳吸收技术等等，并运用互联网、人工智能、大数据技术等对各种生态环境问题进行追踪、预警和分析，不断提高生态环境治理科技化水平。

三是在生态治理实践中坚持山水林田湖草沙冰综合治理，亦即要实现对山水林田湖草沙冰统一保护、统一修复。"山水林田湖草是生命共同体。生态是统一的自然系统，是相互依存、紧密联系的有机链条。人的命脉在田，田的命脉在水，水的命脉在山，山的命脉在土，土的命脉在林和草，这个生命共同体是人类生存发展的物质基础。"② 自然界的生态系统本身是一个相互依存、紧密联系的生命共同体，山水林田湖草构成这一生命共同体中环环相扣的有机链条，甚至沙、冰也是其中的重要组成部分。既然如

---

① 习近平：《论坚持人与自然和谐共生》，中央文献出版社 2022 年版，第 20 页。
② 习近平：《论坚持人与自然和谐共生》，中央文献出版社 2022 年版，第 12 页。

此，那么，正如在经济社会发展方面我们必须坚持"五个统筹"一样，在生态环境治理过程中我们也必须统筹治理山水林田湖草沙冰。如果无视生态系统这一生命共同体中各要素之间的内在联系，不按照自然生态系统的内在规律和整体性要求综合施策，如植树、治水、护田等活动各行其道、互不关联，就很可能顾此失彼和相互冲突，从而不仅达不到生态修复的目的，甚至还会导致更严重的生态环境问题。统筹治理山水林田湖草沙冰，对山水林田湖草沙冰进行统一保护、统一修复，不仅要求我们整体谋划和同步推进治山、治水、治林、治田、治湖、治草、治沙、治冰，而且还要求我们在进行其中任何一个方面的生态环境治理时都统筹兼顾其他方面。例如，当我们治水时，就必须用系统论的思想方法看问题，把治水和治山、治水和治林、治水和治田、治山和治林统筹起来。这是因为，"全国绝大部分水资源涵养在山区丘陵和高原，如果破坏了山、砍光了林，也就破坏了水，山就变成了秃山，水就变成了洪水，泥沙俱下，地就变成了没有养分的不毛之地，水土流失、沟壑纵横。"①

（二）全地域开展生态文明建设

生态文明建设有其空间上的规定性，它总是在一定的空间地域中展开的。习近平强调，必须从以下几个方面全地域开展生态文明建设。

一是统筹推进"三生空间"建设。国土是生态文明建设的空间载体，可依其功能的不同而相对地区分为生产空间、生活空间和生态空间，这也就是人们通常所谓的"三生空间"。其中，生产空间是物质生产活动的场所或生产活动所占用的自然空间，生活空间是人的生命活动场所亦即人的

---

① 中共中央文献研究室编：《习近平关于社会主义生态文明建设论述摘编》，中央文献出版社 2017 年版，第 55—56 页。

生存、发展以及人本身的生产所占用的自然空间，而生态空间则是能够提供生态产品和生态服务的自然空间。在"三生空间"中，生产空间和生活空间的边界、范围的确定必须以生态空间的优化为前提和基础，如果生产空间和生活空间盲目扩张以至挤占和侵害了生态空间，就会引发生态风险、造成生态环境问题。因此，党的十八大和二十大报告都强调建设生态文明必须首先优化国土空间开发格局，并明确提出了"促进生产空间集约高效、生活空间宜居适度、生态空间山清水秀"的"三生空间"建设目标。习近平指出："要按照人口资源环境相均衡、经济社会生态效益相统一的原则，整体谋划国土空间开发，统筹人口分布、经济布局、国土利用、生态环境保护，科学布局生产空间、生活空间、生态空间，给自然留下更多修复空间，给农业留下更多良田，给子孙后代留下天蓝、地绿、水净的美好家园。"①

二是协同推进城乡生态文明建设。生态文明建设是新时代文明城市创建和乡村振兴的重要内容，推进人与自然和谐共生的现代化、全面建设社会主义现代化强国，必须协同推进城乡生态文明建设，建设生态城市和美丽乡村。为此，必须均衡配置城乡公共资源，统一规划、布局和管理城乡环境基础设施，逐步形成由城市向乡村延伸覆盖的环境基础设施网络，以城带乡提高环境基础设施水平；促进城乡生态环境污染治理一体化，建立起城乡生态环境联防联控联治体系，特别是要在保障城乡居民饮用水水源安全的基础上，加快补齐城乡生活污水处理和农村生活垃圾处置短板，逐步形成布局合理、系统协调、安全高效、节能低碳的城乡污水和农村垃圾收集处理资源化利用新格局；加快城乡绿化一体化建设步伐，以大城市带动中小城市绿化，以城市带动农村绿化，加强城乡结合部绿化，统筹推进

---

① 中共中央文献研究室编：《习近平关于社会主义生态文明建设论述摘编》，中央文献出版社 2017 年版，第 44 页。

山区、农区、城区绿化，并将绿色通道建设纳入城乡建设总体规划，与工程建设同步设计、同步施工、同步验收，努力形成符合生态要求的城乡一体化绿化格局。

三是协同推进区域生态文明建设。协同推进区域生态文明建设，是实施区域协调发展战略、促进不同区域经济社会发展的重要内容。协同推进区域生态文明建设，关键是要遵循主体功能区战略的规划和要求，根据不同区域的人口资源环境情况确定其主体功能，并严格按照优化开发、重点开发、限制开发、禁止开发这四类主体功能定位制定和完善不同区域的发展政策和绩效评价体系，形成科学合理的空间开发秩序和结构，通过增强区域资源环境承载能力，构建区域经济社会可持续发展新格局。在重要生态功能区，特别是在一些生态脆弱地区，要划定并严守生态红线，坚决遏制生态环境进一步恶化，通过科学谋划有效化解经济发展与生态环境保护的难题，不断提升生态服务功能，确保国家和区域生态安全。资源型地区是协同推进区域生态文明建设的重点环节，也是推进绿色发展的主战场。由于历史上长期高强度的资源开发，资源型地区大多属于生态环境受损严重的区域。在这些区域，尤其要注意加强生态环境综合治理，加快形成绿色发展方式，大力建设生态宜居环境。

四是协同推进流域生态文明建设。我国有星罗棋布的大江大河，其流域占据着广大的国土空间，承载着众多的人口和重要经济地区。协同推进流域生态文明建设，要求从流域的整体性、协调性出发，坚持生态优先和绿色发展，统筹自然、社会、经济等各方面的要素，在综合考虑流域资源环境承载能力的基础上，构建全流域生态经济发展新格式，打造富有特色的流域生态经济带。协同推进流域生态文明建设，突破了按行政区划办事、只顾自己"一亩三分地"的惯性思维，要求对全流域的生态文明建设统筹谋划、整体施策。"比如，治理好水污染、保护好水环境，就需要全面统筹左右岸、上下游、陆上水上、地表地下、河流海洋、水生态水资源、污染防治与生态保护，达到系统治理的最佳效果。"①协同推进流域生态文明建设，关键是要立足各流域的特点选择合适的发展路径。例如，长江经济带应该以共抓大保护、不搞大开发为明确导向，探索出一条生态优先、绿色发展的新路子。"共抓大保护和生态优先讲的是环境保护问题，是前提；不搞大开发和绿色发展讲的是经济发展问题，是结果；共抓大保护、不搞大开发侧重当前的策略方法；生态优先、绿色发展强调未来和方向路径，彼此是辩证统一的。"②只有坚持协同推进流域生态文明建设，才能实现流域生态保护和高质量发展的统一。

（三）全过程开展生态文明建设

生态文明建设也有其时间上的规定性，它总是在一定的时间中展开的并由此表现为一个过程。习近平强调，必须从以下几个方面全过程开展生态文明建设。

一是坚持源头严防。在生态文明建设过程中，坚持源头严防，就是要坚持保护优先、节约优先的原则，以预防为主，尽可能把生态环境问题消灭在未萌状态。生态环境问题归根到底是经济发展方式问题，因此，坚持源头严防，首先必须变革经济发展方式，坚定不移地推动绿色发展，大力发展绿色产业，降低能源、资源消耗和污染物排放，推动形成绿色生产方式，不断提高经济发展绿色化水平。坚持源头严防，也必须引导人们形成绿色生活方式，自觉节约能源和资源，杜绝各种浪费现象，减少垃圾排放。同时，还必须基于主体功能区定位对不同地区实行差异化绩效考核，

---

① 习近平：《论坚持人与自然和谐共生》，中央文献出版社 2022 年版，第 12 页。
② 习近平：《论坚持人与自然和谐共生》，中央文献出版社 2022 年版，第 215 页。

推动各地区依据主体功能定位发展，从而通过国土空间整体规划从源头上严防重大生态风险的发生。

二是坚持过程严管。要充分发挥各级政府对生态环境治理的行政监管作用，督促企业落实主体责任，坚持对破坏生态环境的行为早发现、早制止、早整改，做到发现及时、制止有力、整改见效。在推动发展方式、产业结构根本转变和环境污染综合治理过程中，必须实行全过程监管，使旨在降低资源能源消耗和污染物排放的各项政策措施落到实处。为此，必须建立和完善现代环境监管体系，同时加快完善对监管者本身的监管，廓清和明晰环境监管部门与其他相关政府部门以及不同层级环境监管机构的职能边界，大力加强环境监管能力建设，不断提升环境监管法治化、规范化水平。

三是坚持后果严惩。后果严惩是生态文明建设的一种末端控制机制，也是一种面向未来的预防机制。坚持后果严惩，就是严肃生态环境保护的责任追究，对那些越过生态红线、这样那样地损害生态环境的行为严惩不贷，依法要求其根据损害程度等因素进行损害赔偿，对造成严重生态环境事故的依法追究其刑事责任，由此大幅度提高破坏生态环境的违法成本；对生态文明建设部署不力、决策失误、监管不到位、责任不落实、履职不尽力、整改敷衍了事等各种失职失责行为依法依纪进行终身追责。通过严肃追责问责，惩戒一批、警示一批、教育一批，形成生态环境保护的高压态势，使人们面对生态红线时知难而退、望而却步。

五、用最严格制度最严密法治保护生态环境

习近平指出，生态文明建设重在建章立制，必须有规可循。他说："保护生态环境必须依靠制度、依靠法治。只有实行最严格的制度、最严

密的法治，才能为生态文明建设提供可靠保障。"① 用最严格制度最严密法治保护生态环境的理念，体现了对当代生态危机根源的深刻反思，以及对以往我国社会主义建设经验的深刻总结，抓住了生态文明建设的"牛鼻子"，从保障机制方面回答了怎样建设生态文明的问题。

（一）对当代生态危机根源的深刻反思

用最严格制度最严密法治保护生态环境的理念，体现了对当代生态危机根源的深刻反思。在讨论当代生态危机问题时，人们往往笼统地将其归责于人类中心主义，认为人类中心主义的价值取向就是当代生态危机的观念根源。其实，人类中心主义有两种不同的形式，即广义的人类中心主义与狭义的人类中心主义。狭义的人类中心主义中的"人类"一词是相对于"非人类"即自然事物而言的，它是指以人类整体的、长远的利益作为处理人与自然关系的根本价值尺度的价值取向，因而是一种类本位的人类中心主义；而广义的人类中心主义则既包括类本位的人类中心主义也包括个体本位和群体本位的人类中心主义，后者即以个体利益和群体利益作为处理人与自然关系的根本价值尺度的各种形式的个体中心主义和群体中心主义。在以往的人类历史上，自从人类进入文明时代以来，在利益分化特别是私有制占主导地位的社会条件下，类本位的人类中心主义即把人类的整体的、长远的利益奉为根本价值尺度的人类中心主义从来都未曾成为人们现实实践活动的价值取向，在人们的现实实践活动中起作用的向来是各种形式的个体中心主义和群体中心主义，后者如种族中心主义、阶级中心主义、国家中心主义、地域中心主义等。从历史上看，正是在个体中心主义

---

① 中共中央文献研究室编：《习近平关于社会主义生态文明建设论述摘编》，中央文献出版社 2017 年版，第 99 页。

和群体中心主义的支配下，各种不同的利益主体为了最大限度地追逐自己特殊的、眼前直接的利益，向大自然展开了残酷的掠夺和暴虐的征战，而丝毫不去考虑这种行为对自然生态环境的长远影响，其结果便是造成了当代的生态危机。断言人类中心主义是当代生态危机的根源，实际上是把个体中心主义和群体中心主义混同于整个人类中心主义，并把历史上个体中心主义和群体中心主义所酿成的恶果记到了整个人类中心主义的头上，它必然由否定一切形式的人类中心主义而走向各种形式的非人类中心主义，进而会得出各种反人道主义、甚至反人类的荒谬结论。

在关于当代生态危机根源问题的讨论中，也有一些人认为，与关于人类中心主义与非人类中心主义的抽象争论相比较，当代西方生态学马克思主义对生态危机根源的揭示更为深刻。在他们看来，西方生态学马克思主义没有像其他西方生态哲学思潮那样拘泥于抽象的价值观来谈论生态危机及其解决途径、把解决生态危机的途径简单地归结为"走出人类中心主义"还是"走入人类中心主义"，而是把生态危机的主要原因归结为资本主义制度及其生产方式的存在，认为解决生态问题的首要前提是必须变革资本主义的制度，而这正是西方生态学马克思主义不同于其他西方生态哲学思潮的地方，也是其理论的独特魅力。实际上，作为当代资本主义批判理论的一种形式，生态学马克思主义虽然包含着不少深刻的理论思考，但其诉诸废除资本主义制度的生态危机解决方案并非完全有效的应对之道，因为事情很明显：生态危机在资本主义制度诞生以前已初露端倪，而在我国社会主义社会条件下也依然存在。尽管资本主义制度是受资本逻辑即资本必然追求无限度的增殖和利润最大化所控制的，或者说，资本主义制度本身就是按照资本逻辑设计的，而资本逻辑则是个体中心主义和群体中心主义对资本的必然要求，因而受资本逻辑控制的资本主义制度最为集中地体现了个体中心主义和群体中心主义，但废除资本主义制度并不就能根除个体中心主义和群体中心主义。个体中心主义和群体中心主义产生的土壤是比包括资本主义私有制在内的一切私有制更为原始的现实社会中人们之间的利益分化关系，即不同个人和群体有不同的特殊利益，生产资料私有制不过是对现实社会中的利益分化关系的确认，因而是个体本位和群体本位的人类中心主义的天然同谋。相较于资本主义私有制，私有制是造成生态危机更为一般、更深层次的社会因素；而与私有制相比，人们之间的利益分化关系是导致生态危机更为原始的因素。与其说私有制或资本主义私有制是生态危机的一般根源，不如说人们之间的利益分化关系是生态危机的一般根源。不过，人们之间的利益分化关系要实际地影响人与自然的关系、特别是要造成生态危机，必须通过人们对自身特殊利益的追逐。正是在这个意义上，我们说个体本位和群体本位的人类中心主义是生态危机的直接根源。所以，即使是在废除了资本主义私有制的社会条件下，只要现实社会中人们之间的利益分化关系仍然存在，各种形式的个体本位和群体本位的人类中心主义必然还会这样那样地起作用，并因此仍然会带来或加剧生态危机。由此可见，废除资本主义私有制只能为化解生态危机创造一般社会条件，而要真正有效地防范和克服生态危机，关键还在于用最严格制度最严密法治保护生态环境，使形形色色的个体本位和群体本位的人类中心主义在生态红线面前"不能越雷池一步"，否则就会付出难以承受的代价。其实，尽管生态学马克思主义严厉批评资本主义社会中资本扩张逻辑及其支配下的无限度的扩大生产和无限度的扩大消费对生态环境的破坏，但发达资本主义国家已经建立了一套限制资本逻辑、保护生态环境的制度和法律，因而它们也具有当今世界上最高水平的生态文明。

（二）对中国社会主义建设经验的深刻总结

用最严格制度最严密法治保护生态环境的理念也是对以往我国社会主

义建设经验的深刻总结。当代中国同样也面临着极其严峻的生态环境问题，这种生态环境问题显然不能归因于资本主义制度或资本主义生产方式，因为当代中国实行的是社会主义的根本制度。当代中国生态环境问题的主要祸根，同样也是各种形式的个体中心主义和群体中心主义。我国目前处于社会主义初级阶段，实行的是生产资料公有制为主体、多种经济成分共同发展的基本经济制度，这本身就是对不同利益主体客观存在的制度确认。而随着我国社会主义市场经济的发展，人们的利益诉求也日益多元化。这些都说明，我国社会主义社会并没有也不可能消除人们之间的利益分化关系。而只要存在着人们之间的利益分化关系，就必然会存在着个体本位和群体本位的人类中心主义及其对生态环境的破坏。在新中国成立以后的前30年间，生态环境问题就已日益凸现，特别是全国性的毁林开荒、毁草种粮、围湖造田导致了大面积的生态破坏，而支配和诱使这些破坏生态环境行为的正是追逐特殊的、眼前直接的利益的各种形式的个体中心主义和群体中心主义。中国改革开放以来，个体中心主义和群体中心主义对生态环境的危害又被资本逻辑空前放大了。本来，作为新中国的缔造者，毛泽东在《新民主主义论》、《论联合政府》、《论人民民主专政》及新中国成立以后的有关论著中曾经多次阐述了在新中国的经济建设中既要发展和利用资本又要节制资本的重要思想。然而，从新中国70多年的建设实践看，前30年中我们基本上没有发展和利用资本，那时中国日益凸显的生态环境问题也与资本逻辑无关；后40年中我们积极利用和发展资本但又未能有效节制资本，致使资本逻辑不仅侵入社会政治生活，带来了严重的腐败问题，而且使原有的生态环境问题空前升级，造成了当代中国的生态危机。由此我们也可以进一步看出，生态学马克思主义认为只要废除资本主义制度就能走出资本逻辑、从而克服生态危机，显然是把问题简单化了。事实上，虽然资本主义制度最集中地展现了资本逻辑，但它并不是资本逻辑能够起作用的唯一社会条件。马克思曾经说过，"资本通过自己的增殖来表明自己是资本"①。因此，无论是在何种社会，只要存在着资本，资本逻辑就必然会表现出来。在我国社会主义建设过程中，尤其是在我国尚处于社会主义初级阶段、多种经济成分长期并存和私人资本、国际资本大量存在的条件下，资本逻辑同样也会发生作用。资本逻辑也就是资本条件下个体本位和群体本位的人类中心主义的逻辑，它必然会为个体本位和群体本位的人类中心主义张目。既然如此，我们在发展和利用资本的同时就必须特别重视节制资本。所谓"节制资本"，并不是完全消解资本逻辑，因为不按资本逻辑行事的资本根本就不是资本，而是要对资本逻辑加以限制，用毛泽东的话说，就是要把它限制在"不能操纵国民生计"②或"有益于国计民生"③ 的范围内。显然，保护生态环境、克服生态危机是涉及国计民生的大事，节制资本自当包括不让资本的逐利活动破坏生态环境。而要有效地节制资本，建设生态文明，仅有社会主义的根本制度是远远不够的，还必须建立一套能够切实有效地"节制资本"、防止各种形式的个体本位和群体本位的人类中心主义侵害生态环境的体制和机制。从现实中的情况看，近年来我国各地生态环境保护中凸显出来的一些问题，特别是一些重大生态环境事件频发，如甘肃祁连山自然保护区生态破坏、陕西延安削山造城、云南昆明滇池环线过度开发、浙江杭州千岛湖临湖地带违规搞建设、新疆卡山自然保护区违规"瘦身"、陕西秦岭北麓西安段毁林圈地私建别墅、内蒙腾格里沙漠污染、青海木里矿区破坏性开采等等，也主要与生态环境保护体制机制不健全、法治不严密、政策规定执行不到位、惩处力度不够有关。因此，完善生态文明体制和机制，真正用最严格制度最严密法治保护生态环境，势在必行。

---

① 《马克思恩格斯文集》第 7 卷，人民出版社 2009 年版，第 397 页。

② 《毛泽东选集》第 3 卷，人民出版社 1991 年版，第 1061 页。

③ 《毛泽东书信选集》，人民出版社 1983 年版，第 306 页。

（三）用最严格制度最严密法治保护生态环境的着力点

习近平指出，用最严格制度最严密法治保护生态环境，必须着力做好以下两个方面。

一是加强制度创新。"要深化生态文明体制改革，尽快把生态文明制度的'四梁八柱'建立起来，把生态文明建设纳入制度化、法治化轨道。"①为此，必须加强制度创新，增加制度供给，完善制度配套。正是基于这一认识，党的十八大以来，以习近平同志为核心的党中央把生态文明制度建设提到空前重要的高度加以强调。党的十八届三中全会首次明确了我国生态文明体制改革的方向，并站在战略高度提出要构建紧紧围绕建设美丽中国、覆盖生态文明建设全过程的完整而严密的生态文明制度体系，包括源头保护制度体系、过程严管制度体系和后果严惩制度体系，其中，源头保护制度体系聚焦于明晰自然资源资产产权及其用途管制，过程严管制度体系着眼于划定生态保护红线、实行资源有偿使用和生态补偿，而后果严惩制度体系则以生态环境损害责任终生追究和损害赔偿为主要内容。2015年9月，中共中央、国务院印发的《生态文明体制改革总体方案》，进一步提出了"到2020年，构建起由自然资源资产产权制度、国土空间开发保护制度、空间规划体系、资源总量管理和全面节约制度、资源有偿使用和生态补偿制度、环境治理体系、环境治理和生态保护市场体系、生态文明绩效评价考核和责任追究制度等八项制度构成的产权清晰、多元参与、激励约束并重、系统完整的生态文明制度体系，推进生态文明领域国家治理体系和治理能力现代化，努力走向社会主义生态文明新时代"②的生态

① 中共中央文献研究室编：《习近平关于社会主义生态文明建设论述摘编》，中央文献出版社2017年版，第109页。

② 《中共中央国务院印发〈生态文明体制改革总体方案〉》，《人民日报》2015年9月22日第14版。

文明体制改革目标。生态文明体制改革的顶层设计明确后，各项配套的制度和法律的制定便紧锣密鼓地展开。现在，我国不仅从宪法的高度确立了生态文明建设的战略地位，而且已经基本构建起了生态文明制度的"四梁八柱"，逐渐形成了比较完善的生态文明制度和法律体系。

二是强化制度执行。所谓强化制度执行，就是决不能让制度停留在文件上，类似于那种没有牙齿的老虎，而要让制度成为不可触碰的高压线。在这方面，习近平尤其强调要发挥制度管权治吏的作用："要严格用制度管权治吏、护蓝增绿，有权必有责、有责必担当、失责必追究，保证党中央关于生态文明建设决策部署落地生根见效。"①发挥制度管权治吏的作用，关键是要完善干部考核评价体系，再也不能像以往那样简单以 GDP 的增长率论英雄，而要把生态文明建设指标如能源资源的消耗、生态环境的污染与治理、生态效益的变化等纳入考核评价体系并置于突出重要的位置，由此强化干部生态环境保护的责任意识，建设一支富有政治责任感、能力强、作风硬、敢担当的生态环境保护铁军。严格用制度管权治吏，还必须把领导干部任期生态文明建设责任制落到实处。生态文明制度和法律能否切实得到遵循，关键在于各级领导干部，在于他们的环保责任意识是否强、履职是否到位、执行是否严格。因此，必须按照依法依规、客观公正、科学认定、权责一致、终身追究的原则，严格落实领导干部任期生态文明建设责任制，并实行自然资源资产离任审计。"对那些不顾生态环境盲目决策、造成严重后果的人，必须追究其责任，而且应该终身追究。真抓就要这样抓，否则就会流于形式。不能把一个地方环境搞得一塌糊涂，然后拍拍屁股走人，官还照当，不负任何责任。组织部门、综合经济部门、统计部门、监察部门等都要把这个事情落实好。"②

---

① 习近平：《论坚持人与自然和谐共生》，中央文献出版社 2022 年版，第 13 页。

② 中共中央文献研究室编：《习近平关于社会主义生态文明建设论述摘编》，中央文献出版社 2017 年版，第 100 页。

六、共谋全球生态文明建设

携手共建全球生态文明、维护全球生态安全，关系着全人类的共同利益。习近平指出："建设生态文明关乎人类未来。国际社会应该携手同行，共谋全球生态文明建设之路，牢固树立尊重自然、顺应自然、保护自然的意识，坚持走绿色、低碳、循环、可持续发展之路。"①共谋全球生态文明建设的理念，准确把握和深刻反映了构建人类命运共同体的内在要求，为全球生态文明建设提供了中国方案，以全球视野回答了怎样建设生态文明的问题。

(一) 构建人类命运共同体的内在要求

共谋全球生态文明建设的理念，体现了构建人类命运共同体的内在要求。

在习近平的有关论述中，人类命运共同体有两种不同的含义。

一是实然的人类命运共同体，即"人类已经成为你中有我、我中有你的命运共同体"②。马克思、恩格斯曾说："各民族的原始封闭状态由于日益完善的生产方式、交往以及因交往而自然形成的不同民族之间的分工消灭得越是彻底，历史也就越是成为世界历史。"③习近平指出，马克思、恩格斯的当年的预言已经成为现实，今天人类交往的世界性比过去任何时候都更深入广泛，各国相互联系和彼此依存比过去任何时候都更加紧密，人

---

① 中共中央文献研究室编：《习近平关于社会主义生态文明建设论述摘编》，中央文献出版社 2017 年版，第 131 页。

② 习近平：《共担时代责任　共促全球发展》，《求是》2020 年第 24 期。

③ 《马克思恩格斯文集》第 1 卷，人民出版社 2009 年版，第 540—541 页。

类已经成为你中有我、我中有你的命运共同体。这种实然的人类命运共同体，是伴随着全球化的推进而逐渐形成并在当代成为现实的，它具有以下两个方面的规定性：首先，当代人类相互依存、休戚相关。当代全球化的最重要内容就是人们之间的全球分工和全球协作，它使得全球范围内的人们之间形成了"你中有我、我中有你"的紧密的相互依存关系。其次，当代人类面临共同挑战、安危与共。当代全球化在促成一个内在有机的全球性社会的同时，也引发了一系列全球问题。"人类也正处在一个挑战层出不穷、风险日益增多的时代。世界经济增长乏力，金融危机阴云不散，发展鸿沟日益突出，兵戎相见时有发生，冷战思维和强权政治阴魂不散，恐怖主义、难民危机、重大传染性疾病、气候变化等非传统安全威胁持续蔓延。"①这些全球问题对整个人类的生存和发展构成了严重威胁，使得当代人类社会成为一个全球风险共担的社会。

二是应然的人类命运共同体，即习近平反复强调要"构建""建设""打造""共创""迈向"的人类命运共同体，亦即他所说的那种作为人类"美好愿景"和全球治理"美好的目标"的人类命运共同体。在人类命运共同体业已形成的情况下，习近平之所以还特别强调要构建人类命运共同体，主要是因为：首先，虽然当代人类已经成为一个"你中有我、我中有你"的命运共同体，但在这种人类命运共同体中，人们之间紧密的相互依存关系并不是一种平等互利的共赢关系。当今世界不平等的国际政治经济秩序，实际上是为维护超级大国的霸权地位服务的。在以这种不平等的国际政治经济秩序为基础的全球治理结构中，一些西方国家恃强凌弱、以富压贫，使得发展中国家、特别是落后的弱小国家面临着极其艰难的处境，根本无法掌握自己的命运。随着世界政治经济形势的变化和全球治理结构合理化呼声的日益高涨，旧的国际秩序和不平等的国际关系亟待变革。其

---

① 《习近平谈治国理政》第 2 卷，人民出版社 2017 年版，第 538 页。

次，虽然当代人类已经成为一种安危与共的命运共同体，但在这种人类命运共同体中，各国在应对各种全球问题上的合作还存在诸多问题，人类生存和发展所面临的严重威胁难以得到有效化解。在当今国际关系中，地区主义、单边主义仍然非常盛行。虽然冷战早已结束，但一些西方国家仍然固守旧的冷战思维，热衷零和博弈，习惯于从竞争、对抗的视角看待世界和处理国际关系，把新兴国家的发展视作对自己的威胁和挑战，严重破坏了人类在应对各种共同威胁上的国际合作。习近平所谓的构建人类命运共同体，实际上就是要从实然的人类命运共同体迈向应然的人类命运共同体。这种应然的人类命运共同体，就是克服了上述实然的人类命运共同体各种弊端的、以合作共赢为核心理念、能够使人类共同繁荣、共同发展的人类命运共同体，也就是党的十九大报告所提出、党的二十大报告又作了进一步阐释的持久和平、普遍安全、共同繁荣、开放包容、清洁美丽的世界。①

无论是实然的人类命运共同体还是应然的人类命运共同体，都与当代全球生态环境问题有着紧密的关系。其中，实然的人类命运共同体的规定之一是"当代人类面临共同挑战、安危与共"，而生态环境问题就是当代人类面临的一种共同挑战和威胁。因此，全球性的生态环境问题是促成当代人类成为一个实然的命运共同体的根本原因之一，不解决这些生态环境问题，整个人类的生存和发展就难以为继。早在1972年罗马俱乐部的研究报告《增长的极限》中就曾明确地指出，到目前为止，世界经济、人口、粮食消费和资源消耗都是按指数方式增长的，但地球上生产粮食的土地、

---

① 参见习近平：《决胜全面建成小康社会 夺取新时代中国特色社会主义伟大胜利——在中国共产党第十九次全国代表大会上的报告》，《人民日报》2017年10月28日第1版；习近平：《高举中国特色社会主义伟大旗帜 为全面建设社会主义现代化国家而团结奋斗——在中国共产党第二十次全国代表大会上的报告》，《人民日报》2022年10月26日第1版。

可供开采的资源和容纳环境污染的能力都是有限的，无法支撑无限度的经济增长；如果世界经济的增长方式保持不变，那么，地球上可供利用的资源将在 100 年内被耗尽，地球的生态系统也将会全面瓦解；而如果维持目前世界上的人口增长率和资源消耗速度不变，那么，由于粮食短缺，或者由于资源枯竭，或者由于严重的环境污染，世界经济有朝一日会突然崩溃。从那以来的半个世纪的人类实践也充分证明，生态环境问题是深深困扰着世界各国特别是广大发展中国家的普遍问题，是严重制约各国经济社会发展的瓶颈。也正是为了消解当代人类面临的包括生态环境问题在内的各种共同挑战和威胁，习近平才大力倡导构建人类命运共同体，亦即从实然的人类命运共同体迈向应然的人类命运共同体。

应然的人类命运共同体是能够有效应对并最终克服当代全球生态环境问题的人类命运共同体。但是，这种应然的人类命运共同体决不会自动成为现实，它有赖于世界各国的共同努力和自觉构建。"清洁美丽的世界"是应然的人类命运共同体的内在规定之一，因此，构建人类命运共同体即从实然的人类命运共同体走向应然的人类命运体，必然也要求世界各国携手合作、共谋全球生态文明建设。习近平指出："面对生态环境挑战，人类是一荣俱荣、一损俱损的命运共同体，没有哪个国家能独善其身。唯有携手合作，我们才能有效应对气候变化、海洋污染、生物保护等全球性环境问题，实现联合国 2030 年可持续发展目标。只有并肩同行，才能让绿色发展理念深入人心、全球生态文明之路行稳致远。"[①]

（二）全球生态文明建设的中国方案

共谋全球生态文明建设的理念，为全球生态文明建设提供了中国方

[①] 《习近平谈治国理政》第 3 卷，人民出版社 2020 年版，第 375 页。

案。习近平指出："要深度参与全球环境治理，增强我国在全球环境治理体系中的话语权和影响力，积极引导国际秩序变革方向，形成世界环境保护和可持续发展的解决方案。"①基于这样一种自觉意识，习近平强调，国际社会要齐心协力、携手合作，"共建地球生命共同体"②。"共建地球生命共同体"，就是习近平基于共谋全球生态文明建设的理念而提出的全球生态文明建设的中国方案，它主要包括以下几个方面的内容。

一是构建人与自然和谐共生的地球家园。地球是一个生命共同体，首先是指人与自然是生命共同体。只有人与自然和谐共生，地球生命体才能充满生机与活力，人类社会才能繁荣发展。如果人类友好地保护自然，自然会给予人类以慷慨的回报；如果人类残暴地掠夺和侵害自然，自然必然会给予人类以无情的惩罚。因此，我们要深怀对自然的敬畏之心，顺应自然、保护自然，携手共建生态良好的地球美好家园。地球是一个生命共同体，也指地球上的所有人属于生命共同体，建设绿色家园是人类的共同梦想，破坏生态环境实际上是损害人类的共同利益。因此，构建人与自然和谐共生的地球家园，必须坚持世界各国共商共建共享的原则。也只有共商共建共享，才能真正保护好地球、保护好所有人共同的家园。

二是构建经济与环境协同共进的地球家园。工业化给人类带来了空前未有的物质财富，但也给地球生态系统造成了难以愈合的创伤。我们必须从中汲取深刻的教训，不能再以破坏生态环境为代价换取一时的经济发展，也不能走先污染后治理的路子。新冠肺炎疫情也启示我们，人类必须进行一场自我革命，不能再无视大自然一次又一次的警告，不能再走那种对自然一味索取而不愿投入、只管利用不保护和修复的老路。各国要以生态文明建设为引领，协调全球范围内人与自然的关系，特别是要解决好工

①　习近平：《论坚持人与自然和谐共生》，中央文献出版社 2022 年版，第 14 页。
②　习近平：《论坚持人与自然和谐共生》，中央文献出版社 2022 年版，第 291 页。

业文明的发展带来的矛盾，把人类的活动限制在生态环境所能承受的限度内。为此，要坚持绿色低碳，抓住新一轮科技革命和产业变革的历史性机遇，平衡推进联合国 2030 年可持续发展议程，加快形成绿色生产生活方式，从保护自然中寻找发展机遇，推动世界经济绿色复苏和绿色转型，实现生态环境保护和经济高质量发展双赢，汇聚起推进可持续发展的强大力量，共同开拓生产发展、生活富裕、生态良好的文明发展道路。总之，"我们要站在对人类文明负责的高度，尊重自然、顺应自然、保护自然，探索人与自然和谐共生之路，促进经济发展与生态保护协调统一，共建繁荣、清洁、美丽的世界。"①

三是构建世界各国共同发展的地球家园。要通过携手合作应对全球生态环境挑战，促进世界各国的共同发展，把世界各国人民对美好生活的向往变成现实。为此，要着重做好以下几个方面：首先，改革全球生态环境治理制度，形成各国共商共建共享的全球生态环境治理体系。要秉持正确的义利观，改变不公正、不公平和不透明的旧的全球生态环境治理格局，使广大发展中国家在全球生态环境治理中的参与权、话语权和决策权得到切实保障；要摒弃单边主义，坚持多边主义，讲团结、促合作，积累各方共识，凝聚全球力量，鼓励广泛参与，构建全球生态环境治理中以互惠共赢、共同发展为核心理念的新型国际关系，充分发挥各方面的作用，努力克服国际政治经济环境变动带来的不确定因素，逐步形成有效持久的生态环境问题全球解决框架。其次，坚持以国际法为基础，推动全球生态环境治理的法治化。要以公平正义为要旨、以有效行动为导向，维护联合国在全球生态环境治理体系中的无可替代的重要地位，使联合国在全球生态环境治理中的核心作用得到充分发挥，遵循《联合国气候变化框架公约》、《2030 年可持续发展议程》和《巴黎协定》的目标和原则，坚持运用这些

---

① 习近平：《论坚持人与自然和谐共生》，中央文献出版社 2022 年版，第 261 页。

生态环境治理的国际公约或协定解决全球生态环境治理中的矛盾、引领全球生态环境治理的未来发展。再次，坚持共同但有区别的责任原则，实现全球生态环境治理中共同行动与自主贡献的统一。气候变化等生态环境问题是全球性挑战，任何一国都无法置身事外。因此，各个国家都应积极行动，选择适合本国国情的绿色低碳发展道路，为全球生态环境治理作出贡献。但是，要充分考虑到发达国家和发展中国家在发展水平上的差距及其对于造成全球生态环境问题上的不同历史责任，按照《联合国气候变化框架公约》所明确的共同而又有区别的责任原则以及公平原则、各自能力原则，构建权责均衡的全球生态治理机制与合作体系。发达国家应该强化共同体意识，尊重发展中国家环境权与发展权，为发展中国家提供必要资金和相关技术支持，帮助它们提高环境治理能力，促进各国共同发展、共同繁荣。

（三）全球生态文明建设的中国实践

共谋全球生态文明建设的理念，也引领了全球生态文明建设的中国实践。习近平基于共谋全球生态文明建设的理念提出了共建地球生命共同体的全球生态文明建设的中国方案，而在共谋全球生态文明建设理念的引领下，中国也成为共建地球生命共同体的全球生态文明建设方案的最积极实践者。"我国已成为全球生态文明建设的重要参与者、贡献者、引领者，主张加快构筑尊崇自然、绿色发展的生态体系，共建清洁美丽的世界。"①

首先，中国是全球生态文明建设的重要引领者。共谋全球生态文明建设是构建人类命运共同体的重要内容，构建人类命运共同体即建设一个"持久和平、普遍安全、共同繁荣、开放包容、清洁美丽的世界"，本身就

---

① 习近平：《论坚持人与自然和谐共生》，中央文献出版社 2022 年版，第 14 页。

包含着全球生态文明方面的规定性。习近平也正是在第七十届联合国大会一般性辩论时作出的《携手构建合作共赢新伙伴，同心打造人类命运共同体》的讲话中，首次向国际社会阐述了共谋全球生态文明建设的理念①。而习近平提出的以共谋全球生态文明建设为其重要维度的构建人类命运共同体的理念，早已赢得了国际社会的普遍赞誉，并于2017年2月被写入联合国社会发展委员会第55届会议通过的"非洲发展新伙伴关系的社会层面"决议中。同时，上述习近平提出的共建地球生命共同体的全球生态文明建设的中国方案，深刻地体现了客观自然规律和人类历史发展趋势，表达了对人类共同利益的深切关怀，反映了时代潮流和各国人民特别是广大发展中国家人民的心声，为推进全球生态环境治理和可持续发展提供了有益思路。构建人类命运共同体的理念、共谋全球生态文明建设的理念和共建地球生命共同体的全球生态文明建设方案，都是建设全球生态文明的中国智慧，它们对全球生态文明建设作了顶层设计，已经并将继续对全球生态文明建设发挥重要的引领作用。

其次，中国是全球生态文明建设的重要参与者。中国大力倡导和积极支持全球生态环境治理体系改革和公平合理的全球生态环境治理格局的构建，包括国际环境法治体系建设。例如："中美两国在气候变化领域开展了卓有成效的对话和合作，为《巴黎协定》达成发挥了关键作用。"② 同时，中国倡议二十国集团发表了首份气候变化问题主席声明，率先签署了《巴黎协定》。中国在担任二十国集团领导人峰会主席国期间提出了绿色金融的新议题，对于促进绿色投资、推动全球经济绿色转型具有重要意义。中国积极参与全球生态环境治理的国际合作。多年来，中国认真落实气候变化领域南南合作政策承诺，设立二百亿元人民币的中国气候变化南南合作

---

① 参见《习近平谈治国理政》第2卷，人民出版社2017年版，第525页。
② 中共中央文献研究室编：《习近平关于社会主义生态文明建设论述摘编》，中央文献出版社2017年版，第140页。

基金，启动发展中国家低碳示范区、减缓和适应气候变化、应对气候变化培训等多种合作项目，支持发展中国家特别是最不发达国家、内陆发展中国家、小岛屿发展中国家应对气候变化挑战，推进清洁能源、防灾减灾、生态保护、气候适应型农业、低碳智慧型城市建设等领域的国际合作和成果共享。中国高度重视野生动物保护事业，认真履行野生动物保护国际义务，积极参与野生动物保护国际合作，大力加强野生动物栖息地保护和拯救繁育工作，严厉打击野生动物及象牙等动物产品非法贸易，取得显著成效。中国历来高度重视荒漠化防治并取得了突出成就，为国际社会生态环境治理提供了中国经验。中国还把构建人类命运共同体和共谋全球生态文明建设的理念融入"一带一路"建设，推进沿线国家在环保领域里的合作，携手打造"绿色丝绸之路"。

再次，中国是全球生态文明建设的重要贡献者。中国对全球生态文明建设的引领和积极参与，本身都是对全球生态文明建设的重大贡献。不仅如此，中国还对全球生态文明建设作出了突出的自主贡献。目前全世界发达国家人口总额甚至还不及中国人口总数，如果中国实现了现代化，就会把全世界实现现代化国家的人口数量提升一倍以上。但是，中国和当代广大发展中国家一样都面临着经济发展与环境保护的难题：一方面，要实现经济发展，就必须大力推进和实现工业化，而以高投入、高能耗、高污染等为主要特征的传统工业化必然造成生态环境的破坏；另一方面，当代世界上 100 多个国家几乎同时走上现代化和工业化道路，它们共同面临的本来就是因发达国家的工业化而早已变得脆弱不堪的全球生态环境，同时它们也不再可能像早先工业化国家那样向落后国家转移生态危机。中国深刻地认识到，如果我们也走美欧现代化的老路，再有几个地球也不够中国人消耗。党的十八大以来，中国创新发展思路，形成和贯彻绿色发展理念，坚持山水林田湖草沙一体化保护和系统治理，"坚持节约优先、保护优先、自然恢复为主的方针，像保护眼睛一样保护自然和生态环境，坚定不移走生产发展、生活富裕、生态良好的文明发展道路"①，全方位、全地域、全过程开展生态文明建设，坚决变革经济发展方式或发展模式，努力优化和完善经济结构和产业结构，不断推进经济增长与环境保护并举的绿色发展，有效破解了经济发展与生态环境保护的难题，走出了一条人与自然和谐共生的现代化道路，创造了人类文明的新形态。这是中国对全球生态文明建设的最大自主贡献。

正是在国内生态文明建设已有成就的基础上，习近平于 2020 年 9 月在第 75 届联合国大会一般性辩论上宣布："中国将提高国家自主贡献力度，采取更加有力的政策和措施，二氧化碳排放力争于二〇三〇年前达到峰值，努力争取二〇六〇年前实现碳中和。"②习近平在党的二十大报告中对如何实现这一目标作了进一步的总体部署。他指出，我们要"积极稳妥推进碳达峰碳中和。实现碳达峰碳中和是一场广泛而深刻的经济社会系统性变革。立足我国能源资源禀赋，坚持先立后破，有计划分步骤实施碳达峰行动。完善能源消耗总量和强度调控，重点控制化石能源消费，逐步转向碳排放总量和强度'双控'制度。推动能源清洁低碳高效利用，推进工业、建筑、交通等领域清洁低碳转型。深入推进能源革命，加强煤炭清洁高效利用，加大油气资源勘探开发和增储上产力度，加快规划建设新型能源体系，统筹水电开发和生态保护，积极安全有序发展核电，加强能源产供储销体系建设，确保能源安全。完善碳排放统计核算制度，健全碳排放权市场交易制度。提升生态系统碳汇能力。积极参与应对气候变化全球治理"③。中国的碳达峰碳

---

① 习近平：《高举中国特色社会主义伟大旗帜 为全面建设社会主义现代化国家而团结奋斗——在中国共产党第二十次全国代表大会上的报告》，《人民日报》2022 年 10 月 26 日第 1 版。

② 习近平：《论坚持人与自然和谐共生》，中央文献出版社 2022 年版，第 252 页。

③ 习近平：《高举中国特色社会主义伟大旗帜 为全面建设社会主义现代化国家而团结奋斗——在中国共产党第二十次全国代表大会上的报告》，《人民日报》2022 年 10 月 26 日第 1 版。

中和目标，意味着世界上最大的发展中国家将实现全球最大碳排放强度降幅，并将用世界各国历史上最短时间完成从碳达峰到碳中和的过程。相较于多数发达国家早在1990年就实现了碳达峰并计划于2050年实现碳中和，中国给自己设定的目标，其完成时间比发达国家整整提前了30年。

所有这些，都充分展现了中国作为负责任的大国的担当和全球生态文明建设重要贡献者的大国形象。

>>>>> 第二编

新时代马克思主义哲学方法论的建构

第 四 章

新时代的战略思维

2002 年，党的十六大报告首次提出，加强党的执政能力建设，提高党的领导水平和执政水平，"必须以宽广的眼界观察世界，正确把握时代发展的要求，善于进行理论思维和战略思维，不断提高科学判断形势的能力"①。这表明，我们党明确把战略思维视为执政能力和执政本领的重要组成部分，要求各级领导干部在工作和学习中着力培养、不断提升战略思维。进入新时代以来，以习近平同志为核心的党中央领导全国人民取得了一系列举世瞩目的辉煌成就。这些成就与中国共产党总揽全局、协调各方、把握机遇、应对挑战的战略思维密不可分。2017 年，习近平在十九大报告中进一步明确了战略思维的重要地位，要求"增强政治领导本领，坚持战略思维、创新思维、辩证思维、法治思维、底线思维"②。习近平在党的二十大报告中强调，坚持、运用新时代中国特色社会主义思想中的立场观点方法，必须不断提高包括战略思维在内的多种思维能力，为党和国家各项事业提供科学思想方法。在开创党和国家事业发展新局面的征程中，以习近平同志为主要代表的中国共产党人不仅始终坚持、灵活运用战略思维，不断提升治国理政的能力和水平，而且把战略思维淬炼为习近平新时代中国特色社会主义思想的哲学方法论。战略思维就是高瞻远瞩、统

---

① 《江泽民文选》第 3 卷，人民出版社 2006 年版，第 569 页。
② 《习近平谈治国理政》第 3 卷，外文出版社 2020 年版，第 53 页。

揽全局，全面观察和把握事物发展的总体趋势和方向的思维方式。党的十八大以来，党和国家事业所取得的历史性成就充分验证了习近平新时代中国特色社会主义思想的战略思维的科学性和前瞻性。深入研究习近平战略思维，不能不结合新时代中国特色社会主义建设的重大战略和历史性成就，分析其生成逻辑，揭示其中的辩证关系，探讨其具体运用，从而阐明其历史逻辑、理论逻辑和实践逻辑。

一、融汇战略思想智慧

2013年，习近平在《关于〈中共中央关于全面深化改革若干重大问题的决定〉的说明》中指出，全面深化改革既是党的十八大提出的战略任务，也是关系党和国家事业发展全局的重大战略部署，而不是某个领域某个方面的单项改革。为此，他要求"坚持从大局出发考虑问题"①。2014年，在纪念邓小平同志诞辰110周年座谈会上的讲话中，习近平提出要学习邓小平高瞻远瞩的战略思维。他说："战略思维，是邓小平同志一生最恢宏的革命气度，也永远是中国共产党人应该树立的思维方式"，邓小平同志"总是站在国内大局和国际大局相互联系的高度审视中国和世界的发展，善于从全局上思考问题，善于在关键时刻作出战略决策"②。可见，从大局出发考虑问题是战略思维的基本要求。在推进新时代中国特色社会主义事业过程中形成的习近平战略思维，深刻体现了从中华民族伟大复兴战略全局和世界百年未有之大变局出发考虑重大现实问题的理论品格。就其生成逻辑而言，习近平战略思维奠基于马克思主义基本原理，承继了中国

---

① 《习近平谈治国理政》第1卷，外文出版社2018年版，第87页。
② 《习近平谈治国理政》第2卷，外文出版社2017年版，第9页。

传统文化中的战略思想智慧，同时汲取了中国共产党百年奋斗历程的成功经验。

（一）以马克思主义基本原理为理论基础

习近平强调："我们要在迅速变化的时代中赢得主动，要在新的伟大斗争中赢得胜利，就要在坚持马克思主义基本原理的基础上，以更宽广的视野、更长远的眼光来思考和把握国家未来发展面临的一系列重大战略问题，在理论上不断拓展新视野、作出新概括。"① 这表明，在运用战略思维思考和把握一系列重大战略问题、力争赢得新的伟大斗争胜利时，不能脱离马克思主义基本原理这一基础。进一步而言，马克思主义之所以能够为战略思维奠定坚实的理论基础，主要是因为它深刻揭示了包括人类社会在内的客观世界发展的一般规律，阐明了资本主义社会的基本矛盾和必然趋势，是被历史和实践所证明的科学理论。

首先，马克思主义揭示了客观世界发展的一般规律。规律是指事物内在的、本质的、必然的联系，它具有客观性和必然性。而辩证法就是关于事物运动和发展的规律的科学。"辩证法不过是关于自然界、人类社会和思维的运动和发展的普遍规律的科学。"② 马克思主义的唯物辩证法以实践观点为理论基础，吸收了 19 世纪自然科学发现的重大成果，是关于自然界、人类社会和思维的普遍联系和运动发展的世界观和方法论。在批判吸收黑格尔辩证法的基础上，恩格斯提炼出辩证法的三大基本规律，即量变质变的规律、对立统一规律和否定之否定规律。他认为，我们头脑中的概念是现实事物的反映，而不是像黑格尔式的唯心主义者所说的那样是决定

---

① 《习近平谈治国理政》第 2 卷，外文出版社 2017 年版，第 62—63 页。
② 《马克思恩格斯文集》第 9 卷，人民出版社 2009 年版，第 149 页。

现实事物的东西。于是，"概念的辩证法本身就变成只是现实世界的辩证运动的自觉的反映"①。因此，唯物辩证法是客观辩证法与主观辩证法的统一，要求我们在认识和改造世界时不能忘记和脱离事物固有的联系，特别是要遵循事物运动和发展的一般规律。人们只有把握和遵循事物发展的客观规律，才能在认识和改造世界时准确揭示事物本质、科学预见发展趋势、引领事物合规律合目的地发展。

其次，马克思主义揭示了人类社会发展的一般规律。历史唯物主义是马克思主义哲学的重要组成部分，它揭示了人类社会发展的一般规律。恩格斯指出，"正像达尔文发现有机界的发展规律一样，马克思发现了人类历史的发展规律"②，即直接的物质的生活资料的生产乃至一个民族或一个时代的经济发展阶段，构成了国家设施、法的观点、艺术以至宗教观念的基础，而非相反。在《〈政治经济学批判〉序言》中，马克思精辟论述了历史唯物主义的基本原理。在他看来，生产力与生产关系、经济基础与上层建筑的矛盾运动贯穿于人类社会发展过程的始终，生产关系适合生产力状况、上层建筑适合经济基础状况的规律是人类社会发展的一般规律。马克思在阐述这一规律时，特别强调了"两个决不会"，即"无论哪一个社会形态，在它所能容纳的全部生产力发挥出来以前，是决不会灭亡的；而新的更高的生产关系，在它的物质存在条件在旧社会的胎胞里成熟以前，是决不会出现的。"③如果说马克思主义基于人类社会发展的一般规律而对未来社会作出的科学预见揭示了人类历史发展的总趋势，为马克思主义政党制定正确的路线、方针和政策提供了客观依据，那么，马克思的"两个决不会"的论断则为我们正确看待资本主义制度的生命力、社会主义运动的曲折性和实现共产主义的长期性指明了方向。

---

① 《马克思恩格斯文集》第 4 卷，人民出版社 2009 年版，第 298 页。
② 《马克思恩格斯文集》第 3 卷，人民出版社 2009 年版，第 601 页。
③ 《马克思恩格斯文集》第 2 卷，人民出版社 2009 年版，第 592 页。

再次，马克思主义揭示了资本主义社会发展的矛盾和趋势。恩格斯在马克思墓前的讲话中称马克思的另一个伟大发现是"现代资本主义生产方式和它所产生的资产阶级社会的特殊的运动规律"①。这一规律是马克思通过深入研究政治经济学而发现的。在《资本论》第 1 卷中，马克思系统论述了剩余价值学说，探讨了剩余价值转化为资本的问题，揭示了资本主义积累的一般规律，得出了资本主义制度走向灭亡的必然趋势。马克思的分析表明，随着资本积累的发展，资本主义的内在矛盾不断加深，无产阶级与资产阶级的冲突日益激化，必然导致资本主义制度走向灭亡。马克思对资本主义的本质和规律的揭示，超越了资产阶级经济学家和社会主义批评家的阶级偏见和狭隘视域，不仅为世界各国的工人运动和社会主义运动奠定了坚实的科学基础，而且指明了人类从必然王国向自由王国飞跃的路径。

习近平指出，推动全党学习马克思主义哲学的目的，"就是更好认识国情，更好认识党和国家事业发展大势，更好认识历史发展规律，更加能动地推进各项工作"②。这充分体现了习近平对于学习和运用马克思主义所揭示的规律、从大局考虑党和国家事业的理论自觉，也彰显了马克思主义基本原理在习近平战略思维中的基础性地位。

（二）从中国传统文化中汲取战略思想资源

习近平指出，"当今世界正处于大发展大变革大调整时期，我们要具备战略眼光，树立全球视野"③。他强调，以"一带一路"战略推动构建人类命运共同体，符合中华民族历来秉持的天下大同理念和中国人怀柔远

① 《马克思恩格斯文集》第 3 卷，人民出版社 2009 年版，第 601 页。
② 习近平：《坚持历史唯物主义不断开辟当代中国马克思主义发展新境界》，《求是》2020 年第 2 期。
③ 《习近平谈治国理政》第 3 卷，外文出版社 2020 年版，第 487 页。

人、和谐万邦的天下观。这表明，中国传统文化中的天下大同理念和天下观是"一带一路"战略和人类命运共同体理念的重要思想来源。党的十八大以来，在运用战略思维谋划新时代中国特色社会主义事业时，习近平在多次重要讲话中引用中国古代典籍，对中国传统文化中的战略智慧作了创造性转化和创新性发展。在中华文明的漫长演进历程中，先贤们从纷繁复杂的政治和军事活动中总结出筹划、指导全局的丰富战略思想。特别是以《孙子兵法》为代表的古代兵书，全面阐述了"不战而屈人之兵"的先胜理论以及战争中的一系列矛盾关系的战胜理论，蕴含着辩证的军事战略思想。不仅如此，中国传统文化中的战略思想还包括以下几方面的内容。

一是战略问题事关国之根本。中国古代典籍中的"战略"与"大谋""大略""方略""韬略"和"庙算"等词，都用于形容政治、军事中与国家根本利益息息相关的重要谋划。早在春秋战国时期，祭祀与战争就被古人视为国家的两件大事。《左传》有云："国之大事，在祀与戎。"（《左传·成公十三年》）古代兵家的代表作《孙子兵法》明确写道："兵者，国之大事也。死生之地，存亡之道，不可不察也。"（《孙子兵法·计篇》）因此，孙武反对在战争问题上轻率武断，反对穷兵黩武。与此同时，他又主张未雨绸缪、有备无患，提出了"慎战为主""备战为辅"的观念。战争规律和军事谋略问题之所以得到国君和朝廷的重视，是因为这些问题与国家存亡和百姓生死紧密关联在一起，事关国家和民族的根本利益。由此形成的战略意识，就是要在军事决策等治国理政活动中围绕国家的根本利益制定战略。西汉刘向的《说苑·谈丛》有云："万物得其本者生，百事得其道者成。"唐代吴兢的《贞观政要·政体》中说："治国犹如栽树，本根不摇则枝叶茂荣。"北宋苏轼在《关陇游民私铸钱与江淮漕卒为盗之由》中称："治其本，朝令而夕从；救其末，百世不改也。"这些论述从不同方面揭示了治国理政的战略谋划要从根本问题入手。习近平在阐明党的政治建设、国家治理体系和治理能力现代化以及中国共产党的领导和我国社会主义制度等问题的重要讲话中分别引用这些典故，就是为了说明这些战略问题事关治国理政的根本。

二是战略谋划要抓住关键。《孙子兵法》被誉为"兵经""百世谈兵之祖"，自问世以来就是历代军事家指导军事作战的必读书，其中的谋略智慧更是广为流传。尽管孙武在《孙子兵法》中倡导不战而屈人之兵，但鉴于战争有时是不可避免的，他全面论述了战胜敌人的一系列战略谋划，重点探讨了制胜的关键因素。孙武认为影响战争胜负的因素有五，"一曰道，二曰天，三曰地，四曰将，五曰法……凡此五者，将莫不闻，知之者胜，不知之者不胜。"（《孙子兵法·计篇》）在他看来，在影响战争胜负的五种因素中，决定性的因素是道与法。他指出："善用兵者，修道而保法，故能为胜败之政。"（《孙子兵法·形篇》）其中，"道"是指合乎民心，能够获得百姓的支持和拥护，即"道者，令民与上同意也"（《孙子兵法·计篇》）；"法"是指军队的组织体制、将吏的职责管辖和军需的管理使用等，即"法者，曲制、官道、主用也。"（《孙子兵法·计篇》）可见，军事作战的战略谋划要紧紧抓住制敌获胜的关键因素，解决军事作战中的首要问题。在治国理政的战略谋划中抓主要矛盾的战略思想由来已久，影响深远。《管子·牧民》有云："国有四维……一曰礼，二曰义，三曰廉，四曰耻。""四维不张，国乃灭亡。"《资治通鉴·魏纪》称："为政之要，莫先于用人。"这些典故分别阐明了一个国家的核心价值观以及人才在治国理政中的重要性。习近平在北京大学师生座谈会和全国组织工作会议等重要会议的讲话中引用这些典故，就是为了说明培育社会主义核心价值观和选人用人问题是党和人民事业中的关键性、根本性问题。

再次，战略部署要着眼全局。以孙武为代表的古代兵家讨论军事作战时，一方面明确区分了战略、策略和战术，另一方面又强调战略、策略和战术以及治国、治军和用兵的统一。如前所述，《孙子兵法》论述了道、天、地、将、法"五事"，以及治国、治军的相关战略。另一方面，该书倡导"兵者，诡之道"（《孙子兵法·计篇》），"兵以诈立"（《孙子兵法·虚实篇》），探讨了克敌制胜的诸多谋略战术，特别强调作战时要根据情况变化，充分利用战场势态来调整战术，即所谓"故善战者，求之于势，不责于人。"（《孙子兵法·势篇》）在此基础上，南宋的陈亮进一步用"略"与"术"等概念区分了战略与战术："审敌情，料敌势，观天下之利害，识进取之急缓，彼可以先，此可以后，次第取之，此所谓略"；"运奇谋，出奇兵，决机于两阵之间，此所谓术也。"（《酌古论》）无论是《孙子兵法》所称的"势"，还是陈亮所谈的"天下"，都体现了古人在谋划战略部署时着眼全局的整体观。观大势、谋全局，不仅是党的十八大以来习近平对领导干部的素质和能力所提的基本要求，也是以习近平同志为核心的党中央治国理政的战略思维的集中体现。习近平多次强调，党的高级领导干部要善于观大势、定大局、谋大事，牢牢把握工作主动权。在指导加快实施自由贸易区建设时，他指出，"要加强顶层设计、谋划大棋局，既要谋子更要谋势"①。这些重要论述都体现了对中国传统文化中的战略思想的创造性转化和创新性发展。

（三）深刻总结党的百年历史经验

2022 年，习近平在省部级主要领导干部学习贯彻党的十九届六中全会精神专题研讨班开班式上的重要讲话中指出："一百年来，党总是能够在重大历史关头从战略上认识、分析、判断面临的重大历史课题，制定正确的政治战略策略，这是党战胜无数风险挑战、不断从胜利走向胜利的有力保证。"②在革命、建设和改革中，我们党始终坚持以马克思主义为指

---

① 《习近平谈治国理政》第 2 卷，外文出版社 2017 年版，第 101 页。
② 习近平：《更好把握和运用党的百年奋斗历史经验》，《求是》2022 年第 13 期。

导，既高瞻远瞩，准确判断、全面把握形势，又科学谋划，针对重大现实问题，科学制定切合实际的目标任务和政策策略，从而赢得主动与先机，取得了举世瞩目的伟大胜利和辉煌成就。我们党在百年奋斗历程中高度重视战略问题、不断提出和实施科学战略而取得的成功经验，无疑也是习近平战略思维的重要智慧之源。

在中国革命和社会主义建设时期，以毛泽东同志为主要代表的中国共产党人创造性地回答了"什么是中国革命、怎样进行革命"这一战略问题，并且初步探索了中国社会主义建设道路。在新民主主义革命中，我们党立足于中国半殖民地半封建社会的国情，总结大革命失败后领导红军和根据地斗争的经验教训，确立了农村包围城市、武装夺取政权的革命战略，走出了一条符合中国实际的革命道路。在抗日战争时期，我们党准确把握民族矛盾上升为中国社会主要矛盾的局势，实行正确的抗日民族统一战线政策，并根据国际国内形势的变化，采取了实施持久战和人民战争的战略方针和战略战术。在解放战争时期，面对国民党反动派悍然发起的全面内战，我们党领导广大军民逐步实现了从积极防御向战略进攻的转变，通过组织三大战役获得了人民战争的伟大胜利。新中国成立后，我们党领导人民战胜政治、经济、军事等方面的一系列严峻挑战，在错综复杂的国际国内环境中站稳了脚跟，并推动从新民主主义向社会主义的转变，提出了过渡时期的总路线，建立起社会主义的经济制度和政治制度。在社会主义建设时期，党根据国内主要矛盾的变化，集中力量发展社会生产力，提出执政条件下党的建设的重大课题，还审时度势调整外交战略，提出了划分三个世界的战略。在这一时期形成的毛泽东思想，是关于中国革命和建设的正确的理论原则和经验总结，也是中国革命和建设的战略思维的集中体现。

在改革开放和社会主义现代化建设新时期，我们党继续探索中国社会建设社会主义的正确道路，领导实现了党和国家工作中心的战略转移，始终坚持十一届三中全会确立的路线方针政策，实现了中华民族从站起来到富起来的伟大飞跃。党的十一届三中全会以后，以邓小平同志为主要代表的中国共产党人，围绕什么是社会主义、怎样建设社会主义这一根本问题，提出和平与发展是当今时代的主题，制定了到 21 世纪中叶分三步走、基本实现社会主义现代化的发展战略。党的十三届四中全会以后，以江泽民同志为主要代表的中国共产党人，应对复杂的国内外形势和世界社会主义运动的严重曲折，大力推动了社会主义市场经济体制改革，基本确立了社会主义初级阶段的基本经济制度和分配制度；党的十六大以后，以胡锦涛同志为主要代表的中国共产党人，抓住重要战略机遇期，回答了实现什么样的发展、怎样发展等重大问题，成功在新形势下坚持和发展了中国特色社会主义。正是由于党在新时期始终以战略思维引领党和国家事业，科学谋划解决党和国家发展的根本方略，特别是坚持改革开放、坚持中国特色社会主义道路，才使人民摆脱贫困、尽快富裕起来。

党的十八大以来，中国特色社会主义进入新时代，以习近平同志为核心的党中央统揽中华民族伟大复兴战略全局和世界百年未有之大变局，围绕坚持和发展中国特色社会主义、建设社会主义现代化强国、建设长期执政的马克思主义政党等重大时代课题，统筹推进"五位一体"总体布局、协调推进"四个全面"战略布局，提出了区域协调发展战略、创新驱动发展战略、乡村振兴战略、改革强军战略等一系列原创性的治国理政新战略，实现了中华民族从富起来到强起来的伟大飞跃。

总之，党的百年奋斗历程及其历史性成就表明，战略思维是中国共产党人运用和发展马克思主义、解决中国社会发展的重大时代问题的一大法宝。习近平的战略思维既是党的百年历史上所形成的战略思维宝库的重要组成部分，也是对党的百年历史上战略思维实践经验的深刻总结和创造性运用，具有鲜明的时代特点和创新意义。

二、作出战略抉择

习近平指出："战略问题是一个政党、一个国家的根本性问题。战略上判断得准确，战略上谋划得科学，战略上赢得主动，党和人民事业就大有希望。"①这是因为，"战略是从全局、长远、大势上作出判断和决策。"②这些论述不仅阐明了战略问题对党和国家事业的重要性，而且揭示了战略思维的丰富内涵，即从全局、长远和大势的角度考虑问题，作出准确的战略判断、科学的战略谋划、采取战略主动。习近平指出："当前，我国社会各种利益关系十分复杂，这就要求我们善于处理局部和全局、当前和长远、重点和非重点的关系，在权衡利弊中趋利避害、作出最为有利的战略抉择。"③这表明，把握和运用战略思维，就是要在处理局部和全局、当前和长远、重点和非重点的关系时着眼全局、放眼长远、抓住重点，从而作出战略抉择。

（一）着眼全局

唯物辩证法强调事物的普遍联系，认为世界是统一的、相互联系的整体和系统，"世界表现为一个统一的体系，即一个有联系的整体，这是显而易见的"④。这种整体论的世界观一方面以自然科学的发现为基础，"关于自然界所有过程都处在一种系统联系中的认识，推动科学到处从个别

---

① 习近平：《更好把握和运用党的百年奋斗历史经验》，《求是》2022 年第 13 期。
② 习近平：《更好把握和运用党的百年奋斗历史经验》，《求是》2022 年第 13 期。
③ 中共中央文献研究室编：《习近平关于协调推进"四个全面"战略布局论述摘编》，中央文献出版社 2015 年版，第 87 页。
④ 《马克思恩格斯文集》第 9 卷，人民出版社 2009 年版，第 346 页。

部分和整体上去证明这种系统联系"①。另一方面，它同样也适合于对人类社会结构的分析，"每一个社会中的生产关系都形成一个统一的整体"②。大致而言，从整体出发观察事物，有助于揭示组成事物的各部分之间的内在统一性，进而把握事物的本质和特征。在中国传统文化中，这种整体观表现为全局观或大局观。古文中的"局"有棋局的含义。古人经常以棋局对弈来形容谋略，强调下棋要通盘考虑，要有全局意识，由此引申出"格局""布局""顾全大局""全局在胸"等用语。因此，尽管整体和大局分别由部分和局部所组成，但是，坚持从大局出发考虑问题的战略思维，首先要求在处理全局与局部的关系时着眼全局，把全局和整体的利益作为考虑问题、解决问题的出发点和落脚点。

在领导革命、建设和改革的不同时期，中国共产党人都非常重视坚持这种作为战略思维的全局观。毛泽东在总结第二次国内革命战争的经验时讨论了中国革命战争的战略问题，系统阐发了战争中的全局与局部、战略与战术的关系问题。他强调战争中的战略问题就是事关全局的规律性问题，认为"懂得了全局性的东西，就更会使用局部性的东西，因为局部性的东西是隶属于全局性的东西的"③。因此，尽管全局是由局部所构成的，局部的变化可能导致全局的逆转，但是仍然要从全局的角度评判局部的变化，辨明其中对全局起决定性作用的因素。为此，他要求通过学习而非单纯用眼睛观察，来掌握战争中的规律，研究战略问题。邓小平鲜明地反对从局部出发看问题、从局部出发提问题的观念和做法，明确提出全党要有全局观念和战略观念，要统一领导、统一思想、统一行动④。他要求顾全大局，强调"有些事从局部看可行，从大局看不可行，有些事从局部

---

① 《马克思恩格斯文集》第 9 卷，人民出版社 2009 年版，第 40 页。
② 《马克思恩格斯文集》第 1 卷，人民出版社 2009 年版，第 603 页。
③ 《毛泽东选集》第 1 卷，人民出版社 1991 年版，第 175 页。
④ 参见《邓小平文集》下卷，人民出版社 2014 年版，第 132 页。

看不可行，从大局看可行。归根到底要顾全大局。"①在设计中国的改革开放和创立中国特色社会主义理论时，邓小平"总是站在国内大局和国际大局相互联系的高度审视中国和世界的发展，善于从全局上思考问题，善于在关键时刻作出战略决策"②。他本人也说："不管对现在还是对未来，我讲的东西都不是从小角度讲的，而是从大局讲的。"③正因如此，在历史的关键时刻，邓小平作出了一系列事关党和国家事业长远发展、事关社会主义前途命运的重大战略决策。江泽民在党的十六大报告中明确要求，各级党委和领导干部"必须立足全党全国工作大局，坚定不移地贯彻党的路线方针政策，善于结合实际创造性地开展工作，不断提高总揽全局的能力"④。在党的十七大报告中，胡锦涛指出，统筹兼顾是科学发展观的根本方法，坚持统筹兼顾要树立全局观念，"既要总揽全局、统筹规划，又要抓住牵动全局的主要工作、事关群众利益的突出问题，着力推进、重点突破"⑤。

习近平也特别重视从全局上把握和处理治国理政中的各种问题。他从以下几个方面阐述了如何着眼全局的问题。首先，在严守党的政治纪律方面，要树立全局观念。他要求全党在坚持党的指导思想、党的路线方针政策以及关系全局的重大原则问题上，与党中央保持高度一致，强调"各级党组织和领导干部要牢固树立大局观念和全局意识，正确处理保证中央政令畅通和立足实际创造性开展工作的关系，任何具有地方特点的工作部署都必须以贯彻中央精神为前提"⑥。在党的二十大报告中，他要求"确保党

①　《邓小平文选》第 2 卷，人民出版社 1994 年版，第 82 页。

②　《习近平谈治国理政》第 2 卷，外文出版社 2017 年版，第 9 页。

③　中共中央文献研究室编：《邓小平年谱（1975—1997）》（下），中央文献出版社 2004 年版，第 1362 页。

④　《江泽民文选》第 3 卷，人民出版社 2006 年版，第 570 页。

⑤　《胡锦涛文选》第 2 卷，人民出版社 2016 年版，第 625 页。

⑥　《习近平谈治国理政》第 1 卷，外文出版社 2018 年版，第 386 页。

中央权威和集中统一领导，确保党发挥总揽全局、协调各方的领导核心作用"①。其次，在对党和国家事业进行顶层设计时，要从大局和全局出发。在习近平看来，凡是全局性的重大问题，都需要运用战略思维来思考和解决，"凡是涉及我国经济、政治、文化、社会、生态、外交、国防和党的建设等全局性的重大问题，都需要从战略上进行思考、研究和筹谋"②。再次，在推进实施党和国家重大战略时，要以全局利益为重。在指导沿黄河省区落实黄河流域生态保护和高质量发展战略部署时，习近平强调，要提高战略思维能力，"把握好全局和局部关系，增强一盘棋意识，在重大问题上以全局利益为重"③。

（二）放眼长远

唯物辩证法认为，世界上的万事万物始终处在普遍联系与运动发展之中，事物的联系与发展又是通过一系列基本环节来实现的，这些基本环节包括整体与部分、本质与现象、可能与现实之间的辩证关系。其中，本质是事物的根本性质，是构成事物的各要素之间的内在联系；它既是同类现象中一般的、共同的、相对稳定不变的东西，又深藏于事物内部，要借助理性思维来把握。与本质相对立的辩证法范畴是作为事物本质的外在表现的现象，它又区分为真象和假象，前者是以直接的形象来表现本质，后者是以各种歪曲的形式来表现本质。可见，本质总要通过现象来表现自身，而现象总是表现一定的本质。进而言之，任何现象都

---

① 习近平：《高举中国特色社会主义伟大旗帜　为全面建设社会主义现代化国家而团结奋斗——在中国共产党第二十次全国代表大会上的报告》，《人民日报》2022 年 10 月 26 日第 1 版。

② 习近平：《勤学善思　学以致用　提高战略思考和政治决断能力》，《学习时报》2012 年 9 月 10 日第 1 版。

③ 《习近平谈治国理政》第 4 卷，外文出版社 2022 年版，第 368 页。

会表现出一定的发展阶段和未来趋势。当我们讨论事物的长远性和全局性时，我们所说的"长远"就是指事物的发展方向和未来趋势，而"全局"则是作为整体的事物当下具有的阶段性特征。这样看来，"长远"和"全局"都是与事物的本质相关联的现象层面的范畴，分别表征着事物的未来状态，以及当前条件下的整体性特征。也就是说，"长远"和"全局"是表现事物本质的存在形态的两个范畴，分别从未来与当下、时间与空间维度表现着事物的本质。而在实际工作中灵活运用这两个范畴所体现的马克思主义哲学方法论，就是战略思维。要运用好战略思维，就要兼顾事物的全局与长远。一方面，只有认清全局并统筹好全局，才能够推动事物按照预期稳定地趋向长远；另一方面，只有着眼符合事物本质和规律的长远，才能从全局出发合理规划当前条件下的阶段性任务和目标。

党的十八大以来，习近平统筹全局，深谋远虑，在治国理政实践中处处都运用和体现出把握全局基础上放眼长远的战略思维。

首先，习近平深刻把握了近代以来中国社会发展的主题，始终强调坚守党的初心与使命。在庆祝中国共产党成立 95 周年大会上，习近平指出，中国共产党的成立，深刻改变了近代以后中华民族发展的方向和进程、中国人民和中华民族的前途和命运，以及世界发展的趋势和格局；中国共产党带领中国人民"实现了中国人民从站起来到富起来、强起来的伟大飞跃"[①]。中国共产党带领中国人民实现从站起来、富起来到强起来的伟大飞跃这一简练而深刻的论断，不仅概括了近代以来中国社会发展过程中的三个历史性转折，而且提炼出了近代以来中国社会发展的时代主题，即中国共产党带领中国人民实现民族解放、人民解放和国家富强、人民幸福，并

---

① 中共中央党史和文献研究院编：《十八大以来重要文献选编》（下），中央文献出版社 2018 年版，第 343 页。

最终实现中华民族的伟大复兴。正是在深刻把握中国社会发展这一主题的基础上，习近平反复强调，中国共产党人要始终不忘为中国人民谋幸福、为中华民族谋复兴的这一初心和使命。

其次，习近平深刻把握了当前与长远的关系，强调要立足当前推动中国社会和各项工作不断发展。要实现中华民族伟大复兴这一战略愿景，离不开在不同的历史时期和历史阶段根据中国社会现实的具体实际，针对性地制定阶段性、整体性的规划，进而稳步推进中国社会发展。这既是中国共产党人治国理政的成功经验，也是事物的长远与全局之间的辩证关系的内在要求。习近平在纪念邓小平同志诞辰110周年座谈会上指出，战略思维既是邓小平同志一生最恢弘的革命气度，也永远是中国共产党人应该树立的思维方式；"我们要学习邓小平同志'放眼世界，放眼未来，也放眼当前，放眼一切方面'的世界眼光和战略思维"，"把党和人民事业放到历史长河和全球视野中来谋划……在把握战略全局中推进各项工作。"①之所以将战略思维与世界眼光并提，强调未来与世界、当前与一切方面是统一的，从根本上说是因为它们都是事物本质的不同反映，需要结合起来加以考察，从整体上揭示事物的本质，并推动事物的发展。也正因如此，在推进全面深化改革的过程中，习近平特别强调，坚持从大局出发考虑问题，既要从当前看问题，又"要真正向前展望、超前思维、提前谋局"②。在指导沿黄河省区落实黄河流域生态保护和高质量发展战略部署时，习近平也强调："要把握好当前和长远的关系，放眼长远认真研究，克服急功近利、急于求成的思想。"③可见，坚持和运用放眼长远的战略思维，既要立足于当前现实，又要前瞻未来、提前谋划和布局。

---

① 《习近平谈治国理政》第2卷，外文出版社2017年版，第9—10页。
② 《习近平谈治国理政》第1卷，外文出版社2018年版，第88页。
③ 《习近平谈治国理政》第4卷，外文出版社2022年版，第368页。

（三）抓住重点

根据唯物辩证法，在复杂事物的矛盾体系中，主要矛盾的存在和发展规定或影响着其他矛盾的存在和发展；在主要矛盾中，也有一方面是主要的，其他方面是次要的。"事物的性质，主要地是由取得支配地位的矛盾的主要方面所规定的。"①所以，在研究、解决问题时，一方面，要区分事物的主要矛盾和次要矛盾，并着力把握事物的主要矛盾；另一方面，要观察事物发展过程中矛盾双方斗争的力量变化和相互转化，把握事物性质的变化，找出解决矛盾的正确方法。从矛盾的特殊性出发，根据矛盾力量的不平衡性特征而重点解决主要矛盾及其主要方面的观点和方法就是重点论。如果说"着眼全局"和"放眼长远"所依据的是事物的本质及其显现的整体向度和时间向度，那么，唯物辩证法的重点论所依据的则是构成事物本质的事物内在矛盾地位和作用的不平衡性。

注重运用矛盾分析方法，研究矛盾的不平衡情况，进而抓住主要矛盾，解决革命、建设和改革中的各种问题，是中国共产党在百年奋斗历程中运用战略思维的一个重要特点。在新民主主义革命时期，毛泽东深入分析半殖民地半封建社会的中国的各阶级的地位及其关系，抓住了中国社会的主要矛盾，认为帝国主义和中华民族的矛盾、封建主义和人民大众的矛盾是近代中国社会的主要矛盾，并确认"帝国主义和中华民族的矛盾，乃是各种矛盾中的最主要的矛盾"②。这一战略判断，为我们党制定新民主主义革命的路线方针政策并最终夺取新民主主义革命的胜利指明了方向。在谋划改革开放事业时，邓小平总结历史经验教训，准确把握了我国社会主要矛盾的变化，认为"我们的生产力发展水平很低，远远不能满足人民和

---

① 《毛泽东选集》第 1 卷，人民出版社 1991 年版，第 322 页。
② 《毛泽东选集》第 2 卷，人民出版社 1991 年版，第 631 页。

国家需要，这就是我们目前时期的主要矛盾，解决这个主要矛盾就是我们的中心任务"①。基于这一判断，他提出了我们处于并将长期处于社会主义初级阶段的重要论断，纠正了以阶级斗争为纲的错误路线，作出了以经济建设为中心和实行改革开放的战略决策，甚至在国际国内政治风波不断的关键时刻，仍然对此毫不动摇。在推进社会主义现代化建设的过程中，以江泽民、胡锦涛同志为主要代表的中国共产党人始终抓住解决社会主要矛盾这一中心任务，始终捍卫中国特色社会主义，始终坚持发展是第一要务，同样贯彻了唯物辩证法的重点论。

党的十八大以来，习近平在新时代治国理政实践中也自觉坚持运用紧抓重点的战略思维。首先，习近平准确把握新时代我国经济社会发展的本质特点，作出了关于我国社会主要矛盾重大变化的战略判断。在党的十九大报告中，习近平根据进入新时代以后我国经济社会发展的阶段性特征，提出了我国社会主要矛盾已经从落后的社会生产力与人民日益增长的物质文化需要之间的矛盾，转化为人民日益增长的美好生活需要与不平衡不充分的发展之间的矛盾的重要论断。这就深刻揭示了我们社会发展所处的新的历史方位，成为新时代治国理政的一系列重要战略的客观依据。

其次，习近平在领导制定实施党和国家的各项重要战略的过程中，始终强调要抓突出问题、抓关键问题。围绕全面深化改革所要解决的一系列重大课题，他指出："要有强烈的问题意识，以重大问题为导向，抓住关键问题进一步研究思考，着力推动解决我国发展面临的一系列突出矛盾和问题。"② 在全面深化改革中抓住重点，就是要"围绕解决好人民群众反映强烈的问题，回应人民群众呼声和期待，突出重要领域和关键环节，突出经济体制改革牵引作用"③。在指导实施创新驱动发展战略时，他要求把作

---

① 《邓小平文选》第 2 卷，人民出版社 1994 年版，第 182 页。
② 《习近平谈治国理政》第 1 卷，外文出版社 2018 年版，第 74 页。
③ 《习近平谈治国理政》第 1 卷，外文出版社 2018 年版，第 74 页。

为引领发展的第一动力的创新放在第一位，强调"抓住了创新，就抓住了牵动经济社会发展全局的'牛鼻子'"①。在党的二十大报告中，在科学谋划全面建成社会主义现代化强国时，习近平也围绕"重点"做文章，不仅强调重点领域还有不少硬骨头要啃，而且指明了全民依法治国、增进民生福祉、推动绿色发展、推进国家安全体系和能力现代化、全面从严治党等方面的重点领域、重点工作和重点对象。

三、规划战略部署

习近平的战略思维，还表现在规划战略部署上。以习近平同志为核心的党中央在新时代运筹帷幄、总揽全局，紧紧锚定战略方向，不断制定正确战略，始终保持战略定力，在治国理政中处处都坚持和运用规划战略部署的战略思维。

（一）锚定战略方向

方向和目标是战略的根本。如果没有正确的方向和明确的目标，再完美的战略也不过是空中楼阁，即使能够实施也会带来南辕北辙的效果。在党的十八大闭幕后不久，以习近平同志为核心的党中央就致力于谋划战略方向，在提出中国梦的战略目标的同时也明确了"人民至上"的价值追求。

2012 年 11 月 29 日，习近平在参观《复兴之路》展览时首次明确了中国梦这一战略方向。在回顾了近代以来中国人民为实现民族复兴走过的历史进程后，他深情地说："现在，大家都在讨论中国梦，我以为，实现

---

① 《习近平谈治国理政》第 2 卷，外文出版社 2017 年版，第 201 页。

中华民族伟大复兴，就是中华民族近代以来最伟大的梦想。"①这是中华民族自近代遭受深重灾难以来不断奋起抗争、艰辛探索而铸就的梦想。他还说："我们这一代共产党人一定要承前启后、继往开来，把我们的党建设好，团结全体中华儿女把我们国家建设好，把我们民族发展好，继续朝着中华民族伟大复兴的目标奋勇前进。"②2013 年 3 月 17 日，在第十二届全国人民代表大会第一次会议闭幕式上，习近平进一步明确了中国梦的基本内涵和历史意义。他指出，"实现中华民族伟大复兴的中国梦，就是要实现国家富强、民族振兴、人民幸福"③。同年 5 月，在接受国外媒体采访时，习近平阐述了新时代实现中国梦的本质要求、奋斗目标及其世界意义。他说："在新的历史时期，中国梦的本质是国家富强、民族振兴、人民幸福。我们的奋斗目标是，到 2020 年国内生产总值和城乡居民人均收入在 2010 年基础上翻一番，全面建成小康社会；到本世纪中叶，建成富强民主文明和谐的社会主义现代化国家，实现中华民族伟大复兴的中国梦。"④实现中国梦，不只是意味着中国自身的发展，而且也是对整个世界的贡献，特别是将给世界带来和平和机遇，因而"不仅造福中国人民，而且造福世界人民"⑤。党的二十大报告在新时代十年伟大变革的基础上，把中国共产党在新征程上的中心任务确立为团结带领全国各族人民全面建成社会主义现代化强国、实现第二个百年奋斗目标，以中国式现代化全面推进中华民族伟大复兴，从而进一步明确了中国梦的实现路径。

中国梦的提出，不仅为新的历史时期党和国家事业发展指明了方向，确立了目标，而且谋划了有着 14 亿多人口和 5000 年文明的发展中国家在

---

① 《习近平谈治国理政》第 2 卷，外文出版社 2017 年版，第 36 页。
② 《习近平谈治国理政》第 1 卷，外文出版社 2018 年版，第 36 页。
③ 《习近平谈治国理政》第 1 卷，外文出版社 2018 年版，第 39 页。
④ 《习近平谈治国理政》第 1 卷，外文出版社 2018 年版，第 56 页。
⑤ 《习近平谈治国理政》第 1 卷，外文出版社 2018 年版，第 57 页。

西方主导的世界格局中实现大国和平崛起、建设社会主义现代化国家的宏伟愿景。无论是从人类文明史、世界近现代史、社会主义史，还是从中国社会发展史来看，这都是前所未有的全新探索，必将开启人类历史的新阶段。如今，在"中国梦"提出近 10 年后，这一战略愿景的前瞻性和预见性已经被中国共产党领导的伟大实践所证明。在中国共产党成立 100 周年之际，习近平向全世界郑重宣告，我们在中华大地上全面建成了小康社会，历史性地解决了绝对贫困问题，实现了第一个百年奋斗目标，并向着全面建成社会主义现代化强国的第二个百年奋斗目标迈进。而这些历史性成就正是中国梦的战略目标首次提出时，以习近平同志为核心的党中央向全党、全国人民作出的庄严承诺，它们有力证明了"中国梦"这一战略方向的正确性。

中国梦的战略愿景本质上是为了实现人民幸福的价值目标。2012 年 11 月 15 日，习近平在代表新一届中央领导集体作出不负重托、不辱使命、为实现中华民族伟大复兴而努力奋斗的庄严承诺的同时，也重申了"人民至上""以人民为中心""人民立场"的价值理念，提出"人民对美好生活的向往，就是我们的奋斗目标"[1]。根据习近平的阐述，中国梦与人民对美好生活的向往本质上是统一的，中国梦也是人民的梦，它只有同中国人民对美好生活的向往结合起来才能实现。他还指出，中国共产党的根本政治立场是人民立场。这是因为，"人民是历史的创造者。我们要紧紧依靠人民，充分发挥人民主体作用，尊重人民首创精神，为了人民干事创业，依靠人民干事创业。"[2]

正是因为始终坚持人民立场，中国共产党才把带领人民创造幸福生活、满足人民对美好生活的向往作为始终如一的奋斗目标，在党和国家事

---

[1] 《习近平谈治国理政》第 1 卷，外文出版社 2018 年版，第 3 页。

[2] 中共中央文献研究室编：《十八大以来重要文献选编》（中），中央文献出版社 2016 年版，第 81 页。

业的各个方面和各个环节都坚持以人民为中心的发展思想。中国共产党的百年历史表明，只有坚持"以人民为中心"的价值取向和为人民谋幸福的价值目标，我们党制定实施的各项战略才能赢得人民的支持，我们党才能战胜一切困难和风险，无往而不胜。

（二）制定正确战略

战略方向确定之后，还要制定正确的战略，以便实现战略目标。以习近平同志为核心的党中央在新时代坚持和发展中国特色社会主义，立足发生深刻变化的世情、党情和国情，全面推进"五位一体"总体布局，统筹规划"四个全面"战略布局，系统谋划了可持续发展、科教兴国、人才强国、创新驱动发展、乡村振兴、区域协调发展、军民融合发展和"一带一路"建设等战略。如果说"五位一体"总体布局和"四个全面"战略布局是新时代坚持和发展中国特色社会主义战略部署的"纲"，那么，上述各个方面的具体战略则是这一战略部署的"目"。通过纲举目张，这一战略部署确立了新时代治国理政的目标、根本路径和重大举措。它是新时代党和国家各项工作顺利开展的总方略，为实现中华民族伟大复兴中国梦、践行人民至上的价值理念提供了重要保障。

在统领党和国家事业过程中，习近平始终把道路问题放在首要位置。在他看来，"道路问题是关系党的事业兴衰成败第一位的问题，道路就是党的生命"，而中国特色社会主义"是全面建成小康社会、加快推进社会主义现代化、实现中华民族伟大复兴的必由之路"①。习近平多次强调坚持和发展中国特色社会主义的重要性和必要性，系统阐述了中国特色社会主义的历史渊源、完整系统和本质特征。首先，中国特色社会主义是党带领

---

① 《习近平谈治国理政》第 1 卷，外文出版社 2018 年版，第 21 页。

人民长期实践取得的根本成就，"是发展中国、稳定中国的必由之路"①，它是我们党团结带领全党全国人民立足中国国情不断探索而形成的，并且得到了人民的拥护，经受了历史的考验。中国特色社会主义道路承载了几代中央领导集体的集体智慧，凝聚了亿万人民的奋斗和牺牲。因此，不能完全割裂改革开放前和改革开放后两个时期，更不能把它们视为彼此对立的两个阶段，而应该把它们看作"本质上都是我们党领导人民进行社会主义建设的实践探索"中的"两个相互联系又有重大区别的时期"②。其次，中国特色社会主义是由道路、理论体系和制度构成的三位一体的完整系统。这一系统形成于中国共产党领导的中国特色社会主义伟大实践中，其中的中国特色社会主义道路、理论体系和制度不仅分别是这一伟大实践的实现途径、行动指南和根本保障，而且内在统一于这一伟大实践。其中，"中国特色社会主义道路，是实现我国社会主义现代化的必由之路，是创造人民美好生活的必由之路。"③再次，"中国共产党领导是中国特色社会主义最本质的特征"④。中国近代史、中国现代史和中国革命史都表明，中国共产党的领导是中华民族实现伟大飞跃的根本原因，也是全体中国人民的共同选择，是实现社会主义现代化和中华民族伟大复兴梦想的根本保障。作为中国特色社会主义事业的坚强领导核心，中国共产党在中国特色社会主义伟大实践中起到了总揽全局、协调各方的作用。

新时代坚持和发展中国特色社会主义，中国共产党人面临着全新的艰难挑战。党的十八大以来，以习近平同志为核心的党中央继承发扬党的优良传统和作风，科学谋划"五位一体"总体布局和"四个全面"战略布局，努力开创中国特色社会主义事业的新局面。在纪念毛泽东诞辰 120 周

---

① 《习近平谈治国理政》第 1 卷，外文出版社 2018 年版，第 8 页。
② 《习近平谈治国理政》第 1 卷，外文出版社 2018 年版，第 22 页。
③ 《习近平谈治国理政》第 1 卷，外文出版社 2018 年版，第 9 页。
④ 《习近平谈治国理政》第 3 卷，外文出版社 2020 年版，第 181 页。

年座谈会上，习近平强调要坚持和运用好毛泽东思想活的灵魂即实事求是、群众路线和独立自主，把党建设好，把中国特色社会主义伟大事业继续推向前进①；在纪念邓小平诞辰110周年座谈上，习近平强调要继承邓小平留给我们的思想和政治遗产，坚持和发展中国特色社会主义，"努力开创中国特色社会主义事业更加广阔的前景"②；在纪念陈云、朱德、周恩来和刘少奇诞辰的座谈会上，习近平不仅高度评价了这些老一辈无产阶级革命家的丰功伟绩，而且号召学习他们的崇高品德和精神风范，推进中国特色社会主义事业。习近平强调，我们党要在新的历史方位上不忘初心、牢记使命，不能丧失革命精神，"要把新时代坚持和发展中国特色社会主义这场伟大社会革命进行好"③。为了在新时代继续坚持和发展中国特色社会主义，党的十八大从社会主义初级阶段这一基本国情出发，精心谋划了"五位一体"的总体布局。2014年，习近平在江苏调研时首次并提"四个全面"④，明确了新一届中央领导集体治国理政的总体框架。以习近平同志为核心的党中央所谋划的"五位一体"总体布局和"四个全面"战略布局，对于推进中国特色社会主义现代化和实现中华民族伟大复兴具有重大的战略意义和创新意义。中国特色社会主义现代化和中华民族伟大复兴，并不是个别领域或部分领域的现代化或复兴，而是经济、政治、文化、科技、军事等领域的全面现代化和全面复兴。不仅如此，当代科技的迅猛发展和生态环境问题日益严峻的形势，客观上要求我们丰富现代化的内涵，特别是加入生态文明建设的维度。因此，中国特色社会主义"五位一体"总体布局深刻把握了时代特点，从整体上规划了中国特色社会主义的经济建设、政治

---

① 参见《习近平谈治国理政》第1卷，外文出版社2018年版，第25页。
② 《习近平谈治国理政》第2卷，外文出版社2017年版，第13页。
③ 《习近平谈治国理政》第3卷，外文出版社2020年版，第71页。
④ 参见《习近平在江苏调研时强调　主动把握和积极适应经济发展新常态　推动改革开放和现代化建设迈上新台阶》，《人民日报》2014年12月15日第1版。

建设、文化建设、社会建设、生态文明建设；而"四个全面"战略布局阐明了新时代党和国家事业的关键环节、重点领域和主攻方向，是对改革开放以来党和国家战略布局的完善和创新，它们环环相扣，构成科学的系统。

（三）保持战略定力

规划战略部署，无论是锚定战略方向，还是制定和实施战略，都必须有坚定的战略意志。战略定力是战略意志的核心，它既要求对战略方向和目标的自觉认同和坚定信仰，又要求在谋划和实施战略时不犹豫迟疑、患得患失、瞻前顾后，既能"咬定青山不放松"，又能"乱云飞渡仍从容"。党的十八大以来，面对风云变化的国际局势、纷繁复杂的国内形势和形形色色的思潮，习近平反复强调要保持战略定力。2013 年，他在主持第十八届中央政治局第三次集体学习时首次提出，"要加强战略思维，增强战略定力"[1]。在其他各种场合、针对各个领域的重大问题，他也反复强调保持战略定力的重要性。在党的二十大报告中，他在回顾过去五年的工作时指出，面对国际局势急剧变化，我们保持战略定力，发扬斗争精神，在斗争中维护国家尊严和核心利益，牢牢掌握了我国发展和安全主动权。

保持战略定力，首先要牢固树立中国特色社会主义道路自信、理论自信、制度自信和文化自信。"四个自信"是保持战略定力的坚实基础，是保持战略定力的底气所在。习近平指出，在道路、方向、立场等重大原则问题上，我们必须旗帜鲜明，态度明确，不能有丝毫含糊。"我们必须有很强大的战略定力，坚决抵制抛弃社会主义的各种错误主张，自觉纠正超越阶段的错误观念。"[2]针对国内外舆论中出现的中国是不是坚持社会主义

---

① 《习近平谈治国理政》第 1 卷，外文出版社 2018 年版，第 247 页。

② 中共中央文献研究室编：《十八大以来重要文献选编》（上），中央文献出版社 2014 年版，第 117 页。

的疑问，习近平用斩钉截铁的语气指出，我们说中国特色社会主义是社会主义，那就是无论我们如何改革和开放，我们都始终要坚持中国特色社会主义道路、理论体系和制度。习近平进一步提出"文化自信"，视之为关系到国运兴衰、文化安全和精神独立的大问题。他说："我们说要坚定中国特色社会主义道路自信、理论自信、制度自信，说到底是要坚定文化自信。文化自信是更基本、更深沉、更持久的力量。"① 这主要是因为，从中华优秀传统文化以及党领导人民在革命、建设、改革中创造的革命文化和社会主义先进文化中，我们可以汲取治国理政的经验智慧和精神力量，提高国家文化软实力，增强中国人民的文化自尊、自信和自立，涵养容纳传统文化精华的社会主义价值观，建设中国特色社会主义文化，从而推动社会主义精神文明和物质文明协调发展，不断铸就中华文化新辉煌，最终实现中华民族伟大复兴。如果说文化自信能够为道路自信、理论自信和制度自信提供历史文化的丰厚滋养，将中国共产党人的战略定力植根于肥沃的文化土壤上，那么，理论自信则能为道路自信、制度自信和文化自信提供科学理性的有力支撑，将中国共产党人的战略定力奠基于马克思主义普遍真理的基础上。习近平指出："必须高度重视理论的作用，增强理论自信和战略定力，对经过反复实践和比较得出的正确理论，不能心猿意马、犹豫不决，要坚定不移坚持。"② 他还说，学懂了马克思主义"这一认识和研究社会历史发展的科学世界观和方法论，我们就能坚定理想的主心骨、筑牢信念的压舱石，保持强大的战略定力"③。特别是马克思主义对资本主义社会基本矛盾的分析，关于资本主义必然消亡、社会主义必然胜利的历

---

① 《习近平谈治国理政》第 2 卷，外文出版社 2017 年版，第 339 页。

② 中共中央文献研究室编：《习近平关于社会主义文化建设论述摘编》，中央文献出版社 2017 年版，第 65 页。

③ 习近平：《坚持历史唯物主义 不断开辟当代中国马克思主义发展新境界》，《求是》2020 年第 2 期。

史唯物主义观点，以及关于未来社会发展的科学预见，能够指导我们正确分析和理解各种错误思潮，坚定中国特色社会主义道路自信和制度自信。需要指出的是，习近平将"理论自信"与"战略定力"并提，其意义不限于要求我们在理论选择上始终坚持正确的理论不动摇，更在于表明了保持战略定力离不开对马克思主义的深刻把握，因为"政治上的坚定源于理论上的清醒。要自觉加强理论学习，掌握马克思主义立场、观点、方法，同时要用各种科学知识把自己更好武装起来，增强政治敏锐性和政治鉴别力"①。中国特色社会主义和中国共产党之所以取得伟大成就，归根到底是由于作为其指导思想的马克思主义是科学真理。也就是说："中国共产党为什么能，中国特色社会主义为什么好，归根到底是因为马克思主义行！"②

保持战略定力，是指在治国理政的各领域和各方面特别是在制定各项方针政策时要做到头脑清醒、稳妥审慎、积极应变。党的十八大以来，习近平结合党和国家不同工作领域的任务和特点论述了保持战略定力的要求。在推进全面深化改革的进程中，针对各种矛盾交织、各种诉求碰撞、各种力量发声的情况，习近平要求全党"保持政治坚定性，明确政治定位"③，坚守改革的方向、立场和原则。在推进全面从严治党的进程中，习近平不仅要求领导干部坚持坚定正确的政治方向，具备过硬的思想定力、战略定力、道德定力，而且要求毫不松劲、锲而不舍地保持反"四风"、正党风、反腐败、倡清廉的战略定力④，要求"全党一定要保持战略

① 《中共中央政治局召开专题民主生活会　对照检查践行"三严三实"情况　讨论研究加强党风廉政建设措施　中共中央总书记习近平主持会议并发表重要讲话》，《人民日报》2015 年 12 月 30 日第 1 版。
② 《习近平谈治国理政》第 4 卷，外文出版社 2022 年版，第 10 页。
③ 中共中央文献研究室编：《习近平关于全面深化改革论述摘编》，中央文献出版社 2014 年版，第 19 页。
④ 参见《中共中央政治局召开专题民主生活会　对照检查践行"三严三实"情况　讨论研究加强党风廉政建设措施　中共中央总书记习近平主持会议并发表重要讲话》，《人民日报》2015 年 12 月 30 日第 1 版。

定力，坚持严字当头、真管真严、敢管敢严、长管长严，把严的要求贯彻到管党治党全过程、落实到党的建设各方面。"①在适应我国经济发展新常态的过程中，习近平要求人们在认识新常态、适应新常态和引领新常态的同时始终保持战略定力，增强发展自信，转变发展理念，"坚持宏观政策要稳、产业政策要准、微观政策要活、改革政策要实、社会政策要托底的总体思路，通过实施组合政策，引导发展预期，推进供给侧结构性改革，勇于克服困难，有效应对风险，推动社会生产力水平整体提升"②。此外，在领导党的新闻舆论工作、国家安全工作和外事工作过程中，习近平也始终把保持战略定力作为重要的工作要求。他指出，党的新闻舆论工作要坚持党性原则，增强战略定力、站稳政治立场，决不能发表同党中央不一致的声音，决不能为错误思想言论提供传播渠道③；面对不断变化的国际形势，国家安全工作要保持战略定力、战略自信、战略耐心，把维护国家安全的战略主动权牢牢掌握在自己手中④；对外工作要坚持统筹国内国际两个大局，坚持战略自信和保持战略定力，努力开创中国特色大国外交新局面⑤。

① 中共中央党史和文献研究院编：《十八大以来重要文献选编》（下），中央文献出版社2018年版，第454页。

② 中共中央文献研究室编：《习近平关于社会主义经济建设论述摘编》，中央文献出版社2017年版，第109—110页。

③ 参见中共中央文献研究室编：《习近平关于社会主义文化建设论述摘编》，中央文献出版社2017年版，第41页。

④ 参见《习近平主持召开国家安全工作座谈会强调　牢固树立认真贯彻总体国家安全观　开创新形势下国家安全工作新局面》，《人民日报》2017年2月18日第1版。

⑤ 参见《习近平在中央外事工作会议上强调　坚持以新时代中国特色社会主义外交思想为指导　努力开创中国特色大国外交新局面》，《人民日报》2018年6月24日第1版。

第 五 章

新时代的辩证思维

2009 年，党的十七届四中全会通过的《中共中央关于加强和改进新形势下党的建设若干重大问题的决定》提出用中国特色社会主义理论体系武装全党，要求中央委员和省部级领导干部认真研读马克思主义特别是中国特色社会主义理论体系基本著作，切实提高战略思维、创新思维、辩证思维能力，带头探索回答重大理论和实践问题。2010 年，习近平在中央党校春季学期开学典礼上强调，掌握和运用马克思主义立场观点方法指导党的建设，要不断提高战略思维、创新思维、辩证思维能力[①]。所谓"辩证思维能力，就是承认矛盾、分析矛盾、解决矛盾，善于抓住关键、找准重点、洞察事物发展规律的能力。"[②]2015 年在贵州调研时，习近平指出，适应我国经济发展新常态，要善于运用辩证思维谋划经济社会发展[③]。习近平在党的二十大报告中强调，在新的征程上，坚持、运用新时代中国特色社会主义思想的立场观点方法，必须不断提高包括辩证思维在内的多种思维能力，为党和国家各项事业提供科学思想方法。如果说辩证思维能力主要是指人们运用辩证思维方法发现、分析、认识、解决实际工作的问

---

① 参见习近平：《深入学习中国特色社会主义理论体系　努力掌握马克思主义立场观点方法》，《学习时报》2010 年 3 月 8 日第 1 版。

② 习近平：《深入学习中国特色社会主义理论体系　努力掌握马克思主义立场观点方法》，《学习时报》2010 年 3 月 8 日第 1 版。

③ 参见《看清形势适应趋势发挥优势　善于运用辩证思维谋划发展》，《人民日报》2015 年 6 月 19 日第 1 版。

题时体现出来的本领和素养①，那么，辩证思维则是以唯物辩证法为基础的世界观和方法论。前者具有主体差异性和社会历史性，后者则具有普遍性和抽象性，为人们认识世界和改造世界提供科学的指导原则。从提高领导干部的辩证思维能力到运用辩证思维谋划经济社会发展的转变，体现了以习近平同志为核心的党中央在新时代治国理政中学习与运用唯物辩证法的思想自觉和理论自信。党的十八大以来，习近平不仅多次强调，要学好用好马克思主义哲学，牢固树立辩证唯物主义和历史唯物主义的世界观和方法论，掌握辩证思维的方法，而且在领导党和国家各项事业时灵活运用辩证思维，推动中国特色社会主义取得了历史性成就。可以说，辩证思维是习近平新时代中国特色社会主义思想的哲学方法论的核心。

一、吸纳辩证思想资源

学哲学、用哲学，是中国共产党的优良传统。我们党自成立伊始就坚持用马克思主义哲学教育和武装全党。党的十八大以来，习近平在治国理政中对辩证思维的运用是中国共产党人在新时代学哲学、用哲学的鲜活范例。辩证唯物主义是马克思主义哲学的重要组成部分，为中国共产党人提供了科学的世界观和方法论。中国共产党人在百年探索中灵活运用唯物辩证法，解决了革命、建设和改革不同时期的复杂难题，凝练了丰富的历史经验和深邃的实践智慧。不仅如此，正如习近平所说，"中华民族在长期实践中培育和形成了独特的思想理念和道德规范"②，其中就包括讲辩证法方面的思想。中国传统哲学的辩证法思想体现了中国人几千年来积累的知

---

① 参见张一兵主编：《辩证思维》，江苏人民出版社 2015 年版，第 1 页。

② 习近平：《在文艺工作座谈会上的讲话》，《人民日报》2015 年 10 月 15 日第 2 版。

识智慧和理性思辨，其中蕴含着丰富的治国理政智慧。所有这些，都构成了习近平辩证思维的重要思想资源。

（一）马克思主义的唯物辩证法

2012 年，习近平在党的十八届一中全会上强调，在前进道路上，我们一定要加强全党的理论武装，牢固树立辩证唯物主义和历史唯物主义世界观和方法论。为此，习近平带领中央政治局成员先后集体学习了历史唯物主义、辩证唯物主义和马克思主义政治经济学方面的内容。习近平指出，要"学习掌握唯物辩证法的根本方法，不断增强辩证思维能力，提高驾驭复杂局面、处理复杂问题的本领"[①]。可以说，辩证思维的思想方法和工作方法本质上就是唯物辩证法的根本方法。马克思主义的唯物辩证法之所以区别于以往的辩证法思想，是因为其奠基于现代唯物主义的理论基础之上，并以实践的观点为基本观点，从而深刻揭示了客观世界的辩证本性。

作为理论的辩证法即"关于普遍联系的科学"[②]，是"最完整深刻而无片面性弊病的关于发展的学说"[③]。早在马克思主义诞生以前，以黑格尔为代表的唯心主义哲学家就已经比较系统地阐述了关于世界万物的普遍联系和运动发展的辩证思维方法。不过，在他们看来，世界的主体是形形色色的观念主体或绝对精神，世界的普遍联系和运动发展本质上是精神或观念的思辨运动。正如马克思批评黑格尔时所指出的："在黑格尔看来，思维过程，即甚至被他在观念这一名称下转化为独立主体的思维过程，是现实事物的创造主，而现实事物只是思维过程的外部表现。"[④]与之相反，马克

---

① 习近平：《辩证唯物主义是中国共产党人的世界观和方法论》，《求是》2019 年第 1 期。

② 《马克思恩格斯文集》第 9 卷，人民出版社 2009 年版，第 401 页。

③ 《列宁选集》第 2 卷，人民出版社 1972 年版，第 442 页。

④ 《马克思恩格斯文集》第 5 卷，人民出版社 2009 年版，第 22 页。

思主义坚持唯物主义的基本立场，认为观念的东西不过是外在于人的头脑并在人的头脑中改造过的物质的东西。所以，马克思主义主张从客观存在的物质世界出发，探究自然界、人类社会以及人的活动中事物的普遍联系和运动发展。正因如此，马克思、恩格斯在创立唯物辩证法时格外重视自然科学研究的重大发现和理论成果。包括细胞学说、能量转化学说和生物进化学说在内的 19 世纪自然科学的三大发现，从不同的角度揭示了包括人类在内的自然界各领域的过程之间以及各领域之间的联系，为人们用近乎系统的形式描绘自然界联系的清晰图画提供了坚实可信的经验科学证据。这些自然科学成就颠覆了旧唯物主义者和以黑格尔为代表的唯心主义者关于自然界的永恒不变的旧自然观，为马克思主义的辩证思维方法奠定了科学基础。所以，恩格斯才说："现代唯物主义本质上都是辩证的，而且不再需要任何凌驾于其他科学之上的哲学了。"①

如果说 19 世纪自然科学的新成就为马克思主义的唯物辩证法奠定了坚实的自然科学基础，那么，实践的观点则为唯物辩证法的形成和确立特别是为马克思主义对人类社会生活的考察提供了崭新的哲学基础。马克思指出，包括费尔巴哈在内的旧唯物主义者仅仅从客体或直观的形式去理解对象、感性和现实，而不能从实践和主体的方面去理解；而以黑格尔为代表的唯心主义者尽管揭示了精神主体的辩证运动，但受限于其思辨形式，而未能深入人类社会的现实根基。黑格尔"只是为历史的运动找到抽象的、逻辑的、思辨的表达，这种历史还不是既定的主体的人的现实历史，而只是人的产生的活动、人的形成的历史"②。与之相反，马克思、恩格斯确立了实践的观点，从摆脱了一切思辨前提的"现实的个人"③出发，考察这些个人所处的物质生活条件以及他们所从事的物质生产活动，以及在此基

① 《马克思恩格斯文集》第 9 卷，人民出版社 2009 年版，第 28 页。
② 《马克思恩格斯文集》第 1 卷，人民出版社 2009 年版，第 201 页。
③ 《马克思恩格斯文集》第 1 卷，人民出版社 2009 年版，第 519 页。

础上形成的语言、观念、宗教、哲学和国家等意识形态和上层建筑，进而揭示出人类社会生活中各式各样的矛盾关系及其根源。在他们看来，迄今为止人类历史上多次发生的政治革命及其所附带的阶级冲突、意识矛盾和思想斗争，归根到底都源于特定时期的生产力与交往形式之间的矛盾及其特殊形态。"一切历史冲突都根源于生产力和交往形式之间的矛盾。"① 正是由于运用实践的观点考察人类社会特别是现代资产阶级社会，马克思主义不仅阐明了普遍适用于人类社会的生产力与生产关系、经济基础与上层建筑之间的矛盾关系，而且从资本主义社会的商品关系所蕴含的基本矛盾出发，深刻揭示了资本主义生产的运行机制和必然趋势。

以自然科学的理论成果和实践观点为基础的唯物辩证法是关于自然界、人类社会和人的思维的普遍联系和运动发展的科学世界观和方法论。从本质上说，"辩证法不过是关于自然界、人类社会和思维的运动和发展的普遍规律的科学"②。唯物辩证法包括三大基本规律和若干成对范畴。这三大基本规律分别是量变质变规律、对立统一规律和否定之否定规律。这些规律既作为客观辩证法在自然界和人类社会普遍地起作用，又作为主观辩证法即反映客观辩证法的辩证思维而在人的活动中发挥重要作用。换言之，辩证法的规律是从自然界和人类社会的历史发展中抽象出来的、为人类思维所认识的最一般的规律。此外，唯物辩证法还包括反映事物联系和发展的一些成对范畴，如原因和结果、必然性和偶然性、内容和形式、现象和本质等。唯物辩证法关于事物普遍联系和运动发展的规律与范畴是辩证思维方法的主要依据。习近平指出，学习和掌握唯物辩证的思想方法，要在矛盾双方对立统一的过程中把握事物发展规律；提升辩证思维能力，要掌握马克思主义唯物辩证法所揭示的物质世界普遍联系和永恒发展的特

---

① 《马克思恩格斯文集》第 1 卷，人民出版社 2009 年版，第 567—568 页。
② 《马克思恩格斯文集》第 9 卷，人民出版社 2009 年版，第 149 页。

性，以及本质与现象、内容与形式、原因与结果、必然性与偶然性、可能性与现实性等诸多范畴①。

（二）中国传统哲学的辩证法思想

习近平曾多次阐述中国优秀传统文化中的哲学思想及其当代意义。他指出："中国优秀传统文化的丰富哲学思想、人文精神、教化思想、道德理念等，可以为人们认识和改造世界提供有益启迪，可以为治国理政提供有益启示，也可以为道德建设提供有益启发。对传统文化中适合于调理社会关系和鼓励人们向上向善的内容，我们要结合时代条件加以继承和发扬，赋予其新的涵义。"②在漫长的历史进程中，中华民族的先人们在物质生产活动中观察自然现象，思考社会生活中的人伦关系，生发出深刻且独特的辩证法思想。作为中国传统哲学智慧的重要内容，中国古代的辩证法思想为习近平新时代中国特色社会主义思想的辩证思维提供了丰富的养分。大体上说，作为习近平辩证思维之思想资源的中国优秀传统文化的辩证法思想有以下几个方面。

一是中国古代思想家关于世界普遍联系的思考。中华民族的先民们很早就注意到世界上各种事物之间的密切联系，并且着重探讨了相互对立的事物之间的依赖关系，提出了"物物相依""相因相成"的思想观念。早在春秋时期，齐国的大夫晏婴就提出："清浊，小大，短长，疾徐，哀乐，刚柔，迟速，高下，出入，周疏，以相济也。"（《左传·昭公二十年》）老子进一步指出："祸兮福之所倚，福兮祸之所伏。"（《老子·五十八章》）"天

---

① 参见习近平：《深入学习中国特色社会主义理论体系　努力掌握马克思主义立场观点方法》，《学习时报》2010 年 3 月 8 日第 1 版。

② 习近平：《在纪念孔子诞辰 2565 周年国际学术研讨会暨国际儒学联合会第五届会员大会开幕会上的讲话》，《人民日报》2014 年 9 月 25 日第 2 版。

下皆知美之为美，斯恶矣。皆知善之为善，斯不善已。"(《老子·二章》)
《淮南子》甚至把事物之间的相互依存关系上升为天地间万物的本性和规律："夫萍树根于水，木树根于土，鸟排虚而飞，兽蹍实而走，蛟龙水居，虎豹山处，天地之性也。"(《原道训》) 后来，王夫之将这一观念概括为"物物相依"(《周易外传·无妄》)。在物物相依的思想基础上，中国古代思想家还认为，每一事物的生成都与其他事物紧密关联在一起，而对立面之间具有相生相成关系。晏婴认为，"声亦如味，一气，二体，三类，四物，五声，六律，七音，八风，九歌，以相成也。"(《左传·昭公二十年》) 老子则说："有无相生，难易相成。"(《老子·二章》) 王夫之进一步把对立面的相成关系推广到伦理领域："男女，相谐者也；君子小人，相养者也。"(《周易外传·节》) 中国古代哲学重点讨论的天人关系问题集中体现了古代思想家对事物之间普遍联系的思考。无论是主张有意志的天的天人合一说，还是主张自然之天的天人交相胜说，都在强调天与人相区别、各有其独立性的同时，认为二者之间存在必然联系。荀子一方面称"天行有常，不为尧寸，不为桀亡……明于天人之分，则可谓圣人矣"，另一方面认为只有具备相应条件的圣人才能"从天而颂之，孰与制天命而用之。"(《荀子·天论》)

　　二是中国古代思想家关于世界万物变化发展的思考。世界万物之间的相互联系是通过它们的相互作用而表现出来的，而事物的相互作用和相互联系，必然推动事物的运动、变化和发展。中国古代思想家在揭示世界普遍联系的基础上，进一步思考了世界万物的变化发展，提出了"变易""常道"等范畴。"变易"是描述事物变化发展的范畴，"变"即是变化，"易"则有生生不息、不断更新的意思。商周之际的《易经》中的每一卦和爻都贯穿着变易的思想，认为任何事物经历着变化发展的过程。《诗经》有云"天命靡常"(《诗经·大雅·文王》)，《左传》中称"社稷无常奉，君臣无常位，自然以然"(《左传·昭公三十二年》)，都包含着变化发展的思想。

到了春秋战国时期，老子认为，包括人间事物在内的天地万物都在变化发展，"万物将自化"（《老子·三十七章》）。《易传》更为详细地讨论了事物变化发展的必然性和重要意义，称"云行雨施，品物流形"，"乾道变化，各正性命"（《周易·乾·彖》），"日新之谓盛德，生生之谓易"（《周易·系辞上》）。从事物的变化中把握事物的质变，并把事物的变化视为一个新旧交替的过程，是中国古代变易学说的重要特点。王夫之说："衰减之穷，予而不茹，则推故而别致其新也。"（《周易外传·无妄》）中国古代思想家不仅肯定了事物变化发展的恒常性，而且认为事物变化发展有其规律，提出了常道说。《易经》较早提出"反复其道"（《周易·复》），强调各种变化都有其固有规律。老子明确指出，必须遵循事物变化发展的规律："夫物芸芸，各复归其根。归根曰静，是谓复命。复命曰常，知常曰明，不知常、妄作、凶。知常容。"（《老子·十六章》）王夫之深入探讨了"变"与"常"之间的辩证关系，一方面认为万物变化之中有不变、恒常的规律，"变而不失其常，而后大常贞"（《周易外传·杂卦传》），另一方面强调规律蕴含于变化之中，认为"常亦在变之中"（《周易外传·系辞下》），并且主张遵循规律以应对变化，即"执常以迎变"（《周易外传·系辞下》）。

三是中国古代思想家关于事物对立统一的矛盾观点。中国古代思想家在思考事物的普遍联系和变化发展时，就已经注意到事物内部的对立统一关系及其作用，提出了深刻的矛盾学说。例如，如前所述，在思考事物的普遍联系时，中国古代思想家就探讨了对立面的相生相成关系。此外，在思考事物的变化发展及其规律时，中国古代思想家很早就从矛盾的角度揭示事物变化发展的根本原因。无论是《易传》所说的"天地感而万物化生"（《周易·咸·彖》）和"刚柔相推而生变化"（《周易·系辞上》），还是庄子所谓的"至阴肃肃，至阳赫赫……两者交通成和而万物生焉"（《庄子·田子方》），以及荀子所谓的"天地之变，阴阳之化"（《荀子·天论》）和"天地合而万物生，阴阳接而变化起"（《荀子礼论》），都阐明了两种对立力量的相互作用推动事物的变化发展。不仅如此，中国古代思想家广泛深入地思考了不同形式的矛盾现象，阐发了内容丰富的矛盾观。老子讨论了"有无""难易""刚柔""长短""高下""前后"等不同形式的矛盾对立面。《易传》则认为，事物所包含的矛盾方面，既相统一，又相斗争，并且矛盾双方有主次之分，即所谓的"天尊地卑，乾坤定矣。卑高以陈，贵贱位矣。"（《周易·系辞上》）韩非用矛与盾的寓言故事阐发了矛盾的斗争性，提出了为后人所沿用的矛盾范畴。王夫之直言"天下之变万，而要归于两端。"（《老子行》）此外，中国古代思想家经常使用的"两一""反复""阴阳""动静""天人"等范畴，都从不同角度揭示了世界万物对立统一的辩证关系。

中国古代的辩证法思想是中国传统文化的精华和瑰宝。尽管受社会历史条件和认识条件的限制，中国古代的辩证法思想具有直观性、不彻底性等特征，总体上属于朴素的辩证法思想，但是它们凝聚了古人观察思考自然现象、人伦关系和现实生活而形成的经验和智慧，至今仍对我们有重要的思想启示。习近平指出，中国人早就知道矛盾的概念，提出了"一阴一阳之谓道"的观点，还形成了诸如盲人摸象、郑人买履、坐井观天等批评讽刺形而上学的思想方法的典故①。中国传统文化中的丰富辩证法思想，都这样那样地深刻影响了习近平的辩证思维。

（三）党的百年探索的辩证思维方法

2010 年，习近平指出，"掌握和运用马克思主义立场观点方法来研究和解决中国的实际问题，是以毛泽东同志为主要代表的中国共产党人留给

---

① 参见习近平：《辩证唯物主义是中国共产党人的世界观和方法论》，《求是》2019 年第
1 期。

我们的传家宝"①，而唯物辩证的思想方法是毛泽东所强调的马克思主义方法论的首要内容。中国共产党人在运用马克思主义指导中国革命、建设和改革的历程中，灵活运用辩证思维方法，不断地回答和解决不同时代的问题，不仅取得了举世瞩目的历史性成就，而且形成了马克思主义中国化的系列重要理论成果。凝聚在这些理论成果中的辩证思维方法，深刻反映了中国共产党人在革命、建设和改革历程中形成的思想智慧，无疑是对马克思主义的辩证思维方法的创造性运用和创新性发展。

以毛泽东同志为主要代表的中国共产党人不仅确立了运用马克思主义辩证思维方法的理论自觉，而且在领导中国革命和推进社会主义建设的过程中创造性地运用和发展了辩证思维方法。在《矛盾论》等著作中，毛泽东系统总结了中国革命的经验教训，全面阐述了关于矛盾普遍性与特殊性关系的辩证思维方法，深入探讨了矛盾的同一性和斗争性、主要矛盾和次要矛盾、矛盾的主要方面和次要方面等问题，从而丰富了马克思主义的辩证思维方法。不仅如此，在指挥军事斗争、探索社会主义建设道路和处理实际工作中的问题时，毛泽东立足国际国内的客观实际，创造性地运用和发展辩证思维方法，拓展了辩证思维的应用范围，丰富了辩证思维的内容。在军事斗争中，他不仅从政治与军事、主观能动性与客观规律、人与武器的关系等矛盾出发把握战争的性质，分析战争获胜的根本原因，而且辩证分析了战略战术原则所涉及的诸多矛盾，阐述了指挥艺术中的辩证法②。在推进社会主义建设的过程中，他深刻揭示了社会主义社会的基本矛盾、主要矛盾，创造性地区分了人民内部矛盾与敌我矛盾，并提出了正确处理这两类不同性质矛盾的方法，还深入反思苏联工业化道路，积极探索中国社会主义建设道路，系统论述了社会主义建设中的矛盾关系。毛

---

① 习近平：《深入学习中国特色社会主义理论体系　努力掌握马克思主义立场观点方法》，《学习时报》2010年3月8日第1版。
② 参见高文武：《简论毛泽东的军事辩证法》，《哲学研究》2003年第5期。

泽东对实际工作特别是领导工作方法的思考和总结同样体现了深刻的辩证思维。他认为，看待问题、制定政策，要力求达到全面、系统；制定计划要注意灵活性，推行政策要做到一般与个别相结合，以点带面；在工作中"必须学好'弹钢琴'"①，处理好中心工作与其他方面工作之间的关系。

　　党的十一届三中全会以后，以邓小平同志为主要代表的中国共产党人在开创中国特色社会主义事业的过程中所创立的邓小平理论是改革开放的实践经验的理论升华，蕴含着丰富的辩证法思想。邓小平全面总结了我国社会主义建设的经验教训，科学揭示了社会主义社会的基本矛盾和主要矛盾，将社会主义社会的长远目标与社会主义初级阶段的任务、改革与革命、解放生产力与发展生产力统一起来，从而阐明了改革的历史必然性。他反复强调，社会主义初级阶段的首要任务是发展生产力，逐步提高人民的物质和文化生活水平，为此，要实行改革，把改革当作一种革命，同时还要对外开放，大胆吸收和借鉴资本主义的先进科技和管理经验。邓小平指出："社会主义基本制度确立以后，还要从根本上改变束缚生产力发展的经济体制，建立起充满生机和活力的社会主义经济体制，促进生产力的发展，这是改革，所以改革也是解放生产力。过去，只讲在社会主义条件下发展生产力，没有讲还要通过改革解放生产力，不完全。应该把解放生产力和发展生产力两个讲全了。"②在实行改革的过程中，邓小平还揭示了改革、发展与稳定之间的辩证关系，既强调改革作为手段和动力的重要意义，又重视发展作为目的和基础的地位，以及稳定特别是政治稳定为改革和发展所提供的条件和保证。在强调对外开放的同时，邓小平始终主张坚持独立自主、自力更生。他告诫道："我们一方面实行开放政策，另一方面仍坚持建国以来毛泽东主席一贯倡导的自力更生为主的方针。必须在自

---

① 《毛泽东选集》第 4 卷，人民出版社 1991 年版，第 1442 页。
② 《邓小平文选》第 3 卷，人民出版社 1993 年版，第 370 页。

力更生的基础上争取外援，主要依靠自己的艰苦奋斗。"①

党的十三届四中全会以后，以江泽民同志为主要代表的中国共产党人形成了"三个代表"重要思想，开创了全面改革开放新局面。"三个代表"重要思想不仅体现了历史唯物主义的基本观点，而且蕴含着丰富的辩证法思想。首先，"三个代表"重要思想体现了经济、政治和文化的统一。根据"三个代表"重要思想，发展先进生产力是前提条件，实现人民根本利益是根本目的，先进文化是精神动力和智力保障，因此，"三个代表"重要思想强调中国共产党始终代表中国先进生产力的发展要求、始终代表中国先进文化的前进方向、始终代表中国最广大人民的根本利益，深刻地体现了经济、政治和文化的内在统一关系。其次，"三个代表"重要思想深刻阐述了经济、政治和文化领域的先进与落后之间的辩证关系，深刻揭示了新的历史条件下社会主义现代化建设规律。

党的十六大以后，以胡锦涛同志为主要代表的中国共产党人在全面建设小康社会进程中坚持以人为本、全面协调可持续发展，形成了科学发展观。科学发展观的基本要求是全面协调可持续，方法是统筹兼顾。这一重要成果是唯物辩证法在我国经济社会发展进入关键时期的创造性运用。首先，全面协调可持续的基本要求揭示了社会发展的整体性，即不仅包括经济发展，还包括政治、文化、社会等方面的共同发展。其次，全面协调可持续的基本要求体现了两点论与重点论的辩证统一，它既强调发展的全面性，反对牺牲政治、文化、社会和环境方面的发展来片面发展经济，又强调经济建设的中心地位。再次，统筹兼顾的方法也是科学发展观的辩证思维的重要体现，它强调要统筹经济社会发展、城乡发展、区域发展、人与自然的和谐发展、国内发展和对外开放，以及中央和地方关系、局部利益和整体利益、当前利益和长远利益、个人利益和集体利益、国内和国际两

---

① 《邓小平文选》第2卷，人民出版社1994年版，第406页。

个大局等，深化了对社会主义现代化建设规律的认识，丰富了辩证思维的实践内涵和时代意义。所有这些，也都成为习近平的辩证思维的丰富思想养分。

二、把握和处理各种辩证关系

2010 年，习近平指出："客观地而不是主观地、发展地而不是静止地、全面地而不是片面地、系统地而不是零散地、普遍联系地而不是孤立地观察事物、分析问题、解决问题，在矛盾双方对立统一的过程中把握事物发展规律，这是学习和掌握唯物辩证思想方法的基本要求。"①2015 年，习近平在主持中央政治局关于辩证唯物主义的集体学习时，不仅阐明了在新时代坚持和运用辩证唯物主义世界观和方法论的重要意义，而且着重论述了在新时代学习和运用辩证唯物主义世界观和方法论需要注意的几个问题。习近平对这几个问题的深入思考，全面揭示了新时代治国理政的辩证思维的基本规定，是我们学习和把握习近平辩证思维的重要依据。习近平在党的二十大报告中指出，坚持、运用新时代中国特色社会主义思想的立场观点方法，"要善于通过历史看现实、透过现象看本质，把握好全局和局部、当前和长远、宏观和微观、主要矛盾和次要矛盾、特殊和一般的关系"②。从总体上说，世界物质统一性原理是辩证思维的唯物主义前提，认识与实践的辩证关系是辩证思维的实践论基础，事物矛盾运动的基本原理

---

① 习近平：《深入学习中国特色社会主义理论体系　努力掌握马克思主义立场观点方法》，《学习时报》2010 年 3 月 8 日第 1 版。

② 习近平：《高举中国特色社会主义伟大旗帜　为全面建设社会主义现代化国家而团结奋斗——在中国共产党第二十次全国代表大会上的报告》，《人民日报》2022 年 10 月 26 日第 1 版。

是辩证思维的主要内容。根据习近平的论述，在新时代掌握、运用辩证思维，要深刻把握当代中国客观实际以及理论与实践的辩证关系，坚持和运用矛盾观点、矛盾分析方法，坚持问题导向、处理复杂矛盾。

（一）对当代中国客观实际重大辩证关系的深刻理解

在世界本原问题上，唯物主义者主张世界是物质的，物质决定意识。从历史上看，唯物主义对物质的认识随着哲学和自然科学的发展而不断深入。马克思主义的创始人立足 19 世纪自然科学的三大发现，科学地阐明了世界的物质统一性原理。正如恩格斯所说："世界的真正的统一性在于它的物质性，而这种物质性不是由魔术师的三两句话所证明的，而是由哲学和自然科学的长期的和持续的发展所证明的。"① 习近平指出："世界物质统一性原理是辩证唯物主义最基本、最核心的观点，是马克思主义哲学的基石。"② 在实践活动中坚持世界物质统一性原理，就是要坚持一切从客观实际而非主观愿望出发。从坚持世界物质统一性原理到坚持一切从客观实际出发，是辩证唯物主义的世界观与方法论相统一的具体表现。党的十八大以来，习近平在统领党和国家事业过程中运用辩证唯物主义的世界观和方法论所形成的辩证思维，在坚持唯物主义基本前提的基础上，深刻把握了当代中国客观实际的变与不变，以及坚持从客观实际出发与发挥主观能动性之间的辩证关系。

习近平多次强调，我国仍处于并将长期处于社会主义初级阶段，这是当代中国最大的客观实际和基本国情。社会主义初级阶段是我国在生产力相对落后、商品经济不发达的条件下建设社会主义必然要经历的特定阶

---

① 《马克思恩格斯文集》第 9 卷，人民出版社 2009 年版，第 47 页。
② 习近平：《辩证唯物主义是中国共产党人的世界观和方法论》，《求是》2019 年第 1 期。

段。在这一阶段，我国经济社会发展的主要任务是大力发展生产力，争取基本实现社会主义现代化。改革开放以来，特别是新时代以来，中国特色社会主义建设取得了历史性成就。尽管如此，习近平在党的十九大报告中指出，我国仍处于并将长期处于社会主义初级阶段的基本国情没有变，我国是世界最大发展中国家的国际地位没有变。这是因为，与世界其他国家相比，我国社会生产力发展总体上仍处于中等水平，发展不平衡不充分、制度建设不够完善等问题仍然突出。在清醒认识到中国客观实际的不变方面的同时，习近平也深刻把握了我国客观实际的变化方面。党的十九大报告立足我国经济社会发展的新特征和新趋势，作出了我国社会主要矛盾转化的重要论断。这一重要论断是对改革开放以来我国国情和客观实际的巨大变化的准确概括和理论提炼。2020 年以来，习近平多次在重要场合的讲话中强调，当前国内外环境发生深刻变化，世界进入动荡变革期，我国已进入高质量发展阶段，但问题和挑战仍然突出，这表明我国已进入新发展阶段。新发展阶段概念深刻阐释了我国发展的历史方位，丰富发展了社会主义初级阶段概念。新发展阶段是我国社会主义现代化进程中的重要阶段，它表明社会主义初级阶段这一客观实际和基本国情不是静态的、一成不变的，而是动态的、变化发展的。可见，习近平运用辩证唯物主义的世界观和方法论考察当代中国客观实际，深刻揭示了中国客观实际的变与不变的辩证关系。

在阐述如何学习和运用世界的物质同一性原理时，习近平也强调了意识对物质的反作用，认为这种反作用有时是十分巨大的。他把包括理想信念在内的意识的反作用概括为"精神变物质、物质变精神的辩证法"①。无论是在革命年代，还是在建设和改革年代，我们党都非常重视理想信念教育、思想道德建设和意识形态工作，归根到底都是因为崇高的理想信念、

---

① 习近平：《辩证唯物主义是中国共产党人的世界观和方法论》，《求是》2019 年第 1 期。

良好的道德风尚和坚定的政治立场等意识和精神层面的因素对于认识和改造世界而言至关重要。以习近平同志为核心的党中央一方面继续大力弘扬社会主义核心价值观，另一方面从中华文明史、近代以来的中国历史、中国革命史和中国改革史中凝练出富有历史底蕴和时代气息的中国精神，为新时代中国特色社会主义发展提供了源源不断的精神力量。2013年，在第十二届全国人民代表大会第一次会议上的讲话中，习近平提出实现中国梦必须弘扬中国精神，而中国精神的内涵是"以爱国主义为核心的民族精神，以改革创新为核心的时代精神"①。2019年，在纪念五四运动100周年大会上的讲话中，习近平指出，爱国主义不仅是伟大五四精神的核心，而且是民族精神的核心，"爱国主义自古以来就流淌在中华民族血脉之中，去不掉，打不破，灭不了，是中国人民和中华民族维护民族独立和民族尊严的强大精神动力"②。他还特别重视在中国革命、建设和改革的鲜活实践中形成的各具特色的精神。2021年，在党史学习教育动员大会上，习近平充分肯定和高度评价了我们党在百年奋斗历程中所构筑的精神谱系，认为这些伟大精神不因时间流逝而消亡，在新时代仍然熠熠生辉。他说道："这些宝贵精神财富跨越时空、历久弥新，集中体现了党的坚定信念、根本宗旨、优良作风，凝聚着中国共产党人艰苦奋斗、牺牲奉献、开拓进取的伟大品格，深深融入我们党、国家、民族、人民的血脉之中，为我们立党兴党强党提供了丰厚滋养。"③

（二）对理论与实践辩证关系的深刻把握

实践的观点是马克思主义哲学的核心观点。马克思主义哲学立足实践

---

① 《习近平谈治国理政》第1卷，外文出版社2018年版，第40页。

② 习近平：《在纪念五四运动100周年大会上的讲话》，《人民日报》2019年5月1日第2版。

③ 习近平：《在党史学习教育动员大会上的讲话》，《求是》2021年第7期。

特别是社会物质生产活动来理解人与世界的关系，从根本上解答了哲学的基本问题，实现了哲学史上的革命性变革。这种革命性变革在认识论上表现为对认识与实践之间的辩证关系的深刻揭示。一方面，实践决定认识，不仅是认识的源泉和动力，而且是认识的目的和归宿；另一方面，认识对实践具有反作用，能够对实践起到推动或阻碍的作用。作为系统化的知识，理论是认识活动的产物。认识与实践的辩证关系突出地表现为理论与实践之间的关系，习近平将其形象地概括为"理论创新和实践创新良性互动"①。

在革命、建设和改革历程中，中国共产党深刻把握了认识与实践的辩证关系，推进实践基础上的理论创新，坚持用创新理论指导社会实践，取得了举世瞩目的历史性成就。而我们党历经考验磨难无往而不胜的关键原因就在于不断进行实践创新和理论创新。以习近平同志为核心的党中央提出的一系列新理念新思想新战略，既是在新中国成立以来特别是改革开放以来的长期探索和实践基础上的理论创新，又为解答重大时代课题、应对风险挑战指明了方向，提供了方略，从而推动了中国特色社会主义在新时代的发展。党的十九大报告将新时代以来党的原创性理论贡献概括为"八个明确"②，并将新时代中国特色社会主义基本方略概括为"十四个坚持"③。党的二十大报告进一步将这一思想的主要内容概括为"十个明确""十四个坚持"和"十三个发展"。如果说"八个明确"是习近平新时代中国特色社会主义思想的关键要义和主要内容，那么，"十四个坚持"就是习近平新时代中国特色社会主义思想的具体展开和实践要求。

例如，在"八个明确"中，第二个"明确"不仅指出新时代我国社会主要矛盾是人民日益增长的美好生活需要和不平衡不充分的发展之间的矛

---

① 习近平：《辩证唯物主义是中国共产党人的世界观和方法论》，《求是》2019 年第 1 期。
② 参见《习近平谈治国理政》第 3 卷，外文出版社 2020 年版，第 15—16 页。
③ 参见《习近平谈治国理政》第 3 卷，外文出版社 2020 年版，第 16—21 页。

盾，而且阐明了解决这一矛盾的根本途径，即必须坚持以人民为中心的发展思想，不断促进人的全面发展和全体人民共同富裕。如前所述，这一论断准确把握了改革开放以来中国经济社会发展的新的阶段性特征，是对社会主义初级阶段概念的丰富和发展，具有鲜明的创新意义。不仅如此，这一论断是党中央在新时代治国理政中所提出的一系列新战略的出发点，为新时代党和国家工作指明了方向。以习近平同志为核心的党中央所推行的一系列具有创新意义的重大方略，如供给侧结构性改革、"五位一体"总体布局、"四个全面"战略布局等，都是为了从不同方面解决我国社会的主要矛盾，从而更好地满足人民群众的美好生活需求。

在"十四个坚持"中，第四个"坚持"在科学发展观的基础上提出了创新、协调、绿色、开放、共享的新发展理念，谋划了贯彻落实新发展理念的基本路径。新发展理念的提出，既顺应了我国发展环境、发展条件的新变化，特别是我国经济社会进入新发展阶段的客观需要，又总结吸收了国内外发展经验，特别是新中国成立以来社会主义建设中的实践创新。这些实践创新不仅包括我国的基本经济制度和分配制度，以及社会主义市场经济体制，而且包括经济特区的设立和自贸试验区的探索、精准脱贫的实现和乡村振兴战略的实施，以及国家生态文明建设示范区和"绿水青山就是金山银山"实践创新基地的创建，等等。正是在这些卓有成效的实践创新的基础上，新发展理念能够深刻把握我国经济社会发展新阶段的本质特点和规律，预见发展趋势，适应新发展阶段的要求。而党中央为贯彻新发展理念而谋划的加快构建新发展格局，有效应对了国际经济循环格局深度调整、经济全球化遭遇逆流的环境变化，有利于推动我国逐步实现高水平的自立自强。

总之，新时代党和国家事业所取得的历史性成就、发生的历史性变革，证明了习近平对理论与实践辩证关系的深刻把握，也充分展现了党的理论创新与实践创新的良性互动。

（三）坚持问题导向、处理复杂矛盾

矛盾的观点是辩证法思想的核心。用列宁的话来说，"辩证法就是研究对象的本质自身中的矛盾"①。作为事物内部对立统一的两个方面，矛盾既是事物联系的实质内容，又是事物发展的根本动力。恩格斯指出，"矛盾的连续产生和同时解决正好就是运动"②。马克思、恩格斯摒弃了黑格尔辩证法的唯心主义基础，实现了唯物主义与辩证法、主观辩证法与客观辩证法的统一，进而深刻剖析了自然界、社会和人类思维领域的矛盾运动。列宁进一步认为，辩证法就是关于对立面的统一的学说，对立统一的规律是辩证法的核心和实质。在反思和总结中国革命的经验教训的基础上，毛泽东的《矛盾论》以对立统一规律为核心，全面论述了矛盾的普遍性和特殊性、同一性和斗争性，并在考察矛盾的特殊性问题时提出了主要矛盾和次要矛盾、矛盾的主要方面和次要方面及其相互转化的思想，深刻揭示了党内主观主义特别是教条主义错误的方法论根源，划清了唯物辩证法与主观主义、形式主义、机械主义等形而上学的思想方法的理论界限。2015 年，习近平在主持中央政治局关于辩证唯物主义的集体学习时的重要讲话中，着重论述了事物矛盾运动的基本原理和唯物辩证法的根本方法，并且创造性地把问题理解为矛盾的表征，从强化问题意识、处理复杂矛盾等方面揭示了矛盾观点的方法论意义。他指出："问题是事物矛盾的表现形式。"③如果说唯物辩证法的矛盾概念反映了事物内部的本质联系和事物发展的实质内容，那么，问题则是矛盾在具体事物和实际工作中的显现。

在实际工作中运用矛盾观点，首先要坚持问题导向、强化问题意识，

① 《列宁全集》第 38 卷，人民出版社 1959 年版，第 278 页。
② 《马克思恩格斯文集》第 9 卷，人民出版社 2009 年版，第 127 页。
③ 习近平：《辩证唯物主义是中国共产党人的世界观和方法论》，《求是》2019 年第 1 期。

即运用事物矛盾运动的普遍性和客观性原理，深入认识和积极应对事物发展过程中的各种矛盾。坚持问题导向、强化问题意识是马克思主义的理论品格，也是马克思主义中国化的成功经验。马克思提出："问题就是时代的口号，是它表现自己精神状态的最实际的呼声。"① 他在剖析资本主义经济危机等时代问题的基础上，建构了剩余价值学说，揭示了资本主义发展的内在矛盾和必然趋势。而马克思主义中国化的历史进程，就是中国共产党人通过回答和解决中国的时代问题，不断推进理论创新并用创新性的理论指导实践的过程。"我们党领导人民干革命、搞建设、抓改革，从来都是为了解决中国的现实问题。"②"党的十八大以来，党和国家事业取得历史性成就、发生历史性变革，其中一条很重要的经验就是坚持问题导向，把解决实际问题作为打开工作局面的突破口。"③ 可以说，坚持问题导向、强化问题意识，是党的十八大以来党中央治国理政的鲜明特色。

在实际工作中运用矛盾观点，还要在直面问题、正视矛盾的基础上，灵活运用辩证的思想方法和工作方法，在解决重大问题、处理复杂矛盾的过程中推动事物向前发展。习近平指出，一方面，要在实际工作中把握现象和本质、形式和内容、原因和结果、偶然和必然、可能和现实、内因和外因、共性和个性的关系；另一方面，要注意矛盾的量变与质变关系以及矛盾相辅相成的特性，要把握主要矛盾和次要矛盾、矛盾的主要方面和次要方面的关系，还要坚持全面的、发展的、系统的、普遍联系的观点④。习近平反复强调，在把握和处理主要矛盾和次要矛盾、矛盾的主要方面和

---

① 《马克思恩格斯全集》第 40 卷，人民出版社 1982 年版，第 289—290 页。

② 习近平：《辩证唯物主义是中国共产党人的世界观和方法论》，《求是》2019 年第 1 期。

③ 《年轻干部要提高解决实际问题能力　想干事能干事干成事》，《人民日报》2020 年 10 月 11 日第 1 版。

④ 习近平：《辩证唯物主义是中国共产党人的世界观和方法论》，《求是》2019 年第 1 期。

次要方面的关系时，要坚持两点论和重点论的统一。"在任何工作中，我们既要讲两点论，又要讲重点论"①。党的十八大以来，以习近平同志为核心的党中央在治国理政中所实施的一系列重大举措，既讲两点论，强调全面认识各种性质的矛盾和矛盾的对立方面，又讲重点论，通过优先解决主要矛盾和矛盾的主要方面，来带动其他矛盾的解决，充分彰显了运用矛盾观点处理复杂矛盾、驾驭复杂局面的高超艺术。

三、彰显辩证思维的实践品格

新世纪初，习近平在主政浙江时就非常重视学习与运用辩证思维。他以笔名"哲欣"发表于《浙江日报》的多篇短文充分体现了对唯物辩证法的深刻把握和娴熟运用。他用"十指弹琴"来阐释统筹兼顾的方法论，说明全面、协调、可持续的发展的重要性，用"多种声音"协调为"一首乐曲"来说明"一把手"在集体领导的基础上形成科学决策的领导艺术，用"绿水青山也是金山银山"的通俗说法来说明要促进人与自然、经济与社会的和谐发展，还立足于长远与根本并依据量变与质变的辩证关系，论述了转变经济增长方式与实现经济增长目标之间的辩证法。党的十八大以来，习近平在思考党和国家各个领域、各个方面的工作时，都非常重视运用辩证思维。他明确指出："我们的事业越是向纵深发展，就越要不断增强辩证思维能力。"②特别是在贯彻落实新发展理念、协调推进"四个全面"战略布局和推动生态文明建设过程中，习近平所提出的一系列新理念新思想新战略，充分彰显了辩证思维的实践品格。

---

① 习近平：《辩证唯物主义是中国共产党人的世界观和方法论》，《求是》2019 年第 1 期。
② 习近平：《辩证唯物主义是中国共产党人的世界观和方法论》，《求是》2019 年第 1 期。

（一）以辩证思维提出和实施新发展理念

2021 年，习近平回顾了党的十八大以来我们党不断调整发展理念和思路的过程，揭示了新发展理念在新时代治国理政中的重要意义。他说："党的十八大以来我们对经济社会发展提出了许多重大理论和理念，其中新发展理念是最重要、最主要的。"[①]他还深入论述了新发展理念与新发展阶段和新发展格局之间的紧密关联，认为"进入新发展阶段明确了我国发展的历史方位，贯彻新发展理念明确了我国现代化建设的指导原则，构建新发展格局明确了我国经济现代化的路径选择"[②]。如果说进入新发展阶段是当前中国的客观实际，为新发展理念提供了现实依据，那么，构建新发展格局则是贯彻落实新发展理念的战略选择。把握新发展阶段、贯彻新发展理念和构建新发展格局，都离不开辩证思维的作用。"新发展理念的提出，是对辩证法的运用；新发展理念的实施，离不开辩证法的指导。"[③]

首先，必须以矛盾观点看待新发展阶段。党的十九大以来，习近平在多次重要讲话中强调，"十四五"期间我国将进入新发展阶段，必须以辩证思维看待我国新发展阶段的机遇和挑战。党的十九届五中全会明确提出我国发展进入新阶段，"十四五"规划和 2035 年远景目标纲要指出，"十四五"时期推动高质量发展，必须立足新发展阶段、贯彻新发展理念、构建新发展格局。从国际上看，新冠肺炎疫情的全球流行推动百年未有之大变局加速变化，不仅保护主义和单边主义的势头上升，而且世界经济低迷，世界格局发生深刻调整，整个世界进入动荡变革期；从国内来看，改革开放 40 多年来，我国经济实力、科技实力、综合国力跃上新的大台阶，已进入高质量发展阶段，但发展不平衡不充分问题仍然突出。如果说

---

① 习近平：《把握新发展阶段，贯彻新发展理念，构建新发展格局》，《求是》2021 年第 9 期。

② 习近平：《把握新发展阶段，贯彻新发展理念，构建新发展格局》，《求是》2021 年第 9 期。

③ 《习近平谈治国理政》第 2 卷，外文出版社 2017 年版，第 221 页。

外部国际环境的新变化带来的更多是挑战，那么，国内发展环境的变化则更为复杂，需要运用辩证思维看待其中的机遇和挑战。新发展阶段所面临的机遇源于我国社会主要矛盾发展变化带来的新特征新要求，根源于我国经济社会持续发展具有的多方面优势和条件。只要把握好这些新特征新要求，利用好这些优势和条件，就能深刻体会到"危机并存、危中有机、危可转机"①。可见，以辩证思维看待新发展阶段，就是要在承认变化发展的前提下，准确识别其中的机遇和挑战，并加以积极应对，抓住机遇，转危为机。

其次，必须以系统思维把握新发展理念。从唯物辩证法的角度来看，系统性表征的是事物作为整体的本质特征以及事物内部各要素之间的紧密联系。习近平指出："新发展理念是一个系统的理论体系，回答了关于发展的目的、动力、方式、路径等一系列理论和实践问题，阐明了我们党关于发展的政治立场、价值导向、发展模式、发展道路等重大政治问题。"②这一论述揭示了新发展理念的系统性。从习近平对新发展理念的阐述来看，新发展理念的系统性突出地表现为两个方面：第一，新发展理念整体性地贯穿着鲜明的问题意识、宗旨意识和忧患意识。新发展理念回答了在新时代实现什么样的发展、怎样实现发展的重大问题，并根据新发展阶段的特征和要求，着力解决发展不平衡不充分的问题。它还坚持发展为了人民、发展依靠人民、发展成果由人民共享的根本宗旨，彰显了应对更加复杂困难局面的忧患意识。第二，新发展理念的各要素紧密关联，它们从不同角度回答和解决新时代发展所面临的各种重大问题。其中，创新发展注重解决发展的动力问题，协调发展注重解决发展的不平衡问题，绿色发展注重解决发展的可持续问题，开放发展注重解决发展的内外环境问题，共

① 习近平：《正确认识和把握中长期经济社会发展重大问题》，《求是》2021 年第 2 期。
② 习近平：《把握新发展阶段，贯彻新发展理念，构建新发展格局》，《求是》2021 年第 9 期。

享发展注重解决发展的公平正义问题。新发展理念的各个不同方面既分别指向不同的问题，同时又"相互贯通、相互促进，是具有内在联系的集合体"①。

再次，必须按辩证法的要求贯彻落实新发展观念。新发展理念的提出是以习近平同志为核心的党中央科学判断新发展阶段的特征和要求所作出的战略决断，它指明了"十四五"乃至更长时期我国经济社会的发展方向、发展思路和发展路径。因此，如何在党和国家事业中贯彻落实新发展理念，就成为党中央治国理政的重要内容，也是一场关系我国发展全局的深刻变革。为此，习近平指出，要"用好辩证法，对贯彻落实新发展理念进行科学设计和施工"②。他多次重申，贯彻落实新发展观念，要坚持系统的观点，要坚持"两点论"和"重点论"的统一，要遵循唯物辩证法的基本规律，要坚持具体问题具体分析，等等。具体到《中共中央关于制定国民经济和社会发展第十四个五年规划和二○三五年远景目标的建议》所提出的加快构建以国内大循环为主体、国内国际双循环相互促进的新发展格局，习近平也运用唯物辩证法进行了解读。他反对那种对新发展格局的简单化的、片面的理解，如只重视国内循环、不建设国内大市场、只重视畅通低层次的物流循环、只强调经济科技部门的工作等，强调要抓住矛盾的主要方面，准确把握和积极推进新发展格局。他指出，构建新发展格局的关键在于经济循环的畅通无阻，最本质的特征是实现高水平的自立自强，同时还必须实行高水平对外开放，必须具备强大的国内经济循环体系和稳固的基本盘，并以此形成对全球要素资源的强大吸引力、在激烈国际竞争中的强大竞争力、在全球资源配置中的强大推动力。他说："进入新发展阶段、贯彻新发展理念、构建新发展格局，是由我国经济社会发展的理论

---

① 中共中央文献研究室编：《十八大以来重要文献选编》（中），中央文献出版社 2016 年版，第 827 页。

② 《习近平谈治国理政》第 2 卷，外文出版社 2017 年版，第 221 页。

逻辑、历史逻辑、现实逻辑决定的，三者紧密关联。进入新发展阶段明确了我国发展的历史方位，贯彻新发展理念明确了我国现代化建设的指导原则，构建新发展格局明确了我国经济现代化的路径选择。把握新发展阶段是贯彻新发展理念、构建新发展格局的现实依据，贯彻新发展理念为把握新发展阶段、构建新发展格局提供了行动指南，构建新发展格局则是应对新发展阶段机遇和挑战、贯彻新发展理念的战略选择。"①

（二）以辩证思维推进"四个全面"战略布局

2014 年，习近平在江苏调研时强调，要"协调推进全面建成小康社会、全面深化改革、全面推进依法治国、全面从严治党，推动改革开放和社会主义现代化建设迈上新台阶"②。虽然"四个全面"战略布局的各项内容是在改革开放以来党中央治国理政的实践中先后提出来的，但习近平把它们提升为党和国家工作的战略布局以及当前和今后相当长时期的工作指针，具有重要的创新意义。"四个全面"战略布局的提出与推进，蕴含着深刻的哲理，体现了辩证唯物主义的世界观和方法论。2015 年，习近平以"四个全面"战略布局为例，阐明了应该如何运用事物矛盾运动的基本原理，认识和解决中国经济社会发展的深层次矛盾。可以说，"四个全面"战略布局是习近平在治国理政中灵活运用辩证思维的典范。习近平以辩证思维推进"四个全面"战略布局，突出表现在以下两个方面。

一是深刻理解"四个全面"战略布局的全面性和系统性。习近平多次强调，推进"四个全面"战略布局是一项系统工程，必须系统谋划、整体推进。这是因为，"四个全面"战略布局旨在解决新的历史条件下中国经

---

① 习近平：《把握新发展阶段，贯彻新发展理念，构建新发展格局》，《求是》2021 年第9 期。

② 《习近平谈治国理政》第 2 卷，外文出版社 2017 年版，第 22 页。

济社会最为迫切的发展问题。在"四个全面"中，习近平尤为强调改革的全面性和整体性。2012 年 12 月在广东考察时，他说："我国改革已经进入攻坚期和深水区，进一步深化改革，必须更加注重改革的系统性、整体性、协同性，统筹推进重要领域和关键环节改革。"①2014 年 2 月，他指出："全面深化改革，全面者，就是要统筹推进各领域改革，就需要有管总的目标，也要回答推进各领域改革最终是为了什么、要取得什么样的整体结果这个问题。"②这主要是因为，现阶段我国经济社会发展已经进入发展关键期、改革攻坚期和矛盾凸显期，社会各种利益关系十分复杂，稍有不慎，就可能犯颠覆性错误。正是这种复杂的客观现实，要求我们立足国家整体利益、根本利益和长远利益，进行系统性的改革。"这项工程极为宏大，零敲碎打调整不行，碎片化修补也不行，必须是全面的系统的改革和改进，是各领域改革和改进的联动和集成，在国家治理体系和治理能力现代化上形成总体效应、取得总体效果。"③正是因为"四个全面"战略布局的重要性和系统性，所以必须在其推进过程中加强党中央的集中统一领导。"四个全面"战略布局是中国特色社会主义事业的一部分，而中国共产党的领导是中国特色社会主义最本质的特征。只有坚持和加强党中央的集中领导，才能确保"四个全面"战略布局的正确方向，才能为协调推进"四个全面"战略布局提供强有力的保障。

二是深刻把握"四个全面"战略布局之间的辩证关系。2015 年，习近平在省部级主要领导干部学习贯彻党的十八届四中全会精神全面推进依法治国专题研讨班上的讲话中阐述了"四个全面"战略布局之间的辩

---

① 《习近平在广东考察时强调　增强改革的系统性整体性协同性　做到改革不停顿开放不止步》，《人民日报》2012 年 12 月 12 日第 1 版。

② 中共中央文献研究室编：《习近平关于协调推进"四个全面"战略布局论述摘编》，中央文献出版社 2015 年版，第 79 页。

③ 中共中央文献研究室编：《习近平关于协调推进"四个全面"战略布局论述摘编》，中央文献出版社 2015 年版，第 80 页。

证关系。一方面，"四个全面"相辅相成、相互促进、相得益彰。对于每一个"全面"，都要在与其他三个"全面"的相互关系中加以理解和推进，不能孤立地、片面地看待其中任何一个"全面"。例如，全面深化改革为经济社会发展提供动力和活力，全面依法治国则保证国家生活和社会生活的有序运行，全面从严治党确保党在各项事业中发挥领导核心作用。另一方面，"这个战略布局，既有战略目标，也有战略举措，每一个'全面'都具有重大战略意义。"①其中，全面建成小康社会是中国特色社会主义事业的战略目标，而全面深化改革、全面依法治国和全面从严治党都属于实现这一战略目标的战略举措。进而言之，作为战略目标的全面建成小康社会既是为实现第二个百年目标而进行的阶段性布局，也是这一时期党和国家事业的重点。为此，要以经济建设为中心，更好地解放和发展生产力，满足人民群众日益增长的物质需求和精神文化需求。习近平多次强调，小康不小康，关键看老乡。他指出，全面建成小康社会，要瞄准农村和农业这一难点和短板，打好脱贫攻坚战，推进城乡发展一体化。不仅如此，三项战略举措还各有侧重。全面深化改革是为了完善和发展中国特色社会主义制度，推进国家治理体系和治理能力现代化，其重点在于经济体制改革，核心问题是处理好政府与市场的关系；全面依法治国以建设中国特色社会主义法治体系，建设社会主义法治国家为总目标，核心问题是处理好党的领导和社会主义法治的关系；全面从严治党是为了增强党自我净化、自我完善、自我革新、自我提高的能力，从而提高党的领导能力和执政能力，保持和发展党的先进性和纯洁性，它以党风廉政建设作为突破口，以严格党内政治生活作为解决党内矛盾问题的关键点，着力解决"四风"问题，营造不敢腐、不能腐、不想腐的政治氛围。习近平的这些论述表明，

① 中共中央文献研究室编：《习近平关于协调推进"四个全面"战略布局论述摘编》，中央文献出版社 2015 年版，第 17 页。

协调推进"四个全面"战略布局，不仅要重视总体谋划、系统部署和顶层设计，而且要善于牵住"牛鼻子"，区分主次，重点发力，做到"两点论"与"重点论"的统一。

（三）以辩证思维推进生态文明建设

社会主义生态文明建设是"五位一体"总体布局的重要内容。习近平关于推进生态文明建设的一系列重要论述，也鲜明地体现了习近平在治国理政实践中对于辩证思维的运用。2019 年，习近平要求坚持辩证思维、系统思维，把黄河的水沙关系等问题研究透①。2021 年，他强调"生态环境保护和经济发展是辩证统一、相辅相成的"②。具体而言，习近平以辩证思维推进生态文明建设，主要表现在以下几个方面。

一是正确把握经济发展与生态保护之间的辩证关系。自然界无疑是人类生存和发展的重要物质基础，它既为人类物质生产活动提供生产对象和生产资料，又为人类的生活和繁衍提供不可或缺的自然条件。生态文明建设面临的根本难题就在于如何处理经济发展与生态环境保护之间的关系。2013 年，习近平指出："我们既要绿水青山，也要金山银山。宁要绿水青山，不要金山银山，而且绿水青山就是金山银山。"③习近平的"两山论"以马克思主义的自然观为基础，既反对罔顾人类利益的自然中心主义，又反对无视自然生态环境的狭隘的人类中心主义即个体本位和群体本位的人类中心主义，倡导通过合理的人类实践活动来实现人与自然的和谐共生，

---

① 参见《创作新时代的黄河大合唱——记习近平总书记考察调研并主持召开黄河流域生态保护和高质量发展座谈会》，《人民日报》2019 年 9 月 20 日第 1 版。

② 《习近平谈治国理政》第 4 卷，外文出版社 2022 年版，第 360 页。

③ 中共中央文献研究室编：《习近平关于社会主义生态文明建设论述摘编》，中央文献出版社 2017 年版，第 21 页。

从而为在社会主义生态文明建设中正确处理经济发展与生态保护之间的关系指明了方向。所谓绿水青山，泛指生态良好的自然环境，金山银山则是指人类开发利用自然资源而形成的物质文明成就。绿水青山是金山银山得以实现的基本前提，是人类社会存续和文明发展的自然基础。如果继续肆意掠夺自然、破坏生态环境，人类社会将难以实现健康可持续发展。金山银山是人类利用和改造自然而创造出来的社会财富和经济财富，体现了人类实践活动的广度和深度，彰显了人类自身的主体性。强调绿水青山就是金山银山，就是倡导在解放和发展生产力的同时，坚持保护和改善生态环境，从而实现人与自然的和谐共生和持续发展。贯彻落实"两山论"的绿色发展理念，要求摒弃以牺牲自然生态环境来谋取短期经济增长的观念与做法，走出一条生产发展、生活富裕、生态良好的文明发展道路。用习近平的话说，"经济发展不应是对资源和生态环境的竭泽而渔，生态环境保护也不应是舍弃经济发展的缘木求鱼，而是要坚持在发展中保护、在保护中发展"①。

二是在生态文明建设中坚持系统思维。虽然人类早就意识到自然界的优先地位和重要意义，但随着工业文明的发展，人与自然的关系日趋紧张，并在资本主义时代出现了普遍的生态危机。建设社会主义生态文明问题就是在全球生态运动兴起、谋求可持续发展成为全球共识的背景下提出的，它要求在发展理念、生产方式、生活方式和消费模式等方面实现系统化的生态转向。在生态环境治理方面，习近平指出："要用系统论的思想方法看问题，生态系统是一个有机生命躯体，应该统筹治水和治山、治水和治林、治水和治田、治山和治林等。"②加强生态环境系统保护修复，

① 中共中央文献研究室编：《习近平关于社会主义生态文明建设论述摘编》，中央文献出版社 2017 年版，第 19 页。

② 中共中央文献研究室编：《习近平关于社会主义生态文明建设论述摘编》，中央文献出版社 2017 年版，第 56 页。

"要从生态系统整体性和流域系统性出发，追根溯源、系统治疗，防止头痛医头、脚痛医脚。"① 在生态文明建设路径方面，习近平强调，要按照系统工程的思路，把生态优先、绿色发展的理念和原则贯穿到社会主义现代化建设的各领域和各环节，实现生产方式、生活方式、消费模式的整体变革。他指出，要"把生态文明建设融入经济建设、政治建设、文化建设、社会建设各方面和全过程，形成节约资源和保护环境的空间格局、产业结构、生产方式、生活方式"②。党的十八大以来，针对自然资源资产产权不清，污染者、保护者的责任和利益不明等问题，党中央以系统思维引导改革，逐步建立起统一有序的生态环境保护管理体制，推动了生态文明建设大步前行。

三是着力解决生态文明建设中的主要矛盾。建设生态文明、推动绿色低碳循环发展，涉及领域广、任务重，是一场广泛而深刻的经济社会系统性变革。党的十八大以来，围绕生态文明建设总体目标，立足新发展阶段的新特征新要求，以习近平同志为核心的党中央大力推动生态文明建设在重点突破中实现整体推进，有效解决了生态文明建设各领域、各环节的矛盾。在发展思路方面，习近平指出，生态环境问题的实质是经济发展方式问题，"生态环境保护的成败，归根结底取决于经济结构和经济发展方式。"③ 为此，要推动绿色、循环、低碳发展，实现发展和生态环境保护协同推进。在制度保障方面，习近平强调，要牢固树立生态红线的观念，用最严格的制度、最严密的法治保障生态红线，"最重要的是要完善经济社会发展考核评价体系，把资源消耗、环境损害、生态效益等体现生态文明

---

① 《习近平谈治国理政》第 4 卷，外文出版社 2022 年版，第 358 页。

② 中共中央文献研究室编：《习近平关于社会主义生态文明建设论述摘编》，中央文献出版社 2017 年版，第 19 页。

③ 中共中央文献研究室编：《习近平关于社会主义生态文明建设论述摘编》，中央文献出版社 2017 年版，第 19 页。

建设状况的指标纳入经济社会发展评价体系，建立体现生态文明要求的目标体系、考核办法、奖惩机制，使之成为推进生态文明建设的重要导向和约束。"①在解决环境保护和治理问题时，习近平指出，要从影响群众生活最突出的问题抓起，"以解决损害群众健康突出环境问题为重点"②，因为诸如水、大气、土壤等污染防治等问题，不仅是生态环境问题，而且是民生问题，它们严重影响人民群众身体健康，严重影响党和政府形象，如果任其发展下去，必然成为重大政治问题。

---

① 中共中央文献研究室编：《习近平关于社会主义生态文明建设论述摘编》，中央文献出版社 2017 年版，第 99 页。
② 中共中央文献研究室编：《习近平关于社会主义生态文明建设论述摘编》，中央文献出版社 2017 年版，第 84 页。

第 六 章

新时代的历史思维

2017年，习近平在中国政法大学考察时说，"养成了历史思维、辩证思维、系统思维、创新思维的习惯，终身受用"①。尽管这是他首次公开提出"历史思维"概念，但是在不同时期的主政实践中他始终有着历史思维的理论自觉。"历史思维能力，就是知古鉴今，善于运用历史眼光认识发展规律、把握前进方向、指导现实工作的能力。"②历史思维不仅是一种思维能力，而且贯穿于新时代治国理政的理论与实践之中，是习近平新时代中国特色社会主义思想的重要哲学方法论。习近平的历史思维以尊重历史事实、重视历史研究为前提，注重在总结历史经验、把握历史规律的基础上，立足大历史观的视野，在实践中升华历史智慧。

一、尊重历史事实与重视历史研究

无论是学习和总结历史，还是借鉴和运用历史经验，首先都要承认历史事实及其客观性。承认历史事实及其客观性与否，关系到人们如何看待

---

① 中共中央文献研究室编：《习近平关于青少年和共青团工作论述摘编》，中央文献出版社 2017 年版，第 56—57 页。

② 中共中央宣传部编：《习近平新时代中国特色社会主义思想学习纲要》，学习出版社、人民出版社 2019 年版，第 245 页。

历史认识和历史研究的可能性和必要性，因而是历史认识和历史研究的前提性问题。对这一问题的不同回答，是马克思主义与形形色色的虚无主义的根本区别所在。习近平的历史思维坚持马克思主义历史观的科学立场，既承认客观历史的存在，又重视反映历史事实的历史记录和历史研究，从根本上反对形形色色的历史虚无主义和文化虚无主义。

（一）"人们自己创造自己的历史"

一般来说，历史是指过去发生的事情及其遗存，以及对过去事情的记载。不同于自然科学研究对象的可重复性、可验证性以及外在于人类活动的独立性，作为历史研究对象的历史事实既不可重复、难以验证，又与人类活动密切相关，具有一定的偶然性。正因如此，人们经常质疑历史事实的存在及其客观性，并由此否认历史研究的科学性，从而在思想文化领域出现各种形式的历史虚无主义和文化虚无主义。与此不同，马克思主义坚持科学的唯物主义立场，在承认历史事实客观存在的前提下，深刻揭示了人类历史的实践本质。

马克思和恩格斯通过批判基督教的神学目的论和黑格尔的思辨唯心主义目的论，深刻阐明了唯物主义历史观对历史事实问题的看法。首先，他们驳斥了唯心主义历史观的虚妄性。在《神圣家族》中，他们揭露了黑格尔历史观的唯心主义实质，认为黑格尔的历史观把抽象的绝对精神当作前提，只是把人类看作绝对精神的承担者，因此，"人类的历史变成了抽象精神的历史，因而也就变成了同现实的人相脱离的人类彼岸精神的历史。"[1] 在《德意志意识形态》中，马克思、恩格斯指出："历史不外是各个世代的依次交替……然而，事情被思辨地扭曲成这样：好像后期历史是前

---

[1] 《马克思恩格斯文集》第1卷，人民出版社2009年版，第291页。

期历史的目的……于是历史便具有了自己特殊的目的并成为某个与'其他人物'……'并列的人物'"①。他们还揭露了思辨哲学家等意识形态家是如何通过割裂统治者与其思想观念的联系、虚构思想统治的秩序、将意识形态加以神秘化等方式来构建由思想统治历史的唯心主义历史观的。其次,他们肯定了人类历史事实的客观性。与唯心主义历史观相对立的唯物主义历史观,则从在一定的自然地理条件下从事物质生产和肉体生产的有生命的"现实的个人"②出发,考察其物质生活条件和物质生产活动,以及在此基础上形成的语言、观念、宗教、哲学和国家等意识形态和上层建筑。这样,马克思、恩格斯就肯定了本体论意义上的历史事实。他们指出:"全部人类历史的第一个前提无疑是有生命的个人的存在。因此,第一个需要确认的事实就是这些个人的肉体组织以及由此产生的个人对其他自然的关系。"③在马克思、恩格斯看来,这一前提不是思辨哲学中绝对精神自我运动的产物,而是"现实前提",它是"可以用纯粹经验的方法来确认"④的。再次,他们揭示了人类历史事实的实践性。既然现实的个人的生命生产活动是人类生存同时也是人类历史的第一前提,那么,作为生命生产活动最重要的内容的物质生产活动,就构成了一切历史的决定性要素。也就是说,人类"为了生活,首先就需要吃喝住穿以及其他一些东西。因此第一个历史活动就是生产满足这些需要的资料,即生产物质生活本身,而且,这是人们从几千年前直到今天单是为了维持生活就必须每日每时从事的历史活动,是一切历史的基本条件"⑤。正是因为从物质生产实践活动出发考察人类社会各个领域,马克思主义不仅揭示了人类历史的普遍

---

① 《马克思恩格斯文集》第 1 卷,人民出版社 2009 年版,第 540 页。
② 《马克思恩格斯文集》第 1 卷,人民出版社 2009 年版,第 519 页。
③ 《马克思恩格斯文集》第 1 卷,人民出版社 2009 年版,第 519 页。
④ 《马克思恩格斯文集》第 1 卷,人民出版社 2009 年版,第 519 页。
⑤ 《马克思恩格斯文集》第 1 卷,人民出版社 2009 年版,第 531 页。

发展规律，实现了人类历史观念的革命性变革，推动了历史科学的发展，而且探讨了现代资本主义生产方式的特殊运动规律，为世界无产阶级运动提供了理论指导。

在本体论层面的历史问题上，中国共产党人有着清醒的理论自觉，既承认历史事实的客观性，又肯定历史阶段的连续性。习近平指出："党在领导革命、建设、改革的进程中，一贯重视历史经验的借鉴和运用，一贯倡导领导干部要读点历史，要善于运用历史知识。"①他多次在重要讲话中引用马克思的经典论断："人们自己创造自己的历史，但是他们并不是随心所欲地创造，并不是在他们自己选定的条件下创造，而是在直接碰到的、既定的、从过去承继下来的条件下创造。"②这一论断深刻揭示了历史条件的客观性与历史阶段的连续性，阐明了马克思主义对待历史的科学立场。只有在历史观的前提性问题上站稳科学立场，坚持马克思主义的历史观，才能善于学习历史知识、总结历史经验和运用历史规律，才能避免陷入历史虚无主义的泥沼。

（二）尊重客观历史实际

正是由于坚守马克思主义历史观的科学立场，习近平在一些重要讲话中反复强调历史及其事实是客观的、不容篡改的，并且非常重视文物、展览等记录历史事实的物质载体。在他看来，这些载体是以往社会生活的真实记录，以其丰富的内容和真实的形式无可争议地证明了历史事实的客观存在。他说："历史是一个民族、一个国家形成、发展及其盛衰兴亡的真实记录，是前人的'百科全书'，即前人各种知识、经验和智慧的总汇。"③

---

① 习近平：《领导干部要读点历史》，《学习时报》2011 年 9 月 5 日第 1 版。

② 《马克思恩格斯文集》第 2 卷，人民出版社 2009 年版，第 470—471 页。

③ 习近平：《领导干部要读点历史》，《学习时报》2011 年 9 月 5 日第 1 版。

在纪念毛泽东同志诞辰120周年座谈会上的讲话中，习近平指出，"历史就是历史，历史不能任意选择"，即使是对于领袖人物和党自己所犯的失误和错误，我们党"历来采取郑重的态度，一是敢于承认"①，二是对之予以正确分析和坚决纠正。在纪念全民族抗战爆发77周年仪式上的讲话中，他再度重申"历史就是历史，事实就是事实，任何人都不可能改变历史和事实"②，并据此批驳了一些人无视历史事实、甚至美化侵略历史的奇谈谬论。他代表全体中国人民义正词严地指出："任何人想要否认、歪曲甚至美化侵略历史，中国人民和各国人民绝不答应！"③

党的十八大以来，习近平多次参观学习党史、国史和革命史的重要展览、历史遗迹和博物场馆，充分体现了对历史事实和历史记录的尊重。2012年，他带领新当选的中央政治局委员参观了《复兴之路》展览，回顾了中华民族的历史，特别是近代以来的苦难、牺牲、抗争和成就。此后，他先后出席了"伟大胜利历史贡献"——纪念中国人民抗日战争暨世界反法西斯战争胜利70周年主题展览、"英雄史诗不朽丰碑"——纪念中国工农红军长征胜利80周年主题展览、海上丝绸之路文物精品展览、香港回归祖国20周年成就展、"铭记光辉历史开创强军伟业"——庆祝中国人民解放军建军90周年主题展览、"砥砺奋进的五年"大型成就展、海南建省办经济特区30周年成就展、"大潮起珠江"——广东改革开放40周年展览、"伟大的变革"——庆祝改革开放40周年大型展览等展览。这些涵盖不同主题、不同历史时期的展览，从不同方面展现了中华民族的璀璨文化和中国共产党的辉煌成就，是中国历史的真实

---

① 习近平：《论中国共产党历史》，中央文献出版社2021年版，第57页。
② 习近平：《在纪念全民族抗战爆发七十七周年仪式上的讲话》，《人民日报》2014年7月8日第2版。
③ 习近平：《在纪念全民族抗战爆发七十七周年仪式上的讲话》，《人民日报》2014年7月8日第2版。

记录。

习近平还高度肯定了文物的历史价值和博物馆的意义，称"中国各类博物馆不仅是中国历史的保存者和记录者，也是当代中国人民为实现中华民族伟大复兴的中国梦而奋斗的见证者和参与者。"① 在参观广西壮族自治区合浦县汉代文化博物馆时，他说："中华民族历史悠久，中华文明源远流长，中华文化博大精深，一个博物馆就是一所大学校。"② 为了推动文物保护和利用，他专门指示，文物承载灿烂文明，传承历史文化，维系民族精神，是老祖宗留给我们的宝贵遗产，是加强社会主义精神文明建设的深厚滋养；各级党委和政府要增强对历史文物的敬畏之心，努力走出一条符合国情的文物保护利用之路③。习近平尤为重视包括革命文物在内的红色资源的保护和利用。在指导革命文物工作时，他强调革命文物承载党和人民英勇奋斗的光荣历史，记载中国革命的伟大历程和感人事迹，是党和国家的宝贵财富，是弘扬革命传统和革命文化、加强社会主义精神文明建设、激发爱国热情、振奋民族精神的生动教材④，而且在各地视察时遍访革命故地、红色热土和纪念馆展，组织中央政治局开展"用好红色资源、赓续红色血脉"的集体学习。用他的话来说："红色资源是我们党艰辛而辉煌奋斗历程的见证，是最宝贵的精神财富。"⑤

---

① 《习近平向国际博物馆高级别论坛致贺信》，《人民日报》2016 年 11 月 11 日。
② 《扎实推动经济社会持续健康发展　以优异成绩迎接党的十九大胜利召开》，《人民日报》2017 年 4 月 22 日第 1 版。
③ 参见《习近平：走出一条符合国情的文物保护利用之路》，《人民日报》2016 年 4 月 13 日第 1 版。
④ 参见《切实把革命文物保护好管理好运用好　激发广大干部群众的精神力量》，《人民日报》2021 年 3 月 31 日第 1 版。
⑤ 《用好红色资源、赓续红色血脉，努力创造无愧于历史和人民的新业绩》，《求是》2021 年第 19 期。

（三）推动科学的历史研究

如果说承认历史事实的客观性是历史研究的重要前提，那么，深入开展历史研究则是论证历史事实客观性的有效方式。历史事实的客观性与历史研究的科学性是内在相关、密不可分的。在批判唯心主义历史观的基础上，马克思、恩格斯深刻论述了历史唯物主义的科学性质，指明了历史唯物主义对历史研究的指导意义。他们指出："在思辨终止的地方，在现实生活面前，正是描述人们实践活动和实际发展过程的真正的实证科学开始的地方。"①历史唯物主义致力于从整体上考察人们的实践活动及其发展过程，从而揭示人类历史发展最一般的规律，为人们整理历史资料和发现其内在逻辑提供了指导原则。因此，马克思主义认为，历史研究必须运用唯物史观的理论和方法研究人类历史，考察重要的历史事件、历史阶段和历史趋势，揭示人类历史的发展规律；只有这样的历史研究，才能为各门社会科学的发展奠定坚实的理论基础。习近平多次指出："历史研究是一切社会科学的基础。"②为此，他不仅倡导历史唯物主义指导下的历史研究，推动考古学和历史学的体系建设，而且特别强调历史学习和历史研究的世界视野。

为了推进关于中国人民抗日战争的研究，习近平倡导以唯物史观来指导历史研究，提出了从搜集史料入手深入开展抗战研究的要求。他强调："要坚持用唯物史观来认识和记述历史，把历史结论建立在翔实准确的史料支撑和深入细致的研究分析的基础之上"；"抗战研究要深入，就要更多通过档案、资料、事实、当事人证词等各种人证、物证来说话。"③

① 《马克思恩格斯文集》第 1 卷，人民出版社 2009 年版，第 526 页。
② 《习近平致第二十二届国际历史科学大会的贺信》，《人民日报》2015 年 8 月 24 日第 1 版；《习近平致信祝贺中国社会科学院中国历史研究院成立》，《人民日报》2019 年 1 月 4 日第 1 版。
③ 习近平：《让历史说话用史实发言 深入开展中国人民抗日战争研究》，《人民日报》2015 年 8 月 1 日第 1 版。

在倡导科学的历史研究的同时，习近平要求构建中国特色中国风格中国气派的历史学和考古学体系。为此，他致信祝贺中国社会科学院中国历史研究院成立，勉励历史研究工作者提高研究水平和创新能力，总结历史经验，揭示历史规律，把握历史趋势，加快构建中国特色历史学学科体系、学术体系、话语体系①；他带领中央政治局以我国考古最新发现及其意义为题进行集体学习，强调要运用我国考古成果和历史研究成果，向国际社会展示中华文明的博大精深及其对人类文明的重大贡献，让世界通过了解中国历史而加深对当今中国的认识和理解，为中国营造良好的国际舆论氛围。

习近平对历史研究的重视并不限于中国历史，而是有其广阔的世界视野。他强调说，领导干部要结合工作学习各方面的知识，"我们不仅要了解中国的历史文化，还要睁眼看世界，了解世界上不同民族的历史文化，去其糟粕，取其精华，从中获得启发，为我所用。"②2014年，在中法建交50周年纪念大会上的讲话中，他回忆道："我青年时代就对法国文化抱有浓厚兴趣，法国的历史、哲学、文学、艺术深深吸引着我。读法国近现代史特别是法国大革命史的书籍，让我丰富了对人类社会政治演进规律的思考。"③2015年，在出席伦敦金融城市长晚宴时，他向与会嘉宾深情地讲述了自己关于英国历史上的重大事件、政治文化思想名人和文化名著的记忆，展现了对英国历史的强烈兴趣和深厚造诣④。凡此种种，都展现了

① 参见《习近平致信祝贺中国社会科学院中国历史研究院成立》，《人民日报》2019年1月4日第1版。

② 习近平：《在中央党校建校80周年庆祝大会暨2013年春季学期开学典礼上的讲话》，《人民日报》2013年3月3日第1版。

③ 习近平：《在中法建交五十周年纪念大会上的讲话》，《人民日报》2014年3月29日第2版。

④ 参见习近平：《共倡开放包容　共促和平发展——在伦敦金融城市长晚宴上的演讲》，《人民日报》2015年10月23日第2版。

习近平历史思维的世界视野，也体现了史学素养对于习近平的历史思维形成的重要性。

　　总之，在尊重历史事实的客观性的基础上，重视历史记录，推动开展科学的历史研究，既是马克思主义历史观的根本要求，也是习近平历史思维的重要特点。

二、总结历史经验与把握历史规律

　　虽然人类历史在时间上表现为前后接续的过程，但是，人们对于以往的历史经验能否启迪当下却持不同的看法。极端的怀疑论者和虚无主义者认为，人类历史的不可重复性决定了任何历史经验都是独一无二且不可复制的。在此问题上，马克思主义者不仅充分尊重历史客观性，而且对历史经验及其启发意义持肯定态度。正如恩格斯所说，"我们根本没有想到要怀疑或轻视'历史的启示'；历史就是我们的一切，我们比其他任何一个先前的哲学学派，甚至比黑格尔，都更重视历史"①。不仅如此，马克思主义创始人还从纷繁复杂的历史经验中提炼出普遍的历史规律，揭示了人类社会发展的一般规律和资本主义生产的剩余价值规律。在领导革命、建设和改革的进程中，中国共产党向来重视学习历史、总结历史经验。这既是坚持和运用历史唯物主义的结果，也是对以史为鉴的传统历史观念的继承和发展。作为当代中国马克思主义哲学的重要组成部分，习近平的历史思维继承了马克思主义的历史意识，主张"历史发展是连续性与阶段性的统一"②，认为"历史，往往在经过时间沉淀后可以看得更加清晰"③，并因此

---

① 《马克思恩格斯全集》第 3 卷，人民出版社 2002 年版，第 520 页。

② 习近平：《以史为鉴、开创未来　埋头苦干、勇毅前行》，《求是》2022 年第 1 期。

③ 习近平：《论中国共产党历史》，中央文献出版社 2021 年版，第 97 页。

而重视总结历史经验、把握历史规律。

（一）"历史是最好的教科书"

重视学习历史、善于总结历史经验是中国共产党的优良传统。毛泽东在党的六届六中全会上指出："今天的中国是历史的中国的一个发展；我们是马克思主义的历史主义者，我们不应当割断历史。从孔夫子到孙中山，我们应当给以总结，承继这一份珍贵的遗产。这对于指导当前的伟大的运动，是有重要的帮助的。"[①]邓小平、江泽民和胡锦涛都强调总结历史对于开辟未来的重要性，特别重视用历史教育人民，要求领导干部从历史中总结经验。党的十八大以来，习近平多次指出，"历史是最好的教科书"[②]。这是因为，古今中外历史上的成功经验能够为当下的社会实践提供有益的启示，为更好地开辟未来提供指引。它们不仅是人类历史进程的重要内容，而且是宝贵的精神财富。为了读好历史这本"最好的教科书"，充分挖掘历史中的丰富资源，以习近平同志为核心的党中央注重从新时代经济社会发展的现实需要入手，深刻总结中国历史特别是党史国史上的成功经验，并针对历史经验的呈现问题提出了讲好中国故事的新要求。

党的十八大以来，习近平带领中央政治局分别就"我国历史上优秀廉政文化""历史上的反腐倡廉""我国历史上的国家治理""中华民族爱国主义精神的历史形成和发展""历史上的丝绸之路和海上丝绸之路""我国历史上的法治与德治""中国历史上的吏治""中国人民抗日战争的回顾和思考""用好红色资源、赓续红色血脉""五四运动的历史意义和时

[①] 《毛泽东选集》第2卷，人民出版社1991年版，第534页。

[②] 习近平：《论中国共产党历史》，中央文献出版社2021年版，第7、15、24页。

代价值"等主题进行集体学习，邀请相关领域的专家学者进行专题讲授，并围绕专题展开热烈讨论，广泛汲取中国古代治国理政的经验和智慧。在主持第十八届中央政治局第十八次集体学习时，习近平指出，中华民族在漫长历史中积累了丰富的治国理政经验，诸如主张民惟邦本、政得其民，礼法合治、德主刑辅，为政之要莫先于得人、治国先治吏，为政以德、正己修身，居安思危、改易更化等经验都能给人们以重要启示①。

在学习历史知识、总结历史经验的过程中，习近平尤为重视对党史国史的学习，要求各级领导干部"要了解我们党和国家事业的来龙去脉，汲取我们党和国家的历史经验，正确了解党和国家历史上的重大事件和重要人物"②。党的十八大以来，他多次就党史学习发表重要讲话。他指出："总结历史是为了使全党从历史进程中洞察历史发展规律和时代发展大势，提高认识水平和辨别能力，增强锚定既定奋斗目标、意气风发走向未来的勇气和力量，更加清醒、更加坚定地办好当前的事情。"③他总结党的历史经验，提出了以史为鉴、开创未来的"九个必须"，即必须坚持中国共产党的坚强领导、必须团结带领中国人民不断为美好生活而奋斗、必须继续推进马克思主义中国化、必须坚持和发展中国特色社会主义、必须加快国防和军队现代化、必须不断推动构建人类命运共同体、必须进行具有许多新的历史特点的伟大斗争、必须加强中华儿女大团结、必须不断推进党的建设新的伟大工程。在党史学习教育动员大会上，他指出："我们党一步步走过来，很重要的一条就是不断总结经验、提高本领，不断提高应对风险、迎接挑战、化险为夷的能力水平。党的经验不是从天上掉下来

---

① 参见《习近平在中共中央政治局第十八次集体学习时强调　牢记历史经验历史教训历史警示　为国家治理能力现代化提供有益借鉴》，《人民日报》2014年10月14日第1版。

② 习近平：《论中国共产党历史》，中央文献出版社2021年版，第7页。

③ 习近平：《以史为鉴、开创未来　埋头苦干、勇毅前行》，《求是》2022年第1期。

的，也不是从书本上抄来的，而是我们党在历经艰辛、饱经风雨的长期摸索中积累下来的，饱含着成败和得失，凝结着鲜血和汗水，充满着智慧和勇毅。"①《中共中央关于党的百年奋斗重大成就和历史经验的决议》进一步全面总结了党的百年奋斗重大成就和历史经验，将百年来党领导人民艰辛探索、接续奋斗的历史经验概括为"十个坚持"，并从 13 个方面分领域总结了新时代党和国家事业取得的成就。在党的二十大报告中，习近平不仅把过去 10 年间党和人民事业取得的历史性胜利概括为三件大事，即迎来中国共产党成立 100 周年、中国特色社会主义进入新时代以及完成脱贫攻坚和全面建成小康社会的历史任务，而且把新时代中国特色社会主义思想的主要内容概括为"十个明确""十四个坚持"和"十三个方面"。这些历史经验都是运用马克思主义的观点，从党的百年奋斗历程中总结出来的宝贵经验，既代表着我们党的辉煌过去，又是我们党在未来取得更大胜利的根本保证。

　　为了推动党史国史教育学习、深入总结历史经验，习近平不仅重视宏大历史叙事，还要求从生动具体的故事入手，挖掘历史教育的丰富资源。他认为，"会讲故事、讲好故事十分重要"，并特别倡导"讲好中国共产党的故事"②。习近平所重视的"故事"，包括中华民族的故事、中国共产党的故事、中华人民共和国的故事、中国特色社会主义的故事以及改革开放特别是新时代的故事；这些"故事"的主人公，既有古代历史中的英雄人物，也有像杨靖宇、焦裕禄、张富清、陈望道那样的革命英雄、优秀党员和先进分子，还有像"半条被子"故事中的三位女红军战士、沂蒙母亲那样的普通党员和群众。

---

① 习近平：《在党史学习教育动员大会上的讲话》，《求是》2021 年第 7 期。
② 习近平：《论中国共产党历史》，中央文献出版社 2021 年版，第 31、28 页。

（二）"历史是一面镜子"

唯物辩证法认为，作为事物对立统一方面的矛盾具有普遍性，事物的内部矛盾是推动事物发展的动力。从人类历史发展进程来看，各个民族在其漫长的历史中既积累了成功的历史经验，又留下了许多失败的历史教训。如果说成功经验给后人以积极的借鉴意义，那么，失败教训以否定的形式给后人以同样重要的启示。因此，习近平说："历史是一面镜子。"① 借助历史的镜鉴，中国共产党不仅善于总结成功的历史经验，而且重视汲取失败的历史教训，从正反两方面的历史经验中学习前人的实践智慧。1944 年，在抗日战争胜利在望时，毛泽东要求在解放区重印郭沫若的《甲申三百年祭》，就是为了"叫同志们引为鉴戒，不要重犯胜利时骄傲的错误"；1949 年，在中国革命胜利在望、中央领导同志离开西柏坡前往北平时，毛泽东没有忘记明末农民起义领袖李自成失败的教训，他对身边的工作人员说，我们进北平，可不是李自成进北京，他们进了北京就变了；我们共产党人进北平，是要继续革命，建设社会主义，直到实现共产主义。党的十一届三中全会后，以邓小平同志为主要代表的中国共产党人，总结反思社会主义建设的经验教训，特别是"文化大革命"的反面教训，以及后来苏东共产党人丧权亡党的惨痛教训，制定了社会主义初级阶段的基本路线和方针政策，从而开辟了中国特色社会主义道路。在主持第十八届中央政治局第十八次集体学习时的讲话中，习近平在倡导牢记历史经验的同时，也要求人们"牢记历史教育、牢记历史警示"，重视"衰乱之世社会动荡的深刻教训"②。党的十八大以来，习近平总结正反两方面的历史经验时，主要侧重于古代中国历史以及中国共产党党史、中华人民共和国国史

---

① 习近平：《论中国共产党历史》，中央文献出版社 2021 年版，第 9 页。

② 《习近平在中共中央政治局第十八次集体学习时强调 牢记历史经验历史教训历史警示 为国家治理能力现代化提供有益借鉴》，《人民日报》2014 年 10 月 14 日第 1 版。

上的治国理政实践经验，并且尤为重视党的建设、法治建设等方面的经验教训。

2014 年，习近平指出："我们党在长期实践中，不断总结自己正反两方面经验，也积极借鉴国外执政党建设的经验教训，深刻认识到了一些从严治党规律，这些都要继续运用好。"①2016 年，在对《关于新形势下党内政治生活的若干准则》和《中国共产党党内监督条例》作说明时，习近平尖锐地指出了党内存在的一些亟待解决的突出矛盾和问题，包括一些党员、干部特别是高级干部中存在的不同程度的信念、作风、腐败和政治阴谋等问题，沉痛反思了周永康、薄熙来、郭伯雄、徐才厚、令计划等人严重违纪违法案件所造成的教训。他说："这就使我们认识到，要解决党内存在的一些突出矛盾和问题，必须把党的思想政治建设摆在首位，营造风清气正的政治生态。"②这就要求我们针对新的形势和任务，制定相应的党内政治生活准则，修订党内监督条例。2017 年，在党的十九届一中全会上，他对十九届中央委员会的全体同志提出的第一点希望就是坚定理想信念。他要求大家把坚定理想信念当作人生的头等大事，强调"要善于从外国和外国政党的兴衰成败中，从我们国家和我们党的历史中，从这些年党内正反两方面的典型中，汲取经验教训，自觉挺起共产党人的精神脊梁，用实际行动让人民群众感受到理想信念和高尚人格的强大力量"③。2018 年，在阐述党的建设的重要性时，一方面，他要求人们从我们党正反两方面的执政经验以及其他社会主义国家和政党演变的教训中深刻地认识到，"只要马克思主义执政党不出问题，社会主义国家就出不了大问题，

① 习近平：《在党的群众路线教育实践活动总结大会上的讲话》，《人民日报》2014 年 10 月 9 日第 2 版。
② 习近平：《关于〈关于新形势下党内政治生活的若干准则〉和〈中国共产党党内监督条例〉的说明》，《人民日报》2016 年 11 月 3 日第 2 版。
③ 习近平：《在党的十九届一中全会上的讲话》，《求是》2018 年第 1 期。

我们就能够跳出'其兴也勃焉，其亡也忽焉'的历史周期率"；另一方面，他以封建王朝的兴亡更替和农民起义军的失败教训为例，说明"功成名就时做到居安思危、保持创业初期那种励精图治的精神状态不容易，执掌政权后做到节俭内敛、敬终如始不容易，承平时期严以治吏、防腐戒奢不容易，重大变革关头顺乎潮流、顺应民心不容易"①。他还指出，"十年内乱期间，法制遭到严重破坏，党和人民付出了沉重代价"②；党在领导人民制定和实施宪法法律的同时，党自身也必须在宪法法律范围内活动，"这是我们党深刻总结新中国成立以来正反两方面历史经验特别是'文化大革命'惨痛教训之后得出的重要结论，是我们党治国理政必须遵循的一项重要原则。"③

（三）注重把握历史规律

以史为鉴、经世致用既是中国传统史学的重要理念，也是中国传统历史观念的核心要义。在总结历史经验、汲取历史教训方面，历代史学家发挥史学的记录和资政功能，留下了大量的著述。100多年来，中国共产党始终重视总结、借鉴正反两方面的历史经验，体现了对中国史学传统的继承。党的十八大以来，习近平多次在重要讲话中引用古代典籍的相关典故，充分表现了传承中国史学传统的历史自觉。他多次强调说："观今宜鉴古，无古不成今。"④"疑今者，察之古；不知来者，视之往。"⑤"昭昭

① 习近平：《推进党的建设新的伟大工程要一以贯之》，《求是》2019年第19期。
② 习近平：《坚定不移走中国特色社会主义法治道路　为全面建设社会主义现代化国家提供有力法治保障》，《求是》2021年第5期。
③ 习近平：《中国共产党领导是中国特色社会主义最本质的特征》，《求是》2020年第14期。
④ 习近平：《以史为鉴、开创未来　埋头苦干、勇毅前行》，《求是》2022年第1期。
⑤ 习近平：《在南京大屠杀死难者国家公祭仪式上的讲话》，《人民日报》2014年12月14日第2版。

前事，惕惕后人；永矢弗谖，祈愿和平。"①"明镜所以照形，古事所以知今。"② 不过，中国传统史学在发挥历史的镜鉴作用、为经世致用服务时，主要是围绕着王权合法性、纲常名教、政治治理、政权地位以及政治统绪等问题而展开的③。而中国共产党人反对完全照搬历史的经验，主张具体地对待历史经验。在中国特色社会主义新时代，习近平立足于中国特色社会主义事业的性质、任务和需要，强调把历史认识从总结历史经验提升到把握历史规律。因此，一方面，对于包括封建王朝兴衰更替和农民军起义在内的经验教训，我们要明确党和国家与封建王朝、农民起义军有着本质区别，在借鉴历史时不能简单类比④；另一方面，要深入认识、自觉把握历史规律。在习近平的话语中，历史规律的内容极其广泛和丰富，既包括人类历史的普遍规律和人类社会特定阶段、特定领域的规律，也包括近代以来中国历史发展的特殊规律以及中国社会发展特定阶段、特定领域的规律。与此相应，在习近平看来，学习和了解历史，要努力把握以下两个方面的历史规律。

第一，努力把握人类历史的普遍规律和人类社会特定阶段、特定领域的规律。这些规律包括以下几个方面：一是从世界历史发展经验中概括而来的一般法则，例如，"纵观世界历史，依靠武力对外侵略扩张最终都是要失败的。这是历史规律。"⑤ 二是唯物史观所揭示的人类历史和人类社会活动的普遍规律，这就是习近平多次强调的"人类社会发展规律"和"社

---

① 习近平：《在南京大屠杀死难者国家公祭仪式上的讲话》，《人民日报》2014 年 12 月 14 日第 2 版。

② 习近平：《坚定信心　共谋发展——在金砖国家领导人第八次会晤大范围会议上的讲话》，《人民日报》2016 年 10 月 17 日第 2 版。

③ 参见汪高鑫：《论中国传统史学的经世致用理念》，《福建论坛（人文社会科学版）》2021 年第 4 期。

④ 参见习近平：《推进党的建设新的伟大工程要一以贯之》，《求是》2019 年第 19 期。

⑤ 习近平：《让历史说话用史实发言　深入开展中国人民抗日战争研究》，《人民日报》2015 年 8 月 1 日第 1 版。

会活动规律"。三是人类社会特定阶段、特殊领域的规律，包括社会主义建设规律、共产党执政规律、人才成长的一般规律，等等。在谈到人才成长的一般规律时，习近平从中国古代关于选人用人的思想和经验以及孟子和韩非子的经典论述中提炼出"优秀的治国理政人才，必须经过艰苦条件的磨炼，必须具有起于社会基层的实际经验"①等人才成长的一般规律，并系统总结和概括了中国历史上治国理政的选人用人经验。

第二，努力把握中国历史和中国社会发展的特殊规律。近代中国积贫积弱，饱受摧残，而中国共产党的出现彻底改变了中国社会面貌，主导了近代以来的中国历史进程。习近平指出，学习和了解历史，要注重学习中国近现代史和中国共产党的历史，"加深对近现代中国国情和中国社会发展规律的认识"②。这里所说的"中国社会发展规律"，包括近代以来中国的社会发展规律、社会主义建设规律、改革开放规律等。他指出，改革开放只有进行时没有完成时，"要认真回顾和深入总结改革开放的历程，更加深刻地认识改革开放的历史必然性，更加自觉地把握改革开放的规律性"③。此外，习近平还特别强调要认识和把握思政课建设规律和党史教育规律。他在谈到思政课建设问题时说："思政课建设长期以来形成的一系列规律性认识和成功经验，为思政课建设守正创新提供了重要基础。"④在党史学习教育动员大会上的讲话中，他强调开展党史学习教育活动要顺应党史学习教育本身的特点和规律："党史学习教育有自身的特点和规律，要发扬马克思主义优良学风，坚持分类指导，明确学习要求、学习任务，推进内容、形式、方法的创新，不断增强针对性和实效性。"⑤

---

① 习近平：《领导干部要读点历史》，《学习时报》2011 年 9 月 5 日第 1 版。
② 《习近平党校十九讲》，中共中央党校出版社 2015 年版，第 249 页。
③ 《习近平谈治国理政》第 1 卷，外文出版社 2018 年版，第 67 页。
④ 习近平：《思政课是落实立德树人根本任务的关键课程》，《求是》2020 年第 17 期。
⑤ 习近平：《在党史学习教育动员大会上的讲话》，《求是》2021 年第 7 期。

三、拓展历史视野与汲取历史智慧

习近平在治国理政实践中之所以充分发挥了历史知识的积极作用，一个很重要的原因是他从大历史观出发看问题，由此拓展了广阔的历史视野，锤炼了深邃的历史眼光。所谓大历史观，是指在长时段的历史进程中审视特定的历史事件、历史时期和历史人物。习近平指出，只有置于绵延 5000 多年至今未曾中断的中华文明，才能把握中华民族的变革和开放精神，因为"以数千年大历史观之，变革和开放总体上是中国的历史常态"①。不仅如此，他还以大历史观为指导，在中华民族 5000 多年文明史、近代以来的中国人民斗争史、中国共产党的奋斗史，以及中华民族伟大复兴战略全局和世界百年未有之大变局的宏阔背景下认识和把握五四运动、党的百年奋斗重大成就和历史经验，以及中国的农业、农村和农民问题。正因为始终坚持以大历史观为指导，所以习近平深谙历史评价的要旨，善于汲取历史智慧。

（一）重视科学的历史评价

在治国理政实践中总结正反两方面的历史经验，首先面临的问题是如何正确对待党在特定历史时期犯下的错误，以及如何评价党的历史上重要人物的功过是非。对于我国社会主义探索过程中的经验教训，以及毛泽东的功绩和错误等问题的评价，从来就不仅仅是还原真相的史学考证问题，而是关系到如何看待党的领导和社会主义制度的政治问题。习近平在一些

---

① 习近平：《在庆祝改革开放 40 周年大会上的讲话》，《人民日报》2018 年 12 月 19 日第 2 版。

重要讲话中直面这些重要而敏感的历史评价问题，提出了在坚持真理、修正错误、汲取教训的基础上继续推进党和人民事业的要求。

首先，习近平深刻阐明了重大历史评价问题的政治性质。对于如何评价我们党在社会主义探索中的失误以及毛泽东晚年错误等问题，习近平明确指出，这些问题"不只是一个历史问题，更主要的是一个政治问题"①。苏联解体和苏共垮台的历史教训告诉我们，全面否定苏联和苏联共产党的历史，否定列宁和斯大林等领导人物，必然导致历史虚无主义，导致党在意识形态领域的斗争中处于劣势，并最终丧失意识形态领域的领导权乃至整个政权。因此，习近平清醒地意识到，对改革开放前和改革开放后两个历史时期的评价，是一个重大政治问题，关系到意识形态领域的斗争；割裂这两个历史时期之间的联系，否定前一个时期的历史功绩，是历史虚无主义的表现。同样，对毛泽东同志晚年错误的历史评价问题，也关系到我们党要不要坚持毛泽东思想的指导地位，要不要坚持社会主义制度等重要政治问题。他非常赞同邓小平在对毛泽东晚年错误的历史评价问题上的立场和看法，不仅在一些重大场合的讲话中引用邓小平关于坚持毛泽东思想的论述，而且充分肯定了邓小平在处理这一问题上的做法。在纪念邓小平诞辰110周年座谈会上的讲话中，他说："邓小平同志指导我们党系统总结建国以来的历史经验，解决了科学评价毛泽东同志的历史地位和毛泽东思想的科学体系、根据新的实际和发展要求确立中国社会主义现代化建设的正确道路这样两个相互联系的重大历史课题，彻底否定了'文化大革命'的错误实践和理论，坚决顶住否定毛泽东同志和毛泽东思想的错误思潮，为党和国家发展确定了正确方向。"②

其次，习近平提出了开展历史评价的原则性要求。在评价我国社会主

---

① 习近平：《论中国共产党历史》，中央文献出版社 2021 年版，第 6 页。
② 习近平：《论中国共产党历史》，中央文献出版社 2021 年版，第 76 页。

义探索中的失误问题时，他指出，要在"我们党领导人民进行社会主义建设的实践探索"①的历史视野中揭示改革开放前后两个历史时期的联系与区别，从而正确评价改革开放前的历史时期。在改革开放前的历史时期，我们党建立新中国、进行社会主义革命和建设，创造了重要的政治和物质条件，积累了正反两方面的经验，为改革开放的顺利推进奠定了基础；这两个历史时期虽然在社会主义建设的思想指导、方针政策和工作重点上有很大差别，但并不是彼此割裂、根本对立的。所以，"不能用改革开放后的历史时期否定改革开放前的历史时期，也不能用改革开放前的历史时期否定改革开放后的历史时期"②。在评价历史人物时，他也主张"放在其所处时代和社会的历史条件下去分析，不能离开对历史条件、历史过程的全面认识和对历史规律的科学把握，不能忽略历史必然性和历史偶然性的关系"③。他指出，在我国探索社会主义建设过程中，"毛泽东同志晚年的错误有其主观因素和个人责任，还在于复杂的国内国际的社会历史原因，应该全面、历史、辩证地看待和分析"④。

（二）从历史中汲取精神力量

习近平秉承大历史观，从中华文明的 5000 多年历史、近代以来的中国历史、中国革命史和改革开放史中提炼出一以贯之而又形态各异的精神信念，并由此深刻阐述了中国人民勠力前行的精神动力。

首先，习近平注重从中华文明史、近代以来的中国历史中提炼民族精神和时代精神。他指出，实现中国梦必须弘扬中国精神，而中国精神的内

---

① 习近平：《论中国共产党历史》，中央文献出版社 2021 年版，第 3 页。
② 习近平：《论中国共产党历史》，中央文献出版社 2021 年版，第 4 页。
③ 习近平：《论中国共产党历史》，中央文献出版社 2021 年版，第 56—57 页。
④ 习近平：《论中国共产党历史》，中央文献出版社 2021 年版，第 56 页。

涵是"以爱国主义为核心的民族精神，以改革创新为核心的时代精神"①。前者是把中华民族紧紧团结在一起的精神力量，后者是激励中国人民在改革开放中奋力前行的精神动力。后来，在一些重大场合的讲话中，他进一步阐述了民族精神和时代精神。在庆祝改革开放 40 周年大会的讲话中，他从中华文明 5000 多年的伟大实践中概括出中华民族的伟大梦想精神、变革和开放精神，并且提出了"改革开放精神"的重要概念。他在总结改革开放 40 年来取得的伟大历史成就时说："改革开放铸就的伟大改革开放精神，极大丰富了民族精神内涵，成为当代中国人民最鲜明的精神标识!"②在纪念五四运动 100 周年大会上的讲话中，他指出，爱国主义不仅是伟大五四精神的核心，而且是民族精神的核心，"爱国主义自古以来就流淌在中华民族血脉之中，去不掉，打不破，灭不了，是中国人民和中华民族维护民族独立和民族尊严的强大精神动力"③。

其次，习近平特别重视总结和概括中国革命、建设和改革的历史实践中形成的各具特色的精神。在党史学习教育动员大会上的讲话中，习近平高度评价了我们党在百年奋斗历程中所构筑的精神谱系。习近平指出，一代又一代的中国共产党人，特别是革命烈士、英雄人物和先进模范，顽强拼搏、不懈奋斗，形成了伟大建党精神、井冈山精神、长征精神、遵义会议精神、延安精神、西柏坡精神、红岩精神、抗美援朝精神、"两弹一星"精神、特区精神、抗洪精神、抗震救灾精神、抗疫精神、脱贫攻坚精神等伟大精神，这些伟大精神不因时间流逝而消亡，在新时代仍然熠熠生辉。他强调说："这些宝贵精神财富跨越时空、历久弥新，集中体现了党的坚定信念、根本宗旨、优良作风，凝聚着中国共产党人艰苦奋斗、牺牲奉献、开拓进取的伟大品格，深深融入我们党、国家、民族、人民的血脉之

---

① 《习近平谈治国理政》第 1 卷，外文出版社 2018 年版，第 40 页。
② 习近平:《论中国共产党历史》，中央文献出版社 2021 年版，第 220 页。
③ 习近平:《在纪念五四运动 100 周年大会上的讲话》，《人民日报》2019 年 5 月 1 日第 2 版。

中，为我们立党兴党强党提供了丰厚滋养。"①不仅如此，在视察各地、参观革命展览时，他还高度赞颂革命烈士、英雄人物和先进模范在各自的奋斗经历中形成的独具特色的精神，包括铁人精神、王杰精神、雷锋精神、焦裕禄精神等，并从多方面阐述了这些精神的重要时代意义。在他看来，这些革命精神是党和国家的宝贵财富，是中华民族的强大精神力量，是民族精神和时代精神的生动体现。因此，他说："对我们共产党人来说，中国革命历史是最好的营养剂。"②只有不断从革命历史中感悟前辈先烈的革命精神，接受革命传统教育，共产党人才能更加坚定理想信念、更好地传承红色基因，为夺取新的伟大胜利增强精神力量。

再次，习近平要求全党传承革命传统、弘扬伟大精神。我们党在百年奋斗历程中形成的伟大精神是中国共产党人的红色基因和精神族谱的重要组成部分，它们不仅融入了中华民族的血脉和灵魂，而且成为社会主义核心价值观的丰富滋养。在新时代，我们进行伟大斗争、建设伟大工程、推进伟大事业、实现伟大梦想，必须弘扬这些伟大精神。习近平指出，弘扬伟大精神，关键是要赓续红色血脉，要始终坚持光荣革命传统。这是因为，"红色血脉是中国共产党政治本色的集中体现，是新时代中国共产党人的精神力量源泉"，"红色是中国共产党、中华人民共和国最鲜亮的底色"③。为了用好红色资源、传承红色基因、赓续红色血脉，习近平不仅带领中央政治局成员开展了集体学习，而且专门对革命文物工作作出重要指示，要求加强革命文物保护利用，弘扬革命文化，传承红色基因，还在致信祝贺人民出版社成立 100 周年、新华社建社 90 周年时，都强调要赓续红色血脉、弘扬光荣传统和坚持守正创新。

---

① 习近平：《在党史学习教育动员大会上的讲话》，《求是》2021 年第 7 期。

② 习近平：《论中国共产党历史》，中央文献出版社 2021 年版，第 24 页。

③ 《用好红色资源、赓续红色血脉，努力创造无愧于历史和人民的新业绩》，《求是》2021 年第 19 期。

（三）灵活运用历史规律

习近平在中央党校 2011 年秋季学期开学典礼上的讲话中说："领导干部学习历史，要落实在提高历史文化素养上，落实在提高领导工作水平上。而具有历史文化素养，最重要的是要具有历史意识和文化自觉，即想问题、作决策要有历史眼光，能够从以往的历史中汲取经验和智慧，自觉按照历史规律和历史发展的辩证法办事。"①学以致用，特别是在统领党和国家事业时灵活运用历史规律，是习近平历史思维的重要内容。党的十八大以来，习近平提出的一系列新理念新思想新战略无一不体现了对人类社会发展规律、社会主义建设规律、共产党执政规律以及其他社会历史规律的灵活运用。

"四个全面"战略布局充分体现了新时代中国共产党人对共产党执政规律、社会主义建设规律和人类社会发展规律的深刻认识和灵活运用。

在全面建成小康社会方面，我们坚持在中国共产党的集中统一领导下，走中国式现代化道路，在努力提升综合国力的基础上，不断提升人民生活水平、构建社会保障体系，最终在整体上消除了绝对贫困。2021 年，习近平在庆祝中国共产党成立 100 周年大会上庄严宣告，我们历史性地解决了绝对贫困问题。这一重大成就，是我们党综合运用人类社会发展规律、社会主义建设规律和共产党执政规律的结果，它既表明中国共产党实现了自己的执政使命和庄严承诺，也体现了社会主义的本质要求和显著优势，开辟了既有中国特色又有普遍意义的现代化道路。

在全面深化改革方面，我们以完善和发展中国特色社会主义制度、推进国家治理体系和治理能力现代化为总目标，统筹推进各领域的改革，详细谋划了各个领域推进国家治理体系和治理能力现代化的方略，如推动户

① 习近平：《领导干部要读点历史》，《学习时报》2011 年 9 月 5 日第 1 版。

籍制度改革、国税地税征管体制改革、国防和军队改革、国家监察体制改革，等等。这些都体现了我们党对社会主义建设规律的深刻认识和灵活运用。

在全面依法治国方面，我们既坚持依法治国与人民民主专政的统一，又坚持法治是现代国家治理的基本方式，坚持走中国特色社会主义法治道路，建设中国特色社会主义法治体系，建设社会主义法治国家。习近平在中央全面依法治国工作会议上将新时代推进全面依法治国的基本要求概括为"十一个坚持"，即坚持党对全面依法治国的领导，坚持以人民为中心，坚持中国特色社会主义法治道路，坚持依宪治国、依宪执政，坚持在法治轨道上推进国家治理体系和治理能力现代化，坚持建设中国特色社会主义法治体系，坚持依法治国、依法执政、依法行政共同推进，法治国家、法治政府、法治社会一体建设，坚持全面推进科学立法、严格执法、公正司法、全民守法，坚持统筹推进国内法治和涉外法治，坚持建设德才兼备的高素质法治工作队伍，坚持抓住领导干部这个"关键少数"①。这"十一个坚持"是对社会主义法治建设规律的灵活运用。

在全面从严治党方面，我们始终围绕加强党的领导这一核心，强调治党要全方位、全覆盖和全过程。习近平根据党的建设的新情况和新问题，就全面从严治党提出了一系列新论断和新要求。例如，他强调把党的政治建设摆在首位，以党的政治建设统领整个党的建设；强调党的组织体系建设，明确从严治党关键是从严治吏；强调作风建设要常抓不懈，领导干部要带头转变作风；强调政治纪律和政治规矩是第一位的；强调必须以零容忍的态度坚决推进反腐败斗争；等等。这些管党治党新要求深刻体现了我们党在新时代对党的建设规律的灵活运用。

---

① 习近平：《坚定不移走中国特色社会主义法治道路，为全面建设社会主义现代化国家提供有力法治保障》，《求是》2021年第5期。

其他诸如贯彻落实创新、协调、绿色、开放、共享的发展理念，改进人才培养机制，进一步处理好政府与市场关系等治国理政的新理念新思想新战略，也都体现了新时代中国共产党人对经济社会发展规律、人才成长规律、市场经济规律的灵活运用。

在庆祝中国共产主义青年团成立 100 周年大会上的讲话中，习近平指出："越是往前走、向上攀，越是要善于从走过的路中汲取智慧、提振信心、增添力量。"① 他在党的二十大报告中满怀信心地说，经过新时代 10年的伟大变革，"中国人民的前进动力更加强大、奋斗精神更加昂扬、必胜信念更加坚定，焕发出更为强烈的历史自觉和主动精神，中国共产党和中国人民正信心百倍推进中华民族从站起来、富起来到强起来的伟大飞跃"②。这一论述，不仅是对共青团百年历史和新时代 10 年变革的宝贵经验的精辟总结，也深刻体现了习近平注重汲取历史智慧、灵活运用历史规律的历史思维。我们只有在总结历史经验、汲取历史智慧的基础上创造性地运用历史规律，才能不断创造中国特色社会主义事业的新辉煌。

---

① 习近平：《在庆祝中国共产主义青年团成立 100 周年大会上的讲话》，《人民日报》2022年 5 月 11 日第 2 版。

② 习近平：《高举中国特色社会主义伟大旗帜　为全面建设社会主义现代化国家而团结奋斗——在中国共产党第二十次全国代表大会上的报告》，《人民日报》2022 年 10 月 26日第 1 版。

第 七 章

新时代的创新思维

党的十七届四中全会通过的《中共中央关于加强和改进新形势下党的建设若干重大问题的决定》明确提出，中央委员和省部级领导干部要切实提高创新思维能力。2010 年，习近平在中央党校春季学期开学典礼上的讲话中进一步阐述了创新思维能力的内涵。他说："创新思维能力，就是破除迷信、超越过时的陈规，善于因时制宜、知难而进、开拓创新的能力。"① 党的十八大以来，习近平在多个场合的重要讲话中都谈到"创新"，不仅提出了一系列治国理政新理念新思想新战略，而且阐述了系统的创新观，形成了具有鲜明特色的创新思维。作为习近平新时代中国特色社会主义思想的哲学方法论原则，习近平的创新思维融汇于习近平新时代中国特色社会主义思想的诸多方面，贯穿于新时代习近平治国理政的实践中，并且突出地体现在习近平对于创新动力、创新能力的重视和对于创新系统工程的谋划等几个方面。

一、"创新是第一动力"

2015 年，习近平强调："创新是引领发展的第一动力。抓创新就是抓

---

① 中共中央宣传部编：《习近平总书记系列重要讲话读本》，学习出版社、人民出版社2016 年版，第 287 页。

发展，谋创新就是谋未来。"①2016 年，习近平深入阐述了把创新置于新发展理念之首、着力实施创新驱动发展战略的原因："把创新摆在第一位，是因为创新是引领发展的第一动力。"②2018 年，在庆祝改革开放 40 周年大会上的讲话中，他进一步凝练出"创新是第一动力"③ 的理念。在党的二十大报告中，他又指出，实施科教兴国战略，强化现代化建设人才支撑，必须坚持"创新是第一动力"④。这一理念深刻揭示了创新的实质和意义，为实施创新驱动发展战略、推进国家创新体系建设提供了理论依据。要深刻理解这一理念的丰富内涵，既要有宽广的历史视野，特别是要着眼于近代世界发展进程、中华民族的历史和中国共产党的历史，又要有思辨的深度，特别是要把握创新动力说的唯物辩证法根基。

（一）创新驱动发展

说到创新对经济发展的推动作用，人们很容易会联想到美国经济学家熊彼特的创新理论。尽管这一理论揭示了科技创新推动经济发展的重要意义，但是不足以解释创新在其他领域的推动作用。创新驱动发展命题的普遍性只有在唯物辩证法的视域中才能得到充分论证。

熊彼特在《经济发展理论——对于利润、资本、信贷、利息和经济周期的考察》一书中阐述了创新概念，并围绕这一概念构建了一套经济学理论，奠定了经济学中"新熊彼特学派"的理论基础。熊彼特认为，经济

① 中共中央文献研究室编：《习近平关于科技创新论述摘编》，中央文献出版社 2016 年版，第 7 页。
② 《习近平谈治国理政》第 2 卷，外文出版社 2017 年版，第 201 页。
③ 《习近平谈治国理政》第 3 卷，外文出版社 2020 年版，第 201 页。
④ 习近平：《高举中国特色社会主义伟大旗帜　为全面建设社会主义现代化国家而团结奋斗——在中国共产党第二十次全国代表大会上的报告》，《人民日报》2022 年 10 月 26 日第 1 版。

发展不同于人口和财富增长意义上的增长，而是"产生在质上是新的现象"①，是"永远在改变和代替之前存在的均衡状态"②；经济发展"是从内部自行发生的变化"③，是由于执行"生产手段的新组合"而出现的，而"生产手段的新组合"包括五种情况，即采用一种新的产品或一种新的生产方法，开辟一个新的市场，掠夺或控制原材料或半制成品的一种新的供应来源，实现任何一种工业的新的组织等④。在熊彼特看来，创新包括产品创新、工艺创新、市场创新、供应链创新和生产组织创新等五种典型形式，是指企业家以新的方式重新组合现有的生产手段，从而打破旧的经济均衡、推动经济发展。这一理论从内部的生产要素及其重组出发解释经济发展，强调企业家的创新主体地位和技术创新对经济发展的推动作用，对世界各国的科技与产业政策产生了重大影响。党的十八大以来我国实施的创新驱动发展战略，既顺应新一轮科技革命和产业革命的时代潮流，又适应我国经济社会发展的阶段性特征。以习近平同志为核心的党中央在实施创新驱动发展战略时，既重视科技创新政策和体系，鼓励技术创新，又倡导企业家精神。这些都在一定程度上符合熊彼特创新理论的要求。但是，创新驱动发展战略与熊彼特创新理论之间仍然存在着根本的差异。首先，熊彼特特别看重包括金融家、经理人等在内的企业家在创新活动中的作用，

① ［美］约瑟夫·熊彼特：《经济发展理论——对于利润、资本、信贷、利息和经济周期的考察》，何畏、易家祥等译，张培刚、易梦虹、杨敬年校，商务印书馆1990年版，第71页。

② ［美］约瑟夫·熊彼特：《经济发展理论——对于利润、资本、信贷、利息和经济周期的考察》，何畏、易家祥等译，张培刚、易梦虹、杨敬年校，商务印书馆1990年版，第72页。

③ ［美］约瑟夫·熊彼特：《经济发展理论——对于利润、资本、信贷、利息和经济周期的考察》，何畏、易家祥等译，张培刚、易梦虹、杨敬年校，商务印书馆1990年版，第70页。

④ 参见［美］约瑟夫·熊彼特：《经济发展理论——对于利润、资本、信贷、利息和经济周期的考察》，何畏、易家祥等译，张培刚、易梦虹、杨敬年校，商务印书馆1990年版，第73—74页。

甚至把创新视为企业家区别于资本家和发明家的根本特征，认为"不管是哪一种类型，每个人只有当他实际上'实现新组合'时才是一个企业家"①；与此不同，创新驱动发展战略所涉及的主体要广泛得多，包括科学家、技术人员、企业家等多种群体。其次，熊彼特的创新理论仅限于解释经济发展，而创新驱动发展战略作为党中央综合分析国内外大势、立足国家发展全局而作出的重大战略抉择，是习近平创新思维在经济领域的运用，必须结合理论创新、制度创新、科技创新、文化创新等各方面的创新以及创新发展理念来加以理解。

创新驱动发展战略深刻体现了唯物辩证法的发展观，是对唯物辩证法的发展观的创造性运用。在如何看待事物的发展问题上，历来存在着形而上学与辩证法两种不同的发展观。形而上学的发展观用孤立、静止和片面的观点看待事物的发展，根本否定事物的质变，把事物的发展仅仅视为数量的增加和场所的变更，并从事物的外部寻找事物发展的原因。与之相反，辩证法的发展观认为，事物的发展是事物自己的运动，是事物的新陈代谢即旧事物的灭亡和新事物的产生，亦即旧事物被新事物所取代，而事物发展的根本原因在于事物内部的矛盾性；正是由于事物的矛盾运动并随着事物内部矛盾的逐渐展开，在旧事物中孕育的新事物不断成长壮大并最终战胜和代替旧事物，从而使事物的发展呈现为一个新陈代谢的过程。"依事物本身的性质和条件，经过不同的飞跃形式，一事物转化为他事物，就是新陈代谢的过程。"②如果说在自然界事物的内在矛盾作为事物发展的动力的作用是自发实现的，那么，在人类社会里，事物的内在矛盾推动事物的发展往往是通过人的自觉活动来实现的。在社会生活中，人们可以在认

---

① [美] 约瑟夫·熊彼特：《经济发展理论——对于利润、资本、信贷、利息和经济周期的考察》，何畏、易家祥等译，张培刚、易梦虹、杨敬年校，商务印书馆 1990 年版，第 87 页。

② 《毛泽东选集》第 1 卷，人民出版社 1991 年版，第 323 页。

识和把握事物的本质、属性及发展规律的基础上，通过创造和形成一定的条件，自觉促成事物内部矛盾对立面发生转化，从而实现事物新陈代谢即新事物代替旧事物的过程，这就是所谓的创新。因此，创新是推动社会事物发展的最重要的动力。新时代的创新驱动发展战略强调创新对社会经济发展的推动作用，实际上是将唯物辩证法的发展观创造性地运用于社会经济领域的必然结论。

（二）创新是民族进步的灵魂

改革开放以来，中国共产党人顺应世界科技发展潮流，深刻认识到创新特别是科技创新的重要意义。在 1995 年全国科学技术大会上，江泽民就曾指出："创新是一个民族进步的灵魂，是一个国家兴旺发达的不竭动力。如果自主创新能力上不去，一味靠技术引进，就永远难以摆脱技术落后的局面。"[1]基于这一认识，中国共产党在应对未来挑战、制定国家发展战略时始终重视科技创新，努力提高国家自主创新能力。进入新时代后，以习近平同志为核心的党中央进一步深化了对创新的认识。2013 年，在欧美同学会成立 100 周年庆祝大会上的讲话中，习近平指出："创新是一个民族进步的灵魂，是一个国家兴旺发达的不竭动力，也是中华民族最深沉的民族禀赋。"[2]这一论述，深刻揭示了人类社会进步和中华文明发展的源泉和动力。

综观近代以来的人类历史，我们不难发现，世界各国的经济社会发展主要是在创新特别是科技创新的推动下实现的。马克思、恩格斯在《共产党宣言》中深刻揭示了第一次工业革命中的技术创新在推动现代资产阶级

---

[1]　《江泽民文选》第 1 卷，人民出版社 2006 年版，第 432 页。

[2]　《习近平谈治国理政》第 1 卷，外文出版社 2018 年版，第 59 页。

的崛起、世界历史的形成中所起的巨大进步作用。他们指出，由于蒸汽机的发明和应用，机器大工业代替了工场手工业，现代资产阶级最终确立了自己的统治地位，主导了世界历史的进程。"资产阶级在它的不到一百年的阶级统治中所创造的生产力，比过去一切世代创造的全部生产力还要多，还要大。"①近代以来的三次工业技术革命都是在科技创新的引领和推动下实现的，没有科技创新，就不会有近代以来的世界现代化进程，也不会有近代以来人类社会的发展。不仅如此，科技创新还深刻地影响着近代以来各个国家和民族在世界格局中的地位变迁。众所周知，以蒸汽机的发明和广泛应用为标志的第一次工业革命发端于英国，它造就了英国在19世纪的世界霸主地位。英国是当时世界的科技创新中心，产生了蒸汽机、电报机、铁路机车、机动轮船等一大批伟大的发明创造。到19世纪中后期和20世纪，由于英国的资本家满足于全球最广阔的殖民地，热衷于掠夺原材料和大量输出商品及资本，对研发推广新技术的积极性不高。因此，在以机械化、电气化为标志的第二次工业革命中，英国很快丧失了霸主地位，在国际竞争中逐渐走向衰落。而德国和美国之所以在19世纪末和20世纪迅速崛起，很大程度上是因为它们都把握住了第二次工业革命的机遇，通过对教育、科研的大量投入和有效的政策支持体系，实现了科技创新能力的跨越式发展，从而大幅度提升了综合国力②。在总结近代世界大国兴衰历史的基础上，习近平指出："回顾近代以来世界发展历程，可以清楚看到，一个国家和民族的创新能力，从根本上影响甚至决定国家和民族前途命运。"③尤其是在当今世界，科技创新更是各个国家经济社会发展的引擎。因此，习近平把科技创新形象地比喻为推动经济社会发展的

---

① 《马克思恩格斯文集》第2卷，人民出版社2009年版，第36页。

② 参见王昌林、姜江、盛朝讯、韩祺：《大国崛起与科技创新——英国、德国、美国和日本的经验与启示》，《全球化》2015年第9期。

③ 《习近平谈治国理政》第2卷，外文出版社2017年版，第202页。

"牛鼻子"。他说："当今世界，谁牵住了科技创新这个'牛鼻子'，谁走好了科技创新这步先手棋，谁就能占领先机、赢得优势。"①"实施创新驱动发展战略，必须紧紧抓住科技创新这个'牛鼻子'"②，"抓住了创新，就抓住了牵动经济社会发展全局的'牛鼻子'"③。

创新也是中华民族生生不息、不断进步的灵魂。中华民族有着勇于创新的深厚历史传统。从考古发现来看，我国在新石器时代、青铜器时代、铁器时代等各个时代的古代文明发展成就上都走在世界前列，在农作物培育、野生动物驯化、疾病诊治、天文观测、工具制造、文字和技术发明、村落建设、都市营造、国家建构和治理、文化艺术创造等各个方面都取得了辉煌的成就，它们集中体现了中华民族的创新精神。正如习近平所说："这些重大成就展示了中华民族开拓创新、与时俱进、自强不息的进取精神，是蕴涵着丰富知识、智慧、艺术的无尽宝藏，是坚定文化自信的重要源泉。"④在农业文明时代，中华文明曾长期处于世界领先水平，尤其是在技术发明、文化艺术、天文历法、数学等方面成就斐然。英国科学史家李约瑟在其皇皇巨著《中国科学技术史》中，用浩瀚的史料、确凿的证据展现了古代中国的科学思想、科学发现和技术发明，从而表明在现代科学技术登场前的 10 多个世纪里，中国在科技方面的积累远胜于西方。他指出："中国古代和中古代的技术都导致了一些经验性的发现和发明，其中有许多对世界的历史产生了深远的影响。"⑤造纸术、印刷术、火药和指南针等

---

① 中共中央文献研究室编：《习近平关于科技创新论述摘编》，中央文献出版社 2016 年版，第 26 页。

② 中共中央文献研究室编：《习近平关于科技创新论述摘编》，中央文献出版社 2016 年版，第 17 页。

③ 《习近平谈治国理政》第 2 卷，外文出版社 2017 年版，第 201 页。

④ 习近平：《建设中国特色中国风格中国气派的考古学　更好认识源远流长博大精深的中华文明》，《求是》2020 年第 23 期。

⑤ ［英］李约瑟：《中国科学技术史》第 1 卷，科学出版社、上海古籍出版社 1990 年版，第 17 页。

技术发明就是中华民族对人类文明作出的巨大贡献。这四大发明传入欧洲后，促进了文艺复兴、宗教改革和资本主义的兴起，极大动摇了欧洲封建制度，并助力了美洲新大陆的发现，从而深刻影响了人类历史进程，推动了人类文明发展。可惜的是，近代以后中国在世界科技创新强国中缺位，由此错失了工业革命带来的发展机遇，逐渐落后于世界潮流。

（三）创新是党和国家事业发展的主要动力

2014 年，党的十六届四中全会明确提出，要"弘扬以改革创新为核心的时代精神"；2016 年，党的十六届六中全会把以改革创新为核心的时代精神和以爱国主义为核心的民族精神一起确立为社会主义核心价值体系的基本内容；2021 年，《中共中央关于党的百年奋斗重大成就和历史经验的决议》中共有 39 处提到"创新"，特别是在深刻总结党的百年奋斗的历史经验时，它从"坚持理论创新"和"坚持开拓创新"两个方面阐述了创新的重要性。决议指出，"党领导人民披荆斩棘、上下求索、奋力开拓、锐意进取，不断推进理论创新、实践创新、制度创新、文化创新以及其他各方面创新，敢为天下先，走出了前人没有走出的路"①。从强调创新是时代精神的核心到强调创新是党的宝贵经验，表明我们党对自身创新历史的高度自信。根据习近平的有关论述，我们党的历史就是一部不断创新的历史，创新是推动党和国家事业发展的主要动力。

在新民主主义革命时期，以毛泽东同志为主要代表的中国共产党人，深刻认识到中国革命不能像俄国十月革命那样通过首先占领中心城市来取得全国范围内的胜利，逐渐摸索出农村包围城市、武装夺取政权这条具有

---

① 《中共中央关于党的百年奋斗重大成就和历史经验的决议》，《人民日报》2021 年 11 月 17 日第 1 版。

中国特色的革命道路。从毛泽东领导军民在井冈山建立第一个农村革命根据地开始，中国共产党人始终坚持不断创新，在古田会议上确立思想建党、政治建军的原则，在遵义会议上确立以毛泽东同志为主要代表的马克思主义正确路线在党中央的领导地位，在抗日战争时期率先高举武装抗日旗帜、广泛开展抗日救亡运动、实行抗日民族统一战线、坚持全面抗战路线、提出和实施持久战的战略总方针和一整套人民战争的战略战术，在解放战争时期从积极防御转向战略进攻并最终推翻国民党反动政府，推翻帝国主义、封建主义和官僚资本主义"三座大山"，由此不断地从胜利走向新的胜利。在革命斗争中，中国共产党人创立了毛泽东思想，形成了统一战线、武装斗争、党的建设三大法宝，实现了马克思主义在中国的第一次飞跃。

在社会主义革命和建设时期，中国共产党领导建立和巩固国家政权，逐步实现国家对农业、手工业和资本主义工商业的社会主义改造，建立起社会主义经济制度；确立人民代表大会制度、中国共产党领导的多党合作和政治协商制度、民族区域自治制度；领导人民开展全面的大规模的社会主义建设；坚持独立自主的和平外交政策，倡导和坚持和平共处五项原则；等等。这一时期，中国共产党人结合新的实际丰富和发展毛泽东思想，提出关于社会主义建设的一系列具有原创性的重要思想，如严格区分和正确处理敌我矛盾和人民内部矛盾，正确处理我国社会主义建设的十大关系，等等。

在改革开放和社会主义现代化建设时期，中国共产党作出把党和国家工作中心转移到经济建设上来、实行改革开放的历史性决策，确立社会主义初级阶段基本路线，在不同时期科学回答什么是社会主义、怎样建设社会主义，建设什么样的党、怎样建设党，以及实现什么样的发展、怎样发展等重大问题，形成了中国特色社会主义理论体系，实现了马克思主义中国化第二次伟大飞跃，并且以理论创新指导和引领事业发展，取得了举世瞩目的成就，实现了人民生活从温饱不足到总体小康、奔向全面小康的历史性跨越，推进了中华民族从站起来到富起来的伟大飞跃。

党的十八大以来，以习近平同志为核心的党中央从新的实际出发，坚持和发展中国特色社会主义，深刻把握新时代我国社会主要矛盾的转变，谋划并推进"五位一体"总体布局和"四个全面"战略布局，提出和贯彻新发展理念，创立了习近平新时代中国特色社会主义思想，回答了新时代坚持和发展中国特色社会主义、建设社会主义现代化强国和长期执政的马克思主义政党等一系列重大时代课题，提出了一系列原创性的治国理政新理念新思想新战略，从而推动党和国家事业取得历史性成就、发生历史性变革，带领中华民族迎来了从站起来、富起来到强起来的伟大飞跃。正如党的二十大报告所指出，习近平新时代中国特色社会主义思想是指导党和国家事业发展的创新理论，是新时代党的创新理论。"我们党勇于进行理论探索和创新，以全新的视野深化对共产党执政规律、社会主义建设规律、人类社会发展规律的认识，取得重大理论创新成果，集中体现为新时代中国特色社会主义思想。"①

二、增强创新能力

《中共中央关于加强和改进新形势下党的建设若干重大问题的决定》不仅明确提出了领导干部提高创新思维能力的要求，而且号召在全党建设学习型党组织，以"优化知识结构，提高综合素质，增强创新能力"。在党的建设中，强化创新思维与增强创新能力是内在一致的，都要求掌握和

---

① 习近平：《高举中国特色社会主义伟大旗帜　为全面建设社会主义现代化国家而团结奋斗——在中国共产党第二十次全国代表大会上的报告》，《人民日报》2022 年 10 月 26 日第 1 版。

运用新思想、新知识、新经验，探索解决重大理论和实践问题。在推进理论创新、实践创新、制度创新、科技创新、文化创新以及其他各方面创新的过程中，同样需要不断增强各类创新主体的创新能力以及整个创新体系的整体效能。党的十八大以来，习近平在推进党和国家各项事业的创新发展时，深刻揭示了增强创新能力、提升创新体系效能要把握的几对关系。

（一）把握传承与创新的关系

创新既不全是无中生有，也不是单纯的标新立异，而是在传承的基础上守正创新。党的十八大以来，习近平在谈及理论创新、实践创新、制度创新、文化创新时多次强调"守正创新"。在与文化艺术界、哲学社会科学界专家代表的座谈会上，他既肯定我国文化建设近年来在"正本清源、守正创新"中取得的历史性成就，又强调"正本清源、守正创新"的重要性。他说："正本清源、守正创新，一个国家、一个民族不能没有灵魂，作为精神事业，文化文艺、哲学社会科学当然就是一个灵魂的创作，一是不能没有，一是不能混乱。"① 在党史学习教育动员大会上，他强调，"一百年来，我们党坚持解放思想和实事求是相统一、培元固本和守正创新相统一，不断开辟马克思主义新境界"②。在庆祝中国共产党成立100周年大会上，他指出："为了实现中华民族伟大复兴，中国共产党团结带领中国人民，自信自强、守正创新，统揽伟大斗争、伟大工程、伟大事业、伟大梦想，创造了新时代中国特色社会主义的伟大成就。"③ 此外，在指导思政课建设、深化改革、发扬光大中医药、加强和改进国际传播等工作时，他也

---

① 《习近平谈治国理政》第 3 卷，外文出版社 2020 年版，第 322 页。

② 习近平：《在党史学习教育动员大会上的讲话》，《求是》2021 年第 7 期。

③ 习近平：《在庆祝中国共产党成立 100 周年大会上的讲话》，《人民日报》2021 年 7 月 2 日第 2 版。

把"守正创新"作为基本的工作要求。党的二十大报告不仅把"守正创新"写入了大会主题，明确指出"坚持守正创新"是习近平新时代中国特色社会主义思想的立场观点方法的重要方面。在习近平看来，坚持守正创新，必须把握好、处理好传承与创新的关系，并结合党和国家各项事业的具体特点，采取不同的原则、思路和举措。

在思想文化领域坚持守正创新，要科学对待传统文化，推动中华优秀传统文化的创造性转化和创新性发展。习近平高度重视对中华优秀传统文化的传承和发展，并深刻揭示了传承和发展优秀传统文化的重要意义和原则要求。他指出："优秀传统文化是一个国家、一个民族传承和发展的根本，如果丢掉了，就割断了精神命脉。"① 中华优秀传统文化"是我们最深厚的文化软实力"②，"是中华民族的精神命脉，是涵养社会主义核心价值观的重要源泉，也是我们在世界文化激荡中站稳脚跟的坚实根基"③。中华优秀传统文化中的丰富哲学思想、人文精神、教化思想、道德理念和治国理政经验对于增强文化自信、培育和弘扬社会主义核心价值体系和核心价值观、推进国家治理体系和治理能力现代化有着重要的借鉴意义。为了更好地传承和发展优秀传统文化，习近平提出"科学对待传统文化"的要求，即结合新的实践和时代要求，对传统文化进行正确取舍，"有鉴别的对待，有扬弃的继承"，"努力实现传统文化的创造性转化、创新性发展"④。可见，对待中华传统文化，要立足时代要求，着眼现实文化发展需求，在继承的基础上创新，促进优秀传统文化与当代文化和现代社会相协调，从而发展社会主义先进文化，不断铸就中华文化新辉煌，建设社会主义文化强国。

---

① 《习近平谈治国理政》第 2 卷，外文出版社 2017 年版，第 313 页。

② 《习近平谈治国理政》第 1 卷，外文出版社 2018 年版，第 155 页。

③ 习近平：《在文艺工作座谈会上的讲话》，《人民日报》2015 年 10 月 15 日第 2 版。

④ 《习近平谈治国理政》第 2 卷，外文出版社 2017 年版，第 313 页。

在意识形态领域守正创新，要坚持和发展马克思主义，坚持和发展中国特色社会主义。马克思主义是严密而科学的思想体系，为无产阶级政党、工人阶级和劳动群众认识世界、改造世界提供了行动指南，对人类社会进步产生了巨大的推动作用。马克思主义的蓬勃生机和深远影响植根于其理论的实践性和开放性。马克思、恩格斯在19世纪资本主义发展、工人运动实践和自然科学新成就基础上创立了马克思主义，同时，他们强调马克思主义必须随着实践的发展而发展，强调对马克思主义的运用"随时随地都要以当时的历史条件为转移"①。因此，坚持马克思主义的立场观点方法，就要与时俱进，在实践中不断发展马克思主义。100多年来，中国共产党始终坚持把马克思主义基本原理同中国具体实际和中华优秀传统文化相结合，不断推进马克思主义中国化，不断实现了中国马克思主义的理论创新。习近平指出："马克思主义指引中国成功走上了全面建设社会主义现代化强国的康庄大道，中国共产党人作为马克思主义的忠诚信奉者、坚定实践者，正在为坚持和发展马克思主义而执着努力！"②在当代中国，在实践中坚持和发展马克思主义，就是要以解决改革开放和现代化建设中的实际问题为中心，坚持和发展中国特色社会主义。习近平强调说："我们就是把马克思主义中国化，就是搞中国特色社会主义。"③党的十八大以来，我们党推进理论创新、实践创新和制度创新所形成的习近平新时代中国特色社会主义思想、中国特色社会主义事业总体布局和战略布局以及中国特色社会主义制度体系，都既坚持了科学社会主义的基本原则的内容，又极大地丰富和发展了中国特色社会主义。

在社会治理和党的建设中守正创新，要遵循客观规律，借鉴历史经验，创造性地开展工作。在社会治理方面，以习近平同志为核心的党中央

---

① 《马克思恩格斯文集》第2卷，人民出版社2009年版，第15页。

② 习近平：《论党的宣传思想工作》，中央文献出版社2020年版，第326页。

③ 习近平：《关于坚持和发展中国特色社会主义的几个问题》，《求是》2019年第7期。

从推进国家治理体系和治理能力现代化的战略高度，提出了创新社会治理的新要求，特别是要结合新时代的实际坚持和发展"枫桥经验"。"枫桥经验"是指 20 世纪 60 年代初浙江诸暨市枫桥镇在社会主义教育运动中形成的"发动和依靠群众，坚持矛盾不上交，就地解决，实现捕人少，治安好"的经验。在新时代坚持和发展"枫桥经验"，既要认识到"枫桥经验"的重大意义，把握其"依靠群众就地化解矛盾"① 的群众工作方法实质，做到"小事不出村，大事不出镇，矛盾不上交"②，又要适应时代要求，创新工作方法，用系统治理、依法治理、综合治理、源头治理的方式解决涉及群众切身利益的矛盾和问题。在党的建设方面，以习近平同志为核心的党中央不断深化对共产党执政规律的认识，围绕加强党的领导这一核心，提出和实施全面从严治党战略，不仅坚持中国共产党长期以来的思想建党和制度建党、依规治党和以德治党相结合的优良传统，而且提出增强"四个意识"，实现学习教育常态化、管党治党规范化，以零容忍态度严惩腐败，强化巡视监督工作，以理论创新和实践创新开拓了党的建设新局面。

（二）把握自主创新与开放创新的关系

在推动实施创新驱动发展战略时，习近平高度重视自主创新，多次在地方考察和重要讲话中强调要增强自主创新能力、构建自主创新体系。他指出，"实施创新驱动发展战略，最根本的是要增强自主创新能力"③。在他看来，无论是发展企业、升级产业，还是推动经济高质量发展，都要靠

---

① 《习近平就创新群众工作方法作出重要指示强调　把"枫桥经验"坚持好、发展好　把党的群众路线坚持好、贯彻好》，《人民日报》2013 年 10 月 12 日第 1 版。

② 中共中央党史和文献研究院编：《习近平关于"三农"工作论述摘编》，中央文献出版社 2019 年版，第 131 页。

③ 《习近平谈治国理政》第 1 卷，外文出版社 2018 年版，第 121 页。

自主创新，因为"我们没有别的选择，非走自主创新道路不可"①。与此同时，他也倡导开放创新，强调"自主创新不是闭门造车，不是单打独斗，不是排斥学习先进，不是把自己封闭于世界之外"②。这些论述，深刻地阐明了自主创新与开放创新的关系。

首先，必须牢固立足于自主创新和大力推进自主创新。一方面，关键技术、核心技术和高新技术是国家综合实力的体现，也是国家安全的有力保障，它们都只有通过自主创新才能掌握。2018 年，习近平指出："实践反复告诉我们，关键核心技术是要不来、买不来、讨不来的。只有把关键核心技术掌握在自己手中，才能从根本上保障国家经济安全、国防安全和其他安全。"③当今世界格局正在发生深刻调整，在国际形势总体稳定的背景下，世界和平与发展面临诸多难题和挑战。我国坚持走自力更生、和平崛起的发展道路，维护国家安全和社会稳定所面临的风险和挑战日趋严峻。特别是在单边主义和保护主义上升的背景下，科技领域"卡脖子"的现象表明我国科技创新的基础还不牢固，自主创新能力特别是原创能力还不强，关键领域核心技术受制于人的格局尚未从根本上改变。要在激烈的国际竞争中牢牢把握主动权、抢抓主导权，必须通过自主创新来掌握包括关键共性技术、现代工程技术、前沿引领技术、颠覆性技术创新在内的核心技术。因此，习近平强调说："自力更生是中华民族自立于世界民族之林的奋斗基点，自主创新是我们攀登世界科技高峰的必由之路。"④他还说："重大科技创新成果是国之重器、国之利器，必须牢牢掌握在自己手上，必须依靠自力更生、自主创新。"⑤另一方面，关键核心技术的自主创

① 《习近平谈治国理政》第 1 卷，外文出版社 2018 年版，第 122 页。
② 《习近平谈治国理政》第 1 卷，外文出版社 2018 年版，第 122—123 页。
③ 《习近平谈治国理政》第 3 卷，外文出版社 2020 年版，第 248 页。
④ 《习近平谈治国理政》第 3 卷，外文出版社 2020 年版，第 248 页。
⑤ 《习近平在北京大学考察时强调 抓住培养社会主义建设者和接班人根本任务 努力建设中国特色世界一流大学》，《人民日报》2018 年 5 月 3 日第 1 版。

新是推动国家经济社会发展的强劲动力。从国际上看，受国际金融危机影响，国际市场有效需求急剧萎缩，传统产业和增长动力衰退，新兴产业的体量和增长动能不足；从国内来看，经济进入新常态后，经济增速减缓，经济发展动力从要素驱动转向创新驱动。只有通过关键领域核心技术的自主创新，提供高质量科技供给，才能适应并引领经济新常态，不断增强我国经济质量优势。为此，习近平在一些企业进行考察时反复叮嘱，企业要紧紧抓住技术创新这一发展基点，掌握更多具有自主知识产权的关键核心技术这一"命门"，抢占行业发展制高点，掌握产业发展主导权；在与经济社会领域的专家座谈时，习近平也特别强调自主创新对于高质量发展的重要性。他说："要以科技创新催生新发展动能。实现高质量发展，必须实现依靠创新驱动的内涵型增长，大力提升自主创新能力，尽快突破关键核心技术。"①这是关系我国发展全局的重大问题，也是形成以国内大循环为主体、国内国际双循环相互促进的新发展格局的关键。

其次，必须通过开放创新来推进自主创新。习近平多次强调，发展科学技术要有世界眼光，必须坚持以全球视野谋划和推动科技创新，并明确提出了"构建开放创新生态，参与全球科技治理"②的要求。以开放创新的方式推进自主创新，是由科学技术的本质特征和发展趋势所决定的。一方面，科学技术本质上是世界性的，它具有跨越民族和国家的普遍性，能够为不同文化背景下的人所学习、运用和发展。另一方面，科学技术的进步越来越离不开世界范围内的交流与合作。事关人类共同利益的全球气候变化、网络信息安全、生态环境污染、传染性疾病疫情等重大问题，都需要世界各国携手合作、共同应对挑战。不拒众流，方为江海。习近平指

① 《习近平主持召开经济社会领域专家座谈会 强调着眼长远把握大势开门问策集思广益 研究新情况作出新规划》，《人民日报》2020 年 8 月 25 日第 1 版。
② 习近平：《在中国科学院第二十次院士大会、中国工程院第十五次院士大会、中国科协第十次全国代表大会上的讲话》，《人民日报》2021 年 5 月 29 日第 2 版。

出：“自主创新是开放环境下的创新，绝不能关起门来搞，而是要聚四海之气、借八方之力。”①只有深化国际科技交流合作，积极利用国际创新资源，才能在更高的起点上推进自主创新。不仅如此，以开放的姿态深度参与全球科技治理，既有助于我国在激烈的国际竞争中争夺全球科技治理的主导权，也有助于推动构建人类命运共同体，为世界其他国家的发展贡献中国智慧。为此，我们要积极参与和主导国际大科学计划和工程，发起和组织国际科技合作计划，特别是创立面向“一带一路”沿线国家的科技创新联盟和科技创新基地，让中国科技创新的成果惠及更多国家和人民，从而不断拓展创新的发展空间、提升开放创新的境界。

（三）把握原始创新与集成创新的关系

习近平指出，着力提高自主创新能力，要“增强原始创新、集成创新和引进消化吸收再创新能力”②。他还进一步阐述了原始创新与集成创新的密切关系：“要把握创新特点，遵循创新规律，既奇思妙想、‘无中生有’，努力追求原始创新，又兼收并蓄、博采众长，善于进行集成创新和引进消化吸收再创新”③。如果说原始创新主要是指“走前人没有走过的路”④，通过开拓新兴前沿交叉领域、突破关键核心技术，抢占科技竞争和未来发展的制高点，那么，集成创新则是指通过优化组合技术、知识、机制等各种创新要素，特别是通过前沿技术之间的深度融合，推动新的技术革新、产

---

① 《习近平谈治国理政》第3卷，外文出版社2020年版，第252页。
② 中共中央文献研究室编：《习近平关于科技创新论述摘编》，中央文献出版社2016年版，第39页。
③ 习近平：《在知识分子、劳动模范、青年代表座谈会上的讲话》，《人民日报》2016年4月30日第2版。
④ 中共中央文献研究室编：《习近平关于科技创新论述摘编》，中央文献出版社2016年版，第39页。

业变革以及国家治理现代化，从而助力经济社会发展。对于增强创新能力特别是自主创新能力来说，原始创新和集成创新都不可或缺，并且它们也是相互促进的。

首先，必须加强基础研究，推动原始创新。习近平非常重视基础研究。他强调说，要"持之以恒加强基础研究"①，不仅要加大针对基础研究的财政投入力度，优化财政支出结构，用税收优惠等方式激励企业积极开展基础研究，鼓励社会以捐赠、建立基金等方式多渠道地对基础研究进行投入，而且要不断强化国家战略科技力量，大力支持国家实验室、国家科研机构、高水平研究型大学和科技领军企业开展基础研究，担当高水平科技自立自强的使命。习近平之所以如此重视基础科研，是有其深刻原因的。

一方面，"基础研究是整个科学体系的源头。"② 基础科学研究旨在揭示客观物质世界的规律，其所形成的具有突破性的知识体系往往成为技术创新和产业变革的理论先导。从历史上看，近代以来的科学技术革命，都表现为基础科学研究方面的突破引起技术革命、进而带动产业变革的过程。例如，牛顿力学和热力学相结合，推动了以蒸汽技术为标志的第一次工业技术革命；麦克斯韦的电磁学理论引发了以电气技术为标志的第二次工业革命，推动了电气工程和无线电通讯事业的蓬勃发展；以相对论和量子论的产生为标志的现代科学革命，促进各门科学的发展出现了质的飞跃，并最终导致了第三次技术革命或新技术革命，催生了微电子技术、生物技术、海洋技术、信息技术、激光技术、空间技术、新通讯技术、新能源技术、新材料技术以及相关产业。在当今时代，基础研究和应用开发的关联度日益增强，基础研究显得更为重要。因此，推进科学技术领域的原

---

① 习近平：《在科学家座谈会上的讲话》，《人民日报》2020 年 9 月 12 日第 2 版。
② 《习近平谈治国理政》第 3 卷，外文出版社 2020 年版，第 249 页。

始创新，不能不重视基础研究。

另一方面，"加强基础研究是科技自立自强的必然要求，是我们从未知到已知、从不确定性到确定性的必然选择。"[1]正是由于基础研究在推动技术进步和产业变革方面的重要作用，世界大国无一不高度重视基础科学研究。与发达国家相比，我国在一些基础科学前沿领域的研究存在不少薄弱环节，这已成为制约我国实现科技自立自强、提升科技实力和综合国力的一大瓶颈。习近平指出："我国面临的很多'卡脖子'技术问题，根子是基础理论研究跟不上，源头和底层的东西没有搞清楚。"[2]为此，他提出，既要遵循科学发现的规律，鼓励自由探索和交流辩论，又要用应用研究中的重大科技问题带动基础研究，实现基础研究与应用研究相互促进；既要开展前瞻性的基础研究，实现引领性原创成果的重大突破，又要推动应用基础研究，促进应用基础研究的产业化。

其次，必须集成创新要素和环节，实现集成创新，激发创新活力。集成创新理论源于20世纪90年代以英特尔公司为代表的美国高新技术企业将新产品开发与制造相融合，进而打造基础研究与市场需求紧密相连的网络集成新制造系统而形成的技术管理和生产组织模式[3]，主要用于分析企业创新发展的影响因素。实际上，集成创新的理念和模式不仅适用于企业内部运作，能够帮助企业制定技术发展战略、增强竞争力，而且也可运用于国家创新体系的构建。也就是说，集成创新不仅仅是指在企业内部实现基础研究、市场需求和技术供给的有效衔接，还意味着在整个国家的创新体系中推动先进技术的交叉融合和创新要素的有机结合。

集成创新的战略契合当代科学技术发展趋势，有助于构建国家创新体

---

① 习近平：《在中国科学院第二十次院士大会、中国工程院第十五次院士大会、中国科协第十次全国代表大会上的讲话》，《人民日报》2021年5月29日第2版。

② 习近平：《在科学家座谈会上的讲话》，《人民日报》2020年9月12日第2版。

③ 参见慕铃、路风：《集成创新的要素》，《中国软科学》2003年第11期。

系。当代科技发展本身就呈现出系统集成的趋势。"科学技术在广泛交叉和深度融合中不断创新，特别是以信息、生命、纳米、材料等科技为基础的系统集成创新，以前所未有的力量驱动着经济社会发展。"① 最近几十年来的科学技术发展及其成就表明，多个学科、多个领域的相互渗透、交叉和融合趋势越来越明显，由此不仅解决了科学技术发展中的许多问题，而且开辟了新的研究方向，催生了环境科学、材料科学、信息科学、能源科学和空间科学等一系列跨学科领域，推动了信息产业和以生物技术为基础的相关产业等一系列高科技产业的发展。"学科交叉融合加速，新兴学科不断涌现，前沿领域不断延伸，物质结构、宇宙演化、生命起源、意识本质等基础科学领域正在或有望取得重大突破性进展。信息技术、生物技术、新材料技术、新能源技术广泛渗透，带动几乎所有领域发生了以绿色、智能、泛在为特征的群体性技术革命。"② 有学者指出，当代信息产业已经成为引领经济增长和结构调整的主导力量，而生物技术的突破正在酝酿新的主导产业③。毫无疑问，这些新兴的主导产业都不是单一的学科或技术领域的产物，而是多个学科和领域交叉融合的结果。因此，国家层面的科技发展战略和政策必须顺应科技发展的系统集成趋势，应当更为重视技术和产业的集成创新。

不仅如此，集成创新还能够调动全社会的创新力量，增强创新活力。习近平多次在重要讲话中用"创新链"来形容科技创新从基础研究成果到技术应用再到产业化推广的科技成果转移扩散全过程。在他看来，提升国家创新体系整体效能，既要坚持科技为经济社会发展服务的导向，围绕产业链部署创新链，围绕创新链完善资金链，又要打通创新链的诸多环节，

---

① 中共中央文献研究室编：《习近平关于科技创新论述摘编》，中央文献出版社 2016 年版，第 85 页。

② 《习近平谈治国理政》第 1 卷，外文出版社 2018 年版，第 119—120 页。

③ 参见徐冠华：《当代科技发展趋势和我国的对策》，《中国软科学》2002 年第 5 期。

"在实践载体、制度安排、政策保障、环境营造上下功夫，在创新主体、创新基础、创新资源、创新环境等方面持续用力"①，在加快科技创新的同时加强产品创新、产业组织创新、品牌创新、行业模式创新，尤其是要明确企业、高校、科研院所等创新主体的功能定位，"加快构建龙头企业牵头、高校院所支撑、各创新主体相互协同的创新联合体"②，由此激发各类主体的创新激情和活力。

三、推进创新系统工程

进入 21 世纪，中国共产党在推动实施科教兴国战略、人才强国战略和创新驱动发展战略时，不断完善国家创新体系、提升创新体系效能、建设创新型国家。党的十八大以来，以习近平同志为核心的党中央进一步从体系的角度来理解和推进创新，着力提升全民族的创新能力，深刻体现了把创新作为系统工程来抓的创新思维。以科技创新为例，习近平阐明了创新的系统工程性质。他在不同场合的讲话中反复强调："实施创新驱动发展战略是一个系统工程。"③推动科技创新，既要推进科技体制改革，"抓系统布局、系统组织、跨界集成"④，又要整合优化科技资源配置，"进行优化组合，克服分散、低效、重复的弊端"⑤。党的二十大报告指出，我国已经进入创新型国家行列，到 2035 年必须实现高水平科技自立自强，进

---

① 习近平：《努力成为世界主要科学中心和创新高地》，《求是》2021 年第 6 期。

② 习近平：《在中国科学院第二十次院士大会、中国工程院第十五次院士大会、中国科协第十次全国代表大会上的讲话》，《人民日报》2021 年 5 月 29 日第 2 版。

③ 《习近平谈治国理政》第 1 卷，外文出版社 2018 年版，第 124 页。

④ 习近平：《在中国科学院第二十次院士大会、中国工程院第十五次院士大会、中国科协第十次全国代表大会上的讲话》，《人民日报》2021 年 5 月 29 日第 2 版。

⑤ 习近平：《在科学家座谈会上的讲话》，《人民日报》2020 年 9 月 12 日第 2 版。

入创新型国家前列。为此，报告设专章论述了科教兴国战略、人才强国战略和创新驱动发展战略。如前所述，为了增强科技创新能力，习近平提出了集成创新观念，要求打通从科技创新到产业发展的创新链上的各个环节，提升国家创新体系整体效能。在指导实践创新、制度创新、科技创新、文化创新以及其他各方面创新时，习近平始终坚持系统观念，强调要通过突破重点或关键环节，实现创新系统工程中的整体推进。

（一）大力弘扬创新精神

党的十八大以来，以习近平同志为核心的党中央非常重视弘扬创新精神。2019 年，党中央专门出台了《关于进一步弘扬科学家精神加强作风和学风建设的意见》，要求大力弘扬勇攀高峰、敢为人先的创新精神。2020 年，在科学家座谈会上的讲话中，习近平阐述了科学家精神的内涵和意义，并重点阐述了创新精神。他说："科学成就离不开精神支撑。科学家精神是科技工作者在长期科学实践中积累的宝贵精神财富。""科技创新特别是原始创新要有创造性思辨的能力、严格求证的方法，不迷信学术权威，不盲从既有学说，敢于大胆质疑，认真实证，不断试验。"[1]2021 年，在中央人才工作会议上的讲话中，习近平进一步把坚持弘扬科学家精神概括为新时代人才工作的新理念和新战略新举措之一，认为这是"对我国人才事业发展规律性认识的深化，要始终坚持并不断丰富发展"[2]。实际上，创新精神不仅表现为在科学领域勇攀高峰、敢为人先，而且还表现为在其他各个领域中敢于创造、勇于探索。如前所述，无论是在改革开放以来的社会主义现代化建设新时期，还是在以往的奋斗历程中，我们党始终

---

[1] 习近平：《在科学家座谈会上的讲话》，《人民日报》2020 年 9 月 12 日第 2 版。
[2] 习近平：《深入实施新时代人才强国战略　加快建设世界重要人才中心和创新高地》，《求是》2021 年第 24 期。

坚持开拓创新，形成了以改革创新为核心的时代精神。可以说，创新精神是中国共产党的重要精神品质。新时代大力弘扬创新精神，特别要注意做到以下三个方面。

一是树立和增强创新自信。党的十八大以来，习近平多次勉励广大科技工作者坚定创新自信。如果说创新精神意味着质疑现有理论和方法，开拓新的方向，在攻坚克难中追求卓越，那么，创新自信则是指勇于质疑、敢于开拓、执着探索的勇气、毅力和信心。创新自信既是创新精神的重要内容，又是推动创新的精神力量。习近平认为，我们在包括科技事业在内的各个领域树立和增强创新自信是有底气的。一方面，中华民族有着悠久的创新传统和突出的创新精神。如前所述，中华民族在漫长的历史中形成了勇于创新、善于创新的民族精神，其所创造的文明成就曾经长时间领先于其他民族。我们的先人曾对中华民族的创新精神有过这样那样的概括，如"周虽旧邦，其命维新""天行健，君子以自强不息""苟日新，日日新，又日新"等。植根于古代文明成就之上的创新精神已经成为"中华民族最鲜明的禀赋"，激励着中国人在各种困难和挑战面前勠力前行。另一方面，新中国成立以来，党中央领导科技事业取得了举世瞩目的成就。新中国刚成立时，中国的科研机构和科技人员较少，科技事业在一片"废墟"上起步。1956年我们党提出了"向科学进军"的口号，推动科技事业进入了有计划蓬勃发展的新阶段，涌现出"两弹一星"、世界上首次人工合成牛胰岛素等重大成就。改革开放后，在邓小平提出的"科学技术是第一生产力"的思想指导下，我国迎来了科技事业的春天，通过制定和实施重大攻关计划、重点成果推广计划以及建立自然科学基金资助制度，取得了正负电子对撞机、银河系列巨型计算机、长征系列火箭等科技成就。进入新时代以来，在党中央坚强领导下，我国科技创新取得新的历史性成就。习近平将其概括为：基础研究和原始创新取得重要进展、战略高技术领域取得新跨越、高端产业取得新突破、科技在新冠肺炎疫情防控中发挥了重要作用、民生科技领域取得显著成效和国防科技创新取得重大成就①。这些成就不仅表明我国科技整体水平的大幅提升，而且预示着我国科技事业特别是自主创新事业的光明前景。因此，"我们完全有基础、有底气、有信心、有能力抓住新一轮科技革命和产业变革的机遇，乘势而上，大展宏图"②。

二是遵循事物发展的客观规律。科学研究是深入探索客观世界的本质、特性和内在规律的认识活动。同时，科学研究本身也有其自身的客观规律。无论是在科学研究过程中，还是在以科学研究的成果作为理论指导的实践活动中，弘扬创新精神，都必须尊重事物发展的客观规律。弘扬创新精神，也就是要发挥人的主观能动性；弘扬创新精神与遵循客观规律的关系，就是发挥人的主观能动性与尊重客观规律之间的关系。一方面，尊重客观事实、遵循客观规律是弘扬创新精神的基本前提；另一方面，弘扬创新精神，并不是要否认或超越客观规律，而是为了深入认识和把握客观规律，以便更好地遵循客观规律。党的十八大以来党中央在治国理政中的各种创新，始终是以尊重、遵循各领域事物发展的客观规律为前提的。例如，"四个全面"战略布局体现了新时代中国共产党人对共产党执政规律、社会主义建设规律和人类社会发展规律的深刻认识和灵活运用；在经济体制改革中，我们党提出使市场在资源配置中起决定性作用，是我们党关于中国特色社会主义建设规律认识上的新突破，也是充分尊重市场规律的表现；在选用人才问题上，习近平强调要遵循"人才成长规律"③；关于新闻舆论工作，习近平指出，不仅要科学认识网络传播规律，提高用网治网水

①　参见习近平：《在中国科学院第二十次院士大会、中国工程院第十五次院士大会、中国科协第十次全国代表大会上的讲话》，《人民日报》2021年5月29日第2版。

②　习近平：《在中国科学院第二十次院士大会、中国工程院第十五次院士大会、中国科协第十次全国代表大会上的讲话》，《人民日报》2021年5月29日第2版。

③　《习近平谈治国理政》第3卷，外文出版社2020年版，第254页。

平，而且要运用网络传播规律，创新改进网上宣传，做好网上舆论工作；关于科技创新，习近平强调，要遵循科研活动自身规律，鼓励科研工作者自由探索、充分交流，容忍在科学问题上的"异端学说"，给科研院所和科研工作者更多的自主权。

三是坚持需求导向和问题导向。在科学研究中弘扬创新精神，首先要解决选题问题。"科研选题是科技工作首先需要解决的问题。"①，而科研选题应该坚持需求导向，特别是要瞄准党和国家事业发展的战略需求。党的十八大报告在谋划推进经济结构战略性调整时，提出要"强化需求导向"，大力发展战略性新兴产业、先进制造业，加快传统产业转型升级，发展壮大现代服务业。坚持需求导向也是实施创新驱动发展战略的基本要求。"党的十八大提出的实施创新驱动发展战略，就是要推动以科技创新为核心的全面创新，坚持需求导向和产业化方向"②。作为弘扬创新精神的要求，坚持需求导向，也就是坚持问题导向，亦即着力解决党和国家事业发展所面临的重大关键问题。习近平多次强调，"研究方向的选择要坚持需求导向，从国家急迫需要和长远需求出发，真正解决实际问题"③，"科技攻关要坚持问题导向，奔着最紧急、最紧迫的问题去"④。例如，科技创新要着力解决经济社会发展、国防建设等方面的重大问题，使科技创新与经济社会的全面、可持续发展紧密结合，将科技创新成果转化为推动发展的澎湃动力；推进全面深化改革，要着力解决影响人民群众生产生活的突出问题，以重点突破引领改革纵深推进。总之，在党和国家事业各个方面弘扬创新精神，要立足现实，以党和国家的战略需求和相关领域的重大问题为

① 习近平：《在科学家座谈会上的讲话》，《人民日报》2020 年 9 月 12 日第 2 版。
② 中共中央文献研究室编：《习近平关于科技创新论述摘编》，中央文献出版社 2016 年版，第 17 页。
③ 习近平：《在科学家座谈会上的讲话》，《人民日报》2020 年 9 月 12 日第 2 版。
④ 习近平：《在中国科学院第二十次院士大会、中国工程院第十五次院士大会、中国科协第十次全国代表大会上的讲话》，《人民日报》2021 年 5 月 29 日第 2 版。

导向，努力以创新成果促进经济社会发展和综合国力提升。

（二）坚持以理论创新为先导

从历史上的历次工业技术革命来看，创新都是首先发生在自然科学的基础理论领域，然后波及技术和产业领域。也就是说，自然科学领域的基础理论创新是技术革命和产业变革的先导。这是因为，基础科学研究中的理论创新意味着人们对客观事物及其发展规律认识的深化，它能够指导人们更为有效地改造世界。其实，在社会生活的各个领域，理论创新都是实践创新的先导。习近平以党的十四大提出的确立社会主义市场经济体制改革目标为例，阐述了重大理论突破对我国改革开放和经济社会发展的重要作用，明确指出"理论创新对实践创新具有重大先导作用"[1]。他关于哲学社会科学的理论创新对人类社会发展和文明进步的深远影响的论述，也深刻阐明了理论创新对实践创新的先导作用。他说："人类社会每一次重大跃进，人类文明每一次重大发展，都离不开哲学社会科学的知识变革和思想先导。"[2]在西方，从古希腊到文艺复兴时期，再到十八十九世纪和现当代，不同时期的伟大思想和学说，都这样那样地引领了西方社会发展潮流。在中国，近代西方思想文化和科学知识的大量涌入，推动了中国哲学社会科学从古代传统到近代传统再到现代传统的嬗变[3]。特别是马克思主义在中国的传播、发展和中国马克思主义理论创新，为中国的先进分子研究中国社会问题，谋求民族独立、人民解放和国家富强提供了科学的理论指导。

坚持以理论创新为先导，首先必须推进实践基础上的理论创新。辩证

---

[1] 《习近平谈治国理政》第 1 卷，外文出版社 2018 年版，第 75 页。

[2] 习近平：《在哲学社会科学工作座谈会上的讲话》，《人民日报》2016 年 5 月 19 日第 2 版。

[3] 参见汪信砚：《中国哲学传统的三重变奏》，《学术月刊》2013 年第 9 期。

唯物主义深刻阐明了认识与实践的辩证关系。一方面，实践决定认识，实践既是认识的源泉和动力，又是认识的目的和归宿；另一方面，认识对实践具有反作用，正确的认识能够推动实践，错误的认识则会阻碍实践。要发挥理论创新对实践创新的先导作用，首先必须把理论创新奠基在坚实的实践基础上，创造性地研究和回答实践中的问题，并在实践中检验和发展理论创新的成果。我们党在领导革命、建设和改革的过程中，始终重视在实践基础上开展理论创新。2015 年 2 月，习近平在瞻仰中共七大会址时也强调说，毛泽东思想、邓小平理论、"三个代表"重要思想、科学发展观都是在实践基础上的理论创新。同样，习近平新时代中国特色社会主义思想同样也是实践基础上的重大理论创新。例如，习近平新时代中国特色社会主义思想中的新发展理念，既是根据我国发展环境、发展条件的变化并适应我国经济发展进入新常态而提出的，又深刻总结了国内外发展经验，特别是新中国成立以来社会主义建设实践的经验，包括必须坚持我国的基本经济制度和分配制度，坚持社会主义市场经济体制，以及在经济特区和自贸试验区建设、脱贫攻坚和乡村振兴、国家生态文明建设示范区和"绿水青山就是金山银山"实践创新基地建设等方面的成功经验。正是由于有了这些坚实的实践基础，新发展理念才能够深刻把握新时代我国经济社会发展的本质特点和内在规律，才能适应新时代我国经济社会进一步发展的客观需要。理论创新必须奠基在实践基础上，意味着我们必须根据实践的发展而不断推进理论创新。正如习近平所说，"时代是思想之母，实践是理论之源。实践发展永无止境，我们认识真理、进行理论创新就永无止境。"[①]

坚持以理论创新为先导，还必须注重把理论创新成果运用于实践，进而引领实践创新。习近平指出："党的十八大以来我们对经济社会发展提

---

① 《习近平谈治国理政》第 2 卷，外文出版社 2017 年版，第 34 页。

出了许多重大理论和理念，其中新发展理念是最重要、最主要的。"①新发展理念一经提出就成为我国经济社会发展的理论引领。党的十八届五中全会首先提出了创新、协调、绿色、开放、共享的新发展理念，创造性地"回答了关于发展的目的、动力、方式、路径等一系列理论和实践问题，阐明了我们党关于发展的政治立场、价值导向、发展模式、发展道路等重大政治问题"②。党的十八大以来，以习近平同志为核心的党中央深入贯彻落实新发展理念，统筹推进"五位一体"总体布局，协调推进"四个全面"战略布局，实施创新驱动发展、乡村振兴、区域协调发展等一系列战略，大力建设社会主义生态文明，实行高水平对外开放，努力实现全体人民共同富裕，推动经济社会发展取得了历史性成就、发生了历史性变革。

（三）充分发挥人才在创新中的关键作用

人才是创新的主体。我们党在领导革命、建设和改革的不同时期，始终高度重视人才工作，团结和支持各方面人才为党和人民事业建功立业。进入新世纪以后，人才资源作为创新主体的重要作用进一步凸显。党的十八大以来，习近平多次引用东晋史学家习凿齿《襄阳记》中的"功以才成，业由才广"③来说明人才的重要性，强调人才是支撑发展的第一资源和自主创新的关键。2021年，他在中央人才工作会议上指出："综合国力竞争说到底是人才竞争。人才是衡量一个国家综合国力的重要指标。人才是自主创新的关键，顶尖人才具有不可替代性。国家发展靠人才，民族振

---

① 习近平：《把握新发展阶段，贯彻新发展理念，构建新发展格局》，《求是》2021年第9期。

② 习近平：《把握新发展阶段，贯彻新发展理念，构建新发展格局》，《求是》2021年第9期。

③ 《习近平谈治国理政》第3卷，外文出版社2020年版，第253页。

兴靠人才。"①这一论述深刻阐明了人才在推动自主创新、国家发展和民族振兴方面的重要性，也是对改革开放以来我们党人才观的进一步丰富和深化。习近平尤为重视人才在实施创新驱动发展战略过程中的作用，认为中国现代化不能走靠要素驱动的老路，必须及早转入创新驱动发展轨道，把科技和人才中蕴含的创新潜力更好释放出来。他强调说，"创新驱动实质上是人才驱动"②。为了做好新时代人才工作，他还要求继承发扬中华民族尊重人才、尚贤爱才的优良传统，树立"人才意识"，做到"寻觅人才求贤若渴，发现人才如获至宝，举荐人才不拘一格，使用人才各尽其能"③。

根据习近平的有关论述，充分发挥人才在创新中的关键作用，要从以下三个方面着手。

一是营造有利于创新人才成长和发展的环境。良好的环境和氛围，对于人才的培养、发现和使用都是非常重要的。首先，要营造培养创新人才的育人环境。习近平指出，"培养人才是国家和民族长远发展的大计"④，虽然我国的科技队伍规模位居世界第一，但是我国科技队伍的水平还有待提高、结构还不合理，迫切需要深化教育改革，"以更好培养青少年的创新意识和能力"⑤。而深化教育改革，就是要推进素质教育，创新教育方法，打造有利于创新人才成长的育人环境。其次，要营造有利于人才发展的政策环境和社会环境。充分发挥人才在创新中的关键作用，离不开对人

---

① 习近平：《深入实施新时代人才强国战略 加快建设世界重要人才中心和创新高地》，《求是》2021 年第 24 期。

② 中共中央文献研究室编：《习近平关于科技创新论述摘编》，中央文献出版社 2016 年版，第 119 页。

③ 中共中央文献研究室编：《习近平关于科技创新论述摘编》，中央文献出版社 2016 年版，第 108 页。

④ 习近平：《深入实施新时代人才强国战略加快建设世界重要人才中心和创新高地》，《求是》2021 年第 24 期。

⑤ 中共中央文献研究室编：《习近平关于科技创新论述摘编》，中央文献出版社 2016 年版，第 109 页。

才的有效使用和科学管理。习近平强调，要创造人尽其才的政策环境。他说，"培养集聚人才，要有识才的眼光、用才的胆识、容才的雅量、聚才的良方"①。他还指出，要以深化人才发展体制机制改革为重要保障，在全社会营造识才爱才敬才用才的环境，特别是要向用人主体授权，积极为人才松绑，完善人才评价体系。

二是遵循创新规律和人才发展规律。习近平指出，做好人才工作，尤其是科技创新人才工作，要适应科技创新要求，遵循科技创新规律和科学发现规律，不仅要改革人才管理制度，进一步破除"官本位"、行政化的传统思维，避免简单套用行政管理的办法对待科研工作、像管行政干部那样管科研人才，而且要改革人才评价机制，破除人才评价中唯论文、唯职称、唯学历的做法，确保科技人才潜心研究和创新；同时，要遵循人才成长规律，包括人才培养、发展和交流的规律，破除束缚人才发展的思想观念，改进人才工作机制，"顺木之天，以致其性"，鼓励人才开展创造性、探索性的研究工作，做到信任人才、尊重人才、善待人才、包容人才，促进人才资源在国际国内合理有序流动。

三要根据不同领域、不同类型人才的特点开展人才队伍建设。党的十八大以来，党中央做好人才工作的新理念新战略新举措之一是坚持党对人才工作的全面领导，集聚党内和党外、国内和国外各方面优秀人才。在科学技术、哲学社会科学、文化艺术等领域，我们党在加强对人才工作的政治引领的同时，注重适应不同领域、不同类型人才的特点开展针对性的人才队伍建设，努力打造一支规模宏大、结构合理、素质优良的人才队伍。习近平强调，在科技领域，要加快建设战略人才力量，针对战略科学家、一流科技领军人才和创新团队、青年科技人才队伍和卓越工程师的特

---

① 中共中央文献研究室编：《习近平关于科技创新论述摘编》，中央文献出版社 2016 年版，第 116 页。

点，分别制定相应的培养机制和保障政策；在哲学社会科学领域，不仅要培养大师，而且要建设种类齐全、梯队衔接的人才队伍，为此，要认真贯彻党的知识分子政策，加强哲学社会科学优秀人才使用，深化人才发展体制机制改革；在文化艺术领域，要培养德艺双馨的文艺名家、有影响的文艺领军人物和宏大的文艺人才队伍，不仅要尊重文艺工作者的创作个性和创造性劳动，而且要政治上充分信任、创作上热情支持文艺工作者，关心他们的工作和生活，倾听他们的心声和心愿。习近平还指出，推进创新系统工程、构建国家创新体系，也离不开数以亿计的高素质劳动者和技术技能人才。为此，要抓紧抓好提高劳动者队伍整体素质这一战略任务，"弘扬劳动光荣、技能宝贵、创造伟大的时代风尚"①，帮助广大劳动者学习新知识、掌握新技能、增长新本领，不断拓展他们的成长成才空间。

---

① 中共中央文献研究室编：《习近平关于科技创新论述摘编》，中央文献出版社 2016 年版，第 119 页。

第 八 章
新时代的精准思维

2013 年 11 月，习近平在湖南湘西十八洞村考察时，首次提出了"精准扶贫"的要求。在党的二十大报告中，他在回顾过去 5 年的工作和新时代 10 年的伟大变革时指出，我们坚持精准扶贫、尽锐出战，打赢了人类历史上规模最大的脱贫攻坚战，历史性地解决了绝对贫困问题，为全球减贫事业作出了重大贡献。党的十八大以来，从指导脱贫攻坚开始，习近平在领导全面深化改革、社会治理、宏观调控、军民融合、新冠肺炎疫情防控、区域协调发展、生态文明建设等党和国家事业时，先后提出了"精准施策""精准把脉""精准理解""精准发力""精准落实"等一系列重要概念，形成了新时代治国理政的诸多"精准方略"，体现出一种具有鲜明特色的精准思维，它也是习近平新时代中国特色社会主义思想哲学方法论的重要内容。所谓精准思维，就是在精准了解客观实际的基础上，深入分析和准确把握事物的本质、特点和规律，采取针对性、精细化的政策和措施，并积极推动政策和措施的落实，确保问题得到有效解决。

一、运用精准思维的基本要求

2013 年，习近平首次提出"精准扶贫"时强调，"扶贫要实事求是，因地制宜。"①。这一论断不仅适用于精准扶贫工作，而且具有普遍的意义，它深刻地揭示了精准思维的基本要求，即坚持实事求是和因地制宜。同时，习近平在回顾他提出精准扶贫战略的过程时曾说："我提出精准扶贫战略，就是在深入调查研究的基础上提出来的。"② 习近平的这些论述表明，运用精准思维，必须遵循实事求是的思想路线、坚持因地制宜的原则和深入开展调查研究工作。

（一）遵循实事求是的思想路线

精准思维的前提是精准地了解客观实际，因此，要运用精准思维，必须坚持从实际出发的实事求是的思想路线。习近平指出："实事求是，是马克思主义的根本观点，是中国共产党人认识世界、改造世界的根本要求，是我们党的基本思想方法、工作方法、领导方法。"③ 深刻理解习近平关于实事求是的这一论述，有助于我们把握习近平的精准思维，也有助于我们学会运用精准思维。

首先，实事求是是马克思主义的根本观点。1941 年，毛泽东在《改造我们的学习》中指出："'实事'就是客观存在着的一切事物，'是'就是客观事物的内部联系，即规律性，'求'就是我们去研究。"④ 可见，实事求是是指从客观事物的实际情况出发，把握事物的本来面貌，揭示事物的内在规律。坚持实事求是，首先要求我们承认事物具有不依赖于人的意志而转移的客观属性，即承认世界的客观实在性。而承认外部世界的客观实在性是唯物主义区别于形形色色的唯心主义的根本之点。用恩格斯的话

---

① 《习近平的"扶贫观"：因地制宜"真扶贫，扶真贫"》，人民网 2014 年 10 月 17 日。
② 习近平：《努力成为可堪大用能担重任的栋梁之才》，《求是》2022 年第 3 期。
③ 《习近平谈治国理政》第 1 卷，外文出版社 2018 年版，第 25 页。
④ 《毛泽东选集》第 3 卷，人民出版社 1991 年版，第 801 页。

来说，唯物主义世界观是指"人们决心在理解现实世界（自然界和历史）时按照它本身在每一个不以先入为主的唯心主义怪想来对待它的人面前所呈现的那样来理解；他们决心毫不怜惜地抛弃一切同事实（从事实本身的联系而不是从幻想的联系来把握的事实）不相符合的唯心主义怪想。"①可见，唯物主义特别是马克思主义的辩证唯物主义主张按照事物的本来面貌而非关于事物的唯物主义怪想来认识事物、揭示事物的本质和规律。唯物主义立场决定马克思主义必然主张在认识世界和改造世界时要坚持一切从实际出发，坚持实事求是。"坚持从实际出发，前提是深入实际、了解实际，只有这样才能做到实事求是。同样，只有有实事求是的态度才能重视深入实际、了解实际。"②

其次，实事求是是中国共产党人认识世界、改造世界的根本要求。在《改造我们的学习》中，毛泽东倡导马克思列宁主义的态度，要求全党认真开展调查研究，特别是研究中国历史和中国革命中的实际问题。他所说的马克思列宁主义的态度，就是实事求是的态度，即应用马克思列宁主义的理论和方法，系统周密地调查研究周围环境，以最终实现中国革命和东方革命的目标。在他看来，"这种态度，就是党性的表现，就是理论和实际统一的马克思列宁主义的作风。这是一个共产党员起码应该具备的态度。"③这表明，实事求是是把马克思列宁主义与中国具体实际相结合的根本要求。以毛泽东同志为主要代表的中国共产党人之所以领导中国的革命和社会主义建设取得了重大成就，从根本上说就是因为坚持实事求是，实现了马克思列宁主义与中国具体实际的有效结合。正因如此，邓小平才特别强调实事求是是毛泽东思想的精髓和活的灵魂，是中国共产党的思想路线。

---

① 《马克思恩格斯文集》第4卷，人民出版社2009年版，第297页。

② 习近平：《努力成为可堪大用能担重任的栋梁之才》，《求是》2022年第3期。

③ 《毛泽东选集》第3卷，人民出版社1991年版，第801页。

再次，实事求是是中国共产党的根本方法。实事求是在不同时期指引着中国革命、建设和改革事业，是指导中国共产党各方面工作的根本方法。在领导中国改革开放事业的过程中，邓小平非常重视实事求是的方法。他说："过去我们搞革命所取得的一切胜利，是靠实事求是；现在我们要实现四个现代化，同样要靠实事求是。"[①]改革开放以后，基于对中国处于社会主义初级阶段这一国情的认识，我们党始终坚持"一个中心、两个基本点"的基本路线；基于对社会主义和资本主义、计划经济和市场经济的认识，我们党始终坚持社会主义市场经济改革方向，不断健全和完善社会主义市场经济体制，着力处理好政府与市场的关系；基于对经济发展不平衡、不协调、不可持续等问题的把握，我们党始终坚持和不断促进科学发展，协调处理改革、发展和稳定的关系。进入新时代以来，以习近平同志为核心的党中央全面深入地分析党情世情民情，深刻认识共产党执政规律、社会主义建设规律和人类社会发展规律，科学谋划"五位一体"总体布局和"四个全面"战略布局，解决了诸多重要难题，实现了党和国家事业的历史性变革。所以，习近平说："我们过去取得的一切成就都是靠实事求是。今天，我们要把中国特色社会主义事业继续推向前进，还是要靠实事求是。"[②]

（二）坚持因地制宜的原则

习近平强调，运用精准思维观察和处理问题，必须坚持因地制宜的原则。20 世纪 80 年代，习近平在福建宁德开展农村扶贫工作时，就提出农村扶贫要遵循因地制宜的原则。他指出，扶贫要找准发展路径，"要使弱

---

① 《邓小平文选》第 2 卷，人民出版社 1994 年版，第 143 页。

② 习近平：《在纪念朱德同志诞辰 130 周年座谈会上的讲话》，《人民日报》2016 年 11 月 30 日第 2 版。

鸟先飞，飞得快，飞得高，必须探讨一条因地制宜发展经济的路子"①。党的十八大以来，在指导党和国家事业各方面工作时，习近平更是特别重视因地制宜的原则。在论述解决区域发展不平衡问题、落实改革方案、发展特色经济、扶贫攻坚以及黄河流域生态保护和促进高质量发展等各方面工作时，他反复要求人们因地制宜、分类施策。特别是在推进全国范围内的精准扶贫、精准脱贫工作时，他强调要因地制宜地探索精准脱贫的有效路子，做到因村因户因人精准施策。

坚持因地制宜是唯物辩证法的矛盾特殊性原理的必然要求。唯物辩证法认为，矛盾既具有普遍性也具有特殊性。矛盾的特殊性，是指每一事物的矛盾及其各个侧面的性质、地位、作用等各个方面，以及矛盾解决的具体形式各有其特点。矛盾的特殊性规定着一事物区别于他事物的特殊本质，是事物千差万别的内在根据。因此，要准确地把握事物，就必须研究矛盾的特殊性。"不论研究何种矛盾的特性——各个物质运动形式的矛盾，各个运动形式在各个发展过程中的矛盾，各个发展过程的矛盾的各方面，各个发展过程在其各个发展阶段上的矛盾以及各个发展阶段上的矛盾的各方面，研究所有这些矛盾的特性，都不能带主观随意性，必须对它们实行具体的分析。"②列宁特别强调，"马克思主义的精髓，马克思主义的活的灵魂：对具体情况作具体分析"③。而根据各地的实际情况，因地制宜地制定相应的政策和措施，正是对具体问题具体分析原则的运用。在革命战争年代，以毛泽东同志为主要代表的中国共产党人具体分析中国社会的实际情况和世界革命的形势，不断深化对中国革命中各种问题的认识，科学制定并适时调整中国革命战略和策略，为我们树立了坚持因地制宜原则的典范。

坚持因地制宜与坚持实事求是是内在统一的。实事求是的思想路线和

---

① 习近平：《摆脱贫困》，福建人民出版社1992年版，第4页。
② 《毛泽东选集》第1卷，人民出版社1991年版，第317页。
③ 《列宁选集》第4卷，人民出版社2012年版，第213页。

因地制宜的原则在思想方法论上处于不同的层次，其中，实事求是是党的根本思想方法，是党的一切工作的根本指针，而因地制宜则是具体工作方法，它是实事求是的根本思想方法在实际工作中的具体运用，内在地体现了坚持实事求是的基本要求。首先，实事求是的思想路线坚持唯物主义的原则和立场，肯定世界的客观实在性，要求一切从实际出发，而因地制宜的原则强调客观事物的特殊本质，坚持一切从事物的特殊本质这一具体实际出发。其次，实事求是的思想路线体现了唯物辩证法的基本精神，要求认识、把握客观事物的本质和内在规律，形成关于客观事物的真理性的认识，而因地制宜的原则要求通过分析客观事物矛盾的特殊性来把握事物的本质和规律，强调只有具体地分析具体问题才能形成关于客观事物的正确认识。同时，实事求是的思想路线要求人们用发展的眼光看问题，其所谓的"一切从实际出发"也包括从不断变化发展着的实际出发，而因地制宜的原则更具体地体现了从变化发展着的实际看问题。这一原则之所以强调一切从事物的具体实际出发和具体问题具体分析，就是因为决定事物特殊本质的矛盾的特殊性包括矛盾的性质、地位、作用等的特殊性都是不断变化的，如主要矛盾和非主要矛盾、矛盾的主要方面和次要方面都是不断变化和相互转化的。再次，实事求是的思想路线所体现的有的放矢的马克思主义态度，也在因地制宜的原则中得到了具体化。因地制宜的原则强调一切以时间地点条件为转移，要求针对不同的事物及其变化发展情况精准施策。显然，只有始终坚持因地制宜，才能真正做到有的放矢。总之，因地制宜是实事求是的具体化，坚持因地制宜的原则是由坚持实事求是的思想路线走向精准思维的一个必要的中间环节。

（三）把调查研究做深做实

无论是遵循实事求是的思想路线还是坚持因地制宜的原则，都必须深入开展调查研究，因为只能通过调查研究，才能了解"实事"或实际、把握事物矛盾的特殊性和事物的特殊本质。正因如此，习近平说调查研究是精准思维的基础。

调查研究既是马克思主义世界观和方法论的根本要求，也是我们党密切党和人民群众之间的联系、制定正确的路线方针政策、顺利开展各项工作的重要保证。习近平指出："马克思主义的辩证唯物主义、历史唯物主义世界观和方法论，党的实事求是的思想路线，党的从群众中来、到群众中去的根本工作路线，都要求我们的领导工作和领导干部必须始终坚持和不断加强调查研究。"① 从历史上看，我们历来重视调查研究，这一优良传统是党在不同历史时期做好工作的重要法宝。

习近平继承党的优良传统，高度重视调查研究，强调"调查研究是谋事之基、成事之道。没有调查，就没有发言权，更没有决策权。"② 不仅如此，他还身体力行开展调查研究，在不同时期的领导岗位上始终坚持"把调查研究做深做实"③。在主政福建宁德期间，习近平提出并倡导实施了信访接待下基层、现场办公下基层、调查研究下基层和宣传党的方针政策下基层的"四下基层"工作制度。他在宁德完成的第一篇调查报告《弱鸟如何先飞——闽东九县调查随感》，提出了更新观念、积极探索、因地制宜、从严治党以实现"弱鸟先飞"的工作思路。在浙江工作期间，他提出调研工作要坚持"深、实、细、准、效"的原则，要求领导干部不仅要在对重大问题进行决策前深入实际、深入基层、深入群众，"一定要有眼睛向下的决心和甘当小学生的精神"④，而且要掌握科学的调研方法，充分运用现

---

① 习近平：《深入实际　实事求是　提高调查研究的水平和成效》，《学习时报》2011 年 11 月 21 日第 1 版。

② 《习近平在武汉召开部分省市负责人座谈会时强调　加强对改革重大问题调查研究　提高全面深化改革决策科学性》，《人民日报》2013 年 7 月 25 日第 1 版。

③ 习近平：《努力成为可堪大用能担重任的栋梁之才》，《求是》2022 年第 3 期。

④ 习近平：《之江新语》，浙江人民出版社 2007 年版，第 154 页。

代信息手段，"多层次、多方位、多渠道地了解情况，做到点面结合、上下结合、内外结合"①。

习近平所提出的"把调查研究做深做实"的要求，主要包括以下几个方面的内容。

一是要深入基层一线。要通过调查研究了解客观实际情况、体察人民群众的疾苦和呼声，就必须深入实际、深入基层，特别是深入到基层一线。习近平通俗而形象地指出，"要眼睛向下、脚步向下，经常扑下身子、沉到一线"，"既要'身入'基层，更要'心到'基层，听真话、察真情，真研究问题、研究真问题"②。唯其如此，才能避免调查研究中的形式主义和官僚主义。

二是要广泛听取意见。由于自身利益和主观认识等方面的原因，基层干部、广大群众对同一个问题或同一件事情的看法和意见可能不尽一致，甚至彼此冲突。针对这种情况，习近平强调"兼听则明、偏听则暗"，认为能听到不同声音不是坏事，要求广泛听取各方面的意见，"要用好交换、比较、反复的方法，重视听取各方面意见包括少数人的意见、反对的意见"③。

三是要深入分析思考。调查研究，既包括调查也包括研究，其根本目的是为了解决问题。习近平指出，对于调查所得的各种材料和各方面意见，要进行分析和思考，从中发现事物的本质和规律，找到解决问题的思路和方法。只有"经过多次'否定之否定'的过程，进行的思考、作出的决策才能符合实际"④。

四是要创新调查方法。习近平指出，在信息化、网络化时代，调查研

---

①　习近平：《之江新语》，浙江人民出版社 2007 年版，第 167 页。

②　习近平：《努力成为可堪大用能担重任的栋梁之才》，《求是》2022 年第 3 期。

③　习近平：《努力成为可堪大用能担重任的栋梁之才》，《求是》2022 年第 3 期。

④　习近平：《努力成为可堪大用能担重任的栋梁之才》，《求是》2022 年第 3 期。

究方法要与时俱进，不仅要运用我们党在长期的实践中摸索出"蹲点调研""解剖麻雀"等行之有效的方法，还要充分利用现代科学技术，通过问卷调查、统计调查、抽样调查、专家调查、网络调查等方法来提高调查研究的效率和科学性①。

五是要使调查研究制度化经常化。在浙江工作期间，习近平主导制定了浙江省委《关于推进调查研究工作规范化制度化的意见》，对加强领导干部调查研究工作作出了硬性规定。2011 年，习近平提出，为保证调查研究经常化，要坚持和完善先调研后决策的重要决策调研论证制度，领导机关、领导干部的调研工作制度，以及领导干部的联系点制度②。此后不久，中央出台了"八项规定"，其中的第一条就是"要改进调查研究"。如今，调查研究的制度化经常化已经成为党和国家制度建设的"新常态"，它为党和国家制定正确的路线方针政策提供了有力的制度保障。

总之，深入研究调查研究，把调查研究做深做实，是遵循实事求是的思想路线和坚持因地制宜的原则的根本要求，因而也是运用精准思维的前提和基础。

二、制定和实施精准方略

在 2018 年召开的打好精准脱贫攻坚战座谈会上，习近平总结出脱贫攻坚伟大实践中积累的六条宝贵经验，其中第二条经验是"坚持精准方

---

① 参见习近平：《深入实际　实事求是　提高调查研究的水平和成效》，《学习时报》2011年 11 月 21 日第 1 版。

② 参见习近平：《深入实际　实事求是　提高调查研究的水平和成效》，《学习时报》2011年 11 月 21 日第 1 版。

略，提高脱贫实效"①。在他看来，"脱贫攻坚，精准是要义。"②2019 年，在解决"两不愁三保障"突出问题座谈会上，习近平对扎实做好脱贫攻坚工作作出重要指示，要求各地区各部门认真整改"贯彻精准方略有偏差"等问题③。实际上，精准方略不只是习近平精准思维在脱贫攻坚中的运用，而是我们把握习近平精准思维的一个关键词。党的十八大以来，在领导全面深化改革、社会治理、宏观调控、军民融合、新冠肺炎疫情防控、区域协调发展、生态文明建设等党和国家的各项事业时，习近平始终高度重视制定和实施精准方略，既坚持问题导向、精准把脉，又强调精准发力、精准施策，还要求精准理解、精准落实，由此推动各方面事业的发展。

（一）坚持问题导向和精准把脉

坚持问题导向是习近平治国理政的鲜明特色。习近平说："党的十八大以来，党和国家事业取得历史性成就、发生历史性变革，其中一条很重要的经验就是坚持问题导向，把解决实际问题作为打开工作局面的突破口。"④"问题是事物矛盾的表现形式。"⑤ 坚持问题导向，就是深入认识和积极应对事物发展过程中的矛盾。坚持问题导向，既是唯物辩证法的基本要求，又是中国共产党领导和开展各项工作的重要方法。我们党在百年奋斗征程中，科学认识、正确判断和着力解决不同历史时期我国社会主要

① 《习近平谈治国理政》第 3 卷，外文出版社 2020 年版，第 151 页。
② 《习近平谈治国理政》第 3 卷，外文出版社 2020 年版，第 151 页。
③ 参见习近平：《在解决"两不愁三保障"突出问题座谈会上的讲话》，《求是》2019 年第 16 期。
④ 《习近平在中央党校（国家行政学院）中青年干部培训班开班式上发表重要讲话强调　年轻干部要提高解决实际问题能力　想干事能干事干成事》，《人民日报》2020 年10 月 11 日第 1 版。
⑤ 习近平：《辩证唯物主义是中国共产党人的世界观和方法论》，《求是》2019 年第 1 期。

矛盾和根本问题，带领中国人民实现了从站起来、富起来到强起来的历史性飞跃。可以说，"我们党领导人民干革命、搞建设、抓改革，从来都是为了解决中国的现实问题。"① 在新时代的治国理政实践中，习近平反复强调要增强问题意识、坚持问题导向，充分体现了对于运用辩证唯物主义世界观和方法论的理论自觉，以及继承发扬党的优良传统的政治自觉。

坚持问题导向，关键在于精准把脉、精准识别问题，因此，必须着力做好以下几个方面。

一是精准把握世界大势。2015 年，在二十国集团领导人第十次峰会第一阶段会议上，习近平提出，先要"精准把脉"世界经济形势，解决"怎么看"的问题，然后才能为促进全球经济增长和就业开出良方，回答"怎么办"的问题。他的基本判断是，"国际金融危机深层次影响还在继续，世界经济仍然处在深度调整期"②。在其他一些事关全局的重大战略问题上，习近平也作出了准确的判断，特别是精准地把握了世界格局和科技发展趋势。他多次强调，当今世界正处于百年未有之大变局。这是对当前世界发展形势和国际格局的准确概括，深刻揭示了当今世界大发展大变革大调整时期的基本特征，例如，和平与发展时代主题下的不稳定性和不确定性、国际力量的对比关系变化和国际格局的重大调整、世界经济中心的迁移和世界权力的转移扩散，等等。习近平也非常关注当今世界的科技发展趋势，不仅多次亲临科技产业第一线进行考察调研、主持召开科学家座谈会，而且带领中央政治局就数字经济和区域链技术进行集体学习。他对世界科技发展大势作出的基本判断是："当今世界，新科技革命和全球产业变革正在孕育兴起，新技术突破加速带动产业变革，对世界经济结构和

---

① 习近平：《辩证唯物主义是中国共产党人的世界观和方法论》，《求是》2019 年第 1 期。

② 习近平：《创新增长路径　共享发展成果——在二十国集团领导人第十次峰会第一阶段会议上关于世界经济形势的发言》，《人民日报》2015 年 11 月 16 日第 2 版。

竞争格局产生了重大影响。"①他指出，这一变革将重塑全球经济结构，深刻改变国际军事竞争格局，并给人类生产生活带来深远影响。

其次，精准识别中国经济社会发展的重大问题。2014年5月，习近平在河南考察时首次提出"新常态"概念。他强调说，我国发展仍处于重要战略机遇期，要从当前我们经济发展的阶段性特征出发，适应新常态，保持战略上的平常心态。随后，他又在多次重要讲话中不断丰富和充实这一概念的内涵。所谓新常态，是指我国经济发展到今天必然出现的一种客观状态，它具有从高速增长转为中高速增长、经济结构不断优化升级和从要素驱动、投资驱动转向创新驱动等三个特点。习近平指出，新常态既给中国带来新的发展机遇，又带来了新的挑战。"适应新常态、把握新常态、引领新常态，是当前和今后一个时期我国经济发展的大逻辑。要深刻认识我国经济发展新特点新要求，着力解决制约经济持续健康发展的重大问题。"②2017年，习近平在党的十九大报告中指出："我国社会主要矛盾已经转化为人民日益增长的美好生活需要和不平衡不充分的发展之间的矛盾。"③这一论断以社会主义初级阶段的基本国情与我国经济社会发展的新的阶段性特征为现实依据，为提出"中国特色社会主义进入了新时代"这一重大命题和科学判断奠定了坚实基础，为新时代谋划我国经济社会发展的重大战略、推动党和国家各项事业顺利发展指明了方向。2021年，在我国全面建成小康社会的目标业已实现之际，习近平指出，"现在，已经到了扎实推动共同富裕的历史阶段"④，今后要深入研究不同阶段的目

① 中共中央文献研究室编：《习近平关于科技创新论述摘编》，中央文献出版社2016年版，第75页。

② 《习近平在贵州调研时强调 看清形势适应趋势发挥优势善于运用辩证思维谋划发展》，《人民日报》2015年6月19日第1版。

③ 习近平：《决胜全面建成小康社会 夺取新时代中国特色社会主义伟大胜利——在中国共产党第十九次全国代表大会上的报告》，人民出版社2017年版，第11页。

④ 习近平：《扎实推动共同富裕》，《求是》2021年第20期。

标，分阶段促进共同富裕。这一判断精准把握了我们社会主要矛盾的新变化，为十四五期间的施政方略提供了基本遵循。

再次，精准把握各种细节，精细化考虑问题。"天下大事，必作于细。"习近平曾多次引用《老子·六十三章》中的这一哲言①，用以说明凡事都要从细节、细处着手，要有精细的考虑、思路和措施。可以说，精细化是习近平精准思维的一项重要要求。而要在各项工作中做到精细化，首先必须从细节、细处入手，精准把握各方面、各领域和各环节存在的问题。习近平每到一处调研考察，总会走村入户，与基层群众促膝交谈，嘘寒问暖，与大家拉家常、聊民情、谈生产、问生计。他注意从细处了解群众的疾苦和需求，走访贫困户家庭时揭开锅盖看看群众是否吃好，拧开水龙头看看用水是否方便，看望受灾群众时询问"棉被暖和不暖和"，考察精准扶贫效果时提出"党中央的政策好不好，要看乡亲们是笑还是哭"。在脱贫攻坚中，习近平提出"扶贫必先识贫"②，要求通过建档立卡的方式摸清贫困人口底数，了解每家每户每村的贫困人口、贫困程度和致贫原因。他还把农村贫困人口的脱贫目标细化为"两不愁三保障"。"两不愁三保障"标准虽然着眼于民众生活的细节和细处，但是涵盖了衣食住行等基本生活需求，是贫困人口脱离贫困的基本要求和核心指标。为了推进解决"两不愁三保障"方面存在的突出问题，习近平主持召开了跨省区的专题座谈会。在会上，他强调既要严格遵守"两不愁三保障"的脱贫标准，又要结合各地实际来谋划。他指出："解决'两不愁三保障'突出问题，摸清底数是基础，有的地方底数依然不是很清楚，这是不行的。有关部门要指导各地摸清底数，确保工作有的放矢。"③

① 参见《习近平谈治国理政》第 1 卷，外文出版社 2018 年版，第 174 页。

② 中共中央党史和文献研究院编：《习近平扶贫论述摘编》，中央文献出版社 2018 年版，第 63 页。

③ 习近平：《在解决"两不愁三保障"突出问题座谈会上的讲话》，《求是》2019 年第 16 期。

（二）注重精准发力和精准施策

坚持问题导向，精准把脉，归根到底是为了解决事物发展过程中的矛盾，亦即解决各种问题。所以，在精准识别不同性质和不同类型的问题后，必须采取有针对性的政策和措施，而非大而化之、大而无当地加以应对。习近平形象地将前一种做法称为"精准滴灌""靶向治疗"，而把后一种做法称为"大水漫灌""手榴弹炸跳蚤"。他用这些比喻是要说明，只有精准发力和精准施策，才能有效解决矛盾和问题。党的十八大以来，以习近平同志为核心的党中央在实施科教兴国战略、人才强国战略、创新驱动发展战略、区域协调发展战略、乡村振兴战略、可持续发展战略、军民融合发展战略和"一带一路"建设战略的过程中，为化解各种复杂难题而出台的一系列政策和措施，都充分体现了精准发力、精准施策的精准思维要求。而要按照精准思维的要求，精准发力、精准施策，必须从以下几个方面着手。

首先，要分解问题、细化措施。要解决实际工作中的复杂问题，必须在精准把握问题的前提下，首先把问题分解为若干方面或环节，然后针对每一个方面或环节制定相应的政策和措施，精准发力、各个击破。在脱贫攻坚战中，针对农村贫困人口实现"两不愁三保障"的目标，习近平凝练出"扶持谁、谁来扶、怎么扶、如何退"四个重点问题，提出了务求扶持对象精准、项目安排精准、资金使用精准、措施到户精准、因村派人（第一书记）精准、脱贫成效精准"六个精准"的要求，以及发展生产脱贫一批、易地搬迁脱贫一批、生态补偿脱贫一批、发展教育脱贫一批、社会保障兜底一批等"五个一批"的对策。通过这一系列精细化的政策组合拳，确保了各项政策好处真正落到了扶贫对象身上。在抗击新冠肺炎疫情的斗争中，以习近平同志为核心的党中央提出了坚定信心、同舟共济、科学防治、精准施策的总要求，并针对疫情防控、患者救治和常态化防控等几个方面或环节精准发力：在疫情防控方面，力求早发现、早报告、早隔离、早治疗；在患者救治方面，实行集中患者、集中专家、集中资源、集中救治；在疫情稳定、进入常态化防控后，及时将全国总体防控策略调整为"外防输入、内防反弹"，建立和健全及时发现、快速处置、精准管控、有效救治的常态化防控机制，落实分区分级精准复工复产，有序推进学校复学复课，抓紧恢复生产生活秩序。可见，在脱贫攻坚战和抗击新冠肺炎疫情的斗争中，以习近平同志为核心的党中央运用精准思维应对复杂问题时，始终注意把复杂问题分解为若干方面或环节，然后采取有针对性的有力措施，确保了问题的有效解决。

其次，要因人因地分类施策。在解决实际工作中的复杂问题时，精准发力、精准施策，不仅要求把复杂问题分解为若干方面或环节并分别采取针对性的政策和措施来加以解决，而且还要求在实施政策和措施时充分考虑对象的特殊性，根据对象的具体情况灵活调整，而不是千人一面、无论什么情况都一刀切。在脱贫攻坚中，习近平多次强调要因人因地施策。一方面，要根据不同贫困人群的需求和能力精准施策。习近平指出，要解决好"怎么扶"问题，"总的就是因地因人制宜，缺什么就补什么，能干什么就干什么，扶到点上扶到根上。"[1]另一方面，要根据不同贫困人群的致贫原因和贫困类型精准施策。"要坚持因人因地施策，因贫困原因施策，因贫困类型施策，区别不同情况，做到对症下药、精准滴灌、靶向治疗"[2]。2012年，在河北阜平考察扶贫开发工作时，习近平针对阜平各地的地理位置和有利条件，谋划了不同地区推进扶贫开发、推动经济社会发展的具体路径。他指出，山场地区适合发展林果业、种植业和畜牧业，有晋察冀边区革命纪念馆和天生桥瀑布群这样的景区适合发展旅游业，"要做

---

① 习近平：《在解决"两不愁三保障"突出问题座谈会上的讲话》，《求是》2019年第16期。

② 《习近平在部分省区市党委主要负责同志座谈会上强调　谋划好"十三五"时期扶贫开发工作　确保农村贫困人口到2020年如期脱贫》，《人民日报》2015年6月20日第1版。

到宜农则农、宜林则林、宜牧则牧、宜开发生态旅游则搞生态旅游，真正把自身比较优势发挥好，使贫困地区发展扎实建立在自身有利条件的基础之上"①。在新冠肺炎疫情防控常态化后，党中央准确把握疫情形势变化，实施分区分级精准复工复产和精准防控策略，要求低风险地区将防控策略调整为外防输入、全面恢复生产生活秩序，中风险地区依据防控形势有序复工复产，高风险地区继续集中精力抓好疫情防控工作，这也体现了因人因地分类施策的要求。

再次，要多方参与、多管齐下，协同发力。在解决实际工作中的复杂问题时，精准发力、精准施策，往往需要调动各种社会力量和因素，多方参与，多措并举，构筑强大合力。习近平在全国脱贫攻坚表彰大会上的讲话中指出，我国脱贫攻坚的成功经验之一是，我们坚持发挥社会主义制度能够集中力量办大事的政治优势，形成脱贫攻坚的共同意志、共同行动，特别是我们通过强化东西部扶贫协作，组织开展定点扶贫、产业扶贫、科技扶贫、教育扶贫、文化扶贫、健康扶贫、消费扶贫，以及"万企帮万村"行动，"构建专项扶贫、行业扶贫、社会扶贫互为补充的大扶贫格局，形成跨地区、跨部门、跨单位、全社会共同参与的社会扶贫体系"②。在脱贫攻坚战中，各级政府机关部门、各地区、各行各业以及社会组织和公民个人，都以不同方式投身于脱贫攻坚战，最终汇集起排山倒海的磅礴力量。在推动社会治理方面，习近平也强调，要充分利用大数据平台，加强政企合作、多方参与，形成社会治理的强大合力③。在推动黄河流域生态

①　中共中央党史和文献研究院编：《习近平扶贫论述摘编》，中央文献出版社 2018 年版，第 57 页。

②　习近平：《在全国脱贫攻坚总结表彰大会上的讲话》，《人民日报》2021 年 2 月 26 日第 2 版。

③　参见《习近平在中共中央政治局第二次集体学习时强调　审时度势精心谋划超前布局力争主动　实施国家大数据战略加快建设数字中国》，《人民日报》2017 年 12 月 10 日第 1 版。

保护和高质量发展方面，习近平指出，在坚持因地制宜、分类施策的同时，要统筹谋划上下游、干支流、左右岸，共同抓好大保护，协同推进大治理①。

（三）以钉钉子精神抓精准落实

在实际工作中，再好的政策和措施，如果不能执行到位、落到实处，终究不过是一纸空文、镜花水月。党的十八大以来，习近平反复强调要崇尚实干、狠抓落实。他要求领导干部牢记"空谈误国，实干兴邦"，号召全国人民"撸起袖子加油干"，倡导"抓铁有痕、踏石留印"的劲头，强调要打通"最后一公里"。这里所说的"最后一公里"，就是政策和措施的落实环节。习近平强调，要发扬钉钉子精神，推动各项政策和措施精准落地、精准落实。在脱贫攻坚战中，习近平指出，"必须在精准施策上出实招、在精准推进上下实功、在精准落地上见实效"②；在全面深化改革中，习近平要求各级政府部门主要负责人要做好实化细化工作，对症下药，推动各项改革措施精准落地。可以说，党的十八大以来中国特色社会主义建设所取得的历史性成就，都是以习近平同志为核心的党中央以钉钉子的精神狠抓落实、精准落实的结果。

根据习近平的相关论述，以钉钉子精神抓精准落实，要着重在以下三个方面下功夫。

一是开展精准化培训，提升领导干部的精准理解能力和执行落实能

---

① 参见《习近平在河南主持召开黄河流域生态保护和高质量发展座谈会时强调　共同抓好大保护协同推进大治理　让黄河成为造福人民的幸福河》，《人民日报》2019 年 9 月 20 日第 1 版。

② 中共中央党史和文献研究院编：《习近平扶贫论述摘编》，中央文献出版社 2018 年版，第 62 页。

力。2016 年，习近平强调，深化国防和军队改革，落实军队规模结构和力量编成改革任务，都要求领导干部特别是高级领导干部提高精准理解、精准发力、精准落地能力。毫无疑问，各级领导干部特别是各级政府的主要负责人，是推进党和国家事业、完成各项工作任务的骨干力量。因此，狠抓落实，首先要求各级主要领导干部精准理解党中央的路线方针政策，不仅要深刻理解文件内容、吃透文件精神，而且要结合当地实际，在本职工作中贯彻文件精神、实现工作目标。2013 年 12 月，在中央经济工作会议上的讲话中，习近平在强调领导干部要准确领会十八届三中全会提出的新思想、新论断、新举措时说："准确，就是要精准把握各项改革举措，不要不明就里、大而化之。特别是要防止一些人恶意曲解全会精神，歪嘴和尚念经，蛊惑人心，搬弄是非。"[1] 为了提升领导干部的精准理解能力和执行落实能力，习近平特别重视领导干部特别是基层干部的培训工作。他指出，要加强对干部的教育培训，针对干部的知识空白、经验盲区、能力弱项，开展精准化的理论培训、政策培训、科技培训、管理培训、法规培训，增强适应新形势新任务的信心和能力[2]。在脱贫攻坚战中，习近平明确提出，要针对省、市、县等不同层级的扶贫干部开展针对性的学习培训工作，不仅要加大培训力度，而且要采取有所区别、突出重点的培训方式。他说："对县级以上领导干部，重点是提高思想认识，引导树立正确政绩观，掌握精准脱贫方法论，培养研究攻坚问题、解决攻坚难题能力。对基层干部，重点是提高实际能力，要多采用案例教学、现场教学等实战培训方式，培育懂扶贫、会帮扶、作风硬的扶贫干部队伍，增强精准扶贫精准脱贫工作能力。"[3]

---

① 中共中央文献研究室编：《习近平关于全面深化改革论述摘编》，中央文献出版社 2014 年版，第 144—145 页。

② 参见《习近平谈治国理政》第 2 卷，外文出版社 2017 年版，第 224—225 页。

③ 《习近平谈治国理政》第 3 卷，外文出版社 2020 年版，第 157 页。

二是改进工作作风，力戒形式主义、官僚主义。在实际工作中发扬钉钉子精神，必须坚持求真务实、真抓实干的工作作风，坚决反对各式各样的形式主义、官僚主义。党的十八大以来，以习近平同志为核心的党中央以整治"四风"为切入点，推进全面从严治党，把整治形式主义和官僚主义放在突出位置。这是因为，形式主义、官僚主义、享乐主义和奢靡之风"是违背我们党的性质和宗旨的，是当前群众深恶痛绝、反映最强烈的问题，也是损害党群干群关系的重要根源"①。习近平不仅深刻揭示了形式主义和官僚主义的实质和根源，强调"形式主义实质是主观主义、功利主义，根源是政绩观错位、责任心缺失……官僚主义实质是封建残余思想作祟，根源是官本位思想严重、权力观扭曲"②，而且阐述了形式主义和官僚主义根本背离以钉钉子精神抓精准落实这一要求的种种表现：在调查研究中，其表现为"作秀式调研、盆景式调研、蜻蜓点水式调研"③；在脱贫攻坚中，其表现为花钱刷白墙、会议多、检查多、填表多；在疫情防控中，其主要表现为各条线多头重复向基层派任务、要表格。从细处看，作风问题关系到党和国家的政策和措施能否落实到位，能否推动具体问题的有效解决；从长远看，作风问题关系人心向背，关系党的执政基础。因此，习近平指出："作风建设永远在路上，永远没有休止符，必须抓常、抓细、抓长，持续努力、久久为功。"④

三是强化机制保障，定期开展"回头看"。要在各项工作中坚持不懈地做到精准落实，关键是要构建能够保障精准落实的机制，包括把以往行之有效的措施或做法上升为长期坚持的机制。与此同时，还要定期开展

---

① 《习近平谈治国理政》第 1 卷，外文出版社 2018 年版，第 374 页。

② 中央党史和文献研究院编：《习近平关于力戒形式主义官僚主义重要论述选编》，中央文献出版社 2020 年版，第 24 页。

③ 习近平：《努力成为可堪大用能担重任的栋梁之才》，《求是》2022 年第 3 期。

④ 习近平：《在党的群众路线教育实践活动总结大会上的讲话》，《人民日报》2014 年 10 月 9 日第 2 版。

"回头看"，不断完善和健全工作机制。习近平指出，"脱贫攻坚要取得实实在在的效果，关键是要找准路子、构建好的体制机制"，而"总结各地实践和探索，好路子好机制的核心就是精准扶贫、精准脱贫，做到扶持对象精准、项目安排精准、资金使用精准、措施到户精准、因村派人精准、脱贫成效精准。"①在脱贫攻坚战中，精准扶贫、精准脱贫的好路子、好措施和好做法得到了广泛推广，产生了积极效果，从而被确立为有效、管用的机制。为了巩固脱贫攻坚战的成果，确保脱贫成效的可持续性，习近平还要求定期"回头看"，检查是否出现返贫问题。2019 年，在脱贫攻坚进入"决胜的关键阶段"，习近平就已经意识到从机制层面来"防止松懈、防止滑坡"的重要性，强调"要把防止返贫摆在重要位置，适时组织对脱贫人口开展'回头看'，对返贫人口和新发生贫困人口及时予以帮扶。要探索建立稳定脱贫长效机制，强化产业扶贫，组织消费扶贫，加大培训力度，促进转移就业，让贫困群众有稳定的工作岗位"②。后来党中央、国务院组织开展的脱贫攻坚成效考核和脱贫攻坚普查，既是对各地脱贫攻坚成效的全面检验，又是定期"回头看"的重要举措。在治国理政的其他方面，习近平也始终重视健全工作机制问题。在推进我国应急管理体系和应急管理能力现代化的过程中，他用精准思维指导应急管理机制建设，强调在健全风险防范化解机制时，"要实施精准治理，预警发布要精准，抢险救援要精准，恢复重建要精准，监管执法要精准"③。在指导政务服务工作时，他充分肯定雄安新区服务中心深化治理体制机制改革、推行"一枚印章管到底"全贯通服务的做法，称其"提高政务服务信息化、智能化、精准化、

---

① 中共中央党史和文献研究院编：《习近平扶贫论述摘编》，中央文献出版社 2018 年版，第 62—63 页。

② 习近平：《在解决"两不愁三保障"突出问题座谈会上的讲话》，《求是》2019 年第 16 期。

③ 《习近平在中央政治局第十九次集体学习时强调 充分发挥我国应急管理体系特色和优势积极推进我国应急管理体系和能力现代化》，《人民日报》2019 年 12 月 1 日第 1 版。

便利化水平"①。

三、精准对接发展所需、基层所盼和民心所向

2015 年 10 月，习近平在中央全面深化改革领导小组第十七次会议的讲话中指出，完成全面深化改革任务，要鼓励基层改革创新、大胆探索，"把改革落准落细落实，使改革更加精准地对接发展所需、基层所盼、民心所向，更好造福群众"②。2016 年 1 月，他在重庆调研时再次强调，完成全面深化改革中的标志性改革任务，要"主动出击、贴身紧逼、精准发力"；地方抓改革、推改革，要"使改革更加精准地对接发展所需、基层所盼、民心所向"③。这些论述深刻阐明了新时代精准思维的价值追求。习近平重视制定和实施精准方略，强调要精准把脉、精准发力、精准施策、精准落实，归根到底是为了精准对接发展所需、基层所盼、民心所向，更好造福广大人民群众。

（一）精准对接发展所需

党的十九大报告指出，世界正处于大发展大变革大调整时期，和平与发展仍然是时代主题。在这一时代主题下，中国共产党坚持初心使

---

① 《习近平在京津冀三省市考察并主持召开京津冀协同发展座谈会时强调　稳扎稳打勇于担当敢于创新善作善成　推动京津冀协同发展取得新的更大进展》，《人民日报》2019 年 1 月 19 日第 1 版。

② 《习近平主持召开中央全面深化改革领导小组第十七次会议强调　鼓励基层改革创新大胆探索　推动改革落地生根造福群众》，《人民日报》2015 年 10 月 14 日第 1 版。

③ 《习近平在重庆调研时强调　落实创新协调绿色开放共享发展理念　确保如期实现全面建成小康社会目标》，《人民日报》2016 年 1 月 7 日第 1 版。

命，自觉把谋求全人类的和平与发展作为自己的使命和目标，"中国共产党所做的一切，就是为中国人民谋幸福、为中华民族谋复兴、为人类谋和平与发展。"① 为了实现这一目标，中国共产党带领中国人民选择了和平发展道路。"中国将始终不渝走和平发展道路。无论中国发展到哪一步，中国永不称霸、永不扩张、永不谋求势力范围。历史已经并将继续证明这一点。"② 进入新时代，中国要继续走好自己的发展道路，开创中国特色社会主义事业新局面，就必须精准对接内外环境和条件，特别是所面临的世界发展大势、科技进步趋势和国内社会发展的阶段性特征。

首先，要精准对接中国发展所面临的世界大势。党的十八大以来，习近平在多个重要场合阐明了准确把握世界大势和时代潮流的重要性。他指出："面对世界大发展大调整的新形势，为更好推进人类文明进步事业，我们必须登高望远，正确认识和把握世界大势和时代潮流。"③ 他强调："一个国家要发展繁荣，必须把握和顺应世界发展大势，反之必然会被历史抛弃。"④ 他还深刻分析了世界发展大势和国际格局的演变趋势，作出了一系列科学判断，如经济全球化是社会生产力发展的客观要求和科技进步的必然结果，国际关系民主化已成为不可阻挡的时代潮流，安全稳定是人心所向，合作共赢是大势所趋，不同文明交流互鉴是各国人民共同愿望，各国走向开放、走向融合的大趋势没有改变，等等。党中央在新时代所谋划的新理念新战略新举措，无一不是为了顺应世界大势和时代潮流。在逆全球化暗流涌动之际，习近平指出："面对经济全球化带来的机遇和挑战，正确的选择是，充分利用一切机遇，合作应对一切挑战，引导好经济全球

---

① 《习近平谈治国理政》第 3 卷，外文出版社 2020 年版，第 436 页。
② 《习近平谈治国理政》第 2 卷，外文出版社 2017 年版，第 545 页。
③ 《习近平谈治国理政》第 3 卷，外文出版社 2020 年版，第 440 页。
④ 《习近平谈治国理政》第 1 卷，外文出版社 2018 年版，第 266 页。

化走向。"①中国始终坚持改革开放基本国策，勇敢迈向世界市场，并且奉行互利共赢的开放战略，在实现自身发展的同时更多惠及其他国家和人民。为实现各国战略对接、优势互补，共同应对世界经济面临的挑战，中国推进"一带一路"建设，用切实的行动践行人类命运共同体的理念。凡此种种，都表明在新时代推动中国经济社会发展必须具有全球视野、世界眼光，必须精准对接世界大势，紧跟时代潮流。从这个意义上说，精准对接世界大势决不只是一个方法问题，而是事关全局、影响深远的方向问题。

其次，要精准对接中国发展所面临的科技进步趋势。科学技术是第一生产力，是推动人类社会发展的重要动力。近代以来的中国历史表明，抓住科学技术变革带来的机遇，才能赶上时代的步伐，才不至于落后于世界发展潮流。党的十八大以来，习近平在多个重要场合的讲话中深刻揭示了当代科技革命和产业变革的特点和发展态势，要求高度关注大数据、先进制造、量子调控和人造生命等新突破新趋势。在科学技术发展突飞猛进、产业革命呼之欲出之际，习近平提出实施创新驱动发展战略，强调要抢占科技和产业制高点，着力增强自主创新能力，在科技资源上快速布局，争取赢得发展先机。针对科技发展和产业变革的新趋势而提出的创新驱动发展战略，以增强自主创新能力为根本，以破除体制机制障碍为紧迫任务，力图最大限度解放和激发科技的生产力潜能。这一战略的实施与推进，必将有力推动我国的创新型国家建设，并为实现中华民族伟大复兴提供强大科技支撑。

再次，要精准对接中国发展所处的历史方位。审视中国发展所面临的世界大势和科技进步趋势，是为了更好认清中国发展所处的历史方位，以便制定和实施中国发展的精准方略。党的十九大报告作出了中国特色社会

---

① 《习近平谈治国理政》第 2 卷，外文出版社 2017 年版，第 478 页。

主义进入了新时代的重大政治判断，精准确定了我国发展新的历史方位：一方面，我国仍处于并将长期处于社会主义初级阶段，这是我国的基本国情和最大实际；另一方面，中国特色社会主义进入新的发展阶段，经济社会发展呈现出新的阶段性特征。改革开放以来，我国人民生活水平显著提高，人民对美好生活的向往更加强烈，人民群众的需要呈现出多样化特点，对教育、工作、收入、社会保障、医疗卫生服务、居住条件、环境和精神文化生活有了更高的期盼。因此，我们在坚持党在社会主义初级阶段的基本路线不动摇的同时，要以新理念新战略新举措来精准对接中国发展所处的新的历史方位，继续推动经济社会发展，更好实现人的全面发展和社会全面进步。

（二）精准对接基层所盼

从群众中来、到群众中去，是我们党一贯坚持的群众路线。新时代以来，以习近平同志为核心的党中央践行党的群众路线的一大特点，是强调在精准思维的指导下开展调查研究，推进政策落地，实现了坚持群众路线与实施精准方略的紧密结合。一方面，如前所述，通过调查研究来深入了解基层情况，是以习近平同志为核心的党中央制定各项工作的精准方略的重要基础。为了高质量完成脱贫攻坚任务，习近平在各地主持召开了多场专题座谈会。他说："每次座谈会前，我都先到贫困地区调研，实地了解情况，听听基层干部群众意见，根据了解到的情况，召集相关省份负责同志进行工作部署。"①另一方面，以习近平同志为核心的党中央在新时代始终精准对接基层所需，畅通重大政策和措施落地的"最后一公里"，推进了各项重大任务的完成，推动了党和国家事业的发展。

---

① 习近平：《在决战决胜脱贫攻坚座谈会上的讲话》，《人民日报》2020 年 3 月 7 日第 2 版。

精准对接基层所盼，必须做好以下几个方面的工作。

一是着力加强基层党建。中国共产党的领导既是中国特色社会主义最本质的特征，又是中国特色社会主义制度的最大优势。在新时代坚持和发展中国特色社会主义制度，推进中国特色社会主义事业，首先要加强党的领导。如果说中国共产党是中国特色社会主义大厦的四梁八柱，那么，基层党组织和党员就是这座大厦的坚实地基。"基础不牢，地动山摇。只有把基层党组织建设强、把基层政权巩固好，中国特色社会主义的根基才能稳固。"[①]在贯彻落实党中央决策部署的过程中，基层党组织的战斗堡垒作用、先锋模范作用至关重要。习近平强调："基层党组织是贯彻落实党中央决策部署的'最后一公里'，要坚持大抓基层的鲜明导向，抓紧补齐基层党组织领导基层治理的各种短板，把各领域基层党组织建设成为实现党的领导的坚强战斗堡垒，充分发挥广大党员在改革发展稳定中的先锋模范作用。"[②]党的十八大以来，我们党取得脱贫攻坚战、新冠疫情防控战胜利的重要经验之一，就是如果基层党组织坚强有力，贯彻落实党中央决策部署的能力就强、效果就好。加强基层党组织建设，不仅是加强党的领导的根本要求，而且是基层群众的迫切需求。在脱贫攻坚战中，在乡镇层面选好一把手、配强领导班子，在村级层面选派优秀干部、精准选配第一书记、精准选派驻村工作队、完善村级组织运转经费保障机制等党建措施，有效激发了基层党员干部的主动性和创造性，增强了基层党组织的战斗力和凝聚力，精准对接了基层群众脱贫致富的热望，确保了精准扶贫、精准脱贫战略的精准落实。

二是不断完善基层社会治理。治国安邦，重在基层治理。提升基层治理能力，才能确保党长期执政、国家长治久安和人民群众安居乐业。在我

---

① 习近平：《在基层代表座谈会上的讲话》，《人民日报》2020年9月20日第2版。

② 习近平：《贯彻落实新时代党的组织路线　不断把党建设得更加坚强有力》，《求是》2020年第15期。

国，党的基层组织是基层社会治理的主要力量，基层党建与基层社会治理相互交织、互为支撑。加强基层社会治理，一方面要加强基层党组织建设、发挥基层党组织的领导作用，另一方面要积极开展基层群众自治，确保基层社会治理的活力和秩序。就其工作内容而言，基层社会治理所要应对的主要是经济社会发展和民生的突出矛盾和问题，它们与广大人民群众的衣食住行和切身利益息息相关，因而更需要精准化、精细化地加以处理。2018年，习近平在上海市虹口区市民驿站考察时强调，"城市治理的'最后一公里'就在社区"，"社区是党委和政府联系群众、服务群众的神经末梢，要及时感知社区居民的操心事、烦心事、揪心事，一件一件加以解决。"① 在北京、武汉等地考察时，他也反复强调基层治理特别是社会治理的重要性，叮嘱工作人员要改革创新，完善基层治理，加强社区服务能力建设，更好为群众提供精准化精细化服务，把群众大大小小的事办好。

三是切实减轻基层负担。在以往一个相当长的时期，各式各样的"痕迹管理"、名目繁多的检查考核等无谓的事务，占用了基层干部的大量时间，耗费了他们大量精力，严重影响了他们干事创业的积极性，损害了党群关系，阻碍了党中央重大战略的精准落实。党的十八大以来，在改进党的作风建设、解决形式主义和官僚主义突出问题的过程中，党中央高度重视由形式主义、官僚主义导致的基层负担过重问题。习近平指出："要坚决整治形式主义、官僚主义，让基层干部从繁文缛节、文山会海、迎来送往中解脱出来。"② 党中央把2019年确定为"基层减负年"，要求从中央和国家机关改起，为基层干部松绑减负；2020年，在"不忘初心、牢记使命"主题教育总结大会上，习近平要求"总结推广一批整治形式主义官僚

---

① 《习近平在上海考察时强调　坚定改革开放再出发信心和决心　加快提升城市能级和核心竞争力》，《人民日报》2018年11月8日第1版。

② 中央党史和文献研究院编：《习近平关于力戒形式主义官僚主义重要论述选编》，中央文献出版社2020年版，第72—73页。

主义、为基层减负的好经验好做法，通报曝光一批形式主义、官僚主义的典型案例，把基层干部干事创业的手脚从形式主义的束缚中解脱出来，防止重'形'不重'效'，把工作做扎实、做到位"①。在指导脱贫攻坚、疫情防控以及在各地考察时，他始终把整治形式主义、为基层减负记挂在心上。经过近年来的整治，党中央为基层减负的工作取得了显著成效，基本形成了基层减负常态化机制，有效激发了基层干部干事创业的热情，解决了群众的许多急难愁盼问题，改善了党群干群关系，让群众收获了更暖心、更精准的服务。

（三）精准对接民心所向

在第十八届中央政治局常委同中外记者见面时的讲话中，习近平把压在新一届中央领导机构成员肩上的重大责任概括为对民族的责任、对人民的责任和对党的责任，明确提出"人民对美好生活的向往，是我们的奋斗目标"②。这一论断体现了中国共产党的人民立场，宣告了新一届党中央领导集体的人民主体论。"江山就是人民，人民就是江山。"党中央在新时代坚持精准方略治国理政，始终坚持以人民为中心的发展思想，把人民立场贯穿于党和国家事业的各领域、各方面和各环节，聚焦民心这一最大的政治，着力推进关系广大人民群众生活的民生工程。精准对接发展所需与基层所盼，归根到底都是为了精准对接民心所向。因此，精准对接民心所向，是习近平精准思维最鲜明的价值旨趣，是人民主体论在习近平以精准思维开展治国理政的实践中的生动体现。

精准对接民心所向，必须遵循以下路径。

第一，切实尊重人民的主体地位。唯物史观是一种群众史观，它从人

---

① 《习近平在"不忘初心、牢记使命"主题教育总结大会上强调 以主题教育为新的起点 持续推动全党不忘初心牢记使命》，《人民日报》2020 年 1 月 9 日第 1 版。
② 《习近平谈治国理政》第 1 卷，外文出版社 2018 年版，第 4 页。

类物质生产活动出发考察人类历史，认为主要从事物质生产活动的人民群众是历史的创造者，是历史进步的真正动力，是真正的英雄。马克思主义政党始终坚持人民立场，尊重人民主体地位，践行以人民为中心的发展思想，既把人民群众视为力量的源泉，又把人民利益当作党的一切工作的根本出发点和落脚点。习近平指出："以人民为中心的发展思想，不是一个抽象的、玄奥的概念，不能只停留在口头上、止步于思想环节，而要体现在经济社会发展的各个环节。"①党的十八大以来，我们党以精准方略推进脱贫攻坚、新冠疫情防控、生态文明建设、社会治理等事业，始终以人民的根本利益为重，以人民的热切期盼为念。习近平指出，在脱贫攻坚中，"我们把群众满意度作为衡量脱贫成效的重要尺度，集中力量解决贫困群众基本民生需求。我们发挥政府投入的主体和主导作用，宁肯少上几个大项目，也优先保障脱贫攻坚资金投入"②；在抗击新冠疫情的斗争中，我们把"生命至上"视为首要原则，"集中体现了中国人民深厚的仁爱传统和中国共产党人以人民为中心的价值追求"③。

第二，大力提升人民的发展能力。坚持以人民为中心的发展思想，尊重人民的主体地位，从根本上说就是要促进全体人民共同富裕和人的全面发展。因此，我们党在带领人民创造幸福生活的过程中，始终重视提升人民群众的发展能力，既保证人民平等参与、平等发展的权利，又坚持以发展的方式解决发展中遇到的难题。在总结精准扶贫、精准脱贫经验时，习近平指出："我们坚持开发式扶贫方针，坚持把发展作为解决贫困的根本途径，改善发展条件，增强发展能力，实现由'输血式'扶贫向'造血式'帮扶转变，让发展成为消除贫困最有效的办法、创造幸福生活最稳定

---

① 《习近平谈治国理政》第 2 卷，外文出版社 2017 年版，第 213—214 页。

② 习近平：《在全国脱贫攻坚总结表彰大会上的讲话》，《人民日报》2021 年 2 月 26 日第 2 版。

③ 习近平：《在全国抗击新冠肺炎疫情表彰大会上的讲话》，《求是》2020 年第 20 期。

的途径。"①习近平强调，我们不仅要把防止返贫当做底线任务，而且还要通过教育扶贫、产业扶贫、科技扶贫等方式，努力阻断贫困代际传递，引导和支持所有有劳动能力的贫困人口依靠自己的双手创造美好明天；在加强和创新基层治理方面，我们既重视发挥基层党组织的领导作用，也重视发挥居民和村民的自治功能，强调要通过推进基层群众自治，在实践中培养广大人民群众的民主参与意识，不断提升其民主素质和民主参与能力。

第三，不断增强人民的获得感。检验党和国家的各项事业是否尊重人民的主体地位，是否坚持了以人民为中心的发展思想，其标准是人民是否满意、是否获益。"全党同志无论职位高低，都要把人民拥护不拥护、赞成不赞成、高兴不高兴、答应不答应作为衡量一切工作得失的根本标准。"②习近平用"让人民群众有更多获得感"这一生动说法，深刻阐明了党和国家一切工作的根本目的和检验标准。要让人民群众有更多获得感，就要不断改善民生，推动教育、医疗、养老、收入、就业等领域的改革发展，让人民群众获得更多实惠，特别是"要关注群众多方面、多层次需求，创新方式方法，多用善用会用多予少取、放活普惠的办法推进改革，多谋民生之利、多解民生之忧"③。同时，还要实施精准方略，推动各项政策措施落地、落实、落细，让改革发展成果更多更公平惠及广大人民群众，"做到老百姓关心什么、期盼什么，改革就要抓住什么、推进什么，通过改革给人民群众带来更多获得感"④。

---

① 习近平：《在全国脱贫攻坚总结表彰大会上的讲话》，《人民日报》2021年2月26日第2版。
② 习近平：《在纪念朱德同志诞辰130周年座谈会上的讲话》，《人民日报》2016年11月30日第2版。
③ 《习近平主持召开中央全面深化改革领导小组第二十三次会议强调　改革既要往增添发展新动力方向前进　也要往维护社会公平正义方向前进》，《人民日报》2016年4月19日第1版。
④ 《习近平主持召开中央全面深化改革领导小组第二十三次会议强调　改革既要往增添发展新动力方向前进　也要往维护社会公平正义方向前进》，《人民日报》2016年4月19日第1版。

第 九 章

新时代的底线思维

2013 年，在中共中央召开的党外人士座谈会上，习近平首次明确提出"底线思维"概念①，要求大家坚持底线思维，切实做好经济工作。此后，他在多个重要场合的讲话中反复强调要树立底线思维、坚持底线思维，并把底线思维运用于党和国家事业的各个领域、各个方面的重要问题的思考，使其成为习近平新时代中国特色社会主义思想的哲学方法论的重要内容。习近平反复强调，我们谋事业、做工作，要"从坏处着想，做最充分的准备，争取较好的结果"②，要"从坏处准备，争取最好的结果，牢牢把握主动权"③。习近平在党的二十大报告中指出，要不断提高包括底线思维在内的各项思维能力，为党和国家各项事业提供科学思想方法。根据习近平的这些论述，底线思维的根本点就是从坏处着想、争取最好的结果。与此相应，"底线思维能力，就是客观地设定最低目标，立足最低点，争取最大期望值"④ 的能力。习近平的底线思维具有鲜明的时代特色，它是新时代习近平治国理政实践的基本遵循，也是新时代中国特色社会主义

---

① 参见《中共中央召开党外人士座谈会　习近平主持会议并发表重要讲话》，《人民日报》2013 年 7 月 31 日第 1 版。

② 《征求对经济工作的意见和建议　中共中央召开党外人士座谈会　习近平主持会议并发表重要讲话》，《人民日报》2012 年 12 月 7 日第 1 版。

③ 《习近平在广东主持召开经济工作座谈会时强调　坚定必胜信心　增强忧患意识　坚持稳中求进　推动经济持续健康发展》，《人民日报》2012 年 12 月 11 日第 1 版。

④ 《习近平总书记系列重要讲话读本》，学习出版社、人民出版社 2016 年版，第 288 页。

事业取得重大历史性成就的重要保障。

一、底线思维的形成逻辑

2013 年，习近平在主持召开中央政治局会议时强调，要清醒认识面临的风险和挑战，增强忧患意识，坚持底线思维，抓住发展机遇，搞好统筹兼顾，牢牢把握经济工作主动权。2019 年，在省部级主要领导干部坚持底线思维着力防范化解重大风险专题研讨班开班式上的讲话中，习近平进一步指出，要"坚持底线思维，增强忧患意识，提高防控能力，着力防范化解重大风险，保持经济持续健康发展和社会大局稳定"①。在党的二十大报告中，习近平同样强调，在新时代新征程上，"我们必须增强忧患意识，坚持底线思维，做到居安思危、未雨绸缪，准备经受风高浪急甚至惊涛骇浪的重大考验。"②从这些论述中可以看出，习近平的底线思维内在地体现了一种居安思危、未雨绸缪、积极预判和应对各种风险挑战的忧患意识。就其形成逻辑而言，习近平的底线思维植根于中华优秀传统文化的忧患意识，体现了唯物辩证法的基本精神，同时也是对党的历史经验的深刻总结。

（一）对中华优秀传统文化忧患意识的弘扬

忧患意识既是中华优秀传统文化的宝贵遗产，也是中华民族精神的重

---

① 《习近平谈治国理政》第 3 卷，外文出版社 2020 年版，第 219 页。

② 习近平：《高举中国特色社会主义伟大旗帜　为全面建设社会主义现代化国家而团结奋斗——在中国共产党第二十次全国代表大会上的报告》，《人民日报》2022 年 10 月 26 日第 1 版。

要内容。古代中国的忧患意识由来已久，在漫长的历史中经历了不同形态的嬗变。早在《周易·系辞下》中，孔子就感叹："《易》之兴也，其于中古乎？作《易》者，其有忧患乎？"到了战国初期，孟子进一步指出："是故君子有终身之忧，无一朝之患也。"（《孟子·离娄下》）自此以后，忧患意识逐渐成为儒家道德哲学的主要内容，并具有丰富的价值意蕴。一方面，忧患意识是儒家人生价值观的集中表现。儒家认为，忧患能催人上进，而与之相对立的安乐足以让人沉沦，这就是孟子所说的"生于忧患而死于安乐"（《孟子·告子下》）。在孟子看来，忧患之所以能促进个人发展，是因为艰苦的环境能锻炼人的肉体，磨砺人的意志，提升人的能力。他曾说过："天将降大任于斯人也，必先苦其心志，劳其筋骨，饿其体肤，空乏其身，行拂乱其所为，所以动心忍性，增益其所不能。"（《孟子·告子下》）另一方面，忧患意识也是古代爱国思想的重要内容。随着多民族统一国家的形成，古代有识之士的忧患对象逐渐转变为家国天下，他们主张每个人都应心忧国家兴衰、关心百姓疾苦。这种忧患意识深刻体现了古代士大夫的爱国情怀和社会责任感。杜甫《茅屋为秋风所破歌》中的"安得广厦千万间，大庇天下寒士俱欢颜"，以及范仲淹《岳阳楼记》中的"先天下之忧而忧，后天下之乐而乐"，都生动地表达了这种忧患意识。

至明清之际，中国封建社会进入晚期，阶级矛盾和民族矛盾不断激化，空谈心性的宋明理学逐渐走向衰落。这一时期知识分子的忧患意识开始带有启蒙思想的色彩，王夫之、顾炎武、黄宗羲等人提出了忧天下而不忧君的观念。黄宗羲尖锐地批评道："为天下之大害者，君而已矣。"（《明夷待访录·原君》）他还深刻地指出："天下之治乱，不在一姓之兴亡，而在万民之忧乐。"（《明夷待访录·原臣》）到了近代，在列强入侵、民族危亡之际，这种忧国忧民的忧患意识激励着无数仁人志士和革命先辈前赴后继，奋力探索救亡图存的道路。与此同时，传统的忧患意识被赋予了全新的时代内涵，一些先进知识分子发出了进行社会革命、推翻封建制度、争取民族独立的呼声。在这一背景下诞生的中国共产党，一开始就自觉继承了中华民族的忧患意识，把国家、民族和人民的安危与忧乐放在首位，并且在领导人民开展革命、建设和改革事业时，始终居安思危，始终充满忧患意识。习近平在主持第十八届中央政治局第十六次集体学习时总结说："我们共产党人的忧患意识，就是忧党、忧国、忧民意识，这是一种责任，更是一种担当。"①

在新时代的治国理政实践中，习近平高度重视中华优秀传统文化中的忧患意识，并紧密结合各方面工作的实际对之作了新的阐释。他多次引用传统文化典籍中的名言警句，告诫全党上下要居安思危、未雨绸缪和防患于未然。他还借用《周易》中的名句来阐发底线思维的忧患意识："党的十八大以来，我多次强调要坚持底线思维，就是要告诫全党时刻牢记'安而不忘危，存而不忘亡，治而不忘乱'。"② 值得注重的是，习近平在一些重要讲话中曾多次引用过这一名句。2014 年，他用它来阐述维护国家安全和社会安定的重要性；2015 年，他以此来强调在维护公共安全方面要始终保持高度警觉，绝不能麻痹大意。此外，2016 年，他引用《三国志》中的"明者防祸于未萌，智者图患于将来"，强调贯彻落实新发展理念必须积极主动，做好应对任何形式的矛盾风险挑战的准备；2021 年，他引用《说苑·谈丛》中的"不困在于早虑，不穷在于早豫"，要求以忧患意识把握新发展理念。习近平引用的类似名言警句，还有《贞观政要·纳谏》中的"备豫不虞，为国常道"、苏轼《晁错论》中的"天下之患，最不可为者，名为治平无事，而其实有不测之忧。坐观其变而不为之所，则恐之于不可救"以及《老子》中的"为之于未有，

---

① 《习近平在中共中央政治局第十六次集体学习时强调　坚持从严治党落实管党治党责任　把作风建设要求融入党的制度建设　代表党中央向共产党员和党务工作者致以节日问候》，《人民日报》2014 年 7 月 1 日第 1 版。

② 《习近平谈治国理政》第 3 卷，外文出版社 2020 年版，第 96 页。

治之于未乱"等。显然，习近平之所以引用这些名言警句，是因为它们都体现出了一种强烈的忧患意识。习近平的底线思维，就是对于这些名言警句所凸显出来的中华优秀传统文化的忧患意识的创造性转化和创新性发展。

（二）对唯物辩证法的创造性运用

作为中华民族精神的精华，以忧国忧民为主要内容的忧患意识从来都不只是对可能遇到的困难和风险的忧虑，更不同于那种面对困难和风险时的怨天尤人、悲观沮丧。徐复观先生指出，在周初出现的忧患意识是中国人文精神的发端，这种忧患意识不同于作为原始宗教动机的恐怖、绝望，它"乃人类开始直接对事物发生责任感的表现，也即是精神上开始有了人地自觉的表现"[1]，"实际是蕴蓄着一种坚强的意志和奋发的精神"[2]。中国传统忧患意识既包含着对困难和风险的清醒认识，又体现出积极应对困难和风险、力图化险为夷或转危为安的进取精神。集中表达这一忧患意识并为习近平多次引用的"安而不忘危，存而不忘亡，治而不忘乱"，内在地含蕴着关于安危、存亡、治乱之间关系的朴素辩证法思想。习近平的底线思维在弘扬中国优秀传统文化中的忧患意识时，对这种朴素辩证法思想进行了马克思主义的改造，因此，习近平底线思维也是对唯物辩证法的创造性运用，并表现出以下几个特点。

一是体现了唯物辩证法的矛盾观点。唯物辩证法认为，矛盾是事物内部对立面的统一，作为事物内部对立面的矛盾双方在一定条件下能够相互转化。习近平指出："彩虹和风雨共生，机遇和挑战并存，这是亘古不变的辩证

---

① 徐复观：《中国人性论史·先秦篇》，上海三联书店 2001 年版，第 19 页。
② 徐复观：《中国人性论史·先秦篇》，上海三联书店 2001 年版，第 20 页。

法则。"①底线思维强调凡事从坏处着想，做最充分的准备，争取最好的结果，就是要求人们运用唯物辩证法的矛盾观点看待事物，既看到各种不利因素，又看到事物向好的方向发展的可能性，并积极应对，努力消除各种不利因素的影响，促使事物向好的方向发展。习近平多次强调，在前进道路上，面对我国社会主要矛盾变化提出的新要求，以及错综复杂的国际环境带来的新挑战，我们要增强忧患意识、风险意识和机遇意识，准确识别各种风险挑战，积极主动地加以应对，做到在危机中育新机、在变局中开新局。

二是体现了唯物辩证法的适度原则。唯物辩证法认为，任何具体事物都具有质和量的规定性，前者是指事物成为其自身并与其他事物相区别的内部规定性，后者是指事物存在和发展的规模、程度、速度以及它的构成要素在空间上的排列组合等可以用数量表示的规定性。事物的质与量是统一的，度就是质和量的统一，它是指事物保持自己质的数量界限。在度的范围内，事物的变化属于量变，这时事物的质保持不变；而一旦超出度的范围，事物的量变就会引起质变，亦即事物就会发生质的变化。唯物辩证法关于事物的度的原理，要求我们在认识和实践中掌握适度的原则，即在分析和处理问题时努力做到恰到好处，防止"过"和"不及"。"过"是超过一定的度，"不及"是达不到一定的度，它们对于我们的认识和实践都是有害的。古人云："过犹不及"，说的就是这个道理。唯物辩证法所谓的"度"也就是我们在实际工作中对待事物、处理问题所应坚守的底线，坚持和运用底线思维就是要遵循唯物辩证法的适度原则。习近平在运用底线思维谋划党和国家的各项工作、应对各种困难和风险时，反复强调要把握和守住各领域的基线、底线、红线、上线和边界，生动地体现了唯物辩证法的适度原则。

---

① 《全国抗击新冠肺炎疫情表彰大会在京隆重举行　习近平向国家勋章和国家荣誉称号获得者颁授勋章奖章并发表重要讲话》，《人民日报》2020 年 9 月 9 日第 1 版。

三是体现了唯物辩证法的主观能动性思想。唯物辩证法在肯定物质决定意识的前提下，也承认意识对物质的反作用。毛泽东指出："思想等等是主观的东西，做或行动是主观见之于客观的东西，都是人类特殊的能动性。这种能动性，我们名之曰'自觉的能动性'，是人之所以区别于物的特点。"①这种主观能动性，主要表现为人们认识和改造客观世界的活动都是有意识、有目的的自觉活动，都是按照一定的计划、方案、蓝图来展开的，在社会生活中都是在一定的纲领、路线、方针、政策等的指导下进行的，因此，主观能动性也被称为自觉的能动性。在实际工作中，人们只有发挥主观能动性，才能战胜各种困难和风险，不断开辟前进的道路。底线思维要求人们直面困难和风险、积极应对、主动作为，努力争取最好的结果，实际上就是要求人们在实践中充分发挥主观能动性。习近平反复强调，我们要增强风险意识，认真预判风险，把握风险走向，"下好先手棋，打好主动仗"②，做好随时应对各种风险挑战的准备，努力在应对各类风险挑战中谋求战略主动，坚决避免出现系统性风险和颠覆性错误。

（三）对党的历史经验的深刻总结

中国共产党在领导中国革命、建设和改革的百年奋斗历程中，经受住了无数困难和风险的考验。习近平指出："我们党是生于忧患、成长于忧患、壮大于忧患的政党。正是一代代中国共产党人心存忧患、肩扛重担，才团结带领中国人民不断从胜利走向新的胜利。"③党在应对和战胜各种风

---

① 《毛泽东选集》第 2 卷，人民出版社 1991 年版，第 477 页。

② 《习近平谈治国理政》第 2 卷，外文出版社 2017 年版，第 223 页。

③ 《中共中央政治局召开民主生活会 以认真学习贯彻习近平新时代中国特色社会主义思想 坚定维护以习近平同志为核心的党中央权威和集中统一领导 全面贯彻落实党的十九大各项决策部署情况为主题进行对照检查 中共中央总书记习近平主持会议并发表重要讲话》，《人民日报》2017 年 12 月 27 日第 1 版。

险挑战方面所积累的丰富经验，也是涵育和滋养习近平底线思维的丰富养分。

在民主革命和社会主义建设时期，以毛泽东同志为主要代表的中国共产党人面对国际国内的复杂形势和各种困难，始终保持清醒的头脑，不断自我强化忧患意识。1941年，在击退国民党顽固派第二次反共高潮后，针对党内一些人不了解中央关于应对最坏的可能性的要求的意义，毛泽东批评道："他们不了解向着最坏的一种可能性作准备是完全必要的，但这不是抛弃好的可能性，而正是为着争取好的可能性并使之变为现实性的一个条件。"①1945年，在世界反法西斯战争即将迎来最后胜利、很多人都在准备欢庆之际，毛泽东在党的七大上所作的结论报告中告诫全党要"准备吃亏""准备困难"，并一口气开列了17条困难。他指出："许多事情是意料不到的，但是一定要想到，尤其是我们的高级负责干部要有这种精神准备，准备对付非常的困难，对付非常的不利情况。这些，我们都要透彻地想好。"②1949年3月，在西柏坡召开的党的七届二中全会上，面对解放战争即将迎来全面胜利、党即将执掌全国政权的形势，毛泽东向全党提出了"两个务必"的要求，告诫全党务必继续保持谦虚、谨慎、不骄、不躁的作风，务必继续保持艰苦奋斗的作风。1949年5月，针对有些人对天灾人祸和敌人封锁所造成的经济困难感到惶惑的情形，毛泽东指出："二十二年的人民解放战争告诉我们，在任何一个驱逐敌人建立人民政权的区域，必不可免地要经过一个困难的时期。这种困难是能够克服的，但须付以必要的时间和艰苦的努力。"③1955年，在中国共产党全国代表大会上的讲话中，毛泽东更是明确把从最坏处着想概括为全党都必须掌握和运用的具有普遍意义的思想方法："不论任何工作，我们都要从最坏的可能

① 《毛泽东选集》第2卷，人民出版社1991年版，第784页。
② 《毛泽东文集》第3卷，人民出版社1996年版，第392页。
③ 《毛泽东文集》第5卷，人民出版社1996年版，第315页。

性来想，来部署。"①

在改革开放和社会主义现代化建设时期，以邓小平、江泽民和胡锦涛同志为主要代表的中国共产党人同样秉承忧患意识，坚持底线思维。作为改革开放的总设计师，邓小平清醒地认识到实现改革开放政策所面临的风险和困难，并且在应对困难和风险时始终坚守底线。他说："改革是中国的第二次革命。这是一件很重要的必须做的事，尽管是有风险的事。……我们在确定做这件事的时候，就意识到会有这样的风险。我们的方针是，胆子要大，步子要稳，走一步，看一步。"②1990年，在国际形势从两极争霸走向多极化、国内的市场化改革面临困境时，邓小平重申："我们处理问题，要完全没有风险不可能，冒点风险不怕。"③此外，他强调要针对风险谋划对策，特别是要划清底线、坚守底线。他说："我们要把工作的基点放在出现较大的风险上，准备好对策。这样，即使出现了大的风险，天也不会塌下来。"④为此，他为中国的改革开放和社会主义现代化建设划定了多条底线，特别是确立了坚持四项基本原则这一党在社会主义初级阶段的基本路线。邓小平对各种具体问题的分析，也都贯穿着底线思维。例如，在谈到稳定问题时，他反复强调"稳定压倒一切，人民民主专政不能丢"⑤；在香港问题上，他坚决主张实行"一国两制"，强调要确保香港的经济发展和政治稳定；在谈到我国改革的方向问题时，他旗帜鲜明地反对两极分化，强调我们的目标是共同富裕。"我们大陆坚持社会主义，不走资本主义的邪路。社会主义与资本主义不同的特点就是共同富裕，不搞两极分化。"⑥在社会主义现代化建设新的历史时期，面对国际国内的复杂形

---

① 《毛泽东文集》第6卷，人民出版社1999年版，第404页。
② 《邓小平文选》第3卷，人民出版社1993年版，第113页。
③ 《邓小平文选》第3卷，人民出版社1993年版，第364页。
④ 《邓小平文选》第3卷，人民出版社1993年版，第267页。
⑤ 《邓小平文选》第3卷，人民出版社1993年版，第364页。
⑥ 《邓小平文选》第3卷，人民出版社1993年版，第123页。

势，以江泽民、胡锦涛同志为主要代表的中国共产党人，坚持以底线思维推进党的建设，坚持以底线思维谋发展，不断增强承受和抵御政治风险、经济发展风险、自然灾害风险的能力，推动了中国特色社会主义事业的新发展。

新时代坚持和发展中国特色社会主义，仍然面临各式各样的风险挑战。这些风险，既有来自国际上的，也有来自国内经济、社会、文化、生态各个领域的。它们相互交织、相互作用，稍有不慎就会传导、叠加、演变和升级，成为危及党的执政地位和国家安全的系统性风险。因此，新时代治国理政尤其需要坚持和运用底线思维。也正因如此，习近平特别重视汲取以毛泽东、邓小平、江泽民、胡锦涛等同志为主要代表的中国共产党人在不同历史时期坚持和运用底线思维所积累的宝贵经验。他在系列重要讲话中反复引用毛泽东、邓小平、江泽民、胡锦涛的相关论述，足以充分证明这一点。

二、底线思维之"底线"的特征

坚持和运用底线思维，首先必须准确认识和把握底线。党的十八大以来，在统领党和国家事业过程中，习近平不仅始终坚持和灵活运用底线思维，而且还在许多不同的领域中划定和阐述了不同形式的底线，为我们把握底线的基本规定和特征、从而在各个领域中坚持底线思维和积极应对各种风险挑战指明了方向。根据习近平的阐述，底线主要有原则性、历史性和人民性等特征。

（一）底线的原则性

如前所述，底线也就是唯物辩证法所谓的度，后者是事物保持自己质的数量界限。在社会生活中，底线是人们干事创业、履职尽责不可触碰、践踏的红线和不能逾越的边界，一旦突破了底线，事物的态势和性质就会发生根本变化，就会使党和国家的事业发生系统性风险或出现颠覆性错误，或在各方面的工作中招致难以承受的严重后果。因此，底线体现了各项事业和工作所必须坚持的最基本的立场和原则，具有鲜明的原则性特征。

党的十八大以来，习近平对党和国家事业各方面、各领域底线的划定和阐述，都鲜明地体现了底线的原则性。在事关党和国家事业大局的道路和方向问题上，他明确指出，我们既不能走封闭僵化的老路，也不能走改旗易帜的邪路，而必须坚定不移地走中国特色社会主义道路。同时，他反复强调，中国共产党领导是中国特色社会主义最本质的特征，这也是中国最大的国情、中国的特色，中国的事情要办好首先中国共产党的事情要办好，因此，坚持中国特色社会主义道路，就要坚持党的领导，完善党的领导。"在坚持党的领导这个重大原则问题上，我们脑子要特别清醒、眼睛要特别明亮、立场要特别坚定，绝不能有任何含糊和动摇。"①

在对外关系问题上，习近平强调必须坚决维护国家核心利益。他指出，中国在走和平发展道路的同时，决不能放弃自己的正当利益、决不能牺牲国家的核心利益。"任何外国不要指望我们会拿自己的核心利益做交易，不要指望我们会吞下损害我国主权、安全、发展利益的苦果。"②在对外工作中，坚持以国家核心利益为底线，维护国家主权、安全、发展利益，是新时代中国特色社会主义外交思想的重要内容。以这一思想为指导，我国大力推进中国特色大国外交，为党和国家事业的持续稳定发展创造了良好的外部条件。

---

① 《习近平谈治国理政》第 2 卷，外文出版社 2017 年版，第 20 页。
② 《习近平谈治国理政》第 2 卷，外文出版社 2017 年版，第 42 页。

在粮食安全问题上，习近平强调，必须坚持最严格的耕地保护制度和节约用地制度，坚决守住耕地保护红线和粮食安全底线。他指出，粮食安全是国家安全的基础，也是社会稳定的重要保障，解决好吃饭问题是中国这样一个人口大国治国理政的头等大事，必须确保国家粮食安全，把中国人的饭碗牢牢端在自己手中，而且饭碗里必须主要装我们自己生产的粮食。而耕地是粮食生产的命根子，是我国最为宝贵的资源，因此，他要求严防死守 18 亿亩耕地红线，"采取'长牙齿'的硬措施，落实最严格的耕地保护制度"①。

在经济建设中，习近平强调，必须把防控金融风险放在特别重要的位置，确保不发生系统性金融风险。金融是国民经济的血脉，也是资源配置和宏观调控的重要工具。随着经济实力的增长，中国已经成为名副其实的金融大国。尽管如此，我们仍然面临宏观杠杆率高、不良资产增加、泛金融化程度高等金融风险②。一旦应对不慎，就会发生系统性危机。习近平多次强调，要牢牢守住不发生系统性风险的底线，通过深化金融改革、加强金融监管、加强金融安全能力建设等一系列措施，防范和化解金融风险。

在生态文明建设方面，习近平强调，必须实行最严格的制度、最严密的法治保护生态环境，划定并严守生态保护红线、环境质量底线、资源利用上线三条红线。党的十八大报告把生态文明建设纳入中国特色社会主义事业"五位一体"总体布局，将其提升到前所未有的重要位置。习近平指出："生态环境是关系党的使命宗旨的重大政治问题，也是关系民生的重大社会问题。"③我们过去在生态环境方面欠账太多，生态环境污染严重，

---

① 习近平：《坚持把解决好"三农"问题作为全党工作重中之重，举全党全社会之力推动乡村振兴》，《求是》2022 年第 7 期。

② 参见夏蜀：《以习近平新时代金融治理思想为指导　打好防控重大风险攻坚战》，《红旗文稿》2018 年第 13 期。

③ 《习近平谈治国理政》第 3 卷，外文出版社 2020 年版，第 359 页。

生态系统越来越脆弱，各种生态环境问题已成为制约我国经济社会发展的瓶颈。要确保我国经济社会永续发展，必须在全社会大力强化人们的生态文明意识，把生态文明建设融入经济建设、政治建设、文化建设、社会建设全过程和各方面。习近平认为，生态环境问题实质上是发展方式和生活方式问题，要解决生态环境问题，就必须严守生态保护红线、环境质量底线、资源利用上线，"把经济活动、人的行为限制在自然资源和生态环境能够承受的限度内，给自然生态留下休养生息的时间和空间"①。

（二）底线的历史性

与自然界的事物不同，社会事物及其规律生成于人的社会实践活动中。社会事物变化发展的度或底线是在特定历史条件下人们的实践活动中形成的，因而必然会随着社会实践的发展而发生变化，亦即必然具有历史性特征。习近平在新时代治国理政中所划定和阐述的党和国家事业各个领域的底线，与新时代我国经济社会发展的阶段性特征紧密相关，也具有鲜明的历史性特征。这主要表现在以下两个方面。

一方面，新时代党和国家事业各领域的底线反映了新时代我国社会经济发展的新特点。进入新时代以后，党和国家的事业面临的各种风险挑战更为严峻。党的十八大报告指出，世情、国情、党情继续发生深刻变化，我们面临的发展机遇和风险挑战前所未有。在国际上，一些西方国家以各种方式围堵遏制我国的和平崛起，我国面临的国际局势极为复杂。在国内，尽管我们以世所罕见的速度推动了一个有着 14 亿多人口的大国迈向现代化，却也面临着经济发展、社会转型、生态环境、国家治理、国家安全等方面的诸多问题。党的十九大报告将我国面临的困难和挑战概括为发

---

① 《习近平谈治国理政》第 3 卷，外文出版社 2020 年版，第 361—362 页。

展不平衡不充分、民生领域、社会文明水平、国家治理、意识形态和国家安全、落实改革部署、党的建设 7 个方面的问题。习近平在一些重要讲话中也多次强调我国在政治安全、意识形态安全、经济安全、社会安全、生态环境安全、公共卫生安全、生物安全、外部环境和党的建设等领域面临的风险挑战。在省部级主要领导干部坚持底线思维着力防范化解重大风险专题研讨班开班式上的讲话中，他着重分析了政治、意识形态、经济、对美经贸斗争、科技、社会、对外工作、党自身等 8 个领域的重大风险，并提出了着力防范风险的要求。可见，在新时代治国理政中划定并坚守各领域的底线，是为了更好地应对新时代我国经济社会发展所面临的内外部环境变化所带来的风险挑战、保障我国经济社会的健康发展。

另一方面，新时代党和国家事业各领域的底线也必然会随着新时代我国经济社会的发展而不断变化。习近平在运用底线思维谋划新时代我国经济社会发展过程中，提出和明确了一系列事关国计民生的底线任务，而这些底线任务是随着我国经济社会发展而不断调整的。例如，民生领域的底线任务就不断被赋予一些新的要求。党中央在新时代始终高度重视民生、保障民生。一方面，把脱贫攻坚确定为全面建成小康社会的底线任务，实施脱贫攻坚工程，按照精准扶贫的思路，采取有效措施，开展了声势浩大的脱贫攻坚人民战争；另一方面，坚持在发展中保障和改善民生，在收入分配、就业、教育、社会保障、医疗卫生、住房保障等方面推出了一系列重大举措，尤其是要求政府落实"兜底责任""兜底保障""兜底性民生建设"和"兜底线职能"，保障群众基本生活和基本公共服务。随着新时代中国特色社会主义事业的推进，脱贫攻坚以及其他民生事业取得了历史性成就。2021 年，我国脱贫攻坚取得了全面胜利，完成了消除绝对贫困的艰巨任务。在全国脱贫攻坚总结表彰大会上的讲话中，习近平强调，要巩固脱贫攻坚成果，"坚决守住不发生规模性返贫的底线"①。这表明，随着脱贫攻坚战的全面胜利，脱贫地区工作的底线任务从解决区域性整体贫困、消除绝对贫困已转变为不发生规模性返贫。与此同时，我国民生事业的其他领域也发生了喜人的变化，特别是城乡居民养老、医疗、低保等方面的社会保障水平不断提高，逐渐建立了保基本、兜底线、广覆盖的民生保障体系。可见，民生领域的底线任务也随着新时代我国经济社会发展而出现了新的变化。此外，党的十八大以来，党中央还从粮食安全、国家安全的战略高度出发，对耕地保护红线提出了新的更高要求。2013 年召开的中央城镇化工作会议强调，"耕地红线一定要守住，红线包括数量，也包括质量"②。党的十九大报告统筹耕地保护与保护生态系统和保障生态安全，要求划定生态保护红线、永久基本农田、城镇开发边界三条控制线。这些新的要求，给严防死守 18 亿耕地保护红线、确保实有耕地面积基本稳定的底线任务赋予了新的内涵。

（三）底线的人民性

习近平在新时代治国理政中划定和阐述的党和国家事业各个领域的底线，具有鲜明的人民性特征。习近平指出："江山就是人民、人民就是江山，打江山、守江山，守的是人民的心。中国共产党根基在人民、血脉在人民、力量在人民。"③为人民谋幸福、为中华民族谋复兴是中国共产党人的初心和使命，它集中体现了我们党的性质和宗旨。党的十八大以来，

---

① 习近平：《在全国脱贫攻坚总结表彰大会上的讲话》，《人民日报》2021 年 2 月 26 日第 2 版。

② 《中央城镇化工作会议在北京举行》，《人民日报》2013 年 12 月 15 日第 1 版。

③ 习近平：《在庆祝中国共产党成立 100 周年大会上的讲话》，《人民日报》2021 年 7 月 2 日第 2 版。

习近平在党和国家事业各个领域中划定并强调要坚守各种底线，归根到底是为了实现好、维护好、发展好最广大人民的根本利益。

习近平在统领党和国家事业时所划定的各种底线，涉及对外关系、粮食安全、经济建设和生态文明等多个领域。之所以聚焦这些领域中的底线，从根本上说，是因为这些领域事关广大人民的根本利益。在对外关系中，划定国家核心利益这一底线，既宣示了我国和平发展的国家战略，又明确了我国维护国家利益的原则立场，有助于在对外交往中维护我国的主权、安全和发展利益。在粮食安全问题上，党和国家在划定 18 亿亩耕地红线的基础上，进一步明确了粮食生产能力不降低、农民增收势头不逆转、农村稳定不出问题的三条底线①。坚守这些底线，不仅能确保中国在粮食安全这一根本利益问题上不受制于人，而且能够促进农业发展、保障农村稳定，让广大农民分享发展成果。在经济建设中，强调把防控金融风险放在重要位置、守住不发生系统性风险这一底线，是由金融的重要地位和基本特点所决定的。一方面，正如习近平多次强调的，金融是现代经济的核心，是实体经济的血脉，金融活则经济活，金融稳则经济稳；另一方面，金融具有风险属性，金融风险根源于商品的内在矛盾，它是由生产结构失衡或信用偏离过度而积聚的。历史表明，严重的金融风险会导致金融危机和经济危机，重创本国的经济和国家实力，甚至危及经济持续发展和国家政治安全，最终损害广大人民群众的根本利益。因此，在经济建设中坚决守住不发生系统性金融风险的底线，目的在于维护人民群众的根本利益。在其他领域诸如在生态文明建设中划定和坚守底线，同样也是为了实现好、维护好、发展好最广大人民群众的根本利益。

以习近平同志为核心的党中央在治国理政中适时调整一些领域的底线任务，同样也是为了适应广大人民群众的需要和利益的历史性变化，从而

---

① 参见《中央农村工作会议在京召开》，《人民日报》2016 年 12 月 21 日第 1 版。

更好地实现好、维护好、发展好人民群众的根本利益。习近平在党的十九大报告中指出，我国社会主要矛盾已经转化为人民日益增长的美好生活需要和不平衡不充分的发展之间的矛盾。这一论断深刻反映了新时代我国广大人民群众需要的新变化：一方面，新时代人民群众需要的内涵和外延不断丰富与扩大，不仅包括吃穿住行等方面的基本需要，而且还包括人们在实现温饱之后的精神文化需要和更高层次的发展需要；另一方面，新时代人民群众对民主、法治、公平、正义、安全和环境等方面的需求日益强烈。人民群众对美好生活的需求，是改革开放以来我国经济社会发展的结果，它对党和国家事业提出了更高的要求。为此，党的十九大报告规划了新时代解决我国社会主要矛盾的一系列重大战略，其中就包括要求完成脱贫攻坚、改善民生等方面的底线任务。而这些底线任务之所以随着我国经济社会发展而不断得到调整，归根到底就是为了满足人民群众日益增长的美好生活需要，更好地实现人民群众的根本利益。

三、坚持底线思维的关键

2019 年，习近平在省部级主要领导干部坚持底线思维着力防范化解重大风险专题研讨班开班式上发表重要讲话，要求深刻认识和准确把握外部环境的深刻变化和我国改革发展稳定面临的新情况新问题新挑战，坚持底线思维，增强忧患意识，提高防控能力，着力防范化解重大风险，保持经济持续健康发展和社会大局稳定。在其他重要场合的讲话中，他也多次强调要防范各个方面的风险挑战。可以说，坚持底线思维，关键是要切实提高防控能力，防范化解各种形式的重大风险挑战。这也是习近平底线思维的实践要求。而要把握坚持底线思维的关键，不断提高防控能力，着力防范化解重大风险，特别需要保持政治定力、发扬斗争精神和切实贯彻落实总体国家安全观。

（一）保持政治定力

在党的十八届一中全会上的讲话中，习近平指出，我们必须始终保持对马克思主义的坚定信仰、对共产主义和中国特色社会主义的坚定信念，增强政治定力和政治敏锐性，以此来提高抵御各种风险和经受住各种考验的能力。此后，习近平又多次强调要保持坚强政治定力，应对复杂风险挑战。所谓定力，是指人们在实践活动中所表现出来的坚定立场、坚强意志、执著信念和良好操守。而政治定力，则是指人们在政治实践活动中排除各种干扰、坚持正确立场、坚守理想信念、保持正确方向的坚强意志。习近平结合当代中国的具体实际，就保持政治定力提出了以下几个方面的具体要求。

首先，在政治制度和发展道路等根本问题上，要坚持正确的政治方向。2013 年，在中央经济工作会议上，习近平指出："要正确推进改革。改革是社会主义制度自我完善和发展，怎么改、改什么，有我们的政治原则和底线，要有政治定力。"[1]这就是说，要正确推进我国的改革，既需要在认识上准确把握我国改革的实质，确立我国改革的政治原则和底线，又需要在实践中保持政治定力、恪守政治原则和底线。这里所说的政治原则和底线，从根本上说，就是中国特色社会主义制度和道路。保持政治定力，归根到底就是要在制度和发展道路等根本问题上保持清醒、毫不动摇。习近平在纪念毛泽东同志诞辰 120 周年座谈会上强调，我们党在领导革命、建设、改革长期实践中形成了"坚持走自己的路的坚定信心和决

---

[1] 中共中央文献研究室编：《习近平关于全面深化改革论述摘编》，中央文献出版社 2014年版，第 49 页。

心"；今后，我们要继续坚持独立自主，坚定不移地走中国特色社会主义道路，"要增强政治定力，增强道路自信、理论自信、制度自信"①。2014年，在中央政法工作会议上，习近平论述了坚持中国特色社会主义司法制度和保持政治定力问题。他说："评价一个国家的司法制度，关键看是否符合国情、能否解决本国实际问题。实践证明，我国司法制度总体上是适应我国国情和发展要求的，必须增强对中国特色社会主义司法制度的自信，增强政治定力。"②可见，在制度和道路等事关全局的根本问题上保持政治定力，就是要坚定中国特色社会主义的道路自信、理论自信和制度自信。正因如此，习近平在党的二十大报告中在论述"坚持中国特色社会主义道路"时指出，我们要"坚持以经济建设为中心，坚持四项基本原则，坚持改革开放，坚持独立自主、自力更生，坚持道不变、志不改，既不走封闭僵化的老路，也不走改旗易帜的邪路，坚持把国家和民族发展放在自己力量的基点上，坚持把中国发展进步的命运牢牢掌握在自己手中。"③

其次，在党风廉政建设和反腐败斗争中，要坚持不懈地把全面从严治党向纵深推进。党的十八大以来，以习近平同志为核心的党中央根据新时代党所面临的任务和要求，将全面从严治党纳入"四个全面"战略布局，把管党治党推向了新的高度。在推进全面从严治党的过程中，习近平强调要以"踏石留印、抓铁有痕"的劲头坚持不懈推进作风建设，并在部署党风廉政建设和反腐败斗争时反复强调要保持政治定力。2015年，在主持中共中央政治局关于加强反腐倡廉法规制度建设的集体学习时，习近平回顾了党的十八大以来党风廉政建设和反腐败斗争所取得的阶段性成效，并

---

① 《习近平谈治国理政》第 1 卷，外文出版社 2018 年版，第 30 页。

② 中共中央文献研究室编：《习近平关于全面深化改革论述摘编》，中央文献出版社 2014 年版，第 77 页。

③ 习近平：《高举中国特色社会主义伟大旗帜　为全面建设社会主义现代化国家而团结奋斗——在中国共产党第二十次全国代表大会上的报告》，《人民日报》2022 年 10 月 26 日第 1 版。

就下一阶段的工作提出了要求。他说："当前，党风廉政建设和反腐败斗争形势依然严峻复杂。开弓没有回头箭，反腐没有休止符。我们必须保持政治定力，以强烈的历史责任感、深沉的使命忧患感、顽强的意志品质，以抓铁有痕、踏石留印的劲头持续抓下去。"①此后，在第十八届中央纪律检查委员会第六次全会上的讲话中，习近平又强调要"保持坚强政治定力，坚持全面从严治党、依规治党"②。这段话也作为 2016 年纪律检查机关工作总体要求而被写入了第十八届中央纪律检查委员会第六次全体会议公报。在第十九届中央纪律检查委员会第六次全会上的讲话中，习近平分析了腐败问题的新的阶段性特征和反腐败斗争的艰巨任务，并且重提保持政治定力问题，强调"要保持反腐败政治定力，不断实现不敢腐、不能腐、不想腐一体推进的战略目标"③。所有这些，充分体现了以习近平同志为核心的党中央加强党风廉政建设、持续推进全面从严治党、深入开展反腐败斗争的坚强意志和坚定决心。

再次，在干部队伍建设方面，要坚定理想信念，站稳政治立场。习近平强调，保持政治定力，不仅要体现在坚持正确的政治方向和推进党风廉政建设方面，而且也是党的政治建设尤其是干部队伍建设的重要内容。他指出，党员干部特别是高级干部要在以下两个方面保持政治定力：一是在坚定理想信念上保持政治定力。理想信念教育是党的思想建设的战略任务，旨在使全党永葆初心、牢记使命，在理想追求上始终保持政治定力。今天我们开展具有新的历史特点的伟大斗争，"没有坚定的理想信念，就会在乱云飞渡的复杂环境中迷失方向、在泰山压顶的巨大压力下退缩逃

---

① 《习近平在中共中央政治局第二十四次集体学习时强调　加强反腐倡廉法规制度建设　让法规制度的力量充分释放》，《人民日报》2015 年 6 月 28 日第 1 版。
② 《习近平谈治国理政》第 2 卷，外文出版社 2017 年版，第 163 页。
③ 《习近平在十九届中央纪委六次全会上发表重要讲话强调　坚持严的主基调不动摇　坚持不懈把全面从严治党向纵深推进》，《人民日报》2022 年 1 月 19 日第 1 版。

避、在糖衣炮弹的轮番轰炸下缴械投降。"①在和平时期考验党员干部的理
想信念，"那就主要看干部是否能在重大政治考验面前有政治定力，是否
能树立牢固的宗旨意识，是否能对工作极端负责，是否能做到吃苦在前、
享受在后，是否能在急难险重任务面前勇挑重担，是否能经得起权力、金
钱、美色的诱惑"②。二是在坚持正确的政治立场上保持政治定力。在坚持
正确的政治立场上保持政治定力，要求党员干部坚持党性原则，强化政
治责任，提高政治能力。"坚持党性原则，必须自觉在思想上政治上行
动上同党中央保持高度一致。"③尤其是要在各种诱惑干扰、杂音喧嚣面
前，做到"乱云飞渡仍从容"。强化政治责任，就是要牢固确立和不断
强化政治意识、大局意识、核心意识、看齐意识"四个意识"，找准政
治站位，强化政治担当。而提高政治能力，特别要"善于从政治上分析
问题、解决问题"④，增强辨别政治是非、驾驭政治局面、防范政治风险
的能力。

（二）发扬斗争精神

2019年，习近平在省部级主要领导干部坚持底线思维着力防范化解
重大风险专题研讨班开班式讲话中强调，防范化解重大风险，需要有充沛
顽强的斗争精神；各级领导班子和领导干部要加强斗争历练，增强斗争本
领，永葆斗争精神⑤。同年，在秋季学期中央党校（国家行政学院）中青
年干部培训班开班式上的讲话中，他进一步要求广大干部特别是年轻干部

---

① 习近平：《用好红色资源，传承好红色基因把红色江山世世代代传下去》，《求是》2021
　　年第10期。
② 《习近平谈治国理政》第1卷，外文出版社2018年版，第415页。
③ 《习近平著作选读》第1卷，人民出版社2023年版，第452页。
④ 习近平：《增强推进党的政治建设的自觉性和坚定性》，《求是》2019年第14期。
⑤ 参见《习近平谈治国理政》第3卷，外文出版社2020年版，第223页。

发扬斗争精神。如果说保持政治定力是坚持底线思维的前提条件，体现了底线思维的底线要求，旨在确保在实际工作中能从最坏处着眼、从最坏处准备，那么，发扬斗争精神则是坚持底线思维的关键一招，体现了底线思维的主观能动性要求，旨在确保在实际工作中朝好的方向努力、争取最好的结果。习近平在一系列重要讲话中深刻回答了新时代发扬斗争精神的重要性和如何发扬斗争精神的问题。

发扬斗争精神，是新时代传承党的光荣传统、应对各种风险挑战的必然要求。《中共中央关于党的百年奋斗重大成就和历史经验的决议》深刻阐述了斗争精神和斗争本领在百年党史上的重要作用。决议指出，坚持敢于斗争是党百年奋斗的重要经验之一，"敢于斗争、敢于胜利，是党和人民不可战胜的强大精神力量。党和人民取得的一切成就，不是天上掉下来的，不是别人恩赐的，而是通过不断斗争取得的。"① 习近平强调："建立中国共产党、成立中华人民共和国、实行改革开放、推进新时代中国特色社会主义事业，都是在斗争中诞生、在斗争中发展、在斗争中壮大的。"② 在新时代，我们党必然要应对各种重大挑战、抵御各种重大风险、克服各种重大阻力、解决各种重大矛盾。为此，我们党必须继续团结带领人民进行"具有许多新的历史特点的伟大斗争"③。党的十九大报告指出，全党必须充分认识这场伟大斗争的长期性、复杂性、艰巨性，发扬斗争精神，夺取这场伟大斗争的胜利。只有发扬斗争精神，我们才能更加自觉地坚持党的领导以及中国特色社会主义制度和道路，更加自觉地维护广大人民群众的利益，更加自觉地投身于改革开放事业，更加自觉地维护我国主权、安全、发展利益，更加自觉地防范各种重大风险，战胜经济社会发展过程中

---

① 《中共中央关于党的百年奋斗重大成就和历史经验的决议》，《人民日报》2021 年 11 月 17 日第 1 版。
② 《习近平谈治国理政》第 3 卷，外文出版社 2020 年版，第 225 页。
③ 《习近平谈治国理政》第 3 卷，外文出版社 2020 年版，第 69 页。

出现的困难和挑战。也只有发扬斗争精神，我们才能勇于自我革命，以刀刃向内的勇气和决心推进党的建设，同一切削弱党的战斗性的现象作坚决斗争，特别是拧紧世界观、人生观、价值观这个"总开关"，祛除精神上缺钙的"软骨病"，在思想上构筑起拒腐蚀、永不沾的钢铁长城；把权力关进制度的笼子，用制度治党、管权、治吏，让权力在阳光下运行，构建起严密的监督机制；以零容忍态度铁腕反腐，不断健全惩治和预防腐败体系，做到有腐必反、除恶务尽；加强作风建设，健全改进作风长效机制，切实解决"四风"问题；落实好党内生活制度，自觉运用批评和自我批评的武器，不断清除自己身上的各种政治灰尘和政治微生物，营造风清气正的党内政治生态。

新时代发扬斗争精神，必须增强斗争本领。2019 年，习近平要求广大干部特别是年轻干部既要敢于斗争、又要善于斗争，并且提出了增强斗争本领的具体要求。第一，要坚持正确的方向、立场和原则。这里所说的坚持正确的方向、立场和原则，就是指坚持中国共产党的领导和社会主义制度，捍卫国家主权、安全和发展利益，特别是坚决维护国家的核心利益。第二，要有鲜明的问题意识。习近平指出："我们共产党人的斗争，从来都是奔着矛盾问题、风险挑战去的。"[1]这就要求领导干部对各领域、各方面工作中的潜在风险有科学的预判能力、深刻的洞察能力和全面的掌控能力，知晓风险的位置、性质、特点和趋势。第三，要掌握斗争艺术。习近平从宏观与微观两个层面论述了掌握斗争艺术的要求。在宏观层面上，掌握斗争艺术必须"坚持增强忧患意识和保持战略定力相统一、坚持战略判断和战术决断相统一、坚持斗争过程和斗争实效相统一"[2]；在微观层面上，掌握斗争艺术要注重策略方法，处理好斗争方式与斗争火候、

---

① 《习近平谈治国理政》第 3 卷，外文出版社 2020 年版，第 226 页。
② 《习近平谈治国理政》第 3 卷，外文出版社 2020 年版，第 227 页。

原则问题与策略问题、形势需要与斗争策略、团结与合作之间的关系。习近平指出，领导干部要在思想淬炼、政治历练和实践锻炼中增强斗争本领，特别是要牢固掌握马克思主义立场观点方法和党的创新理论，坚定理想信念，保持理论清醒，并在应对严峻形势、复杂情况和矛盾冲突的重大斗争中练就胆魄、意志和才干。

（三）贯彻落实总体国家安全观

如前所述，坚持底线思维，就是要居安思危，防患于未然，采取有效措施，避免发生颠覆性错误和系统性风险。习近平指出："统筹发展和安全，增强忧患意识，做到居安思危，是我们党治国理政的一个重大原则。"[①] 坚持这一原则，必须贯彻落实总体国家安全观，坚决维护国家主权、安全、发展利益。

首先，贯彻落实总体国家安全观，是新时代满足人民美好生活需要的必然要求。2014 年 4 月，习近平创造性地提出总体国家安全观，要求"以人民安全为宗旨，以政治安全为根本，以经济安全为基础，以军事、文化、社会安全为保障，以促进国际安全为依托，走出一条中国特色国家安全道路"[②]。安全是发展的重要前提，维护国家安全，其根本目的是为了满足广大人民群众的安全需求，保障人民群众的利益。只有保证人民安居乐业，才能实现中华民族伟大复兴，促进人的自由全面发展。习近平多次强调，"国家安全是头等大事"，因为国泰民安是人民群众最基本、最普遍的愿望[③]；"国家安全工作归根结底是保障人民利益，要坚持国家安全一切为

---

① 《习近平谈治国理政》第 3 卷，外文出版社 2020 年版，第 19 页。
② 《习近平谈治国理政》第 1 卷，外文出版社 2018 年版，第 200—201 页。
③ 《习近平在首个全民国家安全教育日之际作出重要指示强调　汇聚起维护国家安全强大力量　不断提高人民群众安全感幸福感》，《人民日报》2016 年 4 月 15 日第 1 版。

了人民、一切依靠人民，为群众安居乐业提供坚强保障"①。进入新时代，我国社会的主要矛盾已经转化为人民日益增长的美好生活需要和不平衡不充分的发展之间的矛盾。作为新时代人民美好生活需要的重要内容，安全需要不仅包括人身安全、财产安全等基本安全需求，而且还包括对食品安全、药品安全、网络与信息安全、生态环境安全等多方面的安全需求。总体国家安全观致力于构建涵盖政治、军事、国土、经济、金融、文化、社会、科技、网络、粮食、生态、资源、深海、极地、生物、核、海外利益、太空、人工智能等诸多领域的总体国家安全体系，能够为满足人民群众的安全需要提供有力保障。只有贯彻落实总体国家安全观，统筹维护不同领域、不同方面和不同类别的安全，才能满足作为新时代人民美好生活需要的重要内容的安全需要。

其次，贯彻落实总体国家安全观，是新时代应对各种风险挑战的必然选择。国家安全是国家生存发展的基本前提，治国理政的一项重要内容就是维护国家安全。当今世界，虽然和平与发展的时代主题以及世界多极化、经济全球化、国际关系民主化的大方向没有发生根本变化，但是地区冲突频繁不断，强权政治仍然阴魂不散，恐怖主义、重大传染性疾病、生态环境危机等非传统安全威胁日趋严重。当今中国处于国家发展重要战略机遇期和国际秩序大变局中，对外要维护国家主权、安全、发展利益，对内要维护政治安全和社会稳定，面临前所未有的压力和风险挑战。正因如此，进入新时代以来，以习近平同志为核心的党中央运用底线思维统筹发展和安全，提出并推动贯彻落实总体国家安全观，构建国家安全体系，走出了中国特色国家安全道路。

贯彻落实总体国家安全观，必须坚持党对国家安全工作的绝对领导。2013 年，习近平指出，面对国家安全和社会稳定方面日益增多的内外压

---

① 《习近平谈治国理政》第 2 卷，外文出版社 2017 年版，第 382 页。

力和风险因素，"我们的安全工作体制机制还不能适应维护国家安全的需要，需要搭建一个强有力的平台统筹国家安全工作"①。2014年，为加强党对国家安全工作的集中统一领导，由习近平担任主席的中央国家安全委员会正式成立，使我国有了制定国家安全战略和应对国内外综合安全的顶层运作机制。习近平在国家安全工作座谈会上指出："坚持党对国家安全工作的领导，是做好国家安全工作的根本原则。"②2018年，在十九届中央国家安全委员会第一次会议上的讲话中，习近平回顾了中央国家安全委员会成立四年来的工作，并对未来作了展望，特别强调要加强党对国家安全工作的集中统一领导。这不仅是因为中国共产党是党和国家事业的领导核心，是对我国国家安全工作进行强有力的统领和协调的唯一力量，而且还因为只有加强党对国家安全工作的领导，才能在国家安全系统有力推进党的建设特别是党的政治建设，确保国家安全队伍的忠诚可靠。

---

① 《习近平谈治国理政》第1卷，外文出版社2018年版，第84页。
② 《习近平谈治国理政》第2卷，外文出版社2017年版，第383页。

第 十 章

新时代的系统思维

党的十八大以来，习近平在多次重要讲话中反复谈及"系统工程""系统治理""系统观念"和"系统思维"，要求人们"要善于运用系统科学、系统思维、系统方法"①，强调要"用系统论的思想方法分析问题"②，并在新时代治国理政实践中实际地运用系统科学的观点、方法和思路谋划党和国家事业各个领域的工作，观察、分析和处理经济社会发展中的各种复杂问题，形成了具有鲜明特色的系统思维。在党的二十大报告中，习近平明确概括和阐述了中国特色社会主义思想中所贯穿的立场观点方法，其中之一便是"坚持系统思维"。作为习近平新时代中国特色社会主义思想哲学方法论的重要内容，习近平的系统思维是对唯物辩证法的创造性运用和创新性发展。同时，它也充分吸收了现代系统科学的研究成果，并对中华优秀传统文化的辩证整体观作了创造性转化和创新性发展。

---

① 《习近平主持召开中央军民融合发展委员会第二次全体会议强调　向军民融合发展重点领域聚焦用力　以点带面推动整体水平提升》，《人民日报》2017年9月23日第1版。

② 《习近平在推进南水北调后续工程高质量发展座谈会上强调　深入分析南水北调工程面临的新形势新任务　科学推进工程规划建设提高水资源集约节约利用水平》，《人民日报》2021年5月15日第1版。

一、重视系统整体观

习近平的系统思维的突出特点在于其系统整体观。他之所以特别强调要运用系统科学的观点、方法和思路来谋划事业、看待事物、处理问题和开展工作，就是因为他总是把各种事物和工作任务视为一个系统整体。例如，他强调，人与自然是一个生命共同体，自然生态系统是一个整体，当今人类是一个你中有我、我中有你的命运共同体，包括生产力和生产关系的矛盾、经济基础和上层建筑的矛盾在内的社会基本矛盾是一个整体，全面深化改革是一项复杂的系统工程，深化国防和军队改革是一场整体性、革命性变革，新发展理念是一个系统的理论体系，宏观微观经济政策和社会政策是一个整体，等等。而习近平的系统思维之所以突出地体现出对事物的系统整体性的重视，是因为其从人类的系统思想宝库中吸取了丰富的思想养分。

（一）唯物辩证法的普遍联系观点

习近平指出，深入理解新发展观念，要着力增强发展的整体性协调性。在他看来，强调发展的整体性协调性的理论依据是唯物辩证法关于事物的普遍联系的观点。唯物辩证法主张事物及其构成要素是相互影响、相互制约的，认为整个世界是一个相互联系、相互作用的系统和整体。恩格斯甚至认为："辩证法是关于普遍联系的科学。"[①] 唯物辩证法的普遍联系的观点，继承了古希腊以来的辩证思维传统，同时也是对自然科学发展的最新成果的总结与概括。

---

① 《马克思恩格斯文集》第9卷，人民出版社2009年版，第401页。

肯定事物的普遍联系和整体性是哲学史上辩证思维传统的基本特点。通过回顾哲学发展的历史，恩格斯强调说，形而上学思维只是与自然科学和人类认识的特定发展阶段相适应的思维方式。而在考察近代形而上学思维方式产生的历史原因的基础上，恩格斯指出："主要是把事物当做一成不变的东西去研究，它的残余还牢牢地盘踞在人们的头脑中，这种方法在当时是有重大的历史根据的。"① 尽管如此，在古代和19世纪产生的辩证法思想更符合自然科学的发展趋势。古希腊哲学家已经形成了以原子论为代表的"原始的朴素形式"②的辩证思维，他们把自然界看做整体，同时也注重从整体上观察自然观，并且提出了理论自然科学各种一般原理的雏形。从康德到黑格尔的德国古典哲学，特别是黑格尔的辩证法，虽然具有"唯心主义的出发点和不顾事实而任意编造体系"③的缺陷，但确立了辩证法的伟大的基本思想，即认为世界是"不是既成事物的集合体，而是过程的集合体"④。而马克思主义唯物辩证法不仅自觉继承了这一辩证法传统，从根本上反对形而上学的思维方式，而且将这一传统奠基于唯物主义世界观的基础之上，把概念的辩证法看作是现实世界的辩证运动的自觉反映，从而颠倒了黑格尔的辩证法。

唯物辩证法的普遍联系的观点也是对自然科学发展的最新成果的总结与概括。19世纪自然科学的发展日益揭示了事物的普遍联系和世界的整体性特点。这一时期的自然科学的各个领域中都出现了较大的理论综合，并形成了一些贯通若干领域的科学原理，如能量守恒和转化定律、细胞学说以及生物进化论等，它们标志着19世纪的自然科学已从搜集材料的阶段进到了整理材料的阶段，由经验科学发展到了理论科学。恩格斯在

---

① 《马克思恩格斯文集》第4卷，人民出版社2009年版，第299页。
② 《马克思恩格斯文集》第9卷，人民出版社2009年版，第438页。
③ 《马克思恩格斯文集》第9卷，人民出版社2009年版，第440页。
④ 《马克思恩格斯文集》第4卷，人民出版社2009年版，第298页。

总结 19 世纪自然科学发展的特点时指出："经验的自然研究已经积累了庞大数量的实证的知识材料，因而迫切需要在每一研究领域中系统地和依据其内在联系来整理这些材料。同样也迫切需要在各个知识领域之间确立正确的关系。于是，自然科学便进入理论领域。"①唯物辩证法的普遍联系观点，不过是对于自然科学发展的新成果所揭示的客观世界普遍联系的哲学概括。

唯物辩证法的普遍联系观点之所以能够成为习近平系统思维的重要思想资源，是因为它本身就是人类系统思想中的瑰宝。按照唯物辩证法的普遍联系的观点，既然每个事物的各个方面、各种构成要素都是普遍联系的，那么，每个事物都是一个有机的整体或系统；而既然世界上的各种事物都是普遍联系的，那么，整个世界就是一个包含若干子系统的有机整体或系统。更为重要的是，唯物辩证法认为，事物之间最本质的联系是矛盾即对立统一，因此，每个事物以及整个世界都是在内在矛盾推动下不断运动、变化、发展的整体或系统。从这个角度看，唯物辩证法是内在地含蕴着系统思想的，而习近平的系统思维实际上是习近平的辩证思维的一种特殊表现形式。

（二）现代系统科学的系统思想

20 世纪产生的现代系统科学进一步深化了唯物辩证法的普遍联系观点。冯·贝塔朗菲在现代系统论的经典著作《一般系统论：基础、发展和应用》中把"马克思与黑格尔的辩证法"视为系统概念的历史源头之一②。钱学森认为，系统思想不仅由来已久，而且在马克思主义哲学那

---

① 《马克思恩格斯选集》第 9 卷，人民出版社 2009 年版，第 435 页。
② 参见［美］冯·贝塔朗菲：《一般系统论：基础、发展和应用》，林康义、魏宏森等译，清华大学出版社 1987 年版，第 9 页。

里已经发展为"现代的科学的系统思想""真正辩证唯物主义的、科学的、现代系统的思想"①。他甚至说："辩证唯物主义体现的物质世界普遍联系及其整体性的思想，也就是系统思想。"②而借助于现代的计算工具和定量方法，系统思想逐渐摆脱了哲学的思辨色彩，发展成为现代意义上的系统科学，形成了层次分明的科学体系。大致而言，现代系统科学中的系统思想具有以下三方面的特点。

一是强调系统的整体性。顾名思义，系统科学就是用系统的观点来认识对象、解决问题。在系统科学看来，系统的观点既意味着从整体上把握对象，又要求在分析和还原的基础上进行综合。钱学森引用哈肯的看法说："协同学、系统科学里一个核心的观点，是一个整体的作用，不是哪一个单独的一部分的作用。"③虽然整体是由部分组成的，但是，整体绝非各个部分的机械加和，而是具有不同于其各部分总和的功能。用钱学森的话来说："整个系统是由各个部分所组成的，各部分又有自己的作用，但结合到一起，就表现出各个部分所没有的作用。"④当然，系统思维不等于完全排除分析思维或还原方法的整体思维，而是强调在对局部的分析与还原的基础上进行综合，因而不完全排除分析思维或还原方法。所以，钱学森说"系统论是整体论和还原论的辩证统一"⑤。

二是强调系统的开放性。冯·贝塔朗菲指出，生物有机体必须不断地与周围环境进行物质、能量和信息的交换，这种系统的开放性意味着生物有机体与物理学中热力学第二定律所适用的封闭系统相对立，表明传统的物理学公式不适用于生命有机体。他特别重视系统的开放性，强调"系统

① 钱学森等：《论系统工程（新世纪版）》，上海交通大学出版社 2007 年版，第 365、366 页。
② 钱学森等：《论系统工程（新世纪版）》，上海交通大学出版社 2007 年版，第 39 页。
③ 钱学森：《人体科学与现代科技发展纵横观》，人民出版社 1996 年版，第 303 页。
④ 钱学森：《人体科学与现代科技发展纵横观》，人民出版社 1996 年版，第 407 页。
⑤ 钱学森：《人体科学与现代科技发展纵横观》，人民出版社 1996 年版，第 407 页。

从它们的真实性质和定义来看，不是封闭系统"①。系统的开放性意味着对特定系统的考察不能局限于系统本身，而要着眼于其所处的更大的系统，因为"客观世界是一个整体系统，系统由很多层次、很多部分组成，多系统组成一个大的系统。"②例如，在谈到人体研究时，钱学森强调要从人与环境之间的关系入手，因为"人体是一个巨系统。而人体这个巨系统又在整个环境里面，整个宇宙的超巨系统里面，又受整个环境的各种作用"③。

三是特别重视系统的复杂性。系统的开放性揭示了系统与环境之间的复杂联系，它在很大程度上决定了系统的复杂性。根据复杂性层次的差异，钱学森把系统分为简单系统、简单巨系统和复杂巨系统，其中，复杂巨系统包括生物系统、人体系统、人脑系统、社会系统、地理系统、星系系统等。他倡导用区别于还原论的新方法论来解决复杂系统特别是复杂巨系统的问题，并且从普利高津的耗散结构理论和哈肯的协同学中吸收了非线性的思维方法。线性与非线性的概念出自数学。在线性系统中，一个量的变化总会引起其他量按比例改变；而在非线性系统中，不同量之间的变化不成比例关系，而是呈现出异常复杂的关系。用非线性来描述系统的复杂性，意味着系统不能还原为简单的因果决定的产物，它要求人们在实际工作中充分认识到事物发展的曲折性，增强准备走曲折之路的自觉性④。

习近平经常谈到要用系统论、系统科学的思想方法看待事物、处理问题，并且正是在把系统科学的思想方法运用于新时代治国理政实践的过程中形成和表现出具有鲜明特色的系统思维的。因此，毫无疑问，现代系统

---

① ［美］冯·贝塔朗菲：《一般系统论：基础、发展和应用》，林康义、魏宏森等译，清华大学出版社 1987 年版，第 36 页。

② 钱学森：《论人体科学与现代科技》，上海交通大学出版社 1998 年版，第 301 页。

③ 钱学森：《人体科学与现代科技发展纵横观》，人民出版社 1996 年版，第 187 页。

④ 参见苗东升：《非线性思维》，《首都师范大学学报（社会科学版）》2003 年第 5 期。

科学的系统思想构成了习近平系统思维的重要思想资源。

（三）中国传统医学的辩证整体观

2018 年，习近平在深入推动长江经济带发展座谈会上指出，全面做好长江生态环境保护修复工作，治好"长江病"，要科学运用中医整体观，追根溯源、诊断病因、找准病根、分类施策、系统治疗①。这一论断充分肯定了中医辩证整体观的时代价值。

作为建构系统科学体系的倡导者，钱学森早在 20 世纪 80 年代就高度重视中国传统文化特别是中医的系统思想。一方面，他认为，中医的系统思想中包含着系统思想和系统工程概念的雏形。他指出，系统概念源于古代人类的社会实践及其经验总结，包括中国古代的医学实践和医学思想②。这些实践经验和思想观点都强调从整体上观察事物、解决问题。此外，作为处理系统的工程技术，系统工程的思想方法也由来已久，中医就运用了系统工程的思想，"如治病，要人、病、证三结合以人为主统筹考虑。这就是说要把人体作为一个复杂的体系，还要把人和环境作为一个复杂体系来考虑"③。另一方面，他主张在马克思主义哲学的指导下，运用现代系统科学的方法，综合中医和现代医学的优点，建立更高水平的人体科学④。在钱学森看来，中医的突出贡献和成就，"就在于它从一开始就从整体出发，从系统出发"⑤，从而区别于以自然科学的还原论为基础的现代医学。不过，虽然钱学森重视中医，提倡中医现代化，但他并不否认中医

---

① 参见习近平：《在深入推动长江经济带发展座谈会上的讲话》，《人民日报》2018 年 6 月 14 日第 2 版。
② 参见钱学森等：《论系统工程（新世纪版）》，上海交通大学出版社 2007 年版，第 37 页。
③ 钱学森等：《论系统工程（新世纪版）》，上海交通大学出版社 2007 年版，第 6 页。
④ 参见钱学森：《人体科学与现代科技》，上海交通大学出版社 1998 年版，第 175 页。
⑤ 钱学森：《人体科学与现代科技》，上海交通大学出版社 1998 年版，第 177 页。

作为自然哲学的猜想性质，而是公允地指出中医"不是现代科学意义上的所谓科学"①。在哲学而非科学的意义上审视中医的辩证整体观及其意义，也是许多当代研究者的共同主张②。尽管如此，中医的辩证整体观仍然能够为我们提供重要的启示。

中医的辩证整体观主要表现在以下几个方面。

首先，中医强调环境因素对人的重要影响。中医认为，人的一切身心活动都会受到四季变化和节气改变的影响。《黄帝内经》的《素问·宝命全形论》开篇就指出："天覆地载，万物悉备，莫贵于人，人以天地之气生，四时之法成。"这就是说，人和自然界的万物一样，都会受到天地变化的影响，都遵循春夏秋冬的时令规律。在中医看来，人的身体素质和健康程度也与其生活地域和居住环境密切相关。为了保持身心健康，中医倡导人们适度改造环境。《黄帝内经》指出，古人"动作以避寒，阴居以避暑"，因而避免了邪气入侵。正因为认为时令、地域等各种环境因素会影响人的身心健康，所以中医特别强调，认识和治疗疾病，要遵循"因时制宜""因地制宜"的原则。

其次，中医主张全方位地分析病症。中医重视人体的整体性，强调多方面地分析病症，包括通过望、闻、问、切来搜集包括病史、症状和体征等在内的病情资料，并在此基础上分析、辨识疾病的原因、性质、部位和走向，进而对病症进行诊断。这一过程要求处理好病、证和症三者之间的关系，尤其是须注意"一种疾病由不同的证候组成，而同一证候又可见于不同的疾病过程中"③，它要求综合考虑与患者及其病症相关的各种因素来

---

① 参见钱学森：《人体科学与现代科技》，上海交通大学出版社 1998 年版，第 165 页。
② 参见刘桂荣：《整体观、系统论与中医现代化浅探》，《中国中医基础医学杂志》1996 年第 3 期；张举正、蔡北源：《中医整体观是中医的特色与优势吗》，《医学与哲学》2002 年第 11 期。
③ 许筱颖主编：《中医基础理论》，山东科学技术出版社 2019 年版，第 11 页。

作出判断。

再次，中医主张对疾病进行辨证施治。在辨证病症的基础上，中医确定相应的治疗方法和处方遣药。由于中医通过辨证来看待病与证的关系，认为一种病可能有多种不同的证候，不同的病可以出现相同的证候，所以，在诊治疾病时，经常出现同病异治和异病同治的治疗方法。究其实质，是因为中医主张针对疾病发展过程中的不同情况而采用不同的治疗方法。

总之，习近平的系统思维充分表现出对各种系统整体观的高度重视，它植根于唯物辩证法的普遍联系的观点，自觉运用现代系统科学的系统思想，并吸纳了中国传统医学的辩证整体观。

二、坚持系统思维原则

坚持系统思维原则是以习近平同志为核心的党中央在关于制定国民经济和社会发展第十四个五年规划和二○三五年远景目标的建议中提出的"十四五"时期经济社会发展必须遵循的五个原则之一。习近平强调，系统思维原则是党的十八大以来党中央带领全国人民取得历史性成就的过程中"具有基础性的思想和工作方法"①，在全面建成小康社会后，必须继续坚持这一原则，以便全面协调地推动各领域工作和社会主义现代化建设。坚持系统思维原则，必须在思考复杂问题、应对重大挑战和开展各项工作时坚持正确方向，把握整体性，着眼开放性。

---

① 习近平：《关于〈中共中央关于制定国民经济和社会发展第十四个五年规划和二○三五年远景目标的建议〉的说明》，《人民日报》2020 年 11 月 4 日第 2 版。

（一）坚持正确方向

正如前述，虽然系统是由各个部分组成的，但系统具有不同于各部分及其总和的独特性质和功能。特定系统的性质和功能是由其所包含的主要矛盾决定的。抓住系统的主要矛盾，才能把握系统的本质，从而在面对作为系统的复杂事物时始终坚持正确的方向。也只有坚持正确的方向，才能有效解决特定系统中的各种问题。正是基于这一认识，习近平强调，坚持系统思维原则，首先必须坚持正确方向。

在坚持改革开放问题上，习近平多次指出，当改革进入攻坚期和深水区，面临各种难题、风险和挑战时，我们必须坚定改革开放的决心和信心，高举改革开放的旗帜。而要增强推进改革的信心和勇气，首先必须坚持中国特色社会主义道路的正确方向。这是因为，"改革开放是我们党在新的时代条件下带领人民进行的新的伟大革命，是当代中国最鲜明的特色，也是我们党最鲜明的旗帜。"① 在庆祝改革开放40周年大会的讲话中，习近平立足中国特色社会主义事业的历史语境，深刻阐述了改革开放的根本性质。他指出，改革开放是我们党领导的中国特色社会主义事业的鲜明特色和重要内容，它"推动了中国特色社会主义事业的伟大飞跃"②，本质上属于社会主义制度自我完善和发展。因此，只有从中国特色社会主义事业出发才能把握改革开放的实质，只有坚持中国特色社会主义道路的正确方向才能继续推进改革开放。

在推进"四个全面"战略布局问题上，习近平强调，统筹推进"四个全面"战略布局，是异常复杂的系统工程，必须加强党中央的集中统一领导，以便保证正确方向、形成强大合力③。这是因为，中国共产党的领导

---

① 《习近平谈治国理政》第1卷，外文出版社2018年版，第86页。

② 习近平：《在庆祝改革开放40周年大会上的讲话》，《人民日报》2018年12月19日第2版。

③ 参见《习近平总书记系列重要讲话读本》，学习出版社、人民出版社2016年版，第51页。

是中国特色社会主义最本质的特征，也是新时代推进中国特色社会主义事业的根本保证。"坚持党的领导，首先是要坚持党中央的集中统一领导，这是一条根本的政治规矩。"① 只有始终坚持党的领导，才能保证"四个全面"战略布局的顺利推进。

在法治体系建设问题上，习近平也强调，坚持系统思维原则，推进法治体系建设，首先必须坚持正确方向。他指出，法治体系建设的正确方向是推进中国特色社会主义法治体系建设。"中国特色社会主义法治体系是中国特色社会主义制度的重要组成部分，必须牢牢把握中国特色社会主义这个定性，坚定不移走中国特色社会主义法治道路。"② 在社会主义法治体系建设中坚持中国特色社会主义的正确方向，意味着在处理政治和法治、改革和法治、依法治国和以德治国、依法治国和依规治党的关系时，要坚持以人民为中心，把体现人民利益、反映人民愿望、维护人民权益、增进人民福祉落实到法治体系建设的各方面和全过程，同时还要坚持中国特色，深入扎根中国文化、牢固立足中国国情、切实解决中国问题。习近平也特别强调法治体系建设要坚持党的领导，它同样是为了更好地坚持法治体系建设的正确方向。这是因为，中国特色社会主义法治体系是全面依法治国的总抓手，全面依法治国是"四个全面"战略布局的重要组成部分，而党的领导是推进"四个全面"战略布局的根本保障。只有坚持党的领导，才能保证中国特色社会主义法治体系这一法治体系建设的正确方向。

此外，在自然保护地体系建设和推进长江经济带发展问题上，习近平提出生态保护第一和生态环境修复优先的要求，也是为了坚持解决生态环

---

① 《中共中央政治局常务委员会召开会议　听取全国人大常委会、国务院、全国政协、最高人民法院、最高人民检察院党组工作汇报　中共中央总书记习近平主持会议》，《人民日报》2015年1月17日第1版。

② 习近平：《坚持走中国特色社会主义法治道路，更好推进中国特色社会主义法治体系建设》，《求是》2022年第4期。

境问题的正确方向。在谈到以国家公园为主体的自然保护地体系建设时，习近平指出：建立自然保护地体系的首要任务是保持自然生态系统的原真性和完整性，保护生物多样性，而要完成这一任务，必须把生态保护放在第一位，同时"统筹保护和发展，有序推进生态移民，适度发展生态旅游，实现生态保护、绿色发展、民生改善相统一"①。在谈到推进长江经济带发展时，他指出，长江流域生态功能退化依然严重，沿江污染物排放基数大，流域环境风险隐患突出，因此，"推动长江经济带发展，前提是坚持生态优先，把修复长江生态环境摆在压倒性位置，逐步解决长江生态环境透支问题。"②

（二）把握整体性

坚持系统思维原则，要求从整体、系统的角度出发把握对象、解决问题。这也是系统科学所主张的基本原则。不过，无论是唯物辩证法和现代系统科学，还是中国传统医学，都反对机械论的整体观，反对线性的因果决定论，而是强调构成整体的各部分之间的密切联系和相互作用。在研究人类社会特别是资本主义社会时，马克思把现代资产阶级社会看作"一个能够变化并且经常处于变化中的有机体"，而非坚实的结晶体③。他反对资产阶级经济学家割裂生产、分配、交换和消费的做法，主张它们是生产方式这一"有机整体"内部既有差别又相互作用的各个环节。党的十八大以来，习近平提出的一系列新理念新思想新战略都深刻体现了这一有机整

---

① 《在服务和融入新发展格局上展现更大作为 奋力谱写全面建设社会主义现代化国家福建篇章》，《人民日报》2021 年 3 月 26 日第 1 版。

② 习近平：《在深入推动长江经济带发展座谈会上的讲话》，《人民日报》2018 年 6 月 14 日第 2 版。

③ 参见《马克思恩格斯文集》第 5 卷，人民出版社 2009 年版，第 10—13 页。

体观。例如，习近平指出，"现代化经济体系，是由社会经济活动各个环节、各个层面、各个领域的相互关系和内在联系构成的一个有机整体。"①习近平反复强调，必须从系统工程的角度看待党和国家事业各个领域的工作，从全局、整体的立场出发看问题，把握和处理好各项工作任务之间的关系。

在现代化经济体系建设问题上，习近平强调，建设现代化经济体系是事关全局的重大决策部署，要按照建设社会主义现代化强国的要求、着眼于实现"两个一百年"奋斗目标、顺应中国特色社会主义进入新时代的新要求来理解建设现代化经济体系的全局性意义；现代化经济体系是由多个相互关联的体系所构成的统一整体，其中包括市场体系、产业体系、收入分配体系、城乡区域发展体系、绿色发展体系、全面开放体系和经济体制等，它们涉及社会经济活动的各个环节、方面和领域。只有使现代化经济体系的各个方面都得到协调发展、统一推进，才能实现转变经济发展方式、优化经济结构和转换经济增长动力的目标。

在全面深化改革问题上，习近平既强调从全局出发理解各个领域的改革问题，又要求强化各领域改革的关联性。《中共中央关于全面深化改革若干重大问题的决定》以当前亟待解决的重大问题为抓手，从经济、政治、文化、社会、生态文明、国防和军队6个方面部署全面深化改革的主要任务和重大举措，还专门阐述了加强和改善党对全面深化改革的领导问题。习近平指出，全面深化改革是关系党和国家事业发展全局的重大战略部署，因此，要坚持从大局出发考虑问题，"首先要看提出的重大改革举措是否符合全局需要，是否有利于党和国家事业长远发展。"②同时，推进全面深化改革要注意各领域改革之间的紧密关联。"任何一个领域的改革

---

① 习近平：《深刻认识建设现代化经济体系重要性　推动我国经济发展焕发新活力迈上新台阶》，《人民日报》2018年2月1日第1版。

② 《习近平谈治国理政》第1卷，外文出版社2018年版，第88页。

都会牵动其他领域，同时也需要其他领域改革密切配合。"①

在加强国家安全问题上，习近平提出了总体国家安全观，要求在总体国家安全观的指导下做好各领域的国家安全工作。当前，我国面临复杂多变的安全环境，各种形式的风险因素明显增多，各种威胁和挑战的联动效应明显。在这种情况下，要保证我国国家安全，必须坚持总体国家安全观。习近平提出，贯彻落实总体国家安全观，要"以人民安全为宗旨，以政治安全为根本，以经济安全为基础，以军事、文化、社会安全为保障，以促进国际安全为依托，走出一条中国特色国家安全道路"②。具体来说，我们要处理好外部安全与内部安全、国土安全与国民安全、自身安全与共同安全、传统安全与非传统安全、发展问题与安全问题等之间的关系，构建集政治安全、国土安全、军事安全、经济安全、文化安全、科技安全、资源安全、信息安全、社会安全、生态安全、核安全等于一体的国家安全体系。

（三）着眼开放性

坚持系统思维原则，还要求在认识复杂事物、处理复杂问题时着眼系统的开放性。所谓着眼系统的开放性，也就是遵循系统科学的开放性原则。根据这一原则，复杂系统的内部要素是有层次的，而外部因素对于系统有重要影响。习近平在新时代治国理政实践中坚持和运用系统思维，也特别注意着眼系统的开放性，极为重视系统内部的不同层次以及系统外部因素的重要影响。

在"四个全面"战略布局问题上，习近平既强调这一战略布局的层次

---

① 《习近平谈治国理政》第1卷，外文出版社2018年版，第88页。
② 《习近平主持召开中央国家安全委员会第一次会议强调　坚持总体国家安全观　走中国特色国家安全道路》，《人民日报》2014年4月16日第1版。

性，又根据新时代中国特色社会主义事业的进展而适时调整其内容。从系统的观点来看，"四个全面"是层次分明、分工明确的战略体系。其中，全面建成小康社会是整个布局中的战略目标，全面深化改革、全面依法治国、全面从严治党是实现这一战略目标必不可少的三大战略举措。"不全面深化改革，发展就缺少动力，社会就没有活力。不全面依法治国，国家生活和社会生活就不能有序运行，就难以实现社会和谐稳定。不全面从严治党，党就做不到'打铁还需自身硬'，也就难以发挥好领导核心作用。"① 可以说，全面依法治国和全面深化改革就如同全面建成小康社会的"两个翅膀、两个轮子"②，而全面从严治国则是全面建成小康社会的根本保证。2021 年，习近平庄严宣告，中国人民历史性地解决了绝对贫困问题，如期实现了全面建成小康社会目标。由此，中国特色社会主义事业进入"扎实推动共同富裕的历史阶段"③。"四个全面"战略布局中的战略目标随着我国发展阶段的新变化而调整，彰显了"四个全面"战略布局的开放性。

在国家治理体系和治理能力建设问题上，习近平也揭示了二者所构成的有机整体的层次性和开放性。从其内涵看，国家治理体系和治理能力既是相互区别、相辅相成的两个系统，又是同一有机整体的两个方面。"国家治理体系和治理能力是一个国家制度和制度执行能力的集中体现。"④ 对于国家治理来说，虽然制度起着根本性、全局性、长远性的作用，但如果缺乏有效的治理能力，再好的制度也不可能发挥作用。也就是说，一个国家的治理体系和治理能力的发展并不是同步的，只有将二者有机结合起来才能发挥最大效能。新时代推进我国国家治理体系和治理能力现代化，本质上是为了完善和发展中国特色社会主义制度，因此，要把培育和弘扬社

---

① 《习近平谈治国理政》第 2 卷，外文出版社 2017 年版，第 23—24 页。

② 《习近平谈治国理政》第 2 卷，外文出版社 2017 年版，第 27 页。

③ 习近平：《扎实推动共同富裕》，《求是》2021 年第 20 期。

④ 《习近平谈治国理政》第 1 卷，外文出版社 2018 年版，第 91 页。

会主义核心价值观作为国家治理体系和治理能力的重要方面①，还要以提高党的执政能力为重点，促使国家治理体系的运转更为有效。习近平强调，推进国家治理体系和治理能力现代化，必须立足我国现实，学习和借鉴人类文明的一切优秀成果，吸收中国古代的治理经验和智慧。

三、运用系统思维方法

上述系统思维原则实际上是习近平系统思维的方法论原则，它是习近平系统思维的灵魂，而习近平在治国理政实践中所运用的各种系统思维方法，则是这一原则的具体体现。习近平在统领党和国家事业、分析和处理各种复杂问题的过程中灵活运用了多种系统思维方法，而其中最为重要的是加强顶层设计、注重整体推进和着力重点突破。

（一）加强顶层设计

2012 年 11 月，在党中央召开的党外人士座谈会上，习近平提出，要坚持社会主义市场经济改革方向，搞好顶层设计，大胆探索，务实求效。一个月后，他在广东考察时进一步强调，我国改革已经进入攻坚期和深水区，要增强改革的系统性、整体性和协同性，要在深入调查研究的基础上提出全面深化改革的顶层设计和总体规划。实际上，在党和国家事业各个领域、各个方面的工作中，习近平都反复强调要加强顶层设计和总体谋划。同时，习近平也多方面地论述了如何加强顶层设计的问题。

---

① 参见《习近平在中共中央政治局第十三次集体学习时强调　把培育和弘扬社会主义核心价值观作为凝魂聚气强基固本的基础工程》，《人民日报》2014 年 2 月 26 日第 1 版。

首先，加强顶层设计，必须坚持党的全面领导。坚持和加强党对一切工作的领导，是在中国特色社会主义事业中强化总体设计的必然要求和根本保障。在庆祝中国共产党成立 100 周年大会上的讲话中，习近平总结中华民族近代以来的历史、中国共产党历史和中华人民共和国史，得出的重要结论之一是必须坚持中国共产党的坚强领导，因为"办好中国的事情，关键在党"①。习近平还对党的领导的性质、地位和作用作了一系列明晰的论述，强调"党政军民学，东西南北中，党是领导一切的"②，必须"坚持党领导各项工作的体制机制，确保党对一切工作的领导，确保党总揽全局、协调各方"③。在党的十九大报告中，习近平进一步提出了新时代党的建设总要求，并把"坚持和加强党的全面领导"④放在首位。党的十八大以来，党中央把党的领导具体贯彻到经济社会发展的各方面和全过程，为党和国家事业的各方面工作谋划顶层设计，并为此组建了各种相应的决策和议事协调机构。党的十八大以来党和国家事业所取得的历史性成就表明，在对新时代我国经济社会发展进行顶层设计的过程中，党中央的这些决策和议事协调机构在把方向、谋大局、定政策、促改革方面发挥了不可或缺的作用。

其次，加强顶层设计，必须坚持问计于民。2020 年 9 月，习近平在长沙主持召开基层代表座谈会时强调，"五年规划编制涉及经济社会发展方方面面，同人民群众生产生活息息相关，需要把加强顶层设计和坚持问计于民统一起来，鼓励广大人民群众和社会各界以各种方式建言献策"⑤。

---

① 习近平：《在庆祝中国共产党成立 100 周年大会上的讲话》，《人民日报》2021 年 7 月 2 日第 2 版。
② 《习近平谈治国理政》第 2 卷，外文出版社 2017 年版，第 21 页。
③ 《中共十八届七中全会在京举行中央政治局主持会议 中央委员会总书记习近平作重要讲话 会议决定中国共产党第十九次全国代表大会于 10 月 18 日在北京召开》，《人民日报》2017 年 10 月 15 日第 2 版。
④ 《习近平谈治国理政》第 3 卷，外文出版社 2020 年版，第 48 页。
⑤ 习近平：《在基层代表座谈会上的讲话》，《人民日报》2020 年 9 月 20 日第 2 版。

如果说加强顶层设计是从系统整体出发，自上而下地谋划党和国家的各项事业，那么，坚持问计于民则是从基层入手，自下而上地听取群众呼声、了解国情民意、吸取群众智慧。在作出重大决策部署前深入基层调查研究，是我们党治国理政的重要经验。从根本上说，这是因为我们党的初心使命是全心全意为人民服务，而人民群众中蕴藏的丰富智慧、无限的创造力和激昂的奋斗精神是党和国家事业顺利推进的力量源泉。围绕全面深化改革、"十四五"规划编制等国家重大战略部署，以习近平同志为主要代表的中国共产党人或深入基层，召开由企业家、党外人士、经济社会领域专家、科学家、基层代表等参加的座谈会，或通过其他形式，向全社会征求意见和建议，充分了解民意，不断从鲜活生动的基层实践中汲取智慧，从而保证了顶层设计的科学性和民主性。

再次，加强顶层设计，必须坚持与基层探索相统一。2012年12月，习近平强调，改革开放必须坚持正确的方法论，"摸着石头过河和加强顶层设计是辩证统一的"①。他还指出，改革开放的每一次突破和发展，都源于人民群众的实践和智慧，因此，要鼓励地方、基层、群众解放思想、积极探索，大力推动顶层设计和基层探索良性互动、有机结合。2021年3月，他在福建三明考察调研时进一步强调，推进改革要坚持顶层设计和基层探索相统一。作为中国特色的改革方法论，摸着石头过河是指鼓励基层大胆探索、勇于开拓、试点先行，重视基层的实践经验，从中获取规律性认识，推进实践创新和理论创新；顶层设计则是在基层探索的局部经验的基础上，着眼长远，谋划全局。前者是尊重和发扬人民群众首创精神的表现，有助于推动改革开放等各项事业深入发展；后者是坚持和加强党的集中统一领导、进行科学决策的必然要求，能够保证各项事业发展的整体协同性。改革开放40多年来的实践表明，坚持顶层设计与基层探索相统一，

---

① 《习近平谈治国理政》第1卷，外文出版社2018年版，第68页。

能够避免在根本性问题上犯颠覆性错误，有利于推动改革开放事业行稳致远。

（二）注重整体推进

习近平指出，必须坚持全面改革，更加注重改革的系统性、整体性、协同性，使各方面的改革在协同配合中整体推进。党的十八届三中全会决定中央成立全面深化改革领导小组，明确领导小组的主要职责包括统筹协调、整体推进，即统筹推进各领域改革，协调各方力量形成推进改革合力。这是因为，立足全局、着眼整体的顶层设计要真正落到实处，产生积极效果，必须有相应的机制和措施来保障其整体推进。从新时代中国社会发展的现状来看，无论是全面深化改革，还是国家治理体系和治理能力现代化，都是极其复杂的系统工程，都面临着体制机制的障碍和利益固化的藩篱。习近平用"硬骨头"形象地概括新时代中国改革发展和国家治理的艰巨任务："可以说，容易的、皆大欢喜的改革已经完成了，好吃的肉都吃掉了，剩下的都是难啃的硬骨头。"① 对于这些"硬骨头"，零打碎敲的办法是无济于事的。习近平指出，必须采取整体推进的方法，进行全面的系统的改革，并通过各领域改革的联动和集成，推动中国特色社会主义制度更加成熟和更加定型。根据习近平的论述，在全面深化改革过程中，运用整体推进这一系统思维方法，必须注意以下几个方面。

一是要理顺体制机制。新时代的改革呈现出新的特点和要求：一方面，改革已经从经济领域扩展到政治、社会、文化、党的建设、生态、国防军队建设等各个领域；另一方面，改革已经从过去强调放权、授权的阶段转入理顺体制机制、打破利益格局、约束政府权力的阶段。因此，

---

① 《习近平接受俄罗斯电视台专访》，《人民日报》2014 年 2 月 9 日第 1 版。

习近平说:"全面深化改革是一个复杂的系统工程,单靠某一个或某几个部门往往力不从心,这就需要建立更高层面的领导机制。"① 中央深化改革领导小组下设的 6 个专项小组各司其职、协同发力,各地区各部门也建立起相应的集中统一领导的改革推进机制,上下联动、同频共振,把改革不断引向纵深。以生态文明建设为例,以往之所以长期难以突破"边污染边治理"的粗放发展路径,很大程度上是因为自然资源资产产权不清,不同区域、部门对国土开放和保护的诉求不一,污染者、保护者的责任和利益不明。为了革除这些沉疴宿疾,我们现在建立了自然资源资产产权制度、资源有偿使用和生态补偿制度以及生态文明绩效评价考核和责任追究制度,推出了环保督察、河长制、国家公园等新举措,从而引导改革超越了既有利益格局,推动生态文明建设大步前行。

二是要增强各项措施的关联性和耦合性。在各项工作中创新措施也要顺应整体推进的要求,坚持问题导向,聚焦重点问题,促进改革举措的系统集成、协同高效,激发改革的整体效应。习近平指出,加强协同性是推进改革的重要方法之一,"改革越深入,越要注意协同,既抓改革方案协同,也抓改革落实协同,更抓改革效果协同,促进各项改革举措在政策取向上相互配合、在实施过程中相互促进、在改革成效上相得益彰,朝着全面深化改革总目标聚焦发力。"② 在全面依法治国问题上,他强调,法治国家、法治政府、法治社会三者各有侧重、相辅相成,分别构成了法治建设的目标、主体和基础;要协同推进依法治国、依法执政、依法行政,坚持法治国家、法治政府、法治社会一体建设。在知识产权保护问题上,他要求综合运用法律、行政、经济、技术、社会治理等多种手段,从审查授权、行政执法、司法保护、仲裁调解、行业自律、公民诚信等环节完善知

---

① 《习近平谈治国理政》第 1 卷,外文出版社 2018 年版,第 86 页。
② 《习近平谈治国理政》第 2 卷,外文出版社 2017 年版,第 109 页。

识产权保护体系，加强协同配合，构建大保护工作格局。在生态系统保护和修复问题上，他在深入推动长江经济带发展座谈会和全面推动长江经济带发展座谈会上的讲话中都强调，要坚持整体推进，增强各项措施的关联性和耦合性，做到强化山水林田湖草等各种生态要素的协同治理，推动上中下游地区的互动协作。

三是要坚持有序推进。运用系统思维思考和解决问题，不仅要立足于系统构成要素的共时性特征，而且要重视系统构成要素的历时性特征。也就是说，在整体推进各方面工作的过程中，既要统筹协调各项工作，协同推进各种措施，又要注意各项工作的展开过程和各种措施在不同阶段的具体适用性，要根据主客观条件成熟程度按照时间先后有序推进，而不是齐头并进。这也就是古人所说的"立治有体，施治有序"。习近平关于全面建成小康社会决胜阶段的目标要求的阐述，就充分体现了有序推进的思想。他指出，"十三五"时期的目标要求对各地而言要有所侧重，以年均经济增长为例，各地区特别是中西部地区、贫困地区的实际情况不同，承担的主体功能也有差异，所以，各地的城市居民人均可支配年均增长速度有高有低，"不是说各地人均国内生产总值、人均收入等都要达到全国平均水平才是实现了全面小康。"① 在全面建成小康社会后，他又提出了扎实推动共同富裕的任务，要求深入研究不同阶段的目标，分阶段促进共同富裕。在他看来，全体人民共同富裕，是针对全社会而言的，它必然表现为一个持续推动的动态过程。"我们要实现14亿人共同富裕，必须脚踏实地、久久为功，不是所有人都同时富裕，也不是所有地区同时达到一个富裕水准，不同人群不仅实现富裕的程度有高有低，时间上也会有先有后，不同地区富裕程度还会存在一定差异，不可能齐头并进。"②

---

① 《习近平谈治国理政》第 2 卷，外文出版社 2017 年版，第 73 页。
② 习近平：《扎实推动共同富裕》，《求是》2021 年第 20 期。

（三）着力重点突破

运用系统思维分析和解决问题，还要求人们在把握整体、立足全局的前提下重点突破。着力重点突破，也体现了唯物辩证法的矛盾特殊性原理关于必须抓主要矛盾和矛盾的主要方面的要求。在党和国家的事业中灵活运用唯物辩证法的矛盾特殊性原理是我们党的优良传统。在不同的历史时期，我们党根据对我国社会主要矛盾的深入分析与准确把握，确立了党和国家事业的中心任务和战略策略，有力保证了党和国家事业沿着正确方向前进。"什么时候社会主要矛盾和中心任务判断准确，党和人民事业就顺利发展，否则党和人民事业就会遭受挫折。"[①]党的十八大以来，以习近平同志为核心的党中央在党和国家事业的各个领域、各个方面都注意把握事物的主要矛盾和矛盾的主要方面，并在各项工作中努力实现重点突破。2012年12月，习近平在主持第十八届中央政治局第二次集体学习时指出，"要更加注重各项改革的相互促进、良性互动、整体推进、重点突破，形成推进改革开放的强大合力"[②]；2013年7月，他在湖北调研期间，特别强调要把握全面深化改革的五对重大关系，其中就包括整体推进和重点突破的关系[③]。

着力重点突破，必须从以下两个方面着手。

一是抓住关键环节，解决突出问题。习近平在对《中共中央关于全面深化改革若干重大问题的决定》作说明时指出，全面深化改革，要"抓住重点，围绕解决好人民群众反映强烈的问题，回应人民群众呼声和期

---

① 《习近平在省部级主要领导干部学习贯彻党的十九届六中全会精神专题研讨班开班式上发表重要讲话强调　继续把党史总结学习教育宣传引向深入　更好把握和运用党的百年奋斗历史经验》，《人民日报》2022年1月12日第1版。

② 《习近平谈治国理政》第1卷，外文出版社2018年版，第68页。

③ 参见《习近平在湖北考察改革发展工作时强调　坚定不移全面深化改革开放　脚踏实地推动经济社会发展》，《人民日报》2013年7月24日第1版。

待，突出重要领域和关键环节，突出经济体制改革牵引作用"①。在中央全面深化改革委员会第十八次会议上，他再度强调，要解决影响贯彻新发展理念、构建新发展格局的突出问题，解决影响人民群众生产生活的突出问题，以重点突破引领改革纵深推进②。也就是说，在全面深化改革这一系统工程中重点突破，要结合人民群众的热切期待和社会发展的客观要求，通过抓住关键环节来解决突出问题。习近平要求把握我国现阶段社会基本矛盾的主要方面，紧紧围绕发展这个第一要务，以经济体制改革为全面深化改革的重点，以处理好政府与市场的关系为经济体制改革的核心问题。这一全面深化改革的方法论，贯穿于习近平新时代治国理政的各个方面。例如，在全面从严治党问题上，他把严肃党内政治生活、净化党内政治生态这一根本性和基础性的问题摆在首位，并且从高级干部这一"关键少数"抓起，对中央委员会、中央政治局和中央政治局常委会一再提出高标准、严要求，由此开创了从严治党的新局面。再如，在国防和军队建设问题上，他要求人们牢牢把握能打仗、打胜仗这个聚焦点，坚持以军事斗争准备为龙头，把改革主攻方向放在军事斗争准备上，使军队的全部心思都向打仗聚焦，使各项工作都向打仗用劲。他在党的二十大报告中强调，在提升生态系统多样性、稳定性和多样性方面，要通过划定生态保护红线、国家重点生态功能区和自然保护地，加快实施重要生态系统保护和修复重大工程。

二是补齐突出短板，强化薄弱环节。党的十八大以来，习近平多次指出要补齐党和国家事业的各领域、各方面和各环节中的突出短板和薄弱环节，强调"协调发展，就要找出短板，在补齐短板上多用力，通过补齐

---

① 《习近平谈治国理政》第 1 卷，外文出版社 2018 年版，第 74 页。

② 参见《习近平主持召开中央全面深化改革委员会第十八次会议强调　完整准确全面贯彻新发展理念　发挥改革在构建新发展格局中关键作用》，《人民日报》2021 年 2 月 20 日第 1 版。

短板挖掘发展潜力、增强发展后劲"①。在全面建成小康社会问题上，他要求正确认识并重点解决其中的短板弱项问题。他指出，"全面建成小康社会牵涉到方方面面，但补短板是硬任务"②，其中，生态文明建设和民生领域是突出短板：我国提供优质生态产品的能力减弱，一些地方生态环境恶化；不同社会群体的民生保障不平衡，"农村贫困人口脱贫是最突出的短板"③。此外，习近平还在不同场合的讲话中分析和阐述了我国在基础理论研究、公共卫生体系建设、平台经济发展等方面存在的明显短板，要求着眼长远、兼顾当前、补齐短板、强化弱项，顺利推进党和国家的各项工作。

---

① 《习近平谈治国理政》第 2 卷，外文出版社 2017 年版，第 206 页。
② 习近平：《关于全面建成小康社会补短板问题》，《求是》2020 年第 11 期。
③ 《习近平谈治国理政》第 2 卷，外文出版社 2017 年版，第 79 页。

>>>> 第三编

新时代唯物史观的理论创造

第十一章

新时代的人民主体论

人民群众是历史的创造者，在社会发展进程中起着基础性的推动作用，这是马克思主义哲学中历史唯物主义的基本观点和重要结论。在革命、建设、改革各个历史时期，我们党始终坚持群众观点、贯彻群众路线、紧紧依靠人民、全心全意服务人民，以实际行动践行了历史唯物主义的哲学原理，而这也成为我们党获得最广大人民拥护并不断取得胜利的重要法宝。中国特色社会主义进入新时代以来，以习近平同志为主要代表的中国共产党人对历史唯物主义群众史观作了创造性运用和创新性发展，在新的历史条件下深刻阐发了"一切为了人民""一切依靠人民""发展成果由全体人民共享"的理论原则。这些内容可以被概括为"人民主体论"，它们构成了习近平新时代中国特色社会主义思想的最根本的唯物史观基础。

一、一切为了人民

坚持人民主体论、尊重人民主体地位，首先必须站稳人民立场，牢固确立"一切为了人民"的观念。所谓"一切为了人民"，既包括在思想上充分意识到人民群众作为"历史创造者""真正英雄"和"力量源泉"的根本重要性，从而自觉"把人民放在心中最高位置"①，也包括在实际工作中把增进人民福祉、提高人民的生活水平和质量、促进人的全面发展作为奋斗目标，努力实现好、维护好、发展好最广大人民的根本利益。显然，上述两个方面是缺一不可的：没有对人民群众的深厚感情和敬畏之心，就不可能有维护群众利益的自觉；而没有对人民群众的实际利益的维护和发展，"一切为了人民"就有可能沦为空谈。

（一）把人民放在心中最高位置

在马克思主义哲学的历史唯物主义语境中，人民是指顺应社会历史发展趋势、占人口绝大多数的社会成员。尽管人民也包括那些对社会历史发展起显著推动作用的杰出人物，但由于这部分人在社会历史舞台上已足够闪耀，因而并不是"人民"概念所强调的重点。人民概念所指向的，更多的是那些以群体形式发挥作用、虽不足以在历史上留下姓名但却能够汇聚起巨大合力的无数普通个人。历史唯物主义认为，以无数普通个人为主体的人民群众既是社会物质财富的创造者，也参与了社会精神财富的创造，更在社会变革的过程中发挥着决定性的作用；少数杰出人物之所以能够彪炳史册，就是由于他们顺应了绝大多数普通个人的愿望和要求。从这个意义上说，以无数普通个人为主体的人民决不是无关紧要的、任由杰出人物摆布的被动力量，而是终极意义上的历史创造者和真正英雄。习近平的人民主体论继承和坚持了历史唯物主义的上述思想，要求首先必须确立起对于人民的深厚感情和敬畏之心，把人民放在心中最高位置。

把人民放在心中最高位置，必须从以下几个方面做起。

一是要有历史唯物主义群众史观的思想觉悟。习近平强调："人民是

---

① 《习近平谈治国理政》第 3 卷，外文出版社 2020 年版，第 139 页。

历史的创造者，群众是真正的英雄。人民群众是我们力量的源泉。"①"历史反复证明，人民群众是历史发展和社会进步的主体力量。"②"历史是人民书写的，一切成就归功于人民。"③这些论述都表明，我们党对于人民群众的地位和历史作用有着清醒而深刻的认识。在这里需要格外注意的是，群众史观的思想觉悟固然与书本学习有关，但更重要的则是来自于同人民群众的接触与交流。毛泽东在延安文艺座谈会上的讲话中，曾回顾自己从"小资产阶级学生"到"工农群众知心人"的感情变化过程，而促成这一变化的，正是他同工人、农民和革命军的战士的深入接触④。如果没有这样的社会实践经验，群众史观的思想觉悟便难免流于表面，无法坚定而持久地保持下去。

二是要有服务人民的自觉意识。人民群众作为历史创造者的根本地位，决定了一个政党只有尊重、满足、发展广大人民群众的利益，才能够凝聚起众志成城的磅礴力量，团结带领人民创造历史伟业。也正是在这个意义上，习近平将自己的执政理念概括为"为人民服务，担当起该担当的责任"⑤。这不仅是一种个人的表态，更是对新时代全体中国共产党人特别是领导干部的鞭策。习近平反复强调："让老百姓过上好日子，是我们一切工作的出发点和落脚点，是我们党坚持全心全意为人民服务根本宗旨的重要体现。"⑥共产党人只有抱着对人民负责的态度，恪尽职守、忘我奉献，才能把工作做好，在服务人民的过程中实现自身的个人价值。不可否认，在党员领导干部中，存在着一定程度的脱离群众、高高在上的官僚主义作风，这种作风严重损害了党同人民群众的血肉联系，是我们必须坚决

---

① 《习近平谈治国理政》第 1 卷，外文出版社 2018 年版，第 5 页。
② 《习近平谈治国理政》第 1 卷，外文出版社 2018 年版，第 27 页。
③ 《习近平谈治国理政》第 3 卷，外文出版社 2020 年版，第 67 页。
④ 参见《毛泽东选集》第 3 卷，人民出版社 1991 年版，第 851 页。
⑤ 《习近平谈治国理政》第 1 卷，外文出版社 2018 年版，第 101 页。
⑥ 《习近平谈治国理政》第 3 卷，外文出版社 2020 年版，第 173 页。

反对的。

三是要有接受人民评判的勇气。马克思主义哲学认为，实践是检验认识真理性的唯一标准。而在检验党的路线、方针、政策的真理性的社会实践过程中，最有发言权的无疑是人民群众。习近平指出："我们党的执政水平和执政成效都不是由自己说了算，必须而且只能由人民来评判。人民是我们党的工作的最高裁决者和最终评判者。如果自诩高明、脱离了人民，或者凌驾于人民之上，就必将被人民所抛弃。"① 人民群众依据自身利益实现的程度，考量自身获得感的大小，从而对党的路线、方针、政策进行评判。这一过程看似主观，但由于人民群众主要是以群体形式发挥作用、表达诉求的，因而这一过程又具有最大的客观性。也正是在这个意义上，习近平强调必须"把人民拥护不拥护、赞成不赞成、高兴不高兴、答应不答应作为衡量一切工作得失的根本标准，着力解决好人民最关心最直接最现实的利益问题"②。他还进一步将这一观点形象地概括为："时代是出卷人，我们是答卷人，人民是阅卷人。"③"人民是阅卷人"的重要论断，深刻揭示了新时代共产党人的根本政治立场和价值取向，也是共产党人"不忘初心，牢记使命"的集中体现。

四是要"把人民对美好生活的向往作为奋斗目标"④。美好生活是人类的永恒追求，但在不同时代、不同地域，人们所向往的美好生活又是各不相同的。具体到当代中国，美好生活已不再是基本的温饱需要的满足，而是多层次、全方位展开的立体图景。具体来说，人民群众"期盼有更好的教育、更稳定的工作、更满意的收入、更可靠的社会保障、更高水平的医疗卫生服务、更舒适的居住条件、更优美的环境、更丰富的精神文化生

① 《习近平谈治国理政》第 1 卷，外文出版社 2018 年版，第 28 页。
② 《习近平谈治国理政》第 3 卷，外文出版社 2020 年版，第 142 页。
③ 《习近平谈治国理政》第 3 卷，外文出版社 2020 年版，第 70 页。
④ 《习近平谈治国理政》第 3 卷，外文出版社 2020 年版，第 1—2 页。

活"①。这些新的、更高层次的向往和追求，理应成为一个把人民放在心中最高位置的政党为之奋斗的目标。这一奋斗目标的确立，既是中国共产党全心全意为人民服务的根本宗旨一脉相承、一以贯之的体现，也突出反映了党对民生问题的高度重视。而如果漠视群众疾苦，不注重改善和提高人民的生活质量，那么，这样的发展也就失去了意义，更不可能稳定持续。

五是要把中国梦理解为人民的梦。习近平指出，尽管每个人的梦想各不相同，但"实现中华民族伟大复兴，就是中华民族近代以来最伟大的梦想。这个梦想，凝聚了几代中国人的夙愿，体现了中华民族和中国人民的整体利益，是每一个中华儿女的共同期盼。"② 这一判断表明，"中国梦"不同于强调个人成就的"美国梦"，它是 14 亿中国人梦想的"最大公约数"，体现了国家利益、民族利益和个人利益的高度统一。而三者之所以能够相互统一，其原因在于"历史告诉我们，每个人的前途命运都与国家和民族的前途命运紧密相连。国家好，民族好，大家才会好。"③这样看来，中国梦便不是对个人梦想的否定和压制，而恰恰是个人成就自身梦想的前提。中国梦的实现，不是成就哪一个人或哪一部分人，而是造福全体中华儿女。也正是在这个意义上，习近平强调，"中国梦归根到底是人民的梦，必须紧紧依靠人民来实现，必须不断为人民造福"。④ 没有人民群众的广泛参与，中华民族伟大复兴的梦想就不会实现；而人民群众能否广泛参与，能否凝聚起磅礴伟力，关键仍在于中国梦的实现能否切实增进人民群众的福祉。

六是要以人民为中心推进"四个伟大"。所谓"四个伟大"，就是伟大

---

① 《习近平谈治国理政》第 2 卷，外文出版社 2017 年版，第 61 页。
② 中共中央文献研究室编：《十八大以来重要文献选编》（上），中央文献出版社 2014 年版，第 84 页。
③ 《习近平谈治国理政》第 1 卷，外文出版社 2018 年版，第 36 页。
④ 《习近平谈治国理政》第 1 卷，外文出版社 2018 年版，第 40 页。

梦想、伟大斗争、伟大工程、伟大事业。在党的十九大报告中，习近平指出，实现伟大梦想，必须进行伟大斗争、建设伟大工程、推进伟大事业。在这"四个伟大"中，中华民族复兴的伟大梦想是目的，"应对重大挑战、抵御重大风险、克服重大阻力、解决重大矛盾"的伟大斗争是手段，党的建设的伟大工程是关键，中国特色社会主义的伟大事业是路径①。这"四个伟大"紧密联系、相互贯通、相互作用，从四个方面阐释了党团结带领广大人民群众踏上的历史征程。同"伟大梦想"一样，"伟大斗争""伟大工程"和"伟大事业"也只有以人民为中心才能顺利推进。关于伟大斗争，习近平指出："我们讲的斗争，不是为了斗争而斗争，也不是为了一己私利而斗争，而是为了实现人民对美好生活的向往、实现中华民族伟大复兴知重负重、苦干实干、攻坚克难。"② 关于伟大工程，习近平强调："全党必须牢记，为什么人、靠什么人的问题，是检验一个政党、一个政权性质的试金石。"③ 关于伟大事业，习近平指出："中国特色社会主义是亿万人民自己的事业，所以必须发挥人民主人翁精神，更好保证人民当家作主。"④ 总之，"四个伟大"的出发点、落脚点和归宿点都是人民，以人民为中心是"四个伟大"的必然要求。

"江山就是人民，人民就是江山。中国共产党领导人民打江山、守江山，守的是人民的心。"⑤ 把人民放在心中最高位置，是落实"一切为了人民"的基本前提。

---

① 参见《习近平谈治国理政》第 3 卷，外文出版社 2020 年版，第 12—14 页。

② 《习近平谈治国理政》第 3 卷，外文出版社 2020 年版，第 542 页。

③ 《习近平谈治国理政》第 2 卷，外文出版社 2017 年版，第 52 页。

④ 《习近平谈治国理政》第 1 卷，外文出版社 2018 年版，第 13 页。

⑤ 习近平：《高举中国特色社会主义伟大旗帜 为全面建设社会主义现代化国家而团结奋斗——在中国共产党第二十次全国代表大会上的报告》，《人民日报》2022 年 10 月 26 日第 1 版。

（二）实现好、维护好、发展好最广大人民根本利益

马克思主义哲学认为，利益关系是人类社会最基本的关系，没有物质或精神利益的驱动，人类社会也就丧失了发展的动力。马克思早年便认可"人们为之奋斗的一切，都同他们的利益有关"①，在批判鲍威尔兄弟时更是明确指出"'思想'一旦离开'利益'，就一定会使自己出丑"②。这一历史唯物主义原理表明，只有不断解决好人民最关心最直接最现实的利益问题，才能得到人民群众最真心的拥护和支持，并调动起人民群众参与革命、建设、改革事业的积极性。习近平的人民主体论思想继承了马克思主义政党重视人民利益的一贯传统，并将其进一步地概括为"实现好、维护好、发展好最广大人民根本利益"③。在这里，习近平之所以强调"最广大人民"，是由于不同个体、不同阶层所追求的利益各不相同，只能从总体上予以兼顾；而习近平之所以强调"根本利益"，则是因为某些局部利益、眼前利益的满足会在整体、长远上带来消极效应，因而必须服从于根本利益的要求。总之，习近平指出，实现好、维护好、发展好最广大人民根本利益应该成为我们一切工作的出发点和落脚点，这一要求构成了"一切为了人民"的核心内容。因为只有人民的根本利益得到尊重和维护，人民主体地位才会有真实可靠的保障，否则就会流于形式、止于空谈。

实现好、维护好、发展好最广大人民根本利益，要求我们做到以下几个方面。

一是要充分考虑人民群众的诉求和意愿。人民群众是社会物质财富和

---

① 《马克思恩格斯全集》第 1 卷，人民出版社 1995 年版，第 187 页。

② 《马克思恩格斯文集》第 1 卷，人民出版社 2009 年版，第 286 页。

③ 习近平：《高举中国特色社会主义伟大旗帜　为全面建设社会主义现代化国家而团结奋斗——在中国共产党第二十次全国代表大会上的报告》，《人民日报》2022 年 10 月 26 日第 1 版。

精神财富的创造者，人民群众创造物质财富和精神财富的过程，实际上就是实现自身物质利益和精神利益的过程。但是，由于人类社会中阶级和阶层的分化，人民群众创造的物质财富和精神财富往往不能完全用来实现自身的利益。因此，当马克思主义政党将人民利益作为自身奋斗目标的时候，也就找到了获得人民群众支持的关键。这一点正如习近平所说："我们党没有自己特殊的利益，党在任何时候都把群众利益放在第一位。"[①]人民群众在自身利益方面的最大诉求，莫过于实现更美好的生活。但这一诉求在具体的情境中又有着各不相同的特殊体现，需要具体分析，正所谓"利民之事，丝发必兴；厉民之事，毫末必去"。一些地方之所以会发生群体性事件，一个重要原因就是因为这些地方的党政机关没有充分考虑人民群众的意愿和感受，没有妥善回应人民群众合理合法的利益诉求。这提示我们，凡是涉及群众切身利益的重大决策，都要充分进行调查研究，充分听取群众意见和建议，充分考虑不同群众的利益诉求和承受能力，决不能干劳民伤财、违反群众意愿的事。

二是要解决好人民群众的切身利益问题。关心群众、维护群众利益不是空洞的口号，必须十分具体地落实到解决群众生产、生活中的实际问题上。习近平指出："我们要坚持把人民群众的小事当作自己的大事，从人民群众关心的事情做起，从让人民群众满意的事情做起，带领人民不断创造美好生活！"[②]这就是说，群众利益无小事，在领导干部看来或许是微不足道的小问题，具体到某个人、某个家庭或某个团体身上就可能是大问题。群众身边每一件看似细小琐碎的烦心事，都是考验党和政府能否"以人民为中心"的试金石，都关系到党与人民群众的血肉联系。因此，凡是

① 《习近平在参加内蒙古代表团审议时强调　坚持人民至上　不断造福人民　把以人民为中心的发展思想落实到各项决策部署和实际工作之中》，《人民日报》2020年5月23日第1版。

② 《习近平谈治国理政》第3卷，外文出版社2020年版，第39页。

涉及人民群众切身利益、给人民群众造成实际困难的事情，再小也要尽全力去解决，想群众之所想、急群众之所急、解群众之所困，"采取更多惠民生、暖民心举措，着力解决好人民群众急难愁盼问题"①。就当前情况看，教育、就业、收入分配、社会保障、住房、医疗等问题，都是直接关系到人民群众切身利益的、人民群众反映强烈的突出问题，必须予以高度重视并妥善解决。在这一过程中，还需要特别注意困难群众的民生问题，努力使他们也能生活得更加幸福、更有尊严。当然，在解决人民群众切身利益问题时一定要把工作做实、做深、做细、做透，"不能对付和忽悠，不能表面上浩浩荡荡，最后空空洞洞"②。人民群众是最朴实、最智慧、最通情达理的，只要真心服务群众，就一定能收获群众的支持和拥护。

三是要真诚倾听群众呼声，站在群众的角度思考问题。在处理与人民群众利益相关的各种问题时，需要贯彻"从群众中来，到群众中去"的工作方法，甘当"小学生"，在同群众的接触中多开口问、多竖耳听、多放眼察。只有这样，才能了解群众最真实的想法和诉求，保证作出的决策符合人民群众的意愿。不仅如此，在人民群众的民主意识、权利意识和参与意识不断增强的今天，为人民谋利益的工作还需要进一步尊重人民群众的主体地位，在更大程度上变"为民做主"为"由民做主"，变"政府配餐"为"群众点菜"，从而使决策具有更大的科学性和更强的针对性。当然，领导干部对群众意见的分辨、整合、集中也是必不可少的工作环节，但只要贯彻了上述虚心、尊重、倾听的原则，就能够保证站在群众的角度思考

---

① 习近平：《高举中国特色社会主义伟大旗帜　为全面建设社会主义现代化国家而团结奋斗——在中国共产党第二十次全国代表大会上的报告》，《人民日报》2022年10月26日第1版。

② 《努力建设富强河南文明河南平安河南美丽河南——习近平总书记河南考察侧记》，《河南日报》2014年5月12日第1版。

问题，在解决问题的过程中凝聚人心。

四是要妥善协调好各方面的利益关系。应当承认，不同行业、不同地区、不同阶层人民群众的利益虽然在根本点上是一致的，但就具体的利益诉求来说，又是各不相同甚至相互抵触的。这就决定了我们在为人民谋利益时必须正确反映并妥善处理各种利益关系，把最大多数人关心的最直接、最现实的利益问题这个主要矛盾摆在首位。当然，其他次要矛盾并不会随着主要矛盾的解决而迎刃而解，特定群体的、多样性的利益诉求在条件允许的情况下也应被适当兼顾。总之，在实现、维护、发展最广大人民根本利益的过程中，既不能忽视一个个特殊利益，又不能因小失大、只见树木不见森林，不顾整体利益；既不能忽视眼前利益，又不能目光短浅、只要今天不要明天，不顾长远利益。有主次地协调兼顾才是唯一合理的工作方针。习近平以实现社会公平正义为例对此作了说明。他指出："在不同发展水平上，在不同历史时期，不同思想认识的人，不同阶层的人，对社会公平正义的认识和诉求也会不同。我们讲促进社会公平正义，就要从最广大人民根本利益出发，多从社会发展水平、从社会大局、从全体人民的角度看待和处理这个问题。"① 只有这样，才能使最广大人民在最大程度上享有公平正义。

五是要坚持稳中求进的工作总基调。我国现在正处于全面深化改革的利益调整期，因此，实现、维护、发展最广大人民根本利益的工作不能急于求成，而是要同经济社会发展水平相适应，循序渐进地加以深化，既要积极作为，又要量力而为。以直接关系到群众切身利益的民生工作为例，这项工作尤为需要坚持稳中求进的工作总基调。其中的"稳"是大局，但决不是无所作为，更不是不敢作为，而是从现有实际条件出发，扎实细致地开展工作。也正是在这个意义上，2015 年 3 月 9 日习近平参加十二

---

① 《习近平谈治国理政》第 1 卷，外文出版社 2018 年版，第 96 页。

届全国人大三次会议吉林代表团审议时强调，民生工作面广量大，具有稳定性、连续性、积累性等特点；要有坚持不懈的韧劲，一件接着一件办，不要贪多嚼不烂，不要狗熊掰棒子，眼大肚子小；要发扬钉钉子精神，不能虎头蛇尾；要一诺千金，说到就要做到；务求扎实，开空头支票不行。满口大话、夸夸其谈也许能在短时期内博得群众的好感，但长期来看必将会损害人民对党和政府的信任。"人心是最大的政治"①，只要我们解决好人民最关心最直接最现实的利益问题，就一定能最广泛地凝聚起人心。

二、一切依靠人民

　　坚持人民主体论、实现人民主体地位，还必须摆正无产阶级政党与人民群众的关系，坚持一切依靠人民。所谓"一切依靠人民"，就是把中国特色社会主义事业看作人民群众自己的事业，把人民利益的实现和发展看作人民群众在无产阶级政党的领导下自己创造幸福生活的过程，革除一切恩赐和包办的想法。要做到一切依靠人民，一方面要充分尊重人民群众的首创精神，重视人民所表达的意愿、所创造的经验、所拥有的权利、所发挥的作用；另一方面则要不断从人民群众中汲取智慧和力量，自觉拜人民为师、向能者求教、向智者问策。不难发现，上述两个方面是内在贯通的：对人民的充分尊重与敬畏是向人民学习的必要前提，向人民学习则是对人民充分尊重与敬畏的必然结论。只有做到这两个方面，无产阶级政党才能从人民中获得源源不断的磅礴力量。

---

① 《习近平谈治国理政》第3卷，外文出版社2020年版，第359页。

（一）尊重人民的首创精神

历史唯物主义认为，人民是历史的创造者，群众是真正的英雄。关于这一命题，不仅需要从总体的、终极的意义上进行理解，而且还应当将这种理解落实到一个个具体的历史事件上。也就是说，历史上许多正确、英明的决策看似是由少数杰出人物作出的，但事实上，这些决策之所以正确、英明，恰恰是由于杰出人物充分把握到了人民所表达的意愿和所创造的经验。人民群众在"幕后"创造历史的活动相对于杰出人物在"台前"指点江山的表演，具有根本的先在性。也正因如此，历史唯物主义认为，人民具有历史的首创精神，人民群众追求幸福生活、迈向自由解放的过程固然离不开杰出人物或无产阶级政党的领导、指引和帮助，但这一过程归根结底是人民自己的事业，而决不是杰出人物或政党的恩赐和施舍。例如，马克思和恩格斯在批评那种认为"工人太没有教养，……因而必须由仁爱的大小资产者从上面来解放"的观点时明确指出，"工人阶级的解放应当是工人阶级自己的事情"①。毛泽东在总结党组织群众的经验时也指出："群众有伟大的创造力。中国人民中间，实在有成千上万的'诸葛亮'，每个乡村，每个市镇，都有那里的'诸葛亮'。"② 邓小平则更是将改革开放的成功归因于实事求是地尊重人民的创造。习近平的人民主体论继承并发挥了历史唯物主义的这一基本观点，强调"全面建设社会主义现代化国家，必须充分发挥亿万人民的创造伟力"③，尊重人民的首创精神、发挥人民的主人翁作用、调动人民的积极性是中国特色社会主义事业取得成功的

---

① 《马克思恩格斯文集》第 3 卷，人民出版社 2009 年版，第 484 页。
② 《毛泽东选集》第 3 卷，人民出版社 1991 年版，第 933 页。
③ 习近平：《高举中国特色社会主义伟大旗帜　为全面建设社会主义现代化国家而团结奋斗——在中国共产党第二十次全国代表大会上的报告》，《人民日报》2022 年 10 月 26 日第 1 版。

重要保障。

尊重人民的首创精神，必须从以下几方面着力。

一是要正确处理加强党的领导与发挥人民主人翁作用的关系。关于新时代中国特色社会主义的基本方略，习近平指出，必须"坚持党对一切工作的领导。党政军民学，东西南北中，党是领导一切的。"①从表面上看，这一观点似乎是与尊重人民主体地位、发挥人民主人翁作用的要求相对立的，似乎党领导一切的地位是在限制和约束人民群众的创造性。但事实上，党的领导的全部意义，就在于通过组织和引导，帮助人民群众更好地实现自身的根本利益，变自发创造为自觉创造。离开党的领导，中国社会就有可能在资本逻辑的裹挟下走向"以资本为中心"的发展路径，从而与共同富裕的方向渐行渐远。只有坚持党的领导，才能协调各方利益诉求，兼顾眼前利益与长远利益、局部利益与整体利益；保证经济社会发展按照"以人民为中心"的逻辑运行，使发展成果尽可能广泛而公平地惠及最广大人民。因此，党的领导决不是要约束和抑制人民群众的创造性，而是要为人民主人翁作用的发挥创造条件；党并不希图在"领导一切"的过程中彰显自身的功绩，相反，它始终相信"一切成就都归功于人民，一切荣耀都归属于人民"②，领导地位仅仅意味着对人民的沉甸甸的责任。总之，加强党的领导与发挥人民主人翁地位是内在一致的，任何将二者割裂、对立起来的看法和做法都是错误的。当然，这种内在一致性也意味着全体党员特别是领导干部必须忠实代表最广大人民根本利益，不断提升自己服务人民、组织人民、引导人民的能力和水平，帮助人民群众在追求美好生活的过程中更好地实现自身利益。

二是要正确处理加强顶层设计与"摸着石头过河"的关系。习近平指

---

① 《习近平谈治国理政》第3卷，外文出版社2020年版，第16页。
② 《习近平谈治国理政》第3卷，外文出版社2020年版，第323页。

出:"摸着石头过河,是富有中国特色、符合中国国情的改革方法。摸着石头过河就是摸规律,从实践中获得真知。"①"摸着石头过河"之所以必要,主要是因为我国的改革开放作为前无古人的崭新事业,没有先例可循,只能依靠亿万人民在实践中创造和积累经验,逐步摸索经济社会发展的方向和路径。与之不同,顶层设计则是指党中央统筹规划各方面、各层次、各要素的作用,按照系统性、整体性、协同性的要求推动经济社会发展。那么,二者之间是什么样的关系呢?习近平指出:"摸着石头过河和加强顶层设计是辩证统一的,推进局部的阶段性改革开放要在加强顶层设计的前提下进行,加强顶层设计要在推进局部的阶段性改革开放的基础上来谋划。"② 这就是说,一方面,"摸着石头过河"的基层探索不能毫无章法、完全自发地进行,而必须由科学的顶层设计为之指明方向、廓清边界、提供规则,避免踩踏红线、突破底线的乱象;另一方面,科学的顶层设计终究不可能凭空产生,而必须通过基层干部和人民群众的生动实践积累经验、检验和深化认识。任何忽视顶层设计或漠视基层探索的做法,都将不利于改革开放和中国特色社会主义事业的推进。而二者之间的辩证统一,也再次印证了党的全面领导与人民群众的主体地位之间内在一致的关系。

三是要正确处理中华民族伟大复兴与人民美好生活的关系。习近平指出:"实现中华民族伟大复兴,就是中华民族近代以来最伟大的梦想。"③虽然这个梦想是以"中华民族"为主语进行表述的,但作为主语的中华民族决不是一个脱离并凌驾于人民之上的抽象实体,而是一个包含着亿万中华儿女的真实的利益共同体。也正因如此,习近平在进一步阐释"中国梦"时强调:"实现中华民族伟大复兴的中国梦,就是要实现国家富强、

---

① 《习近平谈治国理政》第 1 卷,外文出版社 2018 年版,第 67—68 页。

② 《习近平谈治国理政》第 1 卷,外文出版社 2018 年版,第 68 页。

③ 《习近平谈治国理政》第 1 卷,外文出版社 2018 年版,第 36 页。

民族振兴、人民幸福"①，没有人民幸福的实现，就没有真正意义上的国家富强、民族振兴，就不是中国梦的真正实现。反之亦然。没有民族振兴和国家富强，个人施展才华、成就梦想的机会就会变少、舞台就会变小。因此，中华民族的伟大复兴与人民群众的美好生活从来都不是相互对立的，"中国梦是人民的梦，必须同中国人民对美好生活的向往结合起来才能取得成功。"② 习近平以陕北梁家河村近 40 年的历史变迁为例，说明中华民族伟大复兴作为一个梦想，为人民群众追求美好生活的实践活动提供了更高远的价值指向，从而使这种追求不至于局限在对于物质利益的斤斤计较之中；与此同时，人民群众对于美好生活的追求落实在踏踏实实的艰苦奋斗中，也为中华民族伟大复兴梦想的实现提供了坚实的依托。总之，"中国梦是民族的梦，也是每个中国人的梦"③，为实现中国梦奋斗就是人民群众发挥首创精神的最好舞台。

四是要正确处理外部帮扶与激发人民群众内生动力的关系。如前所述，人民群众首创精神的发挥离不开党的组织、引导和帮助，但各项事业的推进和完成最终靠的还是人民群众自身的创造伟力。那么，如何正确处理外部帮扶与内生动力之间的关系呢？这个问题在脱贫工作中显得尤为重要。我们知道，当代中国的绝对贫困问题主要根源于恶劣的自然环境和落后的生产方式，但某些贫困群众得过且过、不思进取的心态也是造成贫困顽疾的重要原因。在接受来自外部的帮扶时，这些群众不仅满足于暂时的脱贫解困，甚至还会觉得一切理所当然。因此，习近平强调："必须坚持依靠人民群众，充分调动贫困群众积极性、主动性、创造性，坚持扶贫和扶志、扶智相结合，正确处理外部帮扶和贫困群众自身努力的关系，培育贫困群众自力更生实现脱贫致富意识，……用人民群众的内生动力支撑脱

---

① 《习近平谈治国理政》第 1 卷，外文出版社 2018 年版，第 39 页。
② 《习近平谈治国理政》第 2 卷，外文出版社 2017 年版，第 30 页。
③ 《习近平谈治国理政》第 1 卷，外文出版社 2018 年版，第 40 页。

贫攻坚。"① 与解决绝对贫困问题一样，人世间一切美好都不会从天而降，只有通过人民群众自觉的、踏实的、持续的艰苦奋斗才能变成现实。外部的引导、帮助只能提供一个解决问题的契机，而不是问题的最终解决。只有在帮扶中坚持"既富口袋也富脑袋"的原则，引导贫困群众依靠勤劳双手和顽强意志摆脱贫困、改变命运，我国脱贫攻坚的伟大成果才能持久、稳定。

（二）从人民群众中汲取智慧和力量

尊重人民的首创精神和主体地位的另一个必然结论，便是我们必须虚心向人民群众学习，从人民群众的生动实践中汲取无穷的智慧和力量。历史唯物主义认为，人民群众是真正的英雄，无论多么伟大的杰出人物，其才能和力量总是有限的；即使是像中国共产党这样人数众多的大党，其党员放在人民中间也仍然是少数。因此，无论个人还是政党，要想得出正确的观点和主张，都少不了对群众实践经验的借鉴与吸收。不可否认，在革命、建设、改革事业中，人民群众从自发参与到自觉参与的过渡，需要无产阶级政党的领导、组织和教育，但正如马克思所说的那样，"教育者本人一定是受教育的"②，"教育者"只有充分尊重、虚心学习人民群众的宝贵经验，他所进行的教育才能符合人民群众的利益要求，唤起人民群众的自觉响应。事实也证明，许多破解难题、抓住机遇的思路和办法往往不是出自个别领导或专家的头脑，甚至也不是出自一个领导集体，而是首先由广大人民群众在实践中摸索、创造出来的。习近平以改革开放的历史经验为例指出，"改革开放在认识和实践上的每一次突破和发展，改革开放中

---

① 《习近平谈治国理政》第 3 卷，外文出版社 2020 年版，第 152 页。
② 《马克思恩格斯文集》第 1 卷，人民出版社 2009 年版，第 500 页。

每一个新生事物的产生和发展，改革开放每一个方面经验的创造和积累，无不来自亿万人民的实践和智慧"，因此，我们必须"善于从人民的实践创造和发展要求中完善政策主张"①。

从人民群众中汲取智慧和力量，必须遵循以下基本要求。

一是要有甘当小学生的谦虚态度。习近平指出："在人民面前，我们永远是小学生，必须自觉拜人民为师，向能者求教，向智者问策。"②在这一表述中，他之所以将党员干部比作小学生，是因为小学生是最没有知识架子、最能够虚心学习，同时也最需要虚心学习的一个群体，这样一个形象表述阐明了党员干部在人民群众面前所应当具有的工作作风。不可否认，人民群众的知识文化水平参差不齐，并不是每个人都有资格"传道授业解惑"，但他们在追求美好生活的过程中所展现的实践智慧、所积累的宝贵经验、所坚守的善良品格，却正是党员干部需要学习、借鉴的内容。不仅如此，"知屋漏者在宇下，知政失者在草野"，人民群众是社会生活的亲历者，冷暖甘苦感受最深刻、改革发展体会最清楚、政令得失反映最真实，不向人民群众虚心求教就不可能了解大多数社会成员的所思所想，就不可能收集到好想法、好建议。同时，我们还必须格外关注人民群众中涌现的"能者""智者"，他们是各个行业勤奋工作、积极进取的优秀代表，既能够充分代表民意，又能够充分集中民智，因而更应当成为党员干部重点求教、问策的对象。总之，只有具备甘当小学生的谦虚态度，才能真正贯彻"从群众中来，到群众中去"的工作方针，把人民群众这一最好的老师变为最大的靠山，从人民群众那里获得源源不断的智慧和力量。

二是要有深入调查研究的扎实作风。群众实践中蕴藏的丰富智慧和宝贵经验，既不是可以从文件中读到的，也不是能够在会场中听到的，更不

① 《习近平谈治国理政》第1卷，外文出版社2018年版，第68页。
② 《习近平谈治国理政》第1卷，外文出版社2018年版，第27页。

是在办公室里能够想到的。要想真正拜人民为师，就必须深入基层，在同人民群众近距离的接触、交流中获得教益，而这就是中国共产党历来十分重视的调查研究。早在 1930 年，毛泽东就明确提出"没有调查，没有发言权"①，而他本人也正是在历时十余天的"寻乌调查"中掌握了闽粤赣三省交界地区人民群众的利益诉求，从而为制定正确的斗争策略提供了重要依据。在具备马克思主义哲学素养后，毛泽东还进一步将深入群众调查研究作为认识论与历史观的结合点，认为调查研究不仅能够提供丰富且合乎实际的感性材料，而且也体现了无产阶级政党的群众路线。与毛泽东一样，习近平也非常重视干部的调查研究能力。他指出："调查研究是做好工作的基本功。一定要学会调查研究，在调查研究中提高工作本领。调查研究要经常化。要坚持到群众中去、到实践中去，倾听基层干部群众所想所急所盼，了解和掌握真实情况，不能走马观花、蜻蜓点水，一得自矜、以偏概全。"② 由此可见，调查研究不仅是了解人民群众利益诉求与真实意愿的根本途径，同时也是汲取群众智慧、提高领导决策水平的重要方法。当然，除调查研究外，开门问策也是从人民群众中汲取智慧和力量的重要方式。如果说前者重在"走下去"，那么后者则重在"请进来"，二者之间相辅相成、互为补充，共同构成了中国共产党依靠人民、服务人民的方法论原则。

三是要善于对群众的意见进行加工和提高。我们必须看到，人民群众的实践智慧并不是直接呈现的，宝贵经验也不是现成可用的。如果说调查研究提供的是丰富的感性材料，那么理性的加工改造则是要得出深入的规律性认识。尤其是在那些与群众利益关系密切、大家愿望诉求不尽一致甚至相互冲突的问题上，更需要决策者立足全局、清醒判断、科学引导，分

① 《毛泽东选集》第 1 卷，人民出版社 1991 年版，第 109 页。
② 《习近平在中央党校（国家行政学院）中青年干部培训班开班式上发表重要讲话强调　年轻干部要提高解决实际问题能力　想干事能干事干成事》，《人民日报》2020 年 10 月 11 日第 1 版。

辨出哪些意见符合最广大人民群众的根本利益、哪些经验具有推广的价值和可能。关于这种加工和提高的必要性，毛泽东曾经指出，群众的意见往往是"分散的无系统的意见"，只有将其"集中起来""经过研究，化为集中的系统的意见"，才具有谋划工作、形成政策、指导群众的意义①。由此可见，调查研究并不是汲取人民智慧的终点，而是另一个更为重要的阶段的起点。不经过必要的加工、提高过程，群众意见就不可能转化成能为群众广为接受的政策，更不可能在群众行动中凝聚起力量。也正是在这个意义上，习近平指出："对调研得来的大量材料和情况，要认真研究分析，由此及彼、由表及里。对经过充分研究、比较成熟的调研成果，要及时上升为决策部署，转化为具体措施；对尚未研究透彻的调研成果，要更深入地听取意见，完善后再付诸实施；对已经形成举措、落实落地的，要及时跟踪评估，视情况调整优化。"②

四是要坚决克服形式主义、官僚主义。群众路线是我们党的生命线和根本工作路线，更是虚心向群众学习、汲取实践智慧的主要方式。但是，在贯彻群众路线的过程中，党内还不同程度地存在着形式主义和官僚主义的问题。其中，形式主义表现为"下基层调研走马观花，下去就是为了出镜头、露露脸，坐在车上转，隔着玻璃看，只看'门面'和'窗口'，不看'后院'和'角落'"；而官僚主义则表现为"对实际情况不了解不关注，……不愿同基层和普通群众打交道，怕给自己添麻烦"，"拒绝批评帮助，容不下他人，听不得不同意见"③。如果任由形式主义、官僚主义存在和蔓延，向人民学习的效果自然会大打折扣，"一切依靠人民"也就成了

---

① 参见《毛泽东选集》第 3 卷，人民出版社 1991 年版，第 899 页。

② 《习近平在中央党校（国家行政学院）中青年干部培训班开班式上发表重要讲话强调　年轻干部要提高解决实际问题能力　想干事能干事干成事》，《人民日报》2020 年 10 月 11 日第 1 版。

③ 《习近平谈治国理政》第 1 卷，外文出版社 2018 年版，第 369 页。

一句空话。因此，必须通过定期的教育实践活动和必要的制度建设，保证群众路线的实施效果，保持党同人民群众的血肉联系。事实证明，只有在没有事先安排、刻意导演的情况下，与群众近距离接触，和老百姓面对面谈心，才能得到真实可靠的社情民意，才能把人民群众的智慧转化为行之有效的政策，把人民群众的力量凝聚到改革、发展的事业中来。尽管形式主义和官僚主义有其深刻的人性根源和复杂的社会历史原因，很难完全根除，但作为一个因人民而生、因人民而兴的百年大党，中国共产党有能力不断清除自身肌体上的"脓疮"，在与人民同甘共苦的团结奋斗中释放蕴藏于人民群众之中的无穷智慧和无尽力量。

三、发展成果由全体人民共享

一切为了人民、一切依靠人民，最终要落实到发展成果的分配上，使发展成果由全体人民共享。所谓发展成果由全体人民共享，就是使发展成果公平、公正地惠及全体人民，逐步实现共同富裕。在习近平新时代中国特色社会主义思想中，共享发展理念有着多方面的内容，但最为重要的是以下两个方面：一是全民共享，即全体人民相对均衡地共同享有发展成果，而不是少数人独占大头的贫富分化；二是全面共享，即全体人民共享国家经济、政治、文化、社会、生态各方面的发展成果，而不只是某一方面权益的满足。发展成果由全体人民共享，是坚持人民立场和人民主体地位的具体体现，也是习近平人民主体论的最终旨归。

（一）全民共享

在发展成果的分配过程中，能否在最大的覆盖面上、以最公平正义的方式实现全民共享，是一个极为重要也极为复杂的问题。马克思主义之所以区别于其他理论流派，社会主义之所以区别于其他社会形态，中国特色社会主义之所以区别于当今世界其他社会治理模式，关键就在于提出并践行了一种基于生产力发展水平稳步推进全民共享的方案。习近平指出："要以促进社会公平正义、增进人民福祉为出发点和落脚点，加大协调各方面利益关系的力度，推动发展成果更多更公平惠及全体人民"①，"我们追求的发展是造福人民的发展，我们追求的富裕是全体人民共同富裕"②。由此可见，在当代中国的语境中，全民共享的理念已经与促进社会公平正义、逐步实现共同富裕紧密结合在一起，包含着公平正义诉求、指向共同富裕的"全民共享"正是习近平对于如何分配发展成果问题的回答。这一回答具有深厚的理论和现实基础。

首先，全民共享是历史唯物主义的重要推论。历史唯物主义认为，人民群众是社会物质财富的创造者，同时也参与了社会精神财富的创造，不仅为人类社会的存在和发展筑牢了物质基础，而且也为少数杰出人物的精神生产提供了丰富的素材和原料。这样看来，人民群众特别是在一线从事生产的劳动群众似乎完全有理由根据自身贡献的大小享有相应的社会发展成果。但是，历史的实际情况并没有这么简单。在人类社会进入文明时代后，由于不发达的生产力不足以满足全体社会成员自由全面发展的需要，加之不平等的阶级关系和不均衡的分配方式更有助于组织生产、激发活力，因而少数人富有、多数人贫困的两极分化反而成为历史的常态。马克思、恩格斯认为，尽管以阶级分化为基础的剥削压迫和两极分化有其历史合理性，但它们作为历史现象终究会走向终结。随着生产力的高度发展，

---

① 《习近平谈治国理政》第 1 卷，外文出版社 2018 年版，第 204 页。

② 《征求对中共中央关于制定国民经济和社会发展第十三个五年规划的建议的意见　中共中央召开党外人士座谈会　习近平主持并发表重要讲话》，《人民日报》2015 年 10 月 31 日第 1 版。

人与人之间的生存斗争将趋于缓和，剥削制度将走向自我扬弃，按劳分配和按需分配原则将逐步确立，而这意味着全民共享将由应然状态走向实然状态。马克思在分析自由时间时曾指出，"生产将以所有的人富裕为目的"①。恩格斯在讨论共产主义原理时也强调，未来将"结束牺牲一些人的利益来满足另一些人的需要的状况"②。总之，在历史唯物主义的视域中，全民共享是一种必然会实现的社会状态，马克思主义者应当在尊重历史发展规律的前提下为早日实现这一社会状态作出努力。

其次，全民共享也是社会主义的本质要求。社会主义思潮自诞生之日起，就内在地包含着财产公有、消灭剥削、人人平等的内容，这些内容作为对资本主义社会现实的批判，勾勒出了未来理想社会的美好图景。但是，由于早期社会主义者不了解实现和谐、平等的条件与途径，寄希望于统治者的"大发善心"或与世隔绝的社会试验，因而只能使自己的理论停留在空想的阶段。随着马克思主义的诞生，社会主义理论由空想变为科学，无产阶级开始自觉地按照社会历史发展规律进行革命斗争，谋求自身解放和整个社会的改造，直到俄国十月革命第一次推翻了人剥削人、人压迫人的制度，为全体社会成员平等享受发展成果开辟了现实的道路。十月革命的胜利，同时也激活了中国人民千百年来关于共同富裕的社会理想，使平等、共享的理念贯穿了中国革命、建设的整个过程。不可否认，在20世纪80年代之前，各个社会主义国家都或多或少地出现了超越发展阶段、片面追求绝对平等的失误，从而在一定程度上抑制了社会生产力的发展，削弱了社会主义制度的优越性。但是，这仅仅表明它们实现全民共享的手段或方式不恰当，并不构成对于作为社会主义本质要求的全民共享本身的否定。

---

① 《马克思恩格斯文集》第 8 卷，人民出版社 2009 年版，第 200 页。
② 《马克思恩格斯文集》第 1 卷，人民出版社 2009 年版，第 689 页。

再次，全民共享还是中国特色社会主义的根本原则。改革开放以来，中国共产党总结正反两方面历史经验，在推动所有制改革的基础上，允许一部分人、一部分地区先富起来，从而极大解放和发展了社会生产力。尽管这一过程不可避免地造成了社会阶层分化、利益分配失衡、收入差距拉大，似乎背离了社会主义平等、共享的本质要求，但事实上，这只是发展中的暂时现象，是在为在更高生产力水平基础上进入更高层次的全民共享准备条件。关于这种手段与目的的关系，中国共产党人始终有着清醒的认识。例如邓小平指出："共同致富，我们从改革一开始就讲，将来总有一天要成为中心课题。社会主义不是少数人富起来、大多数人穷，不是那个样子。"① 江泽民也认为："实现共同富裕是社会主义的根本原则和本质特征，绝不能动摇。"② 胡锦涛则强调，要"使全体人民共享改革发展成果，使全体人民朝着共同富裕的方向稳步前进"③。由此可见，中国特色社会主义事业从来都没有忽视或放弃共同富裕的原则，而随着我国经济社会发展水平的显著提高，全民共享也就有了更大的必要性和更充分的可能性。从2015 年 10 月"共享发展理念"的提出，到 2021 年 8 月"扎实推动共同富裕"的提出，中国共产党已经把"推动发展成果更多更公平惠及全体人民"摆在了更加重要的位置。而与之相对应的，便是党的十八大以来我国协调区域发展、保障改善民生、消除绝对贫困、全面实现小康的生动实践和巨大成就。

最后，全民共享更是人民群众的热切盼望。早在 2000 多年前，孔子就留下了"不患寡而患不均，不患贫而患不安"的警句，孟子则提出了"老吾老，以及人之老；幼吾幼，以及人之幼"的天下治理之道，它们已经作为文化基因融入了中华民族的血脉。尽管在相当长的历史时期内，受经济

① 《邓小平文选》第 3 卷，人民出版社 1993 年版，第 364 页。
② 《江泽民文选》第 1 卷，人民出版社 2006 年版，第 466 页。
③ 《胡锦涛文选》第 2 卷，人民出版社 2016 年版，第 291 页。

社会发展水平的限制，共同富裕的理想一直没有摆脱小农意识的局限，因而也无法真正实现，但随着中国现代化进程的开启，面对资本主义制度所造成的空前的贫富差距，这一理想马上成为中国传统文化与马克思主义相互联通的重要结合点，造就了中国式现代化的独特路径。不可否认，在现有生产力发展水平下，如果过分看重公平而忽视效率，那么必然会挫伤人民群众的积极性、主动性和创造性，因而并不符合最广大人民的根本利益。但是，如果放任收入不平衡的扩大，那么一些国家出现的贫富分化、中产塌陷、社会撕裂、政治极化、民粹泛滥便有可能在中国上演，从而导致更恶劣的后果。总之，只有依据经济社会发展水平，不断调整效率与公平的平衡点，扎实稳步推进全民共享、共同富裕，才能使人们在协调有序的社会关系中心情舒畅，才能充分调动所有人的积极性、主动性和创造性，才能真正实现千百年来的社会理想。

上述四个方面表明，在中国特色社会主义进入新时代之后，全民共享理念的提出具有充分的历史合理性。此外，要正确地理解全民共享，还需要注意以下两点。

首先，全民共享目标的完全实现需要一个漫长的历史过程。习近平指出："我国正处于并将长期处于社会主义初级阶段，我们不能做超越阶段的事情"[1]。历史经验表明，在社会生产力还没有达到相应发展水平的情况下盲目推进平等共享是违背历史发展规律的做法。这种做法在短时间内的确可能获得一部分群众的支持和拥护，但长期来看无疑会挫伤那些个人能力突出、希望干事创业的人们的积极性，抑制整个社会的生机与活力，最终造成"共同贫困"。因此，好高骛远、吊高胃口，幻想在短时间内达到一种较高水平的全民共享，不仅是错误的，而且也是有害的。当然，这也"不是说在逐步实现共同富裕方面就无所作为，而是要根据现有条件把

---

① 《习近平谈治国理政》第 2 卷，外文出版社 2017 年版，第 214 页。

能做的事情尽量做起来，积小胜为大胜，不断朝着全体人民共同富裕的目标前进。"①具体来说，提高不同区域和不同行业发展的平衡性、扩大中等收入群体规模、完善基本公共服务和民生保障、加强对高收入的规范和调节、促进人民精神生活共同富裕、促进农民农村共同富裕等，就是目前能够做也应当做的事情②。只要在上述这些方面循序渐进、做深做实，就一定能促进社会公平正义，使广大人民群众获得更多、更实在的发展成果。

其次，全民共享不是整齐划一的平均主义，而是包含着差异的相对均衡。习近平指出："我们要实现14亿人共同富裕，必须脚踏实地、久久为功，不是所有人都同时富裕，也不是所有地区同时达到一个富裕水准，不同人群不仅实现富裕的程度有高有低，时间上也会有先有后，不同地区富裕程度还会存在一定差异，不可能齐头并进。"③由于不同地区的环境有优劣、资源有多寡，不同个体的能力有大小、勤奋有高低，因此不同地区、不同个体在富裕程度上存在差异是很自然的事。如果用行政命令的强制手段实现无差别的均等，唯一的后果便是损害社会的公平正义，降低社会的发展动力。我们只有在限制资本无序扩张、取缔非法收入的前提下尊重差异，并在尊重差异的基础上倡导"先富带后富"，才能充分调动人民群众的积极性、主动性、创造性，把经济社会发展成果这块"蛋糕"越做越大、越分越好。

（二）全面共享

如果说全民共享是就共享的覆盖面而言的，那么，全面共享则是就共享的内容而言的。不可否认，发展成果最直接、最重要的体现是在经济的

---

① 《习近平谈治国理政》第2卷，外文出版社2017年版，第214—215页。
② 参见习近平：《扎实推动共同富裕》，《求是》2021年第20期。
③ 习近平：《扎实推动共同富裕》，《求是》2021年第20期。

或物质利益的方面，这一方面的共享构成了全面共享的基本内容。但是，经济方面并不是孤立存在的，它与政治、文化、社会、生态等各方面处在相互制约、相互影响的复杂关系之中。如果忽视了其他方面，那么不仅共享的效果要大打折扣，而且物质利益的共享也不可能持久稳固。因此，习近平强调，要让全体人民"共享国家经济、政治、文化、社会、生态各方面建设成果，全面保障人民在各方面的合法权益"。①

在经济方面，共享理念主要体现为建设一个保证效率、促进公平的收入分配体系。历史唯物主义认为，劳动产品的分配方式主要取决于生产资料的所有制关系。因此，要实现分配的公平正义和相对均衡，就必须坚持公有制为主体、多种所有制共同发展的基本经济制度。在此基础上，分配体系的构建应当按照"初次分配、再分配、三次分配协调配套"②的原则来进行。其中，初次分配要提高劳动报酬所占的比重，同时健全资本、土地、知识、技术、管理、数据等其他生产要素按贡献决定报酬的机制；再分配要加大税收、社会保障、转移支付等调节力度并提高精准性，维护社会公平正义，解决好收入差距问题；三次分配要在自愿基础上通过慈善、捐赠等方式实现，国家也要通过税收等政策给予适当激励。总之，这一分配体系的目标是"扩大中等收入群体比重，增加低收入群体收入，合理调节高收入，取缔非法收入，形成中间大、两头小的橄榄型分配结构"③。在实现这一目标的过程中，我们还需要格外注意两个问题：一是鼓励勤劳致富，切实保护合法经营的收入所得；二是坚决反对资本无序扩张，促进非公有制经济健康发展、非公有制经济人士健康成长。只有这样，才能正确处理效率和公平的关系，实现好、维护好、发展好最广大人民的根本利益。

---

① 《习近平谈治国理政》第 2 卷，外文出版社 2017 年版，第 215 页。
② 习近平：《扎实推动共同富裕》，《求是》2021 年第 20 期。
③ 习近平：《扎实推动共同富裕》，《求是》2021 年第 20 期。

在政治方面，共享理念主要体现为健全人民当家作主的制度体系。我国是工人阶级领导的、以工农联盟为基础的人民民主专政的社会主义国家，国家的一切权力属于人民。也就是说，我国的国家性质本身就包含着平等、共享的理念。当然，要将这一理念落到实处，使国家决策真正体现人民意志、保障人民权力，还需要不断健全相关制度体系：首先，就人民代表大会制度来说，各级人大及其常委会要密切同人民群众的联系，特别是"要丰富人大代表联系人民群众的内容和形式，更好接地气、察民情、聚民智、惠民生"①；其次，就多党合作和政治协商制度来说，要"大力发展基层协商民主，重点在基层群众中开展协商"，"凡是涉及群众切身利益的决策都要充分听取群众意见"②；再次，就民族区域自治制度来说，"要在确保国家法律和政令实施的基础上，依法保障自治地方行使自治权，给予自治地方特殊支持，解决好自治地方特殊问题"③；最后，就基层群众自治制度来说，要"发展基层民主，保障人民依法直接行使民主权利，切实防止出现人民形式上有权、实际上无权的现象。"④总之，社会主义民主不是装饰品，不是摆设，而应具体地、生动地体现在人民当家作主的全过程、各环节。

在文化方面，共享理念主要体现为以人民为中心的创作导向和不断完善的公共文化服务体系。习近平指出："满足人民日益增长的精神文化需求，必须抓好文化建设，增加社会的精神文化财富。"⑤当然，社会精神文化财富的增加并不必然会带来共享的效果，要使全体人民共享文化发展成果，必须从以下两个方面着手：从内容方面看，要坚持以人民为中心的创

① 《习近平在中央人大工作会议上发表重要讲话强调　坚持和完善人民代表大会制度　不断发展全过程人民民主》，《人民日报》2021 年 10 月 15 日第 1 版。
② 《习近平谈治国理政》第 2 卷，外文出版社 2017 年版，第 297 页。
③ 《习近平谈治国理政》第 2 卷，外文出版社 2017 年版，第 300 页。
④ 《习近平谈治国理政》第 2 卷，外文出版社 2017 年版，第 290 页。
⑤ 《习近平谈治国理政》第 2 卷，外文出版社 2017 年版，第 315 页。

作导向，保证文化产品的社会效益优先于经济效益，按照"深入生活、扎根人民"的要求发展新闻出版、广播影视、文学艺术和哲学社会科学事业，使文化产品为广大人民群众喜闻乐见；从形式方面看，则要加强公共文化服务体系建设，组织开展多种形式的面向基层的文化活动，着力丰富群众文化生活。例如，可以通过实施文化惠民工程，引导公共文化资源向城乡基层倾斜；也可以建立健全政府向社会力量购买公共文化服务的机制，加大公共文化设施免费开放的力度。

在社会方面，共享理念主要体现为保障和改善民生。人民生活水平的普遍提高是发展成果共享的重要体现，也是社会和谐的重要保证。在发展中保障和改善民生，就是要多谋民生之利、多解民生之忧，补齐民生短板、促进社会公平正义。具体来说，应当抓住人民最关心最直接最现实的利益问题，在幼有所育、学有所教、劳有所得、病有所医、老有所养、住有所居、弱有所扶等方面给予群众更多的获得感、幸福感、安全感，不断满足人民日益增长的美好生活需要。当然，保障和改善民生是一项长期工作，必须坚持尽力而为与量力而行的统一。习近平强调指出："要统筹需要和可能，把保障和改善民生建立在经济发展和财力可持续的基础之上，不要好高骛远，吊高胃口，作兑现不了的承诺。政府不能什么都包，重点是加强基础性、普惠性、兜底性民生保障建设。"①

在生态方面，共享理念主要体现为全体人民共同建设美丽中国，共同享受良好生态环境。习近平指出："良好生态环境是最普惠的民生福祉。……环境就是民生，青山就是美丽，蓝天也是幸福。"② 就我国目前发展阶段而言，优美的生态环境已经成为人民美好生活需要的重要内容，广大人民群众热切盼望加快提高生态环境质量。因此，要按照生态惠民、生

---

① 习近平：《扎实推动共同富裕》，《求是》2021年第20期。

② 《习近平谈治国理政》第3卷，外文出版社2020年版，第362页。

态利民、生态为民的原则，重点解决损害群众健康的突出环境问题，加快改善生态环境质量，不断满足人民日益增长的优美生态环境需要。在这里需要注意的一个问题是，由于生态问题的影响具有广泛性和连带性，任何人都不可能置身事外、独善其身，因而生态文明建设天然地具有一种"共建共享"的特征。也就是说，生态问题的解决客观上要求全体人民自觉行动、共同参与，在共建的基础上获得真正的共享。具体来说，要增强全民节约意识、环保意识、生态意识，开展全民绿色行动，动员全社会以实际行动减少能源资源消耗和污染排放。

第 十 二 章

新时代的社会发展观

习近平的人民主体论，突显了新时代中国特色社会主义事业鲜明的价值导向。但同时我们也要看到，人民群众主体地位的实现和根本利益的保障，最终还是要靠经济社会的发展。这正如习近平所说，"发展是党执政兴国的第一要务，是解决中国所有问题的关键"①。既然发展是解决中国所有问题的关键，那么我们就必须推动实现更高质量、更惠及全体人民的发展，必须不断适应社会生产力的发展要求调整生产关系、不断适应经济基础的新要求完善上层建筑。也正是在这一过程中，习近平形成并阐述了具有中国特色、时代特征的社会发展观，其中包括以人民为中心的发展目的论，以新时代社会主要矛盾转化为内容的发展动力论，以创新、协调、绿色、开放、共享为内容的发展理念论，以科教兴国、人才强国、创新驱动、乡村振兴、区域协调、稳定持续、军民融合为内容的发展战略论，以全面深化改革为内容的发展路径论。这些方面构成了习近平新时代中国特色社会主义思想的唯物史观基础的主体内容。

一、发展目的

关于发展，首先要回答的问题莫过于"发展为了谁""发展依靠谁"。

---

① 《习近平谈治国理政》第 2 卷，外文出版社 2017 年版，第 38 页。

对此，习近平的人民主体论已经从总体上给出了明确的回答，即一切为了人民、一切依靠人民。而具体到发展的目的问题上，便是坚持以人民为中心的发展思想。党的十八届五中全会明确提出："必须坚持以人民为中心的发展思想，把增进人民福祉、促进人的全面发展作为发展的出发点和落脚点"①。这一表述既进一步印证了习近平的人民主体论，也从两个方面具体地阐明了发展的目的。

（一）增进民生福祉

习近平指出："增进民生福祉是发展的根本目的。"② 发展固然表现为社会生产力的提高、物质文化财富的增长，但如果不能回应人民的期待，不能让最广大人民群众得到实际利益，那么，这样的发展也就背离了初衷、失去了意义。关于这一点，我们在讨论习近平的人民主体论时已经作了较为充分的阐发，这里就不再赘述了。在这里我们要强调的是另一个方面，即在习近平的社会发展观中，发展并不是单向度地服务于民生改善，反过来看，民生改善也有利于经济社会持续稳定的发展。具体来说，增进民生福祉既能增强人民群众的获得感，调动劳动者发展生产的积极性，又能有效解决群众的后顾之忧，"增进社会消费预期，有利于扩大内需"③，为经济发展、产业转型升级提供强大的内生动力。总之，在经济发展与民生改善二者之间，完全有可能构建一种良性循环的互动关系，即经济发展为民生改善提供坚实的物质基础，而民生改善则为经济发展创造更多的有效需求。也正是在这个意义

---

① 中共中央文献研究室编：《十八大以来重要文献选编》（中），中央文献出版社 2016 年版，第 789 页。
② 《习近平谈治国理政》第 3 卷，外文出版社 2020 年版，第 18 页。
③ 《习近平谈治国理政》第 2 卷，外文出版社 2017 年版，第 361—362 页。

上，习近平强调"抓民生也是抓发展"，增进民生福祉不仅是中国共产党人的价值目标和使命担当，同时也是着眼长远、放眼全局的经济决策和战略安排。

增进民生福祉，必须从以下几个方面着手。

一是要优先发展教育事业。教育是民族振兴和社会进步的基石，也是人民群众高度关注的重要民生议题。办好人民满意的教育，既要提高教育质量，加强师资队伍建设，加快一流大学和一流学科发展；也要推进教育公平，逐步缩小区域、城乡、校际差距，使教育发展成果更多更公平惠及全体人民。当今世界，人才资源作为经济社会发展"第一资源"的特征和作用日益凸显，只有优先发展教育事业，才能为经济社会发展提供强大的人才保障和智力支持。习近平说："中国这么多人，教育上去了，将来人才就会像井喷一样涌现出来。这是最有竞争力的。"[1]与此同时，教育作为人民美好生活需要的重要内容，包含着亿万家庭对后代成长成才的殷切希望。只有按照公平、正义的原则推动教育事业的普惠发展，才能切实增强人民群众的获得感、幸福感。

二是要精准发力抓好就业工作。就业直接关系到老百姓的"饭碗"，是人民群众依靠自身努力养活家庭、服务社会、贡献国家的主要方式，因而是最大的民生。然而，由于经济结构调整等方面的原因，结构性就业矛盾始终存在。如果不认真加以解决，就会抑制内需，阻碍经济社会发展，甚至造成社会动荡的后果。因此，习近平强调，一方面，要"落实和完善援助措施，通过鼓励企业吸纳、公益性岗位安置、社会政策托底等多种渠道帮助就业困难人员尽快就业"[2]；另一方面，要大规模开展职业技能培训，培养宏大的高素质劳动者大军。总之，要实现更高质量和更充分就

---

① 中共中央文献研究室编：《习近平关于科技创新论述摘编》，中央文献出版社 2016 年版，第 107 页。

② 《习近平谈治国理政》第 2 卷，外文出版社 2017 年版，第 363 页。

业，"使人人都有通过勤奋劳动实现自身发展的机会"①。

三是要促进收入分配更加合理有序。收入分配作为物质利益直接兑现，是改善民生、实现发展成果由全体人民共享的最重要的方式。就我国目前的发展阶段而言，一定程度的收入差距是完全合理的，也有助于调动人们的工作积极性。但如果差距过大，以致于大部分社会成员都无法享受与经济增长同步的收入增长，那么便会导致社会总体消费水平降低，甚至影响社会稳定。事实上，只有适当缩小收入分配差距，才能扩大消费需求，增强经济发展的内生动力。习近平指出，促进收入分配更加合理有序的原则是"鼓励勤劳致富，促进机会公平，增加低收入者收入，扩大中等收入群体"和"保护合法收入，调节过高收入，取缔非法收入"②。这一原则不仅是作为社会主义本质要求的"共同富裕"的题中之意，而且也有利于促进经济社会平稳发展。

四是要加强社会保障体系建设。以社会保险、社会福利、社会救助、社会优抚等为内容的社会保障体系旨在为人民群众的基本生存需要提供保障，避免社会矛盾激化，因而被称为"人民生活的安全网和社会运行的稳定器"③。不仅如此，社会保障体系还能够在一定程度上消除群众生活的后顾之忧，提升居民的消费预期，进一步促进经济社会的健康发展。当然，过高水平的社会保障也有可能构成经济发展的负担，损害经济增长的持续性。因此，必须把社会保障体系建设的重点始终放在基础性、普惠性、兜

---

① 习近平：《高举中国特色社会主义伟大旗帜 为全面建设社会主义现代化国家而团结奋斗——在中国共产党第二十次全国代表大会上的报告》，《人民日报》2022 年 10 月 26 日第 1 版。

② 习近平：《高举中国特色社会主义伟大旗帜 为全面建设社会主义现代化国家而团结奋斗——在中国共产党第二十次全国代表大会上的报告》，《人民日报》2022 年 10 月 26 日第 1 版。

③ 习近平：《高举中国特色社会主义伟大旗帜 为全面建设社会主义现代化国家而团结奋斗——在中国共产党第二十次全国代表大会上的报告》，《人民日报》2022 年 10 月 26 日第 1 版。

底性的民生项目上，反对搞过头的保障。

五是要推进健康中国建设。习近平指出："健康是促进人的全面发展的必然要求，是经济社会发展的基础条件，是民族昌盛和国家富强的重要标志，也是广大人民群众的共同追求"①。推进健康中国建设，除了深化医药卫生体制改革这一核心任务外，建设良好的生态环境、倡导健康文明的生活方式、广泛开展全民健身运动也是十分重要的内容。这三个方面的扎实推进将有效地预防疾病发生、节约社会成本，从而有利于经济社会的持续、健康发展。当然，健康中国战略还包括科学的人口发展战略。面对人口老龄化的严峻挑战，我们必须不断改革完善生育政策和服务管理措施，"建立生育支持政策体系，降低生育、养育、教育成本"②，使人口的数量与质量保持在与经济社会发展水平相适应的状态。

（二）促进人的全面发展

在习近平的社会发展观中，"促进人的全面发展"同"增进民生福祉"一样，也是发展的出发点和落脚点。如果说"增进民生福祉"关注的是较为直接和切近的群众利益的话，那么，"促进人的全面发展"所指向的，则是总体上的人的生存状态和自我实现水平。所谓人的全面发展，简单来说就是人的素质的全面提高，具体来看则包括两方面的规定性：在个体层面上，人的全面发展指的是人的各种需要的充分满足、本质力量的完全占有、社会关系的高度丰富以及独特个性的自由展现；在社会层面上，人的全面发展则是指全体社会成员平等享有自我发展的权利和机会，不再以

---

① 《习近平谈治国理政》第 2 卷，外文出版社 2017 年版，第 370 页。

② 习近平：《高举中国特色社会主义伟大旗帜　为全面建设社会主义现代化国家而团结奋斗——在中国共产党第二十次全国代表大会上的报告》，《人民日报》2022 年 10 月 26 日第 1 版。

牺牲多数人的发展为代价来成就少数人的发展。在马克思、恩格斯的理论语境中，人的全面发展是与资本主义生产方式下人的片面、畸形发展相对应的社会理想，它将在生产力高度发达、物质财富充分涌流、自发分工被彻底消灭的前提下变为现实。这表明，在他们看来，人的全面发展的真正实现之时便是共产主义社会到来之日。不可否认，我国正处于并将长期处于社会主义初级阶段，与马克思、恩格斯所设想的共产主义社会还有很大距离，但这并不意味着我们在促进人的全面发展方面就可以无所作为。相反，我们应当把人的全面发展的实现看作一个历史的、渐进的过程，根据现有条件为人的全面发展营造一个良好的经济社会环境。具体来说，必须按照"五位一体"的要求，在社会的全面进步中促进人的全面发展，切实做好以下几个方面。

第一，必须在建设现代化经济体系的过程中提升人民群众的敬业精神、创新能力和开放意识。习近平指出，现代化经济体系是更高质量、创新引领、全面开放的经济体系。因此，在建设现代化经济体系的过程中必须"激发和保护企业家精神，鼓励更多社会主体投身创新创业。建设知识型、技能型、创新型劳动者大军，弘扬劳模精神和工匠精神，营造劳动光荣的社会风尚和精益求精的敬业风气"①。除此之外，以放眼全球、共商共建、平等互利为特征的开放意识也是建设现代化经济体系所必不可少的，同样需要在全社会范围内培育发扬。

第二，必须在发展社会主义民主政治的过程中增强人民群众的民主法治理念。在当家作主、行使自身合法权利的过程中，人民群众应当更加积极有序地参与到民主选举、民主协商、民主决策、民主管理、民主监督的政治实践当中，充分履行宪法法律赋予的知情权、参与权、表达权、监督权，以自身行动推动决策立法的民主化、科学化。另一方面，深化依法治

---

① 《习近平谈治国理政》第3卷，外文出版社2020年版，第24页。

国也是发展社会主义民主政治的重要内容，在厉行法治的过程中，必须"加大全民普法力度，建设社会主义法治文化，树立宪法法律至上、法律面前人人平等的法治理念"①，消除一切形式的特权思维和徇私企图。

第三，必须在推动社会主义文化繁荣发展的过程中提高人民群众的思想觉悟、道德水准和文明素养。习近平强调"人民有信仰，国家有力量，民族有希望"，繁荣发展社会主义文化要坚持马克思主义在意识形态领域的指导地位，体现人民立场、中国特色和时代精神，为人民群众提供丰富的精神食粮，培育高度的文化自信。为此，要深入挖掘中华优秀传统文化，大力弘扬党领导人民在革命、建设、改革中创造的革命文化和社会主义先进文化，并通过以文化人，培养担当民族复兴重任的时代新人。

第四，必须在加强和创新社会治理的过程中培育自尊自信、理性平和、积极向上的社会心态。其中，自尊自信的心态来自党和国家对人民群众的人身权、财产权、人格权的保护。因为只有切实保护上述三项基本权利，才能使广大人民群众更有尊严地生活，更清楚地意识到自身的价值与目的，而不是自怨自艾、自暴自弃。其次，理性平和的心态来自预防和化解社会矛盾的有效机制。因为只有畅通群众诉求表达渠道、协调各方利益关切、完善多种调节机制，才能将人民内部矛盾化解在基层，促进人与人的和谐相处。再次，积极向上的心态来自共同富裕的扎实推进。因为只有相对均衡地分配发展成果，才能使广大人民群众更加公平地享有人生出彩、梦想成真的机会，才能使他们深切感受到为之付出的一切努力都是有意义的。

第五，必须在建设美丽中国的过程中倡导简约适度、绿色低碳的生活方式。习近平指出，人与自然是生命共同体，要"像保护眼睛一样保护生态环境，像对待生命一样对待生态环境"。建设美丽中国、推进生态文明并非仅仅是相关企业和环保部门的责任，而是"同每个人息息相关，每个

---

① 《习近平谈治国理政》第3卷，外文出版社2020年版，第30页。

人都应该做践行者、推动者"①。具体来说，应当在全社会范围内加强生态文明宣传教育，强化公民环境意识，推广绿色消费。所谓绿色消费，就是与奢侈浪费、过度消费相对的消费方式，它基于人的真实需求，坚持资源充分利用原则，是绿色生活方式的重要内容。例如适度选购、重复使用、分类回收、低碳出行等，都是绿色消费的具体实践形式。总之，只有形成全社会共同参与的良好风尚，美丽中国建设才能真正取得实质性进展。

二、发展动力

马克思主义哲学认为，矛盾是推动事物发展的动力，社会领域也不例外。作为社会基本矛盾，生产力与生产关系、经济基础与上层建筑的矛盾构成了社会领域中一切冲突、对抗和各种社会问题的总根源，对社会历史发展起着根本推动作用。不过，由于社会基本矛盾只能用来分析社会历史发展的总趋势、大方向，因此，在分析某一特定历史阶段的社会发展动力时，我们还必须更为具体地分析这一阶段的社会主要矛盾。社会主要矛盾作为社会基本矛盾在特定历史条件下的集中体现，规定并影响着其他社会矛盾，在社会发展的特定阶段起着主导性的推动作用。习近平的社会发展观正是基于历史唯物主义对社会主要矛盾的重要作用的判断，回答了新时代中国特色社会主义事业发展的动力问题。

（一）新时代我国社会主要矛盾

通过对我国社会主要矛盾的分析来明确我国社会发展的方向和动力，

---

① 《习近平谈治国理政》第 2 卷，外文出版社 2017 年版，第 395、396 页。

是我们党在领导革命、建设、改革的过程中一贯十分重视的工作。例如新民主主义革命时期，毛泽东对于阶级矛盾和民族矛盾交替成为我国社会主要矛盾的经典分析，就为我们党制定正确的路线、方针、政策提供了充分的保证。中华人民共和国成立后，随着社会主义改造的完成，人剥削人的制度已经消灭，阶级矛盾也不再是我国社会的主要矛盾。党的八大提出："我们国内的主要矛盾，已经是人民对于建立先进的工业国的要求同落后的农业国的现实之间的矛盾，已经是人民对于经济文化迅速发展的需要同当前经济文化不能满足人民需要的状况之间的矛盾。"①为了解决这一矛盾，必须大力发展社会生产力。然而，这一判断并没有被很好地坚持下去。基于对国内外形势的错误判断，无产阶级和资产阶级的矛盾、社会主义道路和资本主义道路的矛盾被当作我国社会主要矛盾，政治斗争也随之逐渐升级，并最终阻碍了经济社会的发展。党的十一届三中全会之后，我们党通过深入研究国情世情，重新确认了我国社会的主要矛盾乃是人民日益增长的物质文化需要同落后的社会生产之间的矛盾。因此，"党和国家工作的重点必须转移到以经济建设为中心的社会主义现代化建设上来，大大发展社会生产力，并在这个基础上逐步改善人民的物质文化生活"②。而改革开放以来我国经济社会发展的巨大成就，也证明了这一判断的准确性。

不过，所有正确的认识都有其适用的界限和范围。随着我国经济社会的快速发展，上述形成于改革开放早期的关于我国社会主要矛盾的判断已越来越不适应当前现实。在新的历史条件下，只有科学把握社会主要矛盾的变化，才能更好地推动经济社会发展、实现中华民族伟大复兴。也正是基于这样的考虑，习近平在党的十九大报告中指出："经过长期努力，中

---

① 《中国共产党第八次全国代表大会文件》，人民出版社1956年版，第82页。
② 中共中央文献研究室编：《改革开放三十年重要文献选编》（上），中央文献出版社2008年版，第212页。

国特色社会主义进入了新时代",而新时代的根本标志就在于"社会主要矛盾已经转化为人民日益增长的美好生活需要和不平衡不充分的发展之间的矛盾"①。具体来看,作出这一判断的依据在于以下几点。

第一,人民群众对物质文化生活提出了更高要求。改革开放初期,人民群众的物质文化需要总体上还处在满足基本生存所需的水平,所关注的更多的是"有没有"的问题。例如,被称为"三转一响"的自行车、缝纫机、手表、收音机在当时成为普通百姓所向往的高质量生活的象征。当然,物质文化需要从来都不会原地踏步,而是随着经济社会发展水平的提高不断丰富和扩展。在改革开放40多年后的今天,我国已经稳步解决了十几亿人的温饱问题,彻底告别了物资短缺、供给不足的时代,而这也就决定了人民群众的物质文化需要已经远远超出基本生存所需,指向了舒适、智能、健康的目标,所关注的问题也从"有没有"变为了"好不好"。具体来说,不仅"三转一响"早已过时,电视、冰箱、洗衣机、空调这"四大件"也风光不再,取而代之的是智能设备、私家车、旅游、美食等代表更好生活的新事物。即使是在医疗卫生、教育、住房等传统领域,人民群众的要求也有了显著的提高:在医疗卫生方面,人们不仅要求提高诊疗水平,而且希望以健康的生活方式预防疾病;在教育方面,人们不仅要求孩子掌握知识,而且希望孩子提高综合素质;在住房方面,人们不仅要求有房住,而且希望房子位置好、面积大。所有这些都表明,在全面建成小康社会的历史背景下,人民群众的物质文化需要发生了历史性变化。

第二,人民群众在民主、法治、公平、正义、安全、环境等方面的要求日益增长。如果说改革开放之初,由于基本生存所需还没有得到充分满足,因而"日益增长的物质文化需要"已足以概括人民群众对美好生活的憧憬,那么,在经历了改革开放以来高速的经济发展和深刻的社会变革之

---

① 《习近平谈治国理政》第3卷,外文出版社2020年版,第8、9页。

后，中国人民对于美好生活的界定势必会超出物质和文化的范围，扩展到民主、法治、公平、正义、安全、环境等诸多方面。在当代中国，人们所向往的民主是依法知情、深入参与、畅通表达、有效监督的实际过程，是"人民当家作主"的真正落实；人们所向往的法治，是"法律面前人人平等"的严格执行，是各种以言代法、以权压法、徇私枉法现象的彻底消失；人们所向往的公平，是改革发展成果更为均衡地惠及全体社会成员，是共同富裕的扎实推进；人们所向往的正义，是每一个司法案件的依法处置，是自身各项权利的有效保障和有序行使；人们所向往的安全，既包括人身安全、财产安全等基本需求，也涵盖了食品安全、药品安全、信息安全等日常生活的方方面面。人们所向往的环境，是天蓝、地绿、水清的生产生活空间，是望得见山、看得见水、记得住乡愁的宜人风光，是人与自然和谐共生的美丽中国。总之，人民群众的美好生活需要日益广泛，"安居乐业"被越来越多地赋予了人的全面发展的意蕴。

第三，与人民日益增长的美好生活需要相比，发展还不够平衡。尽管我国社会生产力水平有了显著提高，社会生产力在很多方面进入了世界前列，但是，发展不平衡的问题仍然相当突出，具体表现如下：一是区域发展不平衡。东部地区经济发达、社会治理水平高，中部地区的发展潜力有待释放，西部地区经济相对落后的格局还没有根本改变，东北地区等老工业基地经济转型困难重重。二是城乡发展不平衡。尽管改革开放以来，我国农村面貌发生了翻天覆地的变化，但与城市相比，农村在收入、教育、医疗、消费、基础设施等方面仍然落后，城乡发展差距不断拉大的趋势还没有得到根本扭转。三是经济发展与社会发展不平衡。改革开放以来，经济体制改革取得巨大进展，经济建设成就显著，而政治体制改革、法治建设和社会治理水平并没有相应提高，还不能完全适应社会全面发展的需要。四是物质文明与精神文明不平衡。改革开放以来，人民群众的生活水平显著提高，物质需求得到了基本满足，但文化事业发展相对滞后，还不能充分满足人民群众的精神需求。五是经济建设与生态环境保护不平衡。在相当长的一段时期内，我国经济按照高消耗、高排放、低效率的粗放型方式增长，以生态环境的破坏为代价换来了经济的繁荣，而这样一种发展模式在当下已难以为继。总之，这些发展不平衡的问题像一块块短板，制约了人民日益增长的美好生活需要的满足。

第四，与人民群众日益增长的美好生活需要相比，发展也不够充分。如果说"不平衡"重在从结构的角度谈问题，那么，"不充分"则主要是从质量的角度找不足。就我国经济发展现状来说，发展不充分的问题有如下表现：一是市场发育不充分。政府和市场的关系还没有完全理顺，市场准入方面还存在许多不必要、不公平的限制，行政性垄断、所有制歧视时有发生，部门保护主义和地方保护主义问题依然突出，这些问题限制了市场在资源配置中决定性作用的发挥，阻碍了经济效益的提高。二是自主创新不充分。从总体上看，我国科技创新基础还不牢，自主创新特别是原创力还不强，关键领域核心技术受制于人的格局没有从根本上改变，科技成果转化和产业化的水平也有待提高，创新驱动增长的格局尚未真正形成。三是动能转换不充分。随着信息技术的快速发展，新业态、新模式、新产业不断涌现，与传统产业的融合也在不断加快，但其整体规模和贡献还较为有限，高消耗、高排放、低效率的粗放型经济增长模式还没有彻底退出历史舞台。四是有效供给不充分。近年来，居民消费结构加快升级，但高质量产品和服务的供给却跟不上，无法满足居民个性化、多样化的需求。上述发展不充分的表现虽然集中于经济领域，但也是造成文化事业、公共服务、环境保护等领域发展不充分的重要原因，因而具有全局意义。

综合以上四个方面，我们可以看到，中国特色社会主义事业发生了许多全局性、历史性的变化，党的十九大关于新时代我国社会主要矛盾的判断是对这些变化的准确概括和恰当总结。

（二）通过解决新时代社会主要矛盾推动新发展

如前所述，我们党之所以重视对我国社会主要矛盾的分析，就是为了明确我国社会发展的动力和方向。因此，对中国特色社会主义新时代社会主要矛盾转化的判断，其实已经蕴含着我们党在新的历史方位上推动更高质量、更加全面的新发展的决心。

新发展之所以新，主要有以下几个方面的原因。

首先，它超越了"生产至上论"和"GDP崇拜"。不可否认，历史唯物主义的确认为生产力是衡量社会进步程度和人的发展水平的根本尺度，但这并不意味着我们可以无条件地将生产繁荣、经济增长当作社会发展的唯一目标。改革开放之初，由于人民群众的基本生存所需还没有得到充分满足，因此，将社会主要矛盾的一方界定为"落后的社会生产"，进而倡导"大大发展社会生产力"是有其历史合理性的。但是，这一论断也不可避免地造成了"生产至上"的发展观、"GDP崇拜"的政绩观，造成了忽视精神文明、忽视公平正义、忽视生态环境的消极后果。尽管相比于经济社会发展的巨大成就，这些消极方面只是次要的、局部的，但它们已经越来越严重地限制和阻碍了经济社会的可持续发展。因此，在改革开放40余年后的今天，只有依据现实情况，适时改变对社会主要矛盾中发展状态一方的界定，才能使人们深刻意识到平衡发展、充分发展的极端重要性，进而走出片面发展、低效增长的误区。

当然，终止"落后的社会生产"的提法，并不代表我们改变了对基本国情的判断。习近平强调："必须认识到，我国社会主要矛盾的变化，没有改变我们对我国社会主义所处历史阶段的判断，我国仍处于并将长期处于社会主义初级阶段的基本国情没有变，我国是世界最大发展中国家的国际地位没有变。"① 如果仅仅因为社会生产力水平显著提高、国内生产总值进入世界前列就忘乎所以，对人民群众作兑现不了的承诺，或者盲目自大，承担与自身实力不相符合的国际责任，那么也会给经济社会发展造成负担、带来损害。

其次，它确认了在现有历史条件下推动人的全面发展的可能性。众所周知，人的自由全面发展是马克思主义的社会理想和价值追求。但长期以来，人们普遍认为自由全面发展是共产主义社会才能实现的状态，因而与处在社会主义初级阶段的中国并无关联。但新时代社会主要矛盾对主体需要一方的界定表明，人的全面发展的实现是一个长期、渐进的过程，即使是处在社会主义初级阶段的中国，也可以根据现有条件，朝着推动人的全面发展的方向扎实努力。

再次，它体现了解决社会基本矛盾的新方式。推动社会主义社会发展的，正是生产关系和生产力、上层建筑和经济基础之间总体适应、部分不适应的矛盾运动。新时代社会主要矛盾作为社会基本矛盾在当代中国的集中体现，表明生产关系和生产力、上层建筑和经济基础的矛盾运动有了新特征。在这种情况下，要更好地调动劳动者的积极性以推动生产力的发展，就必须不断调整那些有可能挫伤人们积极性的生产关系，不断完善那些不利于保护经济基础的上层建筑，创造解决社会基本矛盾的新方式。而这也正是全面深化改革、推动新发展的唯物史观依据。

三、发展理念

要推动以人民为中心的新发展，首先要有符合时代要求、体现人民立

---

① 《习近平谈治国理政》第3卷，外文出版社2020年版，第10页。

场的发展理念。之所以如此，是因为"发展理念是否对头，从根本上决定着发展成效乃至成败"，"发展理念是战略性、纲领性、引领性的东西，是发展思路、发展方向、发展着力点的集中体现。发展理念搞对了，目标任务就好定了，政策举措跟着也就好定了"①。在深刻总结国内外发展经验教训、深刻分析国内外发展大势的基础上，习近平提出了创新、协调、绿色、开放、共享的新发展理念，创造性地回答了中国特色社会主义新时代要实现什么样的发展、如何实现发展等重大问题。习近平指出："这五大发展理念相互贯通、相互促进，是具有内在联系的集合体，要统一贯彻，不能顾此失彼，也不能相互替代。哪一个发展理念贯彻不到位，发展进程都会受到影响。"②由此可见，只有统筹全局、协调推进，才能把新发展理念贯彻到位，开创经济社会发展的新境界。

（一）创新发展理念

在习近平的社会发展观中，创新发展理念是指以科技创新为核心并使理论创新、制度创新、文化创新协同推进的发展思路。之所以将创新摆在五大发展理念之首，是因为"创新是引领发展的第一动力"③。在这里需要说明的是，习近平将创新理解为引领发展的第一动力和将社会基本矛盾（及其在特定历史阶段的集中体现即社会主要矛盾）理解为推动发展的根本动力并不冲突，因为这两个命题是在不同的层次上提出的。强调社会基本矛盾是推动发展的根本动力，是从历史观层面上回答人类社会何以不断演进、发展的问题；而强调创新是引领发展的第一动力，则是从现实层面上回答中国经济何以持续健康发展的问题。进而言之，习近平之所以从

---

① 《习近平谈治国理政》第 2 卷，外文出版社 2017 年版，第 197 页。
② 《习近平谈治国理政》第 2 卷，外文出版社 2017 年版，第 200 页。
③ 《习近平谈治国理政》第 2 卷，外文出版社 2017 年版，第 201 页。

经济发展动力的角度强调创新，就是因为目前我国经济发展面临着旧动力不足、新动力缺乏的"瓶颈"。所谓旧动力不足，指的是在发达国家先进技术和其他发展中国家低成本竞争的双重挤压下，依靠劳动力、资源、土地等初级生产要素的投入来驱动经济发展的传统发展模式已难以为继。而新动力缺乏，则是指依靠先进科学技术提高生产要素产出率、构建合理产业体系、实现集约发展的能力尚不充分，国内产业还处在全球价值链的中低端。显然，要破解这一发展"瓶颈"，就必须果断放弃对旧动力的依赖，大力增强新动力。而增强新动力的关键，便是抓住新一轮科技革命和产业变革的重大机遇，提高自主创新能力，把核心技术掌握在自己手中。

众所周知，"科学技术是第一生产力"是历史唯物主义的基本原理，而习近平将创新（特别是科技创新）视为引领发展的第一动力，无疑是对这一原理的创造性运用和创新性发展。纵观人类历史，每一次科技和产业革命都深刻地改变了世界的发展面貌和格局。那些抓住了历史机遇的国家，往往会迎来经济实力、科技实力、军事实力的迅速增长，甚至一跃成为世界强国。而那些错失了科技和产业革命所带来的巨大发展机遇的国家，便只能逐渐落后，甚至被动挨打。以上这些道理，都已经包含在"科学技术是第一生产力"的命题之中。但这一命题无法充分解释的新的事实是，新一轮科技和产业革命正在以指数级而非线性速度展开，"其主要特点是重大颠覆性技术不断涌现，科技成果转化速度加快，产业组织形式和产业链条更具垄断性"[①]，也就是说，新一轮科技和产业革命将给经济社会发展带来更直接、更迅速、更深刻的影响。面对这一轮科技和产业革命，我们只有意识到科技创新作为引领发展的第一动力的极端重要性，在大数据、云计算、物联网、机器人、人工智能、虚拟现实、新材料、生物科技等方面加大投入、完善布局、培育产业，才有可能抓住"弯道超车"的机

---

① 《习近平谈治国理政》第 2 卷，外文出版社 2017 年版，第 203 页。

会，在全球经济竞争中处于有利地位。更为重要的是，经过多年努力，我国科技整体水平已有了明显提升，一些重要领域还跻身世界先进行列，这为我们抓住当前历史机遇提供了可能。只要我们充分利用科技创新成果，积极转变经济增长方式、促进产业结构调整、培育战略性新兴产业，就一定能使我国经济实现持续健康发展，完成从经济大国向经济强国的跃进。

当然，科技创新不可能孤立地进行，它需要理论创新、制度创新、文化创新的保障和支持。这里所谓的理论创新，从广义上说，是指当代中国思想理论的各个领域都必须在马克思主义的指导下不断解放思想，"紧密跟踪亿万人民的创造性实践，借鉴吸收人类一切优秀文明成果，不断回答时代和实践给我们提出的新的重大课题"[1]；而从狭义上说，则是指基础科学领域研究必须具有全球视野、把握时代脉搏，立足国内现有条件和国家战略需求，勇于挑战最前沿的科学问题，提出更多原创理论，作出更多原创发现，用创新理论引领科技创新实践。同样地，这里所谓的制度创新也有广义和狭义之分。广义的制度创新与全面深化改革相关，意在不断"完善和发展中国特色社会主义制度，推进国家治理体系和治理能力现代化"[2]。而狭义的制度创新则特指科技管理、运行体制的深刻变革，具体包括建设高水平科技智库、推进重大科技决策制度化、完善符合科技创新规律的资源配置方式和科研经费管理方式、改革科技成果评价制度和科技人才晋升制度等。这里所谓的文化创新同样也可以作如是理解。广义的文化创新是相对于中国传统文化而言的，意在"使中华民族最基本的文化基因与当代文化相适应、与现代社会相协调，以人们喜闻乐见、具有广泛参与性的方式推广开来"[3]。而狭义的文化创新既包括通过普及科学知识，在全社会形成讲科学、爱科学、学科学、用科学的良好氛围，也包括激发全民

---

① 《习近平谈治国理政》第 3 卷，外文出版社 2020 年版，第 184 页。
② 《习近平谈治国理政》第 1 卷，外文出版社 2018 年版，第 90 页。
③ 《习近平谈治国理政》第 1 卷，外文出版社 2018 年版，第 161 页。

创新创业热情，营造有利于大众创业、万众创新的强大舆论和社会风尚。

科技创新、理论创新、制度创新、文化创新协同推进创新发展，而创新发展本身又体现于协调发展、绿色发展、开放发展、共享发展之中。也就是说，其余四大发展理念的贯彻都离不开创新（特别是科技创新）的引领作用，都需要在创新中释放发展活力。例如，协调发展既需要创新调控思路和政策工具，推动形成区域协同、城乡一体、经济和社会共进、物质文明和精神文明并重、经济建设和国防建设融合的发展格局，也需要立足科技创新，促进新型工业化、工业信息化、新型城镇化和农业现代化，提升发展的整体效能。又如，绿色发展既需要创新环保管理体制、树立"绿水青山就是金山银山"的生态理念、推广绿色低碳的生活方式，也需要依靠科技创新，在生态修复、生物多样性保护、全球变暖、碳循环机理、可再生能源等方面加强研究、深化认识，为人与自然和谐共生提供可靠保障。再如，开放发展既需要创新对外交往方式，通过"一带一路"国际合作形成利益深度融合的合作格局，也需要紧紧抓住科技创新能力这一决定经济全球化利益分配格局的主导因素，在更高水平上开展国际经济和科技创新合作，增强参与全球科技、金融、贸易规则制定的实力和能力。最后，共享发展既需要创新收入分配和社会保障制度，扎实推动共同富裕，也需要在科技创新方面聚焦重大疾病防控、食品药品安全、人口老龄化等重大民生问题，逐步消除不同阶层、不同地区之间的数字鸿沟，努力实现优质文化教育资源的均等化。

（二）协调发展理念

在习近平的社会发展观中，协调发展理念是指统筹兼顾经济社会发展的各个方面、注重增强发展的整体性、均衡性的发展思路。协调发展之所以重要，是由于"我国发展不协调是一个长期存在的问题，突出表现在区域、城乡、经济和社会、物质文明和精神文明、经济建设和国防建设等关系上"①。不可否认，在社会历史领域中并没有绝对平均的发展，有主有次、有快有慢是发展的常态。但是，如果各方面发展的差距超过一定限度，就会激化矛盾，阻碍整体的持续健康发展。至于这个限度究竟在哪里，则要具体分析。一般来说，在经济发展水平落后的情况下，一段时间的主要任务是要跑得快，只要经济增长足够迅速，人们对于发展差距的容忍程度就会比较高。但是，当经济发展已达到一定水平、且粗放型快速增长难以为继的时候，"就要注意调整关系，注重发展的整体效能，否则'木桶效应'就会愈加显现，一系列社会矛盾会不断加深"②。

在论证协调发展的必要性的基础上，习近平还进一步分析了协调发展在当前形势下所具有的一系列新特点：首先，"协调既是发展手段又是发展目标，同时还是评价发展的标准和尺度"③。这表明，协调发展的理念尽管早已提出，但直到现在才真正进入全面贯彻落实的阶段，这对摒弃片面政绩观、推动经济社会高质量发展将产生积极而深刻的影响。其次，"协调是发展两点论和重点论的统一"④。协调发展固然要着力破解难题、补齐短板，但这并不意味着可以忽视或牺牲原有的发展优势，相反，只有原先优势也得到巩固和厚植，做到两方面相辅相成、相得益彰，才能实现高水平发展。再次，"协调是发展平衡和不平衡的统一"。在事物发展特别是经济社会发展的过程中，平衡只能是相对的均衡，而不可能是绝对的平均。复次，"协调是发展短板和潜力的统一"⑤。必须明确，发展中的短板并不一定是负担、累赘，也有可能成为新发展潜力得以释放的增长点。之所以

① 《习近平谈治国理政》第 2 卷，外文出版社 2017 年版，第 198 页。
② 《习近平谈治国理政》第 2 卷，外文出版社 2017 年版，第 198 页。
③ 《习近平谈治国理政》第 2 卷，外文出版社 2017 年版，第 205 页。
④ 《习近平谈治国理政》第 2 卷，外文出版社 2017 年版，第 206 页。
⑤ 《习近平谈治国理政》第 2 卷，外文出版社 2017 年版，第 206 页。

如此，是因为相对落后的地区、行业、领域更有可能发挥后发优势，实现发展方式和发展动力的更新、提质。

要逐步解决我国发展中不平衡、不协调、不可持续的突出问题，必须从以下几个方面持续发力。

第一，针对区域发展不协调问题，要发挥各地区比较优势，促进生产力布局优化。尽管我国各地区在经济社会发展水平上有着明显差异，但并不能说发达地区没有发展短板，欠发达地区没有发展优势。特别是在科技创新引领发展的大背景下，原有优势能否延续、原有短板能否补齐，都面临着新的机遇和挑战。因此，各地区只有在科技创新的过程中充分发挥自身优势、强化彼此协同，才能创造最大的发展合力。

第二，针对城乡发展不协调问题，要坚持工业反哺农业、城市支持乡村的方针，加快推进城乡一体化发展。习近平指出，破解城乡二元结构、推进城乡要素平等交换和公共资源均衡配置，既是让广大农民平等参与改革发展进程、共同享受改革发展成果的关键举措，也是为农村发展注入新的动力、促进我国经济持续发展的重要手段。而随着我国经济实力和综合国力的显著增强，也已经具备了支撑城乡一体化发展的物质技术条件。在新发展阶段，"要把工业和农业、城市和乡村作为一个整体统筹谋划，促进城乡在规划布局、要素配置、产业发展、公共服务、生态保护等方面相互融合和共同发展。"[①] 只有这样，才能不断缩小城乡发展差距。

第三，针对经济和社会发展不协调的问题，要提高保障和改善民生水平，加强和创新社会治理。社会事业的发展和民生的改善是经济持续健康发展的重要保障，也是实现群众切身利益的直接途径。习近平指出，加

---

① 《习近平在中共中央政治局第二十二次集体学习时强调　健全城乡发展一体化体制机制让广大农民共享改革发展成果》，《人民日报》2015 年 5 月 2 日第 1 版。

强以民生为重点的社会建设，要做好以下几方面工作：一是优先发展教育事业，建设教育强国；二是提高就业质量和人民收入水平，缩小收入分配差距；三是加强社会保障体系建设，守住民生底线；四是坚决打赢脱贫攻坚战，解决绝对贫困问题；五是实施健康中国战略，维护人民群众生命健康；六是打造共建共治共享的社会治理格局，正确处理人民内部矛盾；七是有效维护国家安全，提高防范和抵御安全风险能力①。

第四，针对物质文明和精神文明发展不协调的问题，要培育和践行社会主义核心价值观，繁荣发展社会主义文化。习近平指出，要深入发掘中华优秀传统文化和革命文化的时代价值，发扬中国人民在长期奋斗中培育、形成的一系列伟大精神，提高人民群众的思想觉悟、道德水准和文明素养；要提升公共文化服务水平、健全现代文化产业体系，为人民群众提供丰富的精神食粮，用优秀的文化产品振奋人心、鼓舞士气；要推进国际传播能力建设，讲好中国故事，提高国家文化软实力。

第五，针对经济建设和国防建设不协调的问题，要坚持富国和强军相统一的原则，加快形成军民融合发展格局。尽管国防建设要耗费大量的财政支出，但它与经济建设并不是此消彼长的对立关系，相反，二者在科技、人才、教育等方面的融合发展能够对双方都起到支撑拉动作用。习近平指出，"要发挥我国社会主义制度能够集中力量办大事的政治优势，坚持国家主导和市场运作相统一，综合运用规划引导、体制创新、政策扶持、法治保障以及市场化等手段，最大程度凝聚军民融合发展合力"②。特别是在海洋、太空、网络、生物、新能源、新材料等军民共用性比较突出的领域，尤其要依托科技创新，拓展军民融合发展的新空间，实现经济建设和国防建设综合效益的最大化。

---

① 参见《习近平谈治国理政》第 3 卷，外文出版社 2020 年版，第 35—39 页。
② 《习近平谈治国理政》第 2 卷，外文出版社 2017 年版，第 413 页。

（三）绿色发展理念

在习近平的社会发展观中，绿色发展理念是指在生态环境容量和资源承载力的范围内，实现经济社会发展和生态环境保护协调统一、人与自然和谐共生的发展思路。这一思路表明，绿色发展既不是只有"发展"没有"绿色"的粗放型增长，也不是只有"绿色"没有"发展"的田园牧歌式的幻想，而是在"绿色"中推进"发展"、在"发展"中涵养"绿色"的过程。习近平指出，绿色发展之所以必要，是由于"我国资源约束趋紧、环境污染严重、生态系统退化的问题十分严峻，人民群众对清新空气、干净饮水、安全食品、优美环境的要求越来越强烈"[1]，二者之间形成了突出的矛盾；而绿色发展之所以可能，则是由于绿色、循环、低碳已经成为当今时代科技革命和产业变革的方向，对于亟待转变增长方式的中国经济而言，意味着新的、巨大的增长点。总之，我们已经到了必须解决人与自然和谐共生问题，也有能力解决好这一问题的时候。在倡导、推动绿色发展的过程中，习近平创造性地发展了历史唯物主义原理，提出了两个体现新时代精神的重要命题。

第一，"保护生态环境就是保护生产力、改善生态环境就是发展生产力"[2]。历史唯物主义认为，生产力是由劳动者、劳动资料和劳动对象三大基本要素构成的有机系统，生产力的发展既需要不断追求美好生活因而具有生产积极性的劳动者，也需要不断改进的劳动资料（特别是生产工具），还需要丰富而充足的劳动对象，上述任何条件的缺乏，都会造成生产力的停滞甚至倒退。这样看来，保护和改善生态环境之所以具有保护和发展生产力的意义，就是由于良好的生态环境有利于生产力三大基本要素更好地

---

① 《习近平谈治国理政》第 2 卷，外文出版社 2017 年版，第 198—199 页。
② 《习近平谈治国理政》第 1 卷，外文出版社 2018 年版，第 209 页。

发挥作用。试想，如果生态失衡、环境破坏已经威胁到人们的基本生存，那么劳动者必然无暇追求更丰富、更高层次的美好生活，更不要说改进劳动资料。同样地，如果自然资源匮乏到无法提供充足的劳动对象，那么生产力的发展也无从谈起。反过来说，人与自然和谐共生的状态既有利于劳动者身心舒畅，以充分的积极性参与生产、改进工具，也有利于自然资源的永续利用、深层开发。总之，生产力的持续健康发展离不开必要的自然生态前提，而以破坏生态环境为代价发展生产力的做法是短视的、不可持续的。

第二，"绿水青山就是金山银山"①。这一命题延续上一命题的思路，进一步揭示了经济发展与生态环境保护之间相互促进、协同共生的关系。在理解这一命题时，我们应当看到，绿水青山并不直接就是金山银山。在工业化早期，绿水青山甚至一度是落后、贫困的象征。但是，随着工业化程度的提高，绿水青山逐渐具有了休闲、审美和养生的意义，成为与"水泥森林"互为补充的现代文明的一部分。也正是由于依托于工业化及其创造的巨大财富，绿水青山才具有了转化为金山银山的可能。具体来说，绿水青山能够作为生态功能区获得政府的财政支持，因而是一种自然财富；绿水青山适宜发展生态农业、生态旅游，因而也是一种生态财富；绿水青山有利于吸引高科技人才和以高新技术为核心的现代产业，因而还是一种社会财富。总之，绿水青山在今天已然成为一种自然财富、生态财富和社会财富。对于那些保留着绿水青山的地区来说，不必再追随简单、粗放的工业化；而对于那些失去了绿水青山的地区来说，则有必要在资源节约、污染治理和生态保护方面作出更大努力。

基于上述两个重要命题，习近平提出并阐发了新时代推进绿色发展必须坚持的几个原则：一是树立人与自然和谐共生的观念。"大自然是

---

① 《习近平谈治国理政》第2卷，外文出版社2017年版，第209页。

人类赖以生存发展的基本条件。尊重自然、顺应自然、保护自然，是全面建设社会主义现代化国家的内在要求。"① 人与自然和谐共生体现的是发展问题上的大局观、长远观、整体观，只有全社会普遍接受这一观念，绿色发展才有扎实推进的可能。二是推动形成绿色发展方式和生活方式。习近平指出生态环境问题归根结底是发展方式和生活方式问题，要从根本上解决生态环境问题，就必须依靠科技创新，变高能耗、高排放的粗放增长模式为集约、低碳、循环的绿色发展方式；必须加强宣传教育，变奢侈、攀比、浪费的片面物欲满足为节俭、适度、健康的绿色生活方式。三是动员全体人民自觉行动。由于生态环境问题的危害具有广泛性、连带性，没有任何人能够独善其身，因此，必须将生态文明当作全体社会成员共同参与、共同建设、共同享有的事业，从人民群众中汲取建设"美丽中国"的智慧和力量。包括上述绿色发展方式和生活方式，也只有在全社会的共同关注和实际行动中才能真正实现。四是统筹兼顾、整体施策、多措并举。习近平指出："生态是统一的自然系统，是相互依存、紧密联系的有机链条。人的命脉在田，田的命脉在水，水的命脉在山，山的命脉在土，土的命脉在林和草，这个生命共同体是人类生存发展的物质基础。"② 这要求我们在推进绿色发展时必须从系统和全局的角度寻求保护、治理之道，算整体账、算长远账、算综合账，全方位、全地域、全过程开展生态文明建设，而不是头痛医头、脚痛医脚，各管一摊、相互掣肘。五是加强国际合作。面对生态环境危机，人类是一荣俱荣、一损俱损的命运共同体，各国只有携手合作、并肩同行，才能建设好共同的美丽家园。

---

① 习近平：《高举中国特色社会主义伟大旗帜　为全面建设社会主义现代化国家而团结奋斗——在中国共产党第二十次全国代表大会上的报告》，《人民日报》2022 年 10 月 26 日第 1 版。

② 《习近平谈治国理政》第 3 卷，外文出版社 2020 年版，第 363 页。

（四）开放发展理念

在习近平的社会发展观中，开放发展理念并不是对外开放基本国策的简单重申，而是着力提高对外开放质量、增强经济内外联动的发展思路。我们知道，改革开放 40 多年积累的成功经验中的重要一条，便是"开放带来进步，封闭必然落后"[①]。因此，在当今中国，问题已不再是要不要对外开放，而是如何"依托我国超大规模市场优势，以国内大循环吸引全球资源要素，增强国内国际两个市场两种资源联动效应，提升贸易投资合作质量和水平"[②]。为了弥补短板、应对挑战，我国必须在开放发展理念的引领下，着力形成对外开放的新格局、新体制。

习近平指出，开放发展理念的提出、贯彻和落实都离不开经济全球化这一时代背景。尽管 2008 年国际金融危机爆发以来，单边主义、贸易保护主义等逆全球化暗流不时涌动，但经济全球化作为"社会生产力发展的客观要求和科技进步的必然结果"[③]，仍然是历史大势，必将进一步促进贸易繁荣、投资便利、人员流动、技术发展。但是，我们也必须看到，逆全球化思潮抬头反映了经济全球化进程中的利益分配格局还存在诸多不足，需要各国"加强协调、完善治理，推动建设一个开放、包容、普惠、平衡、共赢的经济全球化"[④]。由此可见，我国的开放发展应当具有坚定支持经济全球化和推动经济全球化健康发展的意义，而目前的国际国内形势总体上也有利于我国发挥这样的作用：首先，尽管西方发达国家主导世界政治经济秩序的现状没有根本改变，但新兴市场国家和发展中国家的群体性崛

---

① 《习近平谈治国理政》第 3 卷，外文出版社 2020 年版，第 187 页。

② 习近平：《高举中国特色社会主义伟大旗帜　为全面建设社会主义现代化国家而团结奋斗——在中国共产党第二十次全国代表大会上的报告》，《人民日报》2022 年 10 月 26 日第 1 版。

③ 《习近平谈治国理政》第 2 卷，外文出版社 2017 年版，第 477 页。

④ 《习近平谈治国理政》第 2 卷，外文出版社 2017 年版，第 543 页。

起正在改变全球政治经济版图，推动着世界多极化和国际关系民主化；其次，尽管世界经济还没有找到全面复苏的新引擎，不确定因素、消极因素还大量存在，但各国经济已逐渐走出国际金融危机阴影；再次，尽管我国经济大而不强的问题依然突出，但我国在世界经济和全球治理中的分量迅速上升，成为影响世界政治经济版图变化的一个主要因素；最后，尽管我国对外投资的水平、质量还有待提高，但对外投资与引进外资日趋均衡，这表明我国的对外开放已逐渐摆脱了片面依赖外商投资的阶段①。基于上述国际国内形势，我们应当进一步坚定信心、防范风险，从以下几个方面着手提高对外开放的质量和水平。

第一，继续扩大市场开放。习近平指出："中国有近 14 亿人口，中等收入群体规模全球最大，市场规模巨大、潜力巨大，前景不可限量。"②持续扩大开放的中国市场不仅将为国内居民消费提供更多选择，更好满足人民日益增长的美好生活需要，而且也将倒逼国内企业降低成本、改进工艺、创新技术，提升产业竞争力，同时还将为世界经济增长扩大空间，实现互利共赢。扩大市场开放的具体举措包括：一方面，进一步放宽市场准入，减少外商资本在投资领域、持股比例等方面的限制，提升投资自由化水平；另一方面，进一步降低关税，削减进口环节制度性成本，扩大对各国高质量产品和服务的进口。

第二，继续优化营商环境。营商环境是企业生存发展的土壤，没有良好的营商环境，经济活动就不可能顺利开展。习近平指出，"过去，中国吸引外资主要靠优惠政策，现在要更多靠改善投资环境"③。这表明，外资在华享受的超国民待遇正在逐渐消失，取而代之的是更加市场化、法制化、国际化的营商环境，这不仅有利于吸引更高质量的外商投资，也有利

---

① 参见《习近平谈治国理政》第 2 卷，外文出版社 2017 年版，第 212—213 页。

② 《习近平谈治国理政》第 3 卷，外文出版社 2020 年版，第 211 页。

③ 《习近平谈治国理政》第 3 卷，外文出版社 2020 年版，第 195 页。

于国内企业特别是拥有自主知识产权的创新型企业的发展壮大。优化营商环境的具体举措包括：进一步完善涉外法律体系，对在境内注册的各类企业一视同仁、平等对待；加强知识产权保护，提高知识产权违法成本；鼓励良性竞争，反对垄断；等等。

第三，继续完善开放格局。习近平指出："中国对外开放是全方位、全领域的，正在加快推动形成全面开放新格局。"[1] 从区域布局来看，要按照协调发展的理念，加大西部开放力度，推动京津冀协同发展、长江经济带发展、长三角区域一体化发展、粤港澳大湾区建设、黄河流域生态保护和高质量发展，形成陆海内外联动、东西双向互济的状态；从对外贸易布局来看，要鼓励自由贸易区大胆试、大胆闯，赋予其更大的改革自主权，同时加快推进海南自由贸易港建设，打造对外开放新高地；从投资布局来看，要坚持"引进来"和"走出去"并重的原则，创新对外投资方式，切实保障对外投资安全。

第四，继续推动全球经济治理完善化。中国的开放发展，离不开公正合理的全球经济治理体系。作为国际合作的倡导者和多边主义的支持者，中国坚定维护世界贸易组织规则，主张增强多边贸易体制的权威性和有效性；而作为最大的新兴市场国家和发展中国家，中国支持对世界贸易组织进行必要改革，提升发展中国家的话语权。这一立场决定了中国将进一步深化同各国的多边或双边合作，支持亚太经合组织、上海合作组织、金砖国家等机制发挥更大作用。特别是随着"一带一路"建设的扎实推进，中国同沿线国家的投资和贸易合作正在不断加强，这将为完善全球经济治理提供新的契机。

第五，继续深化人文交流。习近平指出："国之交在于民相亲。只有深耕厚植，友谊和合作之树才能枝繁叶茂。"[2] 开放发展并不是单纯的经贸

---

① 《习近平谈治国理政》第 3 卷，外文出版社 2020 年版，第 211 页。

② 《习近平谈治国理政》第 2 卷，外文出版社 2017 年版，第 493 页。

合作，而是全方位的内外联动。其中，深入的人文交流将为经贸合作提供巩固的民意基础和社会基础。深化人文交流的具体举措包括：在尊重各国文化历史、风俗习惯的前提下，推动教育、影视、卫生、体育、旅游等领域合作，加强青少年、民间团体、地方、媒体各界交流，消除隔阂误会、促进民心相知相通。此外，还要着力提高对外宣传水平，更为全面地展示中华文化魅力、介绍我国对外方针政策，讲好中国故事，传播好中国声音。

（五）共享发展理念

在习近平的社会发展观中，共享发展理念是指注重让广大人民群众公平享有改革发展成果、逐步实现共同富裕的发展思路。共享发展之所以必要，是因为"在我国现有发展水平上，社会上还存在大量有违公平正义的现象"①，较大的收入差距和城乡区域公共服务水平差距在一定程度上挫伤了人民群众干事创业的积极性、主动性、创造性，妨碍着社会的和谐稳定和经济的可持续发展。要解决发展中的公平正义问题，从主体的方面增强发展动力，就必须牢固坚持人民主体地位，真正做到"发展为了人民、发展依靠人民、发展成果由人民共享"②。从历史唯物主义的角度看，共享发展理念遵循"人民是推动发展的根本力量"这一基本原理，集中体现了社会主义的本质要求、中国特色社会主义的制度优势，以及中国共产党全心全意为人民服务的根本宗旨。即使从经济学的角度看，共享发展也同样具有充分的合理性，因为"高质量发展需要高素质劳动者，只有促进共同富

① 《习近平谈治国理政》第 1 卷，外文出版社 2018 年版，第 95 页。
② 习近平：《高举中国特色社会主义伟大旗帜 为全面建设社会主义现代化国家而团结奋斗——在中国共产党第二十次全国代表大会上的报告》，《人民日报》2022 年 10 月 26 日第 1 版。

裕，提高城乡居民收入，提升人力资本，才能提高全要素生产率，夯实高质量发展的动力基础"①。

共享发展本质上是"共享"与"发展"相互促进的状态，而不是牺牲经济发展、片面追求公平正义的做法。习近平指出："落实共享发展理念，……归结起来就是两个层面的事。一是充分调动人民群众的积极性、主动性、创造性，举全民之力推进中国特色社会主义事业，不断把'蛋糕'做大。二是把不断做大的'蛋糕'分好，让社会主义制度的优越性得到更充分体现，让人民群众有更多获得感。"② 由此可见，"做大蛋糕"和"分好蛋糕"是共享发展的两个基本内涵，二者互为前提：不"做大蛋糕"，就没有保障和改善民生的物质基础；不"分好蛋糕"，就没有经济持续健康发展的群众基础。如果一定要对二者进行主次上的区分，那么"做大蛋糕"无疑具有更重要的意义。这是因为，"发展是解决我国一切问题的基础和关键"③，社会公平正义问题由发展而生，也只能在进一步的发展中通过制度安排、法律规范、政策支持逐步得到解决。在发展的基础上推进共享，需要坚持以下四个原则。

一是全民共享。这一原则表明，共享发展的覆盖面是全体社会成员，要做到人人享有、各得其所，而不是少数人共享、一部分人共享。推进全民共享，一方面要贯彻协调发展理念，增强区域发展的平衡性，强化行业发展的协调性，提高对中小企业的包容性；另一方面要正确处理效率和公平的关系，构建初次分配、再分配、三次分配协调配套的收入分配体系。当然，推进全民共享，最艰巨最繁重的任务仍然在农村。习近平指出，要在脱贫攻坚的基础上，全面推进乡村振兴，加快农业产业化，改善农村人居环境，让广大农民平等参与现代化进程，共同分享现代化成果。只有从

---

① 习近平：《扎实推动共同富裕》，《求是》2021年第20期。
② 《习近平谈治国理政》第2卷，外文出版社2017年版，第216页。
③ 《习近平谈治国理政》第3卷，外文出版社2020年版，第17页。

多方面综合施策，才能有效缩小收入分配差距，避免出现"富者累巨万，而贫者食糟糠"的现象。

二是全面共享。这一原则表明，共享发展致力于全面保障人民群众的合法权益，其内容涵盖了经济、政治、文化、社会、生态等各个方面。不可否认，经济方面的收入分配制度改革是共享发展的首要内容，但民主政治的发展、文化强国的建设、人民生活的改善、生态文明建设也都在共同促进着人的全面发展，保障着社会公平正义的全面实现。其中，习近平尤为重视基本公共服务的均等化和人民精神生活的共同富裕。就前者来说，应重点关注低收入群体、贫困地区、农村地区、进城务工人员在义务教育、就业服务、社会保障、基本医疗和公共卫生、公共文化、环境保护等方面的需要的满足，解决好这部分群众最关心最直接最现实的利益问题。关于后者，习近平指出：必须"发展公共文化事业，完善公共文化服务体系，不断满足人民群众多样化、多层次、多方面的精神文化需求。"①

三是共建共享。这一原则表明，在共享发展的实现过程中，"共建"是"共享"的前提，是全体社会成员的责任；"共享"是"共建"的目的，是全体社会成员的权利。习近平指出："共建才能共享，共建的过程也是共享的过程。要充分发扬民主，广泛汇聚民智，最大激发民力，形成人人参与、人人尽力、人人都有成就感的生动局面。"② 或者从个人的角度看，幸福生活都是奋斗出来的，虽然来自外部的帮扶能够解决一时的困难，但只有勤劳创新才能形成持续发展的内生动力。在落实共建共享原则的过程中，党和政府要"为人民提高受教育程度、增强发展能力创造更加普惠公平的条件，提升全社会人力资本和专业技能，提高就业创业能力，增强致富本领"，也要"防止社会阶层固化，畅通向上流动通道，给更多人创造

---

① 习近平：《扎实推动共同富裕》，《求是》2021年第20期。
② 《习近平谈治国理政》第2卷，外文出版社2017年版，第215—216页。

致富机会，形成人人参与的发展环境”①。

四是渐进共享。这一原则表明，共享发展有一个从低级到高级、从不均衡到均衡的过程，即使达到很高的水平也仍然会有富裕程度的差别，任何一蹴而就、齐头并进、平均主义的想法都是对共享发展的不当理解。相反，只有立足社会主义初级阶段这一基本国情和经济社会发展的状况来思考、设计共享政策，才能积小胜为大胜，扎实推动全体人民的共同富裕。习近平指出，“我们要立足国情，立足经济社会发展水平来思考设计共享政策，既不裹足不前、铢施两较、该花的钱也不花，也不好高骛远、寅吃卯粮、口惠而实不至”②。特别是后一方面，一些发展中国家落入的“福利主义陷阱”已经为我们提供了深刻的教训。因此，推动共享发展和共同富裕必须尽力而为、量力而行，“把保障和改善民生建立在经济发展和财力可持续的基础之上，……政府不能什么都包，重点是加强基础性、普惠性、兜底性民生保障建设”③。

四、发展战略

解决发展不平衡、不充分问题，除了要有全局性、纲领性的发展理念外，还要有更为具体、更有针对性的发展战略。在党的十九大报告中，习近平将我国当前必须坚定实施的发展战略概括为科教兴国、人才强国、创新驱动发展、乡村振兴、区域协调发展、可持续发展、军民融合发展七个方面④。不难发现，上述七大发展战略并不是与五大发展理念毫不相干

---

① 习近平：《扎实推动共同富裕》，《求是》2021 年第 20 期。
② 《习近平谈治国理政》第 2 卷，外文出版社 2017 年版，第 216 页。
③ 习近平：《扎实推动共同富裕》，《求是》2021 年第 20 期。
④ 参见《习近平谈治国理政》第 3 卷，外文出版社 2020 年版，第 22 页。

的另一套理论表述，而恰恰是五大发展理念的具体展开。其中，科教兴国战略、人才强国战略、创新驱动发展战略与创新发展理念紧密相关，乡村振兴战略、区域协调发展战略、军民融合发展战略是协调发展理念的题中之意，而可持续发展战略则是绿色发展理念的落实。七大发展战略的提出，体现了"抓重点、补短板、强弱项"的战略思维，必将推动新时代中国特色社会主义事业的更好发展。

（一）科教兴国战略

科教兴国战略的基本内容是，优先发展科技和教育事业，更多依靠科技进步和提高劳动者素质来推动经济社会发展，从而实现国家的繁荣兴盛。尽管这一发展战略早在 20 多年前就已经被正式提出，但时至今日仍然有着重大的现实意义，并构成了习近平社会发展观的重要内容。

关于教育在经济社会发展中的重要作用，习近平很早就有明确的认识。例如，他在福建工作期间就曾经指出："经济靠科技，科技靠人才，人才靠教育。教育发达—科技进步—经济振兴是一个相辅相成、循序递进的统一过程，其基础在于教育。"[①]这一论述表明，一方面，良好的教育可以为经济社会发展提供强有力的人才支撑。谁能培养更多优秀人才，谁就能赢得经济社会发展的战略优势，谁就能在国际竞争中占据有利地位。当然，这里所说的人才并不特指科技创新方面的拔尖人才，而是包括广大高素质劳动者在内的人才大军。另一方面，良好的教育也可以为经济社会发展提供源源不断的创新动力。习近平指出："纵观人类发展历史，创新始终是一个国家、一个民族发展的重要力量，也始终是推动人类社会进步的

① 习近平：《摆脱贫困》，福建人民出版社 1992 年版，第 129 页。

重要力量。不创新不行，创新慢了也不行。"① 只有把教育摆在优先发展的战略位置，才能培养出堪当创新重任的高素质人才队伍，才能依靠科技创新转变经济增长方式，实现经济持续、健康发展。

为了更好地发挥教育在促进经济社会发展中的作用，习近平强调，要加快建设高质量的教育体系：在义务教育方面，要"优化区域教育资源配置，强化学前教育、特殊教育普惠发展，坚持高中阶段学校多样化发展，完善覆盖全学段学生资助体系"；在义务教育以上，要"统筹职业教育、高等教育、继续教育协同创新，推进职普融通、产教融合、科教融汇，优化职业教育类型定位"，特别是要"加强基础学科、新兴学科、交叉学科建设，加快建设中国特色、世界一流的大学和优势学科"；在学历教育以外，还要"推进教育数字化，建设全民终身学习的学习型社会、学习型大国"②。

与教育相比，科技对经济社会发展的推动作用无疑更为直接，也更为显著。经过改革开放 40 余年的努力，我国经济总量已位居世界第二。但是，部分经济领域大而不强、大而不优的问题仍然突出，长期以来主要依靠资源、资本、劳动力等要素投入支撑经济增长和规模扩张的方式已不可持续，迫切需要依靠更多更好的科技创新为经济发展注入新动力。因此，在当代中国，科学技术已不仅仅是"第一生产力"，更成为经济发展内生动力和持久活力的源泉。只有依靠科技创新，才能建设现代产业体系，培育战略性新兴产业，真正提高我国经济发展的质量和效益。此外，由于 21 世纪以来全球科技创新进入空前密集活跃时期，新一轮科技革命和产业变革正在重构全球经济版图，因此，能否在重要科技领域跻身世界先进

---

① 《习近平谈治国理政》第 2 卷，外文出版社 2017 年版，第 267 页。

② 习近平：《高举中国特色社会主义伟大旗帜　为全面建设社会主义现代化国家而团结奋斗——在中国共产党第二十次全国代表大会上的报告》，《人民日报》2022 年 10 月 26 日第 1 版。

行列，也直接关系到我国产业和产品在全球范围内的竞争力。

为了更好发挥科技服务经济社会发展的功能，习近平指出："要把握数字化、网络化、智能化融合发展的契机，以信息化、智能化为杠杆培育新动能。要突出先导性和支柱性，优先培育和大力发展一批战略性新兴产业集群，构建产业体系新支柱。要推进互联网、大数据、人工智能同实体经济深度融合，做大做强数字经济。要以智能制造为主攻方向推动产业技术变革和优化升级，推动制造业产业模式和企业形态根本性转变，以'鼎新'带动'革故'，以增量带动存量，促进我国产业迈向全球价值链中高端。"①除此之外，在乡村振兴、农业现代化、生态恢复治理、生物多样性保护、重大疾病防控、食品药品安全等事关协调发展、绿色发展和共享发展的领域，科技创新也大有可为。习近平强调，"广大科技工作者要把论文写在祖国的大地上，把科技成果应用在实现现代化的伟大事业中"②。科技事业只有以人才、智力优势主动服务经济社会发展，科教兴国战略才能真正实现其意义。

（二）人才强国战略

人才强国战略的基本内容是，把人才作为推进中国特色社会主义事业发展的关键因素，努力造就一大批高素质劳动者、专门人才和拔尖创新人才，建设规模宏大、结构合理、素质优良的人才队伍，形成人人渴望成才、人人努力成才、人人皆可成才、人人尽展其才的良好局面，把我国由人口大国转化为人才强国。习近平指出："人才是实现民族振兴、赢得国际竞争主动的战略资源"③，只有"坚持尊重劳动、尊重知识、尊重人才、

---

① 《习近平谈治国理政》第 3 卷，外文出版社 2020 年版，第 247 页。
② 《习近平谈治国理政》第 2 卷，外文出版社 2017 年版，第 270 页。
③ 《习近平谈治国理政》第 3 卷，外文出版社 2020 年版，第 50 页。

尊重创造"，"真心爱才、悉心育才、倾心引才、精心用才，求贤若渴，不拘一格"①，才能把党内和党外、国内和国外各方面优秀人才集聚到党和人民的伟大奋斗中来，让各类人才的创造活力竞相迸发、聪明才智充分涌流。

在人才强国战略的实施过程中，习近平高度重视并格外关注的，是科技创新人才的培养、引进和使用工作。他强调指出："科学技术是人类的伟大创造性活动。一切科技创新活动都是人做出来的。"②"全部科技史都证明，谁拥有了一流创新人才、拥有了一流科学家，谁就能在科技创新中占据优势。"③尽管我国拥有世界上规模最大的科技队伍，但是，创新型科技人才结构性不足的矛盾突出，具体表现为世界级科技大师缺乏，领军人才、尖子人才不足，工程技术人才培养同生产和创新实践脱节，等等。这一矛盾制约着我国高水平科技自立自强目标的实现，阻碍了我国经济社会的持续健康发展，因而必须从体制机制改革、社会氛围营造、青年人才培养等方面着手加以解决。

在人才发展的体制机制方面，要改变一切不利于激发人才创新动力和创造活力的因素，真正做到人才为本、信任人才、尊重人才、善待人才、包容人才。具体来说，要让领衔科技专家有职有权，掌握更大的技术路线决策权、更大的经费支配权、更大的资源调动权；要建立让科研人员把主要精力放在科研上的保障机制，决不能让各种应景性、应酬性活动占用科研人员的宝贵时间；要创新人才评价机制，建立健全以创新能力、质量、贡献为导向的科技人才评价体系，形成并实施有利于科技人才潜心研究和

---

① 习近平：《高举中国特色社会主义伟大旗帜　为全面建设社会主义现代化国家而团结奋斗——在中国共产党第二十次全国代表大会上的报告》，《人民日报》2022年10月26日第1版。

② 《习近平谈治国理政》第2卷，外文出版社2017年版，第275页。

③ 《习近平谈治国理政》第3卷，外文出版社2020年版，第253页。

开拓创新的评价制度；要加强知识产权保护，积极实行以增加知识价值为导向的分配政策，探索对创新人才实行股权、期权、分红等激励措施；要完善创新人才培养模式，强化科学精神和创造性思维培养，加强科教融合、校企联合等模式；要广泛吸引海外优秀专家学者，完善高端人才、专业人才来华工作、科研、交流的政策。只有这样，才能将我国建设成为"世界重要人才中心和创新高地"①。

在社会氛围方面，要鼓励大胆创新、勇于创新、包容创新，在全社会营造尊重劳动、尊重知识、尊重人才、尊重创造的环境。具体来说，要在基础研究领域和一些应用科技领域尊重科学研究的灵感瞬间性、方式随意性、路径不确定性，允许科学家自由畅想、大胆假设、认真求证，反对以"出成果"的名义干涉科学研究、用死板的制度约束技术创新；要构建良好的学术环境，大力弘扬学术道德和科研伦理，既重视成功，又宽容失败，反对以一时的失败否定科技创新的意义；要遵循人才成长规律、着眼长远进行科学研究，反对急功近利、拔苗助长；要有决心、有信心走好人才自主培养之路，相信我国教育完全能够培养出大师，反对片面依赖人才引进。此外，还要优化人才表彰、奖励制度，加大先进典型宣传力度，弘扬老一辈科学家胸怀祖国、服务人民的优秀品质。

在青年人才培养方面，要高度重视、大力支持，鼓励青年人才挑大梁、当主角。青年科技人才的成长，一方面需要自身树立科学精神、培养创新思维、挖掘创新潜力、提高创新能力，在继承前人的基础上不断超越；另一方面也需要前辈学人担负起识才、育才、用才的责任，甘为人梯、言传身教，甘做提携后学的铺路石和领路人，为拔尖创新人才脱颖而出提供条件。除此之外，科学普及也发挥着重要的作用。因为只有通过普

① 《习近平在中央人才工作会议上强调　深入实施新时代人才强国战略　加快建设世界重要人才中心和创新高地》，《人民日报》2021年9月29日第1版。

及科学知识、弘扬科学精神、传播科学思想、倡导科学方法，在全社会形成讲科学、爱科学、学科学、用科学的良好氛围，才能让更多的青少年心怀科学梦想、树立创新志向，使蕴藏在亿万人民中间的创新智慧充分释放。

（三）创新驱动发展战略

创新驱动发展战略的基本内容是，把科技创新作为提高社会生产力和综合国力的战略支撑，摆在国家发展全局的核心位置。不难发现，这一战略是对创新发展理念中有关科技创新内容的具体展开，它同创新发展理念一样，都是针对我国经济大而不强、快而不优的问题提出的解决之道。习近平指出："主要依靠资源等要素投入推动经济增长和规模扩张的粗放型发展方式是不可持续的"，而唯一的出路"就在科技创新上，就在加快从要素驱动、投资规模驱动发展为主向以创新驱动发展为主的转变上"①。要让科技创新成为经济社会发展的新引擎，就必须"坚持面向世界科技前沿、面向经济主战场、面向国家重大需求、面向人民生命健康，加快实现高水平科技自立自强"②，具体来说，必须切实做好以下几个方面。

一是增强自主创新能力。习近平指出，尽管我国科技事业取得了长足进步和一系列重大成果，但从总体上看，科技创新基础还不牢，原创力还不强，关键领域核心技术受制于人的格局还没有从根本上改变。而与此同时，发达国家对于核心技术的封锁和对于尖端设备的出口限制也一再提示我们，关键核心技术是要不来、买不来、讨不来的。只有把核心技术掌握

① 《习近平谈治国理政》第 1 卷，外文出版社 2018 年版，第 120 页。

② 习近平：《高举中国特色社会主义伟大旗帜　为全面建设社会主义现代化国家而团结奋斗——在中国共产党第二十次全国代表大会上的报告》，《人民日报》2022 年 10 月 26 日第 1 版。

在自己手中，才能真正掌握竞争和发展的主动权，才能从根本上保障国家经济安全、国防安全和其他安全。不能总是用别人的昨天来装扮自己的明天。

二是加强基础研究和核心技术攻关。基础研究是整个科学体系的源头，也是自主创新的着力点。习近平指出："要应用牵引、突破瓶颈，从经济社会发展和国家安全面临的实际问题中凝练科学问题，弄通'卡脖子'技术的基础理论和技术原理"，并在此基础上的核心技术攻关"要在事关发展全局和国家安全的基础核心领域，瞄准人工智能、量子信息、集成电路、先进制造、生命健康、脑科学、生物育种、空天科技、深地深海等前沿领域，前瞻部署一批战略性、储备性技术研发项目，瞄准未来科技和产业发展的制高点"①。

三是全面深化科技体制改革。习近平指出，创新是一个系统工程，需要在政策、资金、产业等方面给予相应支持。具体来说，要完善符合科技创新规律的资源配置方式，改革和创新科研经费使用和管理方式，建立以科技创新质量、贡献、绩效为导向的分类评价体系，从而形成充满活力的科技管理和运行机制。除此之外，他还专门强调："要健全社会主义市场经济条件下新型举国体制，充分发挥国家作为重大科技创新组织者的作用，支持周期长、风险大、难度高、前景好的战略性科学计划和科学工程，抓系统布局、系统组织、跨界集成，把政府、市场、社会等各方面力量拧成一股绳"②。

四是构建开放的创新生态。科学技术具有世界性、时代性，是人类的共同财富。"自主创新不是闭门造车，不是单打独斗，不是排斥学习先

---

① 习近平：《在中国科学院第二十次院士大会、中国工程院第十五次院士大会、中国科协第十次全国代表大会上的讲话》，《人民日报》2021 年 5 月 29 日第 2 版。

② 习近平：《在中国科学院第二十次院士大会、中国工程院第十五次院士大会、中国科协第十次全国代表大会上的讲话》，《人民日报》2021 年 5 月 29 日第 2 版。

进，不是把自己封闭于世界之外。我们要更加积极地开展国际科技交流合作，用好国际国内两种科技资源。"① 在深化国际科技交流合作的过程中，习近平格外关注两个方面：一是提高我国在全球科技治理中的影响力和话语权，使我国成为科技规则的重要制定者、新兴产业的重要主导者；二是聚焦粮食安全、能源安全、人类健康、气候变化等人类所面临的共同挑战，在实现自身持续健康发展的同时惠及更多国家和人民，让中国科技为推动构建人类命运共同体作出更大贡献。

五是服务经济社会发展主战场。创新驱动发展战略的基本内容表明，科技创新不能止步于几篇高水平的科研论文，其根本目的是服务广大人民群众，为经济社会发展注入新动力。习近平指出："科技成果只有同国家需要、人民要求、市场需求相结合，完成从科学研究、实验开发、推广应用的三级跳，才能真正实现创新价值、实现创新驱动发展。"② 我国目前正在推进的新型工业化、信息化、城镇化、农业现代化和协调发展、绿色发展、开放发展、共享发展不仅为科技创新提供了广阔的发展空间，也理应成为科技创新大显身手的广阔舞台。

（四）乡村振兴战略

乡村振兴战略是党的十九大提出的一项重大发展战略，其基本内容是："坚持农业农村优先发展，按照产业兴旺、生态宜居、乡风文明、治理有效、生活富裕的总要求，建立健全城乡融合发展体制机制和政策体系，加快推进农业农村现代化"③。乡村振兴战略的提出，主要是针对我国城乡发展不平衡、农村发展不充分的问题，这一问题作为我国社会主要矛

---

① 《习近平谈治国理政》第 1 卷，外文出版社 2018 年版，第 122—123 页。
② 《习近平谈治国理政》第 1 卷，外文出版社 2018 年版，第 124 页。
③ 《习近平谈治国理政》第 3 卷，外文出版社 2020 年版，第 25 页。

盾的突出表现，直接制约着经济社会的持续健康发展。只有妥善处理好工农关系、城乡关系，才能确保社会稳定，确保国家粮食安全，确保经济发展的投资、消费空间。也正是在这个意义上，习近平强调："全面建设社会主义现代化国家，最艰巨最繁重的任务仍然在农村"①，"没有农业农村现代化，就没有整个国家现代化"②。为了全面推进乡村振兴战略落地见效、真正实现协调发展理念，需要做好以下几个方面的具体工作。

一是要按照"产业兴旺"的要求加快发展乡村产业。习近平指出："产业兴旺，是解决农村一切问题的前提"③。农业农村经济只有适应城乡居民消费需求、顺应产业发展规律、立足当地特色资源、加快产品优化升级，才能有效带动农民致富，推动农村经济社会发展。当然，在当今时代，发展乡村产业已不再是简单的种几亩地、养几头猪，而是要创造条件，通过发展全产业链来把更多的增值收益留在农村。例如，可以通过发展农产品加工业，变出售农产品为出售制成品。此外，发展乡村旅游、休闲农业、文化体验、健康养老、电子商务等新产业新业态，也是乡村产业发展的可选项，但前提是要做到有特色、有质量，同时也要完善利益联结机制，保证农民有活干、有钱赚。

二是要按照"生态宜居"的要求加强农村生态文明建设和乡村建设。习近平指出："农业是个生态产业，农村是生态系统的重要一环"，因此，必须"抓好化肥农药减量、白色污染治理、畜禽粪便和秸秆资源化利用，加强土壤污染、地下水超采、水土流失等治理和修复"④。除此之外，农业

---

① 习近平：《高举中国特色社会主义伟大旗帜　为全面建设社会主义现代化国家而团结奋斗——在中国共产党第二十次全国代表大会上的报告》，《人民日报》2022 年 10 月 26日第 1 版。

② 《习近平谈治国理政》第 3 卷，外文出版社 2020 年版，第 255 页。

③ 《习近平谈治国理政》第 3 卷，外文出版社 2020 年版，第 258 页。

④ 习近平：《坚持把解决好"三农"问题作为全党工作重中之重　举全党全社会之力推动乡村振兴》，《求是》2022 年第 7 期。

农村减排固碳也是"碳达峰""碳中和"的重要举措和潜力所在，需要采取有力措施加以推进。在乡村建设方面，习近平要求把公共基础设施建设的重点放在农村，持续推进农村人居环境整治提升行动，重点抓好改厕和污水、垃圾处理。同时，乡村建设还要注重保护传统村落和乡村特色风貌，真正做到为农民建设，而不是机械照搬城镇建设那一套，用大广场、大草坪取代乡村应有的样子。

三是要按照"乡风文明"的要求加强乡村精神文明建设。习近平指出："农村现代化既包括'物'的现代化，也包括'人'的现代化"①。在农村，"人的现代化"主要表现为科学知识的普及、文化生活的丰富、思维方式的转变和陈规陋习的革除。只有在这些方面取得扎实成效，农民的精神风貌才能得到普遍改善，乡村的文明程度才能得到真正提高。为了实现上述目标，必须进一步加大农村基础教育投入，大力弘扬社会主义核心价值观，保护和传承农村优秀传统文化，在教化人心、凝聚人心、滋润人心的过程中孕育良好社会风尚，把农民群众的精气神提振起来。在农村精神文明建设问题上，习近平还格外关注农村青少年的教育和精神文化生活，明确要求完善工作举措，加大资源投入，促进他们健康成长。

四是要按照"治理有效"的要求深化农村改革，加强和改进乡村治理。农村现代化除了物的现代化、人的现代化，还包括乡村治理体系和治理能力的现代化。习近平指出："全面推进乡村振兴，必须用好改革这一法宝。"改革的具体内容包括稳慎推进农村宅基地改革、发展壮大新型农村集体经济、完善农业支持保护制度、深化供销合作社综合改革等②。在改革过程中，要处理好顶层设计和基层探索的关系，尊重基层和群众创造，鼓励地方积极地试、大胆地闯。在加强和改进乡村治理方面，习近平强调

---

① 《习近平谈治国理政》第 3 卷，外文出版社 2020 年版，第 258 页。

② 参见习近平：《坚持把解决好"三农"问题作为全党工作重中之重 举全党全社会之力推动乡村振兴》，《求是》2022 年第 7 期。

要以保障和改善农村民生为优先方向，让农民得到更好的组织引领、社会服务和民主参与。具体来说，要通过强化基层党组织、推进平安乡村建设、利用现代信息技术，提高乡村善治水平。

五是要按照"生活富裕"的要求推动城乡融合发展。习近平强调指出："振兴乡村，不能就乡村论乡村，还是要强化以工补农、以城带乡，加快形成工农互促、城乡互补、协调发展、共同繁荣的新型工农城乡关系。"① 城乡融合发展的基本要求是城市支持农村、工业反哺农业，其具体内容包括：加快城乡基础设施互联互通，推动人才、土地、资本等要素在城乡之间双向流动；深化户籍制度改革，强化针对农业转移人口的基本公共服务；把县域作为城乡融合发展的重要切入点，强化县城综合服务农民群众的能力。总之，城乡融合发展不等于一般意义上的城市化，它应当被赋予更多新型城镇化的内容。

（五）区域协调发展战略

同乡村振兴战略一样，区域协调发展战略也是协调发展理念的具体展开。其基本内容是："发挥各地区比较优势，促进各类要素合理流动和高效集聚，……增强中心城市和城市群等发展优势区域的经济和人口承载能力，增强其他地区在保障粮食安全、生态安全、边疆安全等方面的功能，形成优势互补、高质量发展的区域经济布局。"② 区域协调发展战略的提出，主要是针对我国各地区经济社会发展水平差距较大、生产要素跨区域流动效率不高等现实问题。这些问题能否得到妥善解决，关系到社会稳定和国家长治久安，关系到经济发展的潜力和后劲，关系到社会主义本质要

---

① 习近平：《坚持把解决好"三农"问题作为全党工作重中之重　举全党全社会之力推动乡村振兴》，《求是》2022 年第 7 期。

② 《习近平谈治国理政》第 3 卷，外文出版社 2020 年版，第 270—271 页。

求的实现。因此，习近平高度重视区域发展的整体性、协调性，系统地提出了新形势下促进区域协调发展的思路和策略。

促进区域协调发展的基本思路是：第一，尊重客观经济规律。经济和人口向大城市及城市群集聚是一个正常的、自然的现象，不能据此否定区域协调发展的成果。相反，如果不顾实际情况，盲目要求各地区在经济发展上达到同一水平，那才是违背了经济规律。因此，必须破除资源流动障碍，形成全国统一开放、竞争有序的商品和要素市场，促进各类生产要素自由流动并向优势地区集中，提高资源配置效率。第二，发挥各地区比较优势。区域协调发展是一个合理分工、优化发展的过程。既然要合理分工，就不能用统一的发展模式规定各个地区，而必须具体问题具体分析。具体来说，经济发展条件好的地区要承载更多产业和人口，发挥价值创造作用；生态功能强的地区要得到有效保护，创造更多生态产品；边疆地区要有一定的人口和经济支撑，以维护国家安全、民族团结和边疆稳定。在这一过程中，国家要对重点生态功能区、农产品主产区、困难地区提供有效的转移支付，以保证分工的公平、稳定。第三，完善空间治理。习近平指出："要完善和落实主体功能区战略，细化主体功能区划分，按照主体功能定位划分政策单元，对重点开发地区、生态脆弱地区、能源资源地区等制定差异化政策，分类精准施策，推动形成主体功能约束有效、国土开发有序的空间发展格局。"①第四，保障民生底线。尽管各地区在经济发展上既不可能、也没必要达到同一水平，但是，就民生保障来说，各地区的基本公共服务还是应当做到均等化，基础设施通达程度还是应当做到均衡化。为了达到这一目标，要完善土地、户籍、转移支付等配套政策，提高城市群承载能力，促进迁移人口稳定落户；要重点确保承担安全、生态等战略功能的区域基本公共服务的均等化；要运用信息化手段搭建便捷高效

---

① 《习近平谈治国理政》第3卷，外文出版社2020年版，第271—272页。

的公共服务平台，实现养老保险的全国统筹，方便全国范围内人员自由流动。

促进区域协调发展的策略包括：第一，"加大力度支持革命老区、民族地区、边疆地区、贫困地区加快发展"①。其中，习近平尤为关注贫困地区、特别是深度贫困地区的脱贫攻坚工作，并强调要在脱贫之后建立、健全防止返贫的动态监测和帮扶机制。第二，"推动西部大开发形成新格局，推动东北全面振兴取得新突破，促进中部地区加快崛起，鼓励东部地区加快推进现代化"②。其中，习近平最为关心的，是东北地区的全面振兴。针对目前东北地区发展相对滞后、经济总量占全国的比重显著下降、常住人口不增反降的现实困难，他指出，东北地区的"全面振兴不是把已经衰败的产业和企业硬扶持起来，而是要有效整合资源、主动调整经济结构，形成新的均衡发展的产业结构"；同时，"要以改革为突破口，加快国有企业改革，让老企业焕发新活力"③。只有这样，才能有效发挥东北地区在维护国家国防安全、粮食安全、生态安全、能源安全、产业安全等方面的战略作用。第三，扎实推动京津冀协同发展、长江经济带发展、"一带一路"沿线地区发展、粤港澳大湾区建设、长三角一体化发展、黄河流域生态保护和高质量发展。其中，京津冀协同发展重在疏解北京非首都功能，高起点规划、高标准建设雄安新区；长江经济带发展突出"共抓大保护、不搞大开放"，意在协调生态环境保护与经济社会发展；"一带一路"沿线地区发展重在为西部内陆地区提供发展机遇；粤港澳大湾区建设重在强化内地与港澳深度合作，以高质量发展引领三地未来；长三角一体化发展重在完

---

① 《习近平谈治国理政》第 3 卷，外文出版社 2020 年版，第 26 页。
② 习近平：《高举中国特色社会主义伟大旗帜 为全面建设社会主义现代化国家而团结奋斗——在中国共产党第二十次全国代表大会上的报告》，《人民日报》2022 年 10 月 26 日第 1 版。
③ 《习近平谈治国理政》第 3 卷，外文出版社 2020 年版，第 274 页。

善改革开放空间布局、打造发展强劲活跃增长极；黄河流域生态保护和高质量发展重在提升华北、西北地区经济社会发展的质量和效益。这六个区域的发展战略共同描绘了党的十八大以来区域协调发展的新蓝图。

（六）可持续发展战略

可持续发展战略的基本内容是：为了使发展既满足当代人的需要，又不对后代人满足其需要的能力构成危害，必须协调经济社会发展与人口、资源、环境之间的关系，把控制人口、节约资源、保护环境摆在重要位置。以 1994 年《中国 21 世纪议程——中国 21 世纪人口、环境与发展白皮书》的公布为标志，"可持续发展"成为我国经济社会发展的基本战略已有近 30 年的时间。在这近 30 年的时间里，可持续发展战略与科学发展观、生态文明建设、绿色发展理念相互融合渗透，有力地推动了我国经济增长方式的转变和生态环境的改善。在党的十九大报告中，"可持续发展"再次被确认为必须坚定实施的发展战略，并成为加快生态文明体制改革、建设美丽中国的重要遵循。新时代贯彻落实可持续发展战略，需要从以下几个重要方面着手。

一是全面促进资源节约集约利用。可持续发展战略的提出，在很大程度上是由于人类发展面临着资源有限性的瓶颈。而对于我国这样一个人口众多、人均资源匮乏的国家来说，实施可持续发展战略也就显得更加紧迫了。要依靠科技创新，加强全过程节约管理，最大限度降低能源、水、土地消耗强度；大力发展循环经济，促进生产、流通、消费过程资源的减量化和再利用。例如，对于国土资源，要严格按照优化开发、重点开发、限制开发、禁止开发的主体功能定位，划定并严守生态红线，科学布局生产空间、生活空间、生态空间，给自然留下更多修复空间。

二是加快转变经济发展方式，全面推动绿色发展。资源的节约集约利用，归根到底要靠转变经济发展方式。习近平指出："推动经济社会发展绿色化、低碳化是实现高质量发展的关键环节"①，要"改变过多依赖增加物质资源消耗、过多依赖规模粗放扩张、过多依赖高能耗高排放产业的发展模式，把发展的基点放到创新上来，塑造更多依靠创新驱动、更多发挥先发优势的引领型发展。"②在创新驱动发展的过程中，要重点建立健全绿色、低碳、循环的经济体系，构建市场导向的绿色技术创新体系，发展绿色金融。以此为基础，就可以培育壮大节能环保产业、清洁生产产业、清洁能源产业，发展高效农业、先进制造业和现代服务业。

三是加快推进生态保护修复，着力解决突出环境问题。除资源的节约集约利用外，良好的生态环境也是可持续发展的一个重要目标。习近平指出，要按照山水林田湖草沙冰综合治理的要求，坚持保护优先、自然恢复为主的方针，加快推进生态系统的修复。具体举措包括国土绿化、水土流失和荒漠化石漠化综合治理、湿地天然林保护、地质灾害防治、退耕还林还草、轮作休耕等，目的是为了优化生态安全屏障体系，提升生态系统的质量和稳定性。另一方面，还要针对损害群众健康的突出环境问题，进行环境污染综合治理。具体包括打赢蓝天保卫战、实施流域环境和近岸海域水污染综合治理、落实土壤污染防治行动计划、加强固体废弃物和垃圾处置、开展农村人居环境整治等方面的内容。总之，要"把解决突出生态环境问题作为民生优先领域。有利于百姓的事再小也要做，危害百姓的事再小也要除"③。

四是完善生态文明制度体系。可持续发展战略的贯彻实施，离不开

---

①　习近平：《高举中国特色社会主义伟大旗帜　为全面建设社会主义现代化国家而团结奋斗——在中国共产党第二十次全国代表大会上的报告》，《人民日报》2022 年 10 月 26 日第 1 版。

②　《习近平谈治国理政》第 2 卷，外文出版社 2017 年版，第 395 页。

③　《习近平谈治国理政》第 3 卷，外文出版社 2020 年版，第 368 页。

最严格的制度和最严密的法治。具体来说，要健全自然资源资产管理体制，推进环境保护督察，落实生态环境损害赔偿制度；要把资源消耗、环境损害、生态效益等体现生态文明建设状况的指标纳入经济社会发展评价体系，使之成为推进生态文明建设的重要导向和约束；要建立责任追究制度，对于那些不顾生态环境盲目决策、造成严重后果的领导干部，必须追究其责任，而且应该终身追责；要加强生态文明宣传教育，增强全民节约意识、环保意识、生态意识，完善环境保护公众参与的制度保障①。习近平强调，制度的生命力在于执行，关键在真抓，靠的是严管。可持续发展战略要真正落地见效，就必须让制度成为刚性的约束和不可触碰的高压线，而不是"没有牙齿的老虎"。

（七）军民融合发展战略

军民融合发展战略的基本内容是：坚持富国和强军相统一，把国防和军队建设融入国家经济社会发展体系，建立全要素、多领域、高效益的军民深度融合发展格局。这一战略的提出，主要是为了解决我国经济建设和国防建设不相协调的突出问题，其重大意义在于：一方面，军民融合发展有利于推进强军事业，保障国家安全。众所周知，我国正处在"由大向强"发展的关键阶段，面临的外部制约、发展阻力、安全压力相互叠加，迫切需要国防实力的提升。但是，国防和军队建设需要大量的资源投入，如果不能够与经济社会发展相互协调，就会给国民经济造成沉重负担，严重制约人民生活水平的改善。只有推动军队和地方在基础设施、科技资源、后勤保障、人才培养等方面互相支撑、协调共享，国防建设才能获得持续、稳定的资源支撑。另一方面，军民融合发展也有利于强化创新驱动，促进

---

① 参见《习近平谈治国理政》第 1 卷，外文出版社 2018 年版，第 210 页。

产业升级。20 世纪以来科学技术发展的历史表明，许多新技术成果的运用，都是从军事领域开始，然后逐渐向民用领域推广和拓展。特别是在新一轮科技革命和产业变革的过程中，国家战略竞争力、社会生产力、军队战斗力的关联越来越紧密，世界主要国家纷纷加大战略投入，争先发展能够大幅提升军事能力和产业实力的颠覆性技术。在这种情况下，我国只有积极整合国家科技资源和力量，增强军民协同创新能力，全面推进科技兴军、建设世界科技强国，才能更好地落实创新发展理念，为应对经济社会发展新常态提供战略支撑。推进军民融合深度发展，需要坚持以下几个原则。

一是立足国情军情，走出一条具有中国特色的军民融合之路。习近平指出："要发挥我国社会主义制度能够集中力量办大事的政治优势，坚持国家主导和市场运作相统一，综合运用规划引导、体制创新、政策扶持、法治保障以及市场化等手段，最大程度凝聚军民融合发展合力"①。这一论述表明，单靠市场调节是不能将充足资源导向国防建设的，更无法确保国家经济安全和国防安全。只有在政府主导下努力构建统一领导、军地协调、顺畅高效的组织管理体系，才能更好地实现军民融合发展目标。当然，这一过程并不排斥市场运作。只要组织、引导得当，就能够实现经济建设和国防建设综合效益的最大化。

二是坚持改革创新。科技创新是军民融合最重要的领域，只有军地协同、形成合力，才能更好地进行基础科学研究和核心技术攻关，构建军民一体化的国家战略体系和战略能力。除科技创新外，制度创新也是军民融合发展的必要保障。具体来说，就是要"完善军民融合组织管理体系、工作运行体系、政策制度体系，清除'民参军'、'军转民'障碍"②，使自主

---

① 《习近平谈治国理政》第 2 卷，外文出版社 2017 年版，第 413 页。
② 《习近平谈治国理政》第 3 卷，外文出版社 2020 年版，第 251 页。

创新成果得到更快、更充分的转化应用。

三是运用法治思维和法治方式推动工作。习近平指出："要优化军民融合发展的制度环境，坚决拆壁垒、破坚冰、去门槛，加快调整完善市场准入制度，从政策导向上鼓励更多符合条件的企业、人才、技术、资本、服务等在军民融合发展上有更大作为。"①其中，民营企业作为我国经济发展的重要力量，理应成为推动军民融合的重要参与者。这要求我们在确保国家安全的前提下，为民营企业参与军民融合打造公平的竞争环境、创造充足的市场空间。

四是向重点领域聚焦用力，以点带面推动整体水平提升。这里所说的重点领域，既包括基础设施建设、武器装备采购、部队人才培养、后勤保障社会化、国防动员和退役军人管理保障等重点工作领域，也包括海洋、太空、网络、信息、生物、新能源等重点科技领域。但不论哪一方面，都具有军民融合潜力巨大、军民共用性强、经济效益可观等特点。习近平指出，对于前者，要"强化资源整合力度，盘活用好存量资源，优化配置增量资源，发挥军民融合深度发展的最大效益"；而对于后者，则要深刻理解生产力和战斗力、市场和战场的内在关系，"在筹划设计、组织实施、成果使用全过程贯彻军民融合理念和要求，抓紧解决好突出问题"②。

五、发展路径

在习近平的社会发展观中，发展目的的实现、发展理念的落实、发展战略的实施，都离不开一条切实可行的发展路径。这条发展路径，必须以

---

① 《习近平谈治国理政》第 2 卷，外文出版社 2017 年版，第 413 页。
② 《习近平谈治国理政》第 2 卷，外文出版社 2017 年版，第 413—414 页。

解决新时代社会主要矛盾为导向，敢于"破除一切不合时宜的思想观念和体制机制弊端，突破利益固化的藩篱"，乐于"吸收人类文明有益成果"，致力于"构建系统完备、科学规范、运行有效的制度体系"①。而这条发展路径，就是党的十八届三中全会提出的"全面深化改革"。关于改革，唯物史观认为，这是一个在不改变社会基本制度的前提下，对生产关系和上层建筑的某些方面和环节进行调整、变革，从而促进生产力发展和社会进步的过程。全面深化改革不仅具有一般意义上改革的作用，而且突出了"全面"和"深化"的特征，即强调改革举措的协同配合，以及改革对利益格局的深刻调整。当代中国的改革之所以具有这两方面的特征，是由于"中国改革经过30多年，已进入深水区，可以说，容易的、皆大欢喜的改革已经完成了，好吃的肉都吃掉了，剩下的都是难啃的硬骨头"②。为了啃下这些硬骨头，使经济社会发展更加平衡和充分，就必须完善和发展中国特色社会主义制度，推进国家治理体系和治理能力现代化——而这正是全面深化改革的总目标。

（一）完善和发展中国特色社会主义制度

作为全面深化改革总目标的第一重表述，"完善和发展中国特色社会主义制度"的要求表明，在当代中国的改革事业中，制度建设具有首要的重要性。之所以如此，是由于"改革开放40年的实践启示我们：制度是关系党和国家事业发展的根本性、全局性、稳定性、长期性问题"③。只有建立起符合客观实际、体现人民立场且系统完备、科学规范、运行有效的制度体系，才能够在最大程度上保证政治的稳定有序、经济的生机活力、

---

① 《习近平谈治国理政》第3卷，外文出版社2020年版，第17页。
② 《习近平谈治国理政》第1卷，外文出版社2018年版，第101页。
③ 《习近平谈治国理政》第3卷，外文出版社2020年版，第185页。

文化的发展繁荣、社会的公平正义、生态的和谐优美。随着中国特色社会主义建设经验的不断积累，我们今天已经具备了从总体上谋划制度建设的条件；而随着改革逐渐进入"深水区"，我们也到了必须解决更深层次的体制机制问题的时候。

中国特色社会主义制度反映了同我国现阶段生产力状况基本相适应的生产关系，规定了同我国现阶段经济基础状况基本相适应的上层建筑，因而为当代中国发展进步提供了根本制度保障。但同时我们也必须清醒地认识到，现有水平的中国特色社会主义制度还不能充分解决发展中不平衡、不协调、不充分的问题，还不能充分实现社会公平正义、预防和化解社会矛盾，还不能充分维护最广大人民群众的切身利益，还不能充分消除形式主义、官僚主义、享乐主义和奢靡之风。因此，中国特色社会主义制度必须在坚持中不断完善和发展。在这一完善和发展的过程中，习近平格外重视以下几个方面。

一是提高党的领导水平和执政能力。唯物史观认为，作为一种阶级组织形式的政党，是由本阶级中最有觉悟、最积极的分子所组成的，它有集中代表本阶级利益的政治纲领，是本阶级的实际组织者和领导者；一个阶级只有在自己的政党的领导下，才能形成统一的意志和行动，才能使活动和事业更有成效。而中国革命、建设、改革的伟大成就，恰恰充分证明了这一点。也正因如此，习近平强调指出："中国特色社会主义制度的最大优势是中国共产党领导，党是最高政治领导力量"[1]。从这个意义上说，中国特色社会主义制度的完善和发展，首先就需要提高党的领导水平和执政能力，"让党的领导更加适应实践、时代、人民的要求"[2]。

二是使市场在资源配置中起决定性作用。习近平指出，"经济体制改

---

① 《习近平谈治国理政》第 3 卷，外文出版社 2020 年版，第 16 页。
② 《习近平谈治国理政》第 3 卷，外文出版社 2020 年版，第 181—182 页。

革仍然是全面深化改革的重点，经济体制改革的核心问题仍然是处理好政府和市场关系。"① 尽管党的十四大已经明确要求"使市场在国家宏观调控下对资源配置起基础性作用"，但是，由于政府和市场职能配合不到位，经济运行中仍然广泛存在着市场秩序不规范、生产要素市场发展滞后、市场规则不统一、市场竞争不充分等问题，限制了各类市场主体活力的发挥。因此，党的十八届三中全会决定将关于市场在资源配置中所起作用的表述，由"基础性"修改为"决定性"。这一表述的变化将带来发展理念的改变，从而有利于转变经济发展方式、转变政府职能和抑制消极腐败现象。当然，"使市场在资源配置中起决定性作用，不是说政府就无所作为，而是必须有所为、有所不为。"② 在完善的社会主义市场经济体制中，政府的职责和作用主要是保持宏观经济稳定、加强和优化公共服务、维护市场秩序、推动可持续发展、促进共同富裕、弥补市场失灵。

三是促进社会公平正义。在营造公平的社会环境的过程中，制度建设同样具有至关重要的作用。具体来说，就是"要通过创新制度安排，努力克服人为因素造成的有违公平正义的现象"，"逐步建立以权利公平、机会公平、规则公平为主要内容的社会公平保障体系"③。当然，绝对的公平正义是没有的，身处不同发展水平、不同历史时期、不同阶层的人们对于社会公平正义的认识和诉求也会不同。因此，我们不能脱离现实，盲目追求抽象的、绝对的公平正义，而只能从现有的经济社会发展水平出发，着眼于最广大人民根本利益，紧紧抓住经济建设这个中心，在进一步把"蛋糕"做大的基础上努力把"蛋糕"分好。从这个意义上说，全面深化改革对于社会公平正义的促进其实与扎实推动共同富裕一样，也需要遵循"既尽力而为、又量力而行"的原则。

---

① 《习近平谈治国理政》第 1 卷，外文出版社 2018 年版，第 75 页。
② 《习近平谈治国理政》第 3 卷，外文出版社 2020 年版，第 172 页。
③ 《习近平谈治国理政》第 1 卷，外文出版社 2018 年版，第 97、96 页。

（二）推进国家治理体系和治理能力现代化

作为全面深化改革总目标的第二重表述，"推进国家治理体系和治理能力现代化"进一步回答了如何完善和发展中国特色社会主义制度这一重大问题。也就是说，中国特色社会主义制度的完善和发展可以从多方面着眼，但归根结底是要使国家治理体系和治理能力与时俱进、实现现代化。当然，国家治理体系和治理能力的现代化并不是简单地照抄照搬西方发达国家的社会治理经验，而是要遵循中国特色社会主义这一根本方向，以增进人民福祉为目的进行改革。总之，全面深化改革总目标的两重表述是有机统一、相辅相成的两个方面，它们彼此规定、互为制约，共同勾勒出未来中国的道路、制度和理念。

所谓国家治理体系和治理能力，就是一个国家的制度和制度执行能力。经过新中国成立以来 70 余年、特别是改革开放以来 40 余年的艰辛探索，中国共产党已经在国家治理体系和治理能力建设方面积累了丰富经验、取得了重大成果。我国近几十年来能够保持总体上政治稳定、经济发展、社会和谐、民族团结，就是对这一点最好的证明。但是，随着中国特色社会主义进入新时代，面对经济社会发展的新特点、人民群众的新期待、世界局势的新变化，我国在国家治理体系和治理能力方面的短板、弱项与不足也逐渐显露，有许多亟待改进的地方。因此，"推进国家治理体系和治理能力现代化，就是要适应时代变化，既改革不适应实践发展要求的体制机制、法律法规，又不断构建新的体制机制、法律法规，使各方面制度更加科学、更加完善，实现党、国家、社会各项事务治理制度化、规范化、程序化。"① 在这一过程中，习近平格外关注以下几个方面。

一是完善互联网治理。近年来，互联网技术及其应用飞速发展，以传

_____

① 《习近平谈治国理政》第 1 卷，外文出版社 2018 年版，第 92 页。

播快、影响大、覆盖广、社会动员能力强为特点的即时通信工具和社交平台正在深刻地改变着人们的生活方式和思维方式。但是，互联网治理中存在的多头管辖、职能交叉、权则不一、效率不高等问题，无疑给国家安全和社会稳定带来了隐患。因此，如何加强网络法治建设和舆论引导，确保网络信息传播秩序和国家安全、社会稳定，已成为国家治理体系和治理能力现代化所要解决的突出问题。习近平强调指出，完善互联网治理必须坚持"积极利用、科学发展、依法管理、确保安全"的方针，形成从技术到内容、从日常安全到打击犯罪的互联网管理合力，确保网络正确运用和安全。与此同时，做好网上舆论工作也是一项重要任务，"要创新改进网上宣传，运用网络传播规律，弘扬主旋律，激发正能量，大力培育和践行社会主义核心价值观，把握好网上舆论引导的时、度、效，使网络空间清朗起来。"①

二是构建总体国家安全格局。国家安全和社会稳定是改革发展的前提，只有具备了这一前提，改革发展才能不断推进。因此，维护国家安全向来是实现国家长治久安的迫切要求，更是国家治理的重要议题。近年来，由于国际竞争加剧、恐怖主义和分裂主义抬头、国内社会矛盾频发，"我国国家安全内涵和外延比历史上任何时候都要丰富，时空领域比历史上任何时候都要宽广，内外因素比历史上任何时候都要复杂"②，各种可以预见和难以预见的风险因素明显增多。在这种情形下，我国原有的安全工作体制机制已难以充分满足维护国家安全的需要。为了适应形势的变化，我们必须树立总体国家安全观，"以人民安全为宗旨，以政治安全为根本，以经济安全为基础，以军事、文化、社会安全为保障，以促进国际安全为依托，走出一条中国特色国家安全道路。"③

---

① 《习近平谈治国理政》第 1 卷，外文出版社 2018 年版，第 198 页。

② 《习近平谈治国理政》第 1 卷，外文出版社 2018 年版，第 200 页。

③ 《习近平谈治国理政》第 1 卷，外文出版社 2018 年版，第 200—201 页。

三是深化党和国家机构改革。从唯物史观的角度看，党和国家机构改革属于政治上层建筑方面的调整，目的是为了更好地适应经济基础的状况，从而达到推动经济社会发展的目的。而具体到当代中国，深化党和国家机构改革的目标是"构建系统完备、科学规范、运行高效的党和国家机构职能体系，形成总揽全局、协调各方的党的领导体系，职责明确、依法行政的政府治理体系，中国特色、世界一流的武装力量体系，联系广泛、服务群众的群团工作体系，推动人大、政府、政协、监察机关、审判机关、检察机关、人民团体、企事业单位、社会组织等在党的统一领导下协调行动、增强合力"①。在深化改革的过程中，要着重处理好集权和分权的关系、部门和全局的关系、大部门和小机构的关系、优化和协同的关系，力争取得良好的改革成效。

（三）推进和拓展中国式现代化

在以全面深化改革为路径推动社会发展的同时，我们还应当看到，中国的社会发展具有开创人类现代化新模式的世界历史意义。因此，只有把中国的社会发展放到人类现代化进程的大背景下进行考量，明确中国式现代化的内涵和特征，才能更好地实现社会发展的目标。在党的二十大报告中，习近平把中国式现代化的特征概括为五个方面，它阐明了推进中国社会发展必须时刻关注的五个重大问题。

第一，"中国式现代化是人口规模巨大的现代化"②，它要求我们在推进社会发展时必须稳中求进、循序渐进、持续推进。习近平指出，在中

---

① 《习近平谈治国理政》第 3 卷，外文出版社 2020 年版，第 168—169 页。

② 习近平：《高举中国特色社会主义伟大旗帜　为全面建设社会主义现代化国家而团结奋斗——在中国共产党第二十次全国代表大会上的报告》，《人民日报》2022 年 10 月 26 日第 1 版。

国，迈向现代化社会的不是个别地区，也不是个别阶层，而是作为一个整体的 14 亿多人口。这样庞大的人口规模决定了中国的现代化不可能像韩国、新加坡等体量较小的国家和地区那样，依靠外部力量的扶持进入发达状态，而只能以具有自身主体性、独立性的方式逐步推进。同时，由于我国人口规模超过了现有发达国家人口的总和，因此，我们在制定现代化发展目标时，不能盲目对标发达国家的水平。例如，在社会保障、社会福利方面，我们必须从国情出发想问题、作决策、办事情，把保障和改善民生建立在经济发展和财力可持续的基础之上，而不是好高骛远、吊高胃口，作兑现不了的承诺。且不说不是每一个发达国家都能被称为"福利国家"，即使是那些所谓的福利国家，也普遍因为高昂的福利成本而或多或少地落入了福利主义"养懒汉"的陷阱。由此可见，现阶段的中国既没有成为福利国家的可能，也没有成为福利国家的必要，扎实推动共同富裕必须保持充分的历史耐心。

第二，"中国式现代化是全体人民共同富裕的现代化"[1]，它要求我们在推进社会发展时必须着力维护和促进社会公平正义，坚决防止两极分化。在马克思主义的批判性视野中，西方资本主义国家的现代化并不像资产阶级所标榜的那样"平等"和"公正"，而是在资本增殖逻辑的主导下，依靠剥削本国工人阶级和全世界落后国家而完成的财富积累过程，是少数人富裕、多数人贫困的两极分化过程。作为对资本主义生产逻辑的批判性超越，马克思主义从一开始就把所有人的自由全面发展当作未来世界的首要特征，而这又直接地影响了中国共产党人对于中国未来发展前景的构想。习近平指出，共同富裕既是马克思主义的社会理想在当代中国的具体呈现，又是确保中国经济社会平稳有序、可持续发展的战略部署，因而

---

[1] 习近平：《高举中国特色社会主义伟大旗帜　为全面建设社会主义现代化国家而团结奋斗——在中国共产党第二十次全国代表大会上的报告》，《人民日报》2022 年 10 月 26 日第 1 版。

必须被高度重视、扎实推动。具体来说，就是要提高发展的平衡性、协调性、包容性，着力扩大中等收入群体规模，促进基本公共服务均等化，加强对高收入的规范和调节等。尽管实现共同富裕需要一个长期的历史过程，但只要我们坚持把实现人民对美好生活的向往作为现代化建设的出发点和落脚点，就一定能不断取得新的进展。

第三，"中国式现代化是物质文明和精神文明相协调的现代化"①，它要求我们在推进社会发展时必须兼顾物的全面丰富和人的全面发展。尽管一般而言，随着物质文明的进步，人们的精神文化生活也会相应地丰富起来，但是，从世界各国现代化的实践来看，物质文明和精神文明的相互协调并不可能自发地实现。凡是缺乏协调"两个文明"的自觉意识的国家，都不同程度地出现了物质享乐主义和消费主义盛行、民众精神空虚等社会问题，而这些问题又会进一步加剧社会的矛盾和冲突。为了尽可能避免上述情形在中国发生，我们必须确立协调"两个文明"的自觉意识，在不断厚植现代化的物质基础、不断夯实人民幸福生活的物质条件的同时，大力发展社会主义先进文化，加强理想信念教育，使人民群众在有追求、有意义的生产生活实践中发挥出更大的主动性和创造力。具体来说，就是要强化社会主义核心价值观引领，大力繁荣文化事业和文化产业，完善公共文化服务体系，不断满足人民群众多样化、多层次、多方面的精神文化需求，以"面向现代化、面向世界、面向未来的，民族的科学的大众的社会主义文化"②推动人的现代化。

---

① 习近平：《高举中国特色社会主义伟大旗帜 为全面建设社会主义现代化国家而团结奋斗——在中国共产党第二十次全国代表大会上的报告》，《人民日报》2022 年 10 月 26 日第 1 版。

② 习近平：《高举中国特色社会主义伟大旗帜 为全面建设社会主义现代化国家而团结奋斗——在中国共产党第二十次全国代表大会上的报告》，《人民日报》2022 年 10 月 26 日第 1 版。

第四，"中国式现代化是人与自然和谐共生的现代化"①，它要求我们在推进社会发展时必须坚定不移走生产发展、生活富裕、生态良好的文明发展道路。众所周知，西方发达国家的现代化普遍走的是一条"先污染、后治理"的路子。这一方面是因为这些国家的工业化开始较早，当时人们还缺乏对科学技术消极后果的充分认识；另一方面则是因为相对于资本增殖逐利的目的，自然界的生态价值显得无足轻重。今天，虽然发达国家的生态环境有了明显的改善，但这并不是因为资本主义生产方式改变了对待自然界的傲慢态度，而是因为发达国家靠占据产业链高端，将高污染、高耗能的产业转移至了发展中国家。显然，作为后发国家的中国无法简单复制发达国家产业转移的经验，而只能从自身做起，将良好的生态环境作为人的全面发展的题中之义，将普惠的生态产品作为共同富裕的重要内容，以合乎自然界休养生息规律的方式改造和利用自然，开辟出一条区别于资本主义生产方式的绿色发展之路。习近平指出，这需要我们"坚持可持续发展，坚持节约优先、保护优先、自然恢复为主的方针，像保护眼睛一样保护自然和生态环境"②。唯有如此，才能实现中华民族的永续发展。

第五，"中国式现代化是走和平发展道路的现代化"③，它要求我们在推进社会发展时必须坚持合作、共赢的对外开放。习近平指出，从历史上看，西方式现代化在很大程度上是依靠战争、殖民、掠夺等充满血腥罪恶的方式推进的，是以广大发展中国家人民的深重苦难为代价的。而中国作

---

① 习近平：《高举中国特色社会主义伟大旗帜　为全面建设社会主义现代化国家而团结奋斗——在中国共产党第二十次全国代表大会上的报告》，《人民日报》2022 年 10 月 26 日第 1 版。

② 习近平：《高举中国特色社会主义伟大旗帜　为全面建设社会主义现代化国家而团结奋斗——在中国共产党第二十次全国代表大会上的报告》，《人民日报》2022 年 10 月 26 日第 1 版。

③ 习近平：《高举中国特色社会主义伟大旗帜　为全面建设社会主义现代化国家而团结奋斗——在中国共产党第二十次全国代表大会上的报告》，《人民日报》2022 年 10 月 26 日第 1 版。

为曾经备受剥削压迫、至今仍屡遭打压围堵的发展中国家，对这一点更是有着切肤之痛。因此，不论是苦难的历史记忆，还是爱好和平的民族性格，或社会主义的国家性质，都不允许中国重走国强必霸、损人利己的西方式现代化老路。"我们坚定站在历史正确的一边、站在人类文明进步的一边"①。这一宣言表明，中国的目标并不是成为下一个霸权国家，而是要通过推动建立一个更公平、更合理的国际关系体系来消除出现任何霸权国家的可能。当然，这也就要求我们在落实开放发展理念、合作共建"一带一路"的过程中，必须充分尊重相关国家的利益关切，以平等互利的方式践行人类命运共同体理念。唯有如此，才能为国内经济社会发展创造良好的外部环境，实现国内国际双循环与国内大循环之间的良性互动和相互促进。

---

① 习近平：《高举中国特色社会主义伟大旗帜　为全面建设社会主义现代化国家而团结奋斗——在中国共产党第二十次全国代表大会上的报告》，《人民日报》2022 年 10 月 26 日第 1 版。

第 十 三 章

新时代的构建人类命运共同体理念

推动构建人类命运共同体，是党的十八大以来习近平提出的重要外交理念，它是为了维护和发展全人类共同利益、完善全球治理而提出的中国方案，也是在内外联动中实现我国经济社会持续健康发展的必然选择。党的二十大报告指出："构建人类命运共同体是世界各国人民前途所在。万物并育而不相害，道并行而不相悖。只有各国行天下之大道，和睦相处、合作共赢，繁荣才能持久，安全才有保障。中国提出了全球发展倡议、全球安全倡议，愿同国际社会一道努力落实。中国坚持对话协商，推动建设一个持久和平的世界；坚持共建共享，推动建设一个普遍安全的世界；坚持合作共赢，推动建设一个共同繁荣的世界；坚持交流互鉴，推动建设一个开放包容的世界；坚持绿色低碳，推动建设一个清洁美丽的世界。"[①] 在这一论述中，"持久和平""普遍安全""共同繁荣""开放包容""清洁美丽"二十个字，勾勒出了当代中国人理想中的世界图景。当然，现实中的世界并不太平，人类面临着诸多难题和挑战，这决定了构建人类命运共同体将是一个任重而道远、砥砺而前行的艰巨使命。习近平的构建人类命运共同体理念，创造性地运用和创新性地发展了唯物史观中的世界历史理论，深刻地回答了"建设一个什么样的世界、如何建设这样的世界"这一关乎人

---

① 习近平：《高举中国特色社会主义伟大旗帜　为全面建设社会主义现代化国家而团结奋斗——在中国共产党第二十次全国代表大会上的报告》，《人民日报》2022 年 10 月 26 日第 1 版。

类前途命运的重大问题。

一、人类命运共同体的两种形态

在习近平的相关表述中，"人类命运共同体"概念具有两种不同的含义，分别指向国际社会的现实状态和理想图景。只有将这两重含义（或者说人类命运共同体的两种形态）清晰地呈现出来，"推动构建人类命运共同体"才能够成为一个有明确指向且富有意义的命题。

就其第一种含义来说，"人类命运共同体"指的是当今时代各个民族、国家相互依存、彼此制约、"你中有我、我中有你"的实然状态。在不少场合，习近平就是在这个意义上谈论命运共同体的。例如，2013 年 3 月，他在莫斯科国际关系学院的演讲中指出："我们所处的是一个风云变幻的时代，面对的是一个日新月异的世界"，"这个世界，各国相互联系、相互依存的程度空前加深，人类生活在同一个地球村里，生活在历史和现实交汇的同一个时空里，越来越成为你中有我、我中有你的命运共同体。"①2014 年 3 月，他在联合国教科文组织总部发表演讲时说："当今世界，人类生活在不同文化、种族、肤色、宗教和不同社会制度所组成的世界里，各国人民形成了你中有我、我中有你的命运共同体。"②同年 11 月，他在致首届世界互联网大会的贺词中写道："互联网真正让世界变成了地球村，让国际社会越来越成为你中有我、我中有你的命运共同体。"③2017

---

① 《习近平谈治国理政》第 1 卷，外文出版社 2018 年版，第 272 页。
② 《习近平谈治国理政》第 1 卷，外文出版社 2018 年版，第 261 页。
③ 《习近平向首届世界互联网大会致贺词强调　共同构建和平、安全、开放、合作的网络空间　建立多边、民主、透明的国际互联网治理体系》，《人民日报》2014 年 11 月 20 日第 1 版。

年1月，他在世界经济论坛2017年年会开幕式的主旨演讲中指出："人类已经成为你中有我、我中有你的命运共同体，利益高度融合，彼此相互依存。每个国家都有发展权利，同时都应该在更加广阔的层面考虑自身利益，不能以损害其他国家利益为代价。"① 以上这些论述表明，在习近平看来，事实层面上的人类命运共同体业已形成。

就其第二种含义来说，"人类命运共同体"则是需要我们努力构建的对象，是全世界绝大多数人们向往的持久和平、普遍安全、共同繁荣、开放包容、美丽清洁的应然状态。在习近平的论述中，我们可以找到更多这方面的例证。例如，2015年3月，他在博鳌亚洲论坛2015年年会开幕式的主旨演讲中倡议"通过迈向亚洲命运共同体，推动建设人类命运共同体"②。同年9月，他在参加第七十届联合国大会一般性辩论时强调："我们要继承和弘扬联合国宪章的宗旨和原则，构建以合作共赢为核心的新型国际关系，打造人类命运共同体。"③2017年1月，他在联合国日内瓦总部的演讲中阐述了构建人类命运共同体的五项主张，并明确表示"构建人类命运共同体是一个美好的目标，也是一个需要一代又一代人接力跑才能实现的目标"④。2018年6月，他在中央外事工作会议上强调："要高举构建人类命运共同体旗帜，推动全球治理体系朝着更加公正合理的方向发展。"⑤同年8月，他在推进"一带一路"建设工作5周年座谈会上指出："共建'一带一路'正在成为我国参与全球开放、改善全球经济治理体系、促进全球共同发展繁荣、推动构建人类命运共同体的中国方案"⑥。这些论述表明，

---

① 《习近平谈治国理政》第2卷，外文出版社2017年版，第481页。
② 习近平：《迈向命运共同体　开创亚洲新未来——在博鳌亚洲论坛2015年年会上的主旨演讲》，《人民日报》2015年3月29日第2版。
③ 《习近平谈治国理政》第2卷，外文出版社2017年版，第522页。
④ 《习近平谈治国理政》第2卷，外文出版社2017年版，第548页。
⑤ 《习近平谈治国理政》第3卷，外文出版社2020年版，第428页。
⑥ 《习近平谈治国理政》第3卷，外文出版社2020年版，第486页。

在习近平看来，理想层面上的人类命运共同体是与合作共赢的多边关系、公正合理的全球治理联系在一起的，是靠实实在在的利益纽带（如"一带一路"建设）加以维系的。这种意义上的人类命运共同体并不会随着各国、各民族事实上的休戚相关、命运相连而自动成为现实，它只能通过各国人民同心协力的、有意识的构建来实现。

正因为"人类命运共同体"概念具有两种不同的含义，或者说人类命运共同体具有两种不同的形态，因此，任何将两种含义、两种形态混淆在一起的做法，都会导致对习近平的构建人类命运共同体理念的不当理解。例如，有一种观点认为，当代人类"你中有我、我中有你"的事实表明人类命运共同体业已形成，我们所要做的就是把它建设好、维护好。其具体论证如下："人类命运共同体虽然在某种意义上已经存在，但却是基础不牢、十分脆弱。……因此，人类必须不断建设这个命运共同体，使之不断巩固、强化"；"既然人类命运共同体已经存在，那么构建人类命运共同体就应当从现实出发，脚踏实地，而不是破旧立新式的完全重建。"① 这种观点的不当之处，就在于抹杀了事实层面上的人类命运共同体与理想层面上的人类命运共同体之间的本质区别，将后者简单地理解为前者的巩固和强化，看不到在不公正的国际秩序和不合理的全球化体系中根本不可能实现持久和平、普遍安全、共同繁荣、开放包容、清洁美丽的世界。

根据习近平的相关论述，事实层面上的人类命运共同体只是理想层面上的人类命运共同体得以实现的一个前提。必须承认，如果没有前者，那么人们根本不可能在全人类的层面上去构想一种和谐、美丽的世界。但如果只有前者，而不附加任何有意识的变革和努力的争取，那么，后者也断无实现的可能。因此，可以说，事实层面上的人类命运共同体和理想层面上的人类命运共同体之间既有前后相续的关联，又有一定程度上改弦更张

---

① 刘建飞：《人类命运共同体的现实与未来》，《学习时报》2018 年 6 月 11 日第 1 版。

的"断裂"。这种"断裂"所指向的，正是改变迄今为止一直主导全球化进程的资本增殖逻辑，使全人类普遍的利益福祉、特别是广大发展中国家人民的利益福祉更好地得到实现、维护和发展。当然，这决不是要否定或排斥资本的作用，而是要让资本服务于一个更广大的利益主体，将其作用导向一个更有利于合作共赢的方向。事实层面上的人类命运共同体是资本全球扩张的产物，由于没有"以人为本"的自觉，它在造成全人类相互依存状态的同时，也带来了一系列威胁全人类生存发展的重大问题，因而可称为"自发的人类命运共同体"。理想层面上的人类命运共同体作为对全球问题的积极回应和解决，有着明确的"以人为本"的自觉，引导着人们把"生于斯、长于斯的这个星球建成一个和睦的大家庭，把世界各国人民对美好生活的向往变成现实"①，因而可称为"自觉的人类命运共同体"。

二、自发的人类命运共同体

人类社会中的一切共同体都以某种能够把人们联系起来的纽带为前提。例如，在共同的地缘、共同的血缘、共同的文化和共同的利益的基础上，能够分别形成地缘共同体、血缘共同体、文化共同体和利益共同体。人类命运共同体，不论是自发的形态还是自觉的形态，都属于一种利益共同体。但是，在这里作为把整个人类联系起来的纽带的共同利益，并不是一般意义上的得失或盈亏，而是生死攸关、决定着人类前途和命运的重大利益或根本利益。从这个意义上说，人类命运共同体就是由共同的根本利益所促成的、具有共同命运的人类整体。当然，这种促成人类命运共同体的共同的根本利益并不是向来就有的。在资本主义生产方式诞生之前的漫

① 《习近平谈治国理政》第 3 卷，外文出版社 2020 年版，第 433 页。

长岁月里，世界上有的只是各种各样的特殊利益，如不同的个人利益、部落利益、种族利益、民族利益、国家利益，而从未有过全体人类的共同利益。但是，随着资本增殖逻辑推动下的经济全球化进程的开启，作为一个有机整体的全球社会逐渐形成，作为联系纽带的人类共同利益也终于出现。正是在这种情形下，自发的人类命运共同体才成为一种现实。

（一）全球化背景下世界历史的形成

自发的人类命运共同体是在经济全球化的背景下形成的，而这一形成过程也就是历史向世界历史转变的过程。关于经济全球化，习近平指出："这一概念虽然是冷战结束以后才流行起来的，但这样的发展趋势并不是什么新东西。早在 19 世纪，马克思、恩格斯在《德意志意识形态》、《共产党宣言》、《1857—1858 年经济学手稿》、《资本论》等著作中就详细论述了世界贸易、世界市场、世界历史等问题。"[1]马克思、恩格斯的相关论述表明，尽管 19 世纪 40 年代经济全球化尚处在起步阶段，但它已经初步展现了不同民族、不同国家之间"你中有我、我中有你"的相互依赖关系，并且预示着整个人类社会的深刻变化。同时，我们也应当看到，作为那一时期推动经济全球化进程的主体力量，资产阶级完全是在逐利原则的支配下进行活动的，而这也就为自发的人类命运共同体所面临的各种难题和所具有的各种弊端埋下了伏笔。

经济全球化之所以造就了自发的人类命运共同体，主要是由于全球分工使不同民族、不同国家之间形成了共同利益。我们知道，资本的增殖逻辑决定了资本主义生产方式必然要在尽可能大的范围内配置资源，以最小的资源消耗获取最大的经济效益。而科学技术的进步特别是交通运输工具

---

[1] 《习近平谈治国理政》第 2 卷，外文出版社 2017 年版，第 210 页。

的便利化决定了配置资源的范围可以拓展至整个世界，将各个民族、国家都纳入到资本主义的世界生产体系之中。尽管国际分工没有也不可能消除各个民族、国家在利益上的对立，但它毕竟促成了一种世界范围内的共同利益。这种共同利益表现在，任何一个民族、国家想要获得良性发展，都不能自我封闭，而必须参与到国际分工体系之中。关于这一点，习近平曾明确指出："实践告诉我们，要发展壮大，必须主动顺应经济全球化潮流，坚持对外开放，充分运用人类社会创造的先进科学技术和有益管理经验"①；"开放带来进步，封闭必然落后"②。不可否认，迄今为止的国际分工体系始终具有"中心—外围"的等级结构，始终包含着残酷的利益剥削。但是，这并不构成我们拒斥国际分工的理由，在积极参与中推动利益分配的公正化才是唯一正确的态度。在当今时代，一个良性运转的国际分工体系符合所有民族、国家的根本利益。同时，由于这一分工体系还存在着诸多缺陷甚至是根本性的缺陷，因此，完善这一分工体系就等于发展全人类的共同利益，而这也正是自觉的人类命运共同体的题中之意。

从另一个角度看，自发的人类命运共同体的形成与历史向世界历史的转变也是同一个过程。在唯物史观的语境中，"世界历史"并不是各个民族、国家历史的简单叠加，而是各个民族、国家打破孤立隔绝状态，形成相互依存、相互制约的有机整体的历史阶段。这一阶段肇始于地理大发现后西方资本主义的海外扩张，直到今天仍然在不断地朝着更加深入的方向发展。

与经济全球化问题相比，历史向世界历史转变的问题无疑更加复杂。之所以如此，是由于这一问题既牵涉道德评价，又关乎历史评价；既饱含着悲伤的个人情感，又彰显着雄迈的进步力量。唯物史观认为，尽管世界

---

① 《习近平谈治国理政》第 2 卷，外文出版社 2017 年版，第 211 页。

② 《习近平谈治国理政》第 3 卷，外文出版社 2020 年版，第 187 页。

历史的形成伴随着西方国家的"巧取豪夺、强权占领、殖民扩张"①，但它毕竟从整体上推动了生产力的发展和人类社会的进步；尽管中国、印度等东方国家是在落后挨打的状态下、以极其被动的方式走向世界历史的，但这场"根本的革命"终究推动了古老世界的崩溃②，使东方得以开启现代化的历程。总之，唯物史观主张用一种辩证的观点来看待历史向世界历史的转变，在揭露其西方主导、资本利益为上的局限性的同时，认可其对于人的发展和解放的重大意义。马克思、恩格斯指出："每一个单个人的解放的程度是与历史完全转变为世界历史的程度一致的"③，"无产阶级只有在世界历史意义上才能存在，就像共产主义——它的事业——只有作为'世界历史性的'存在才有可能实现一样。而各个人的世界历史性的存在，也就是与世界历史直接相联系的各个人的存在。"④不可否认，马克思、恩格斯在这里赋予世界历史的是一种指向人的终极解放的意义，这种意义不仅远远超出了自发的人类命运共同体的水平，而且也无法被自觉的人类命运共同体所容纳。但是，自觉的人类命运共同体作为颠覆资本中心地位的一个阶段性目标，仍然能够引领世界历史朝着更加和谐、美好的方向发展。

（二）不平等的国际政治经济秩序

如前所述，自发的人类命运共同体是在西方主导下、按照资本增殖的逻辑构建起来的。因此，其中必然内在地包含着不平等的国际分工体系和不公正的利益分配机制，而这也就决定了维系自发的人类命运共同体的共

---

① 《习近平谈治国理政》第 2 卷，外文出版社 2017 年版，第 211 页。
② 参见《马克思恩格斯文集》第 2 卷，人民出版社 2009 年版，第 683 页。
③ 《马克思恩格斯文集》第 1 卷，人民出版社 2009 年版，第 541 页。
④ 《马克思恩格斯文集》第 1 卷，人民出版社 2009 年版，第 539 页。

同利益纽带并不牢固，难以充分满足各个民族、国家特殊化的利益诉求。整个人类既"你中有我、我中有你"，又"你排斥我、我对抗你"，这俨然成为自发的人类命运共同体的日常状态。这种相互排斥和对抗固然也存在于发达国家之间，但其最突出的表现无疑还是发展中国家与发达国家之间深刻的利益冲突。在不平等的国际政治经济秩序下，受到剥削和压制、承担风险和代价的，只能是广大发展中国家。

　　第二次世界大战之后，尽管有以联合国为代表的多边机制通过国际协商和合作，在维护世界和平、发展友好关系、促进社会进步、保护基本人权等方面起到了一定的作用，但是，不平等的国际政治经济秩序仍然限制着发展中国家各项权利的充分实现。以经济全球化为例，发达国家由于占据先天优势地位，在制定贸易和竞争规则方面享有更大的话语权，并且控制着一系列国际组织，因而无可置疑地成为主要的受益者。反观发展中国家，尽管它们也在经济全球化的进程中不同程度地加速了自身的现代化，但从总体上看，它们与发达国家之间的差距不是缩小了，而是进一步加大了，强者愈强、弱者愈弱的"马太效应"进一步加剧了世界的贫富分化。其具体表现有：第一，发展资金匮乏、债务负担沉重、贸易条件恶化、金融风险增加、技术水平落后等因素，使发展中国家在经济发展方面处于不利地位；第二，相对落后的政府领导能力、法律政策体系、文化价值观念，使发展中国家在面对全球化冲击时出现了不同程度的社会治理危机；第三，由发达国家产业链优化升级所带来的高污染高能耗产业转移，加剧了发展中国家的资源短缺和环境污染；第四，在世界经济联系越来越密切但有效的全球经济协调机制没有完全建立起来的情况下，发达国家很容易将自身经济危机"平摊"到全球，特别是转嫁到发展中国家头上。不仅如此，不平等的国际政治经济秩序还纵容个别国家无视国际法和国际关系基本准则，肆意干涉别国内政、践踏他国主权，这些国家经常以大欺小、恃强凌弱、以富压贫，使发展中国家特别是落后的弱小国家根本无法掌握自身的命运。

2008 年国际金融危机发生以来，国际政治经济秩序又有了一系列更加复杂的新变化。习近平指出："天下仍很不太平，发展问题依然突出，世界经济进入深度调整期，整体复苏艰难曲折，国际金融领域仍然存在较多风险，各种形式的保护主义上升，各国调整经济结构面临不少困难，全球治理机制有待进一步完善。实现各国共同发展，依然任重而道远。"①在上述这些问题中，尤其值得我们关注的，莫过于保护主义和单边主义的抬头。之所以如此，是由于在传统的经济全球化叙事中，西方发达国家作为主要受益者，必然坚定支持自由贸易和多边主义，但当前的实际情况却是，某些西方发达国家出于自身利益的狭隘考量，反而成为逆全球化的推手。以美国为例，近年来其处处以"美国优先"为原则算计，奉行带有明显利己主义和保护主义色彩的对外政策，不断"退群""毁约""降费""减援"，严重破坏了人类社会在应对各种威胁上的国际合作。不仅如此，美国还固守冷战思维，热衷零和博弈，习惯于从竞争和对抗的角度处理国际关系，把新兴国家的发展视作对自身的挑战，不断以"贸易战""科技战"等方式压制别国发展。当然，这也恰恰再次证明了国际政治经济秩序的不平等，因为正是在这样的秩序框架内，美国等少数西方发达国家才能够无所顾忌、肆意妄为，以牺牲人类社会共同利益为代价满足自身的一己私利。

针对经济全球化遭遇的严峻挑战，习近平指出："经济全球化是社会生产力发展的客观要求和科技进步的必然结果"，"想人为切断各国经济的资金流、技术流、产品流、产业流、人员流，让世界经济的大海退回到一个一个孤立的小湖泊、小河流，是不可能的，也是不符合历史潮流的。"②这一论述表明，经济全球化既塑造了整个人类的共同利益，也推动着这种

---

① 《习近平谈治国理政》第 1 卷，外文出版社 2018 年版，第 329 页。
② 《习近平谈治国理政》第 2 卷，外文出版社 2017 年版，第 477、478 页。

共同利益的实现和发展，只有局限在狭隘的个别利益和眼前利益的人们才会忽视或否认这一点。从表面上看，经济全球化似乎带来了许多消极的后果，甚至连发达国家的利益都受到了"损害"，但事实上，这些消极后果并不是经济全球化本身的过错，而是迄今为止经济全球化运行于其中的不平等的国际政治经济秩序造成的。"把困扰世界的问题简单归咎于经济全球化，既不符合事实，也无助于问题解决。"例如国际金融危机"不是经济全球化发展的必然产物，而是金融资本过度逐利、金融监管严重缺失的结果"①，是发达国家利用金融手段收割全世界财富的玩火自焚之举。因此，只有进一步变革不平等的国际政治经济秩序，才能使经济全球化更好地发挥其促进人类进步的积极作用，在不同民族、国家之间建立起平等互利的共赢关系，推动人类命运共同体由自发形态向自觉形态转变。

（三）全球性问题

除了经济全球化背景下人类通过分工、协作结成的某种共同利益外，维系自发的人类命运共同体的另一种共同利益，表现为人类在面对全球性问题时的安危与共、风险共担。这里所说的全球性问题，指的是那些具有广泛影响和连带效应、因而威胁整个人类生存和发展的重大问题。这些问题的最初发生有可能是局部性的，但在"你中有我、我中有你"的全球性社会中，很容易引发席卷全球的政治、经济、文化大波动。习近平指出，人类"正处在一个挑战层出不穷、风险日益增多的时代。世界经济增长乏力，金融危机阴云不散，发展鸿沟日益突出，恐怖主义、难民危机、重大传染性疾病、气候变化等非传统安全威胁持续蔓延"②。这一论述虽然没有

---

① 《习近平谈治国理政》第 2 卷，外文出版社 2017 年版，第 477 页。
② 《习近平谈治国理政》第 2 卷，外文出版社 2017 年版，第 538 页。

穷尽所有的全球性问题，但却已经清楚地阐明整个人类只有放下分歧、团结一致、共同应对，才能有效预防不可控风险的发生、阻止自身走向毁灭。也就是说，这些全球性问题以一种否定的形式表现了整个人类的共同利益，而这种以否定形式表现出来的人类共同利益构成了各种特殊利益得以实现的共同的根本前提。除上述蔓延全球的经济危机特别是金融危机外，当前人类面临的全球性问题还包括以下几个方面。

一是生态危机，具体包括环境污染、生态失衡、人口膨胀、粮食短缺、资源枯竭、气候变化等方面的问题。1972年罗马俱乐部的研究报告《增长的极限》指出，世界经济、人口、粮食消费和资源消耗都是按指数方式增长的，但地球上生产粮食的土地、可供开采的资源和容纳污染的能力都是有限的，无法支撑无限度的经济增长；如果世界经济的增长方式保持不变，那么，地球上可供利用的资源将在100年内被耗尽，地球上的生态系统也将会全面瓦解；而如果维持目前世界上的人口增长率和资源消耗速度不变，那么，由于粮食短缺、资源枯竭或严重的环境污染，世界经济有朝一日也会突然崩溃。这一报告的内容表明，尽管某些国家、地区可以通过产业转移暂时缓解自身的生态压力，尽管某些阶级、个人可以借助自身财富换取一隅的"绿水青山"，但生态环境问题的广泛性、连带性决定了没有任何人能够完全地置身事外、独善其身。

二是核威胁，具体包括核泄漏、核战争、核扩散、核恐怖主义等方面的风险和挑战。"上个世纪，原子的发现和核能的开发利用给人类发展带来了新的动力，极大增强了我们认识世界和改造世界的能力。"①但是，随之而来的核威胁也成为最有可能毁灭人类的"超级杀手"。例如，在军事方面，由于其巨大的破坏力和杀伤力，核武器已经成为世界大国之间相互制衡的重要手段。但是，拥核国家及其代理人的战争一旦升级，就有可能

---

① 《习近平谈治国理政》第1卷，外文出版社2018年版，第253页。

引发一连串的核打击，其可怕后果将不堪设想。即使是民用核能事业，也面临着核材料和核设施方面的潜在安全风险。发生在切尔诺贝利、福岛等地的核安全事故表明，核安全的神经必须时刻紧绷，否则就会酿成不可挽回的灾难。除此之外，以脏弹袭击、破坏核设施、窃取核武器为主要手段的核恐怖主义，更使人类安全蒙上了一层阴影。总之，"核安全也是全球性课题。一个木桶的盛水量，是由最短的那块板决定的。一国核材料丢失，全世界都将面临威胁。实现普遍核安全，需要各国携手努力。"①

三是恐怖主义。所谓恐怖主义，是指通过暴力、破坏、恐吓等手段制造社会恐慌，从而胁迫政府或国际组织满足其政治、意识形态目的的行为。近几十年来，以美国"9·11"事件为代表的一系列恐怖袭击表明，恐怖主义已经从西欧、中东、拉美等热点地区扩散至全球范围，其针对目标也逐渐从外交机构、军事设施和政府部门扩展到普通平民的生活范围，其手段更是从传统的劫持人质、暗杀和爆炸延伸到了生化、核、网络等方面，且呈现出越来越野蛮、残暴、不择手段的特点。因此，在当今世界，恐怖主义已成为不折不扣的人类公敌，成为对世界和平与发展的严峻考验。尽管各国对恐怖主义的界定还存在某些分歧，但在打击恐怖主义的问题上，整个国际社会已经形成了较为普遍的共识。习近平指出："反恐是各国共同义务，既要治标，更要治本。要加强协调，建立全球反恐统一战线，为各国人民撑起安全伞。"②

四是重大传染性疾病。进入 21 世纪以来，人类已经历非典、禽流感、埃博拉、寨卡、新冠肺炎等多次大范围传播的疫情，充分感受到重大传染性疾病对于人民生命健康和经济社会发展的严峻威胁。特别是新冠病毒，不仅传播扩散迅速，而且频繁变异迭代，致使其疫情起伏反复、难以终

---

① 《习近平谈治国理政》第 1 卷，外文出版社 2018 年版，第 255 页。
② 《习近平谈治国理政》第 2 卷，外文出版社 2017 年版，第 542 页。

结。截至 2022 年 6 月，新冠肺炎疫情在全球范围内造成的死亡人数已超过 600 万，堪称百年来最严重的传染病大流行。习近平指出："这场疫情再次昭示我们，人类荣辱与共、命运相连"，我们必须"携手并肩，坚定不移推进抗疫国际合作，共同推动构建人类卫生健康共同体，共同守护人类健康美好未来"①。遗憾的是，某些国家不仅执意将疫情溯源政治化、标签化、污名化，而且大搞"疫苗民族主义"，严重扰乱了国际抗疫合作，给世界各国人民带来了更大伤害。这表明，尽管重大传染性疾病等全球性问题已经将各国命运深度绑定，但如果没有人类命运共同体的自觉意识，人类命运仍将充满极大的不确定性。

至此，我们梳理了维系自发的人类命运共同体的两条利益纽带，即在全球化的国际分工中形成的共同利益和在面对全球性问题时形成的共同利益。其中，前者虽然是以一种积极的、主动的、肯定性的方式发挥作用，但却并不牢固；后者虽然具有相对的稳定性，但却是以一种消极的、被动的、否定性的方式发挥作用。那么，整个人类是否有可能被一种稳固且正向的共同利益联系在一起呢？这正是构建人类命运共同体的理念所要回答的问题。

三、自觉的人类命运共同体

习近平指出："人类命运共同体，顾名思义，就是每个民族、每个国家的前途命运都紧紧联系在一起，应该风雨同舟，荣辱与共，努力把我们生于斯、长于斯的这个星球建成一个和睦的大家庭，把世界各国人民对美

---

① 习近平：《携手共建人类卫生健康共同体——在全球健康峰会上的讲话》，《人民日报》2021 年 5 月 22 日第 2 版。

好生活的向往变成现实。"①不难发现，这段话的前半部分陈述的是业已形成的自发的人类命运共同体的事实，而后半部分则是对构建自觉的人类命运共同体的倡议。自觉的人类命运共同体之所以区别于自发的人类命运共同体，就在于它是以全人类共同的根本利益而不是资本的增殖逻辑为导向、按照合作共赢而不是零和博弈的原则形成的理念，它"坚持对话协商，推动建设一个持久和平的世界；坚持共建共享，推动建设一个普遍安全的世界；坚持合作共赢，推动建设一个共同繁荣的世界；坚持交流互鉴，推动建设一个开放包容的世界；坚持绿色低碳，推动建设一个清洁美丽的世界"②，而不是放任或坐视全球治理体系中各种问题的存在。只有在自觉的人类命运共同体中，整个人类才能以更加公平、合理的方式分享经济全球化带来的利益成果，才能真正破解当前威胁整个人类的全球性问题。

（一）持久和平

和平是全人类共同的愿望，但战争的阴云始终笼罩着进入阶级社会以来人类的全部历史。唯物史观认为，战争作为一种极端化的政治、外交手段，表现的是不同阶级、不同民族和国家之间激烈的利益争夺。只有到了共产主义社会，随着阶级和国家的消亡、人类不再划分为相互对立的利益集团的时候，战争才会彻底消失，人们才能真正过上和平安宁的生活。因此，即使是自觉的人类命运共同体，也绝不奢望终结战争，更不会天真地抱有"永久和平"的幻想。相反，自觉的人类命运共同体是在清醒认识现阶段人类社会利益纷争的基础上，倡导通过对话协商、平等相待、利益共

① 《习近平谈治国理政》第 3 卷，外文出版社 2020 年版，第 433 页。
② 习近平：《高举中国特色社会主义伟大旗帜　为全面建设社会主义现代化国家而团结奋斗——在中国共产党第二十次全国代表大会上的报告》，《人民日报》2022 年 10 月 26 日第 1 版。

享，尽最大可能降低爆发战争的风险、减小战争的规模、缩短战争的时间，从而实现"持久和平"的目标。

关于如何推动实现持久和平，习近平指出："国家之间要构建对话不对抗、结伴不结盟的伙伴关系。"这种伙伴关系具体包括两个方面：一是在大国与大国之间，要摒弃冷战思维与零和博弈，尊重彼此核心利益和重大关切，管控矛盾分歧，努力构建不冲突不对抗、相互尊重、合作共赢的新型关系；二是在大国与小国之间，要反对霸权主义和强权政治，"平等相待，不搞唯我独尊、强买强卖的霸道。"①总之，当各个国家间出现矛盾、分歧和争端时，应该通过平等协商等和平方式来处理。

也许有人会说，这不过是一厢情愿的美好愿望，残酷的国际环境容不下这种童话般的善意和真诚。这样的质疑虽不能说完全没有道理，但它忽视了这样一个事实，即"人类正处在大发展大变革大调整时期。世界多极化、经济全球化深入发展，社会信息化、文化多样化持续推进，新一轮科技革命和产业革命正在孕育成长，各国相互联系、相互依存，全球命运与共、休戚相关，和平力量的上升远远超过战争因素的增长，和平、发展、合作、共赢的时代潮流更加强劲。"②也就是说，自觉的人类命运共同体方案、特别是"持久和平"的愿景并不是虚无缥缈的空想，它们之所以会在21世纪的第二个十年被明确提出，就是由于这是一个和平力量逐渐上升、和平氛围逐渐浓厚的时代，是这个时代孕育了新的和平的希望。而自觉的人类命运共同体理念的意义就在于，它能够顺应时代潮流，充分调动全世界爱好和平人士的主观能动性和历史积极性，将和平的趋势尽可能变为和平的事实。我们并不否认，当今时代世界各地的局部战争仍然此起彼伏，各种传统和非传统的安全威胁不断涌现，但"面对世界大发展大变革大调

---

① 《习近平谈治国理政》第 2 卷，外文出版社 2017 年版，第 541 页。
② 《习近平谈治国理政》第 2 卷，外文出版社 2017 年版，第 538 页。

整的新形势，为更好推进人类文明进步事业，我们必须登高望远，正确认识和把握世界大势和时代潮流"①，而不是局限在一时一地的消极现象之中。只有这样，我们才能更坚定地相信捍卫和平的力量终将战胜破坏和平的势力，才能更清晰地看到持久和平的希望。

当然，和平能否持久，终究还是取决于各方能否获得令其满意的利益分配结果。没有发展，就没有和平；没有合作共赢的发展，就没有稳固持久的和平。那么，如何推动合作共赢的发展呢？毫无疑问，这离不开世界各国的通力协作，但同时也必须承认，中国在其中发挥着不可替代的重要作用。之所以如此，一方面是由于中国拥有广阔的市场和巨大的消费潜力，对世界经济发挥着举足轻重的影响；另一方面则是由于中国作为发展中国家，坚定支持建立公正、合理的国际政治经济新秩序。也正是在这个意义上，习近平强调："中国是经济全球化的受益者，更是贡献者。中国经济快速增长，为全球经济稳定和增长提供了持续强大的推动。中国同一大批国家的联动发展，使全球经济发展更加平衡。中国减贫事业的巨大成就，使全球经济增长更加包容。中国改革开放持续推进，为开放型世界经济发展提供了重要动力。"② 正因为"世界繁荣稳定是中国的机遇，中国发展也是世界的机遇"③，因此，中国最渴望世界和平，也最有能力促进世界和平。习近平代表中国人民提出构建自觉的人类命运共同体的倡议和持久和平的愿景，这决不是偶然的。

除利益上的合作共赢外，文化上的交流互鉴也是避免战争、维护持久和平的重要手段。唯物史观认为，文化蕴含着一个民族、一个国家的历史传统、思想智慧、价值追求和审美情趣，能够从思想观念上将社会成员联系、凝聚在一起，是社会有机体的现实的组成部分。尽管战争的最终根源

---

① 《习近平谈治国理政》第 3 卷，外文出版社 2020 年版，第 440 页。
② 《习近平谈治国理政》第 2 卷，外文出版社 2017 年版，第 484 页。
③ 《习近平谈治国理政》第 1 卷，外文出版社 2018 年版，第 248 页。

在物质利益，但由于宗教信仰、意识形态、生活方式等文化因素而引发的战争也不在少数。如果能够通过交流互鉴而最大限度地消除所谓的文化摩擦、文明冲突，那么也将极大地有利于持久和平。习近平指出："文明交流互鉴，是推动人类文明进步和世界和平发展的重要动力"①。文化交流互鉴虽不能消除利益分歧，但却能够促使双方以最大的善意相互理解、以最大的耐心坚持对话协商、以最大的诚意回应对方要求。在中国，协商是民主的重要形式，如果这样的文化观念能够被其他国家、特别是西方国家所理解和接受，那么，在现代国际治理中，以对话解争端、以协商化分歧的路径就并非不可想象。

（二）普遍安全

同免于战争的和平一样，免于威胁的安全也是全人类共同的愿望。因此，自觉的人类命运共同体反对任何以牺牲别国安全换取自身安全的做法，而倡导实现普遍安全。这里所说的"普遍"，既是就安全的覆盖面而言的，强调世界各国人民共同享受安全保障，同时也是就安全的内容而言的，强调经济、政治、文化、社会、生态等方面的安全缺一不可。为了推动实现普遍安全，习近平提出了共同、综合、合作、可持续的新安全观。

所谓共同安全，就是尊重和保障每一个国家的安全。这一理念所针对的，是某些国家以邻为壑、转嫁危机，甚至在别国制造混乱以谋取利益的做法。这些做法虽然能在短时间内带来安全和收益，但长远来看终将引火烧身。例如，在新冠肺炎疫情肆虐之际，如果固守于狭隘的本国利益，大搞所谓"疫苗民族主义"，就难免被来自别国的病毒重新攻陷。又如，中

---

① 《习近平谈治国理政》第 1 卷，外文出版社 2018 年版，第 258 页。

东乱局不仅在当地造成了严重的人道主义危机，其引发的难民潮更是成为困扰欧洲、北美社会的复杂问题。古人云："单则易折，众则难摧。"邻居家出了问题，不能光想着扎好自家篱笆，而应该去帮一把。这不仅是重视普遍联系的辩证思维的要求，更是为了自身利益的必要考量。也就是说，当今人类应当树立"你安全所以我安全"的理念，以一种平等的、包容的方式营造公道正义、共建共享的安全格局。

所谓综合安全，就是统筹兼顾传统安全和非传统安全。其中，传统安全包括政治安全、国土安全、军事安全等方面，是长久以来各国安全关切的主要内容；而非传统安全则包括经济安全、文化安全、社会安全、科技安全、信息安全、生态安全、资源安全、核安全等方面，是近几十年来人类安全面临威胁挑战的新领域。习近平指出，当今世界"传统安全威胁和非传统安全威胁相互交织"[1]，体现在传统安全领域的霸权主义和强权政治阴魂不散，领土纠纷和兵戎相见时有发生，仍然极大地威胁着整个人类的生存和发展；而体现在非传统安全领域的金融危机、恐怖主义、难民危机、重大传染性疾病、气候变化、核威胁等也逐渐构成了对于整个人类的严峻挑战。因此，在推动实现普遍安全的过程中，必须多管齐下、综合施策，从整体和全局上完善世界安全治理。在这一过程中，习近平格外关注恐怖主义、难民危机和重大传染性疾病的应对问题。在他看来，尽管整个人类在面对这些全球性问题时已经形成了某种共同利益，但要促成问题的更好解决，仍然需要各国政府和国际组织形成一种自觉的共同体意识。例如，对于恐怖主义，要加强协调，建立全球反恐统一战线，为各国人民撑起安全伞；对于难民危机，既要动员全球力量有效应对，又要积极劝和促谈，尽可能消除引发难民潮的地缘冲突；对于重大传染性疾病，则要加强疫情监测、信息沟通、技术分享，并给予发展中国家更多的支持和

---

[1] 《习近平谈治国理政》第 1 卷，外文出版社 2018 年版，第 272 页。

援助①。

所谓合作安全，就是以多边主义的方式推动安全的实现。"合作安全"与"共同安全"有相似之处，其区别在于，前者侧重于实现安全的手段和途径，而后者则侧重于实现安全的目标和预期。习近平指出："我们要坚持多边主义，不搞单边主义"②，"面对日益复杂化、综合化的安全威胁，单打独斗不行，迷信武力更不行"③。习近平指出："我们要充分发挥联合国及其安理会在止战维和方面的核心作用，通过和平解决争端和强制性行动双轨并举，化干戈为玉帛。"④虽然联合国自身还存在诸多问题，但它仍然是当今世界以多边主义方式维护国际安全的最好机制。与其另起炉灶，不如协调各方扎实推进联合国改革，使之更好地主持公道、厉行法治、促进合作、聚焦行动⑤。

所谓可持续安全，就是坚持发展与安全并重，以发展促安全。在讲到发展与安全的关系问题时，习近平指出："发展是安全的基础，安全是发展的条件"⑥。没有各国互利互惠的发展，就不可能有持续稳定的安全格局。因此，在推动实现普遍安全的过程中，必须聚焦发展主题，积极改善落后民族和国家的民生条件，缩小国际范围内的贫富差距，不断夯实安全根基。唯有如此，才能真正消除世界范围内不安全因素产生的经济社会根源，而单纯的武力压服只会酝酿更大的安全隐患。当然，可持续安全也可以从另一个角度加以理解，即安全成本的有效降低。我们知道，不论是维护一国安全，还是维护世界安全，都需要耗费巨大的经济成本和社会成

---

① 参见《习近平谈治国理政》第 2 卷，外文出版社 2017 年版，第 542 页。
② 《习近平谈治国理政》第 2 卷，外文出版社 2017 年版，第 523 页。
③ 《习近平谈治国理政》第 3 卷，外文出版社 2020 年版，第 433 页。
④ 《习近平谈治国理政》第 2 卷，外文出版社 2017 年版，第 523 页。
⑤ 参见习近平：《在联合国成立 75 周年纪念峰会上的讲话》，《人民日报》2020 年 9 月 22 日第 2 版。
⑥ 《习近平谈治国理政》第 1 卷，外文出版社 2018 年版，第 201 页。

本。例如，参战、备战、反恐、维稳不仅"烧钱"，而且还有可能加剧社会的撕裂。不计成本的投入或许能在短期内收获良好的安全效果，但长远来看终究是不可持续的。因此，如果能够通过完善机制和手段，更好化解纷争和矛盾，或者通过文化交流互鉴，加强彼此沟通和理解，那么势必将在一定程度上降低安全成本，使更多的社会资源投入到发展中，从而实现安全与发展的良性互动。

（三）共同繁荣

如前所述，经济全球化背景下的国际分工促成了人类共同利益的形成，但是，不平等的国际政治经济秩序又使得这一共同利益脆弱而乏力，无法使整个人类自觉、自愿地紧密结合在一起。特别是 2008 年国际金融危机爆发以来，由于世界经济增长显著放缓，单边主义、保护主义明显抬头，质疑、否定经济全球化的声音更是不绝于耳。对此，习近平指出："经济全球化确实带来了新问题，但我们不能就此把经济全球化一棍子打死，而是要适应和引导好经济全球化，消解经济全球化的负面影响，让它更好惠及每个国家、每个民族。"① 这表明，自觉的人类命运共同体理念不仅坚定维护整个人类在经济全球化过程中形成的共同利益，而且致力于推动这一共同利益朝着"开放、包容、普惠、平衡、共赢"的方向发展。因为只有这样，整个人类才有可能携手步入一个共同繁荣的世界，并在这个世界中享受到持久的和平和普遍的安全。

建设共同繁荣的世界，必须从以下几方面努力。

一是要坚持创新驱动，挖掘世界经济增长新动力。习近平指出：后金

---

① 《习近平谈治国理政》第 2 卷，外文出版社 2017 年版，第 478 页。

融危机时代，"世界经济面临的根本问题是增长动力不足"①。要解决这一问题，就必须坚持创新驱动，将创新作为引领发展的第一动力。这里所说的创新，主要是指科技创新，即"抓住新一轮科技革命和产业变革的历史性机遇，转变经济发展方式"②。这需要各国积极优化产业布局，培育新产业、新业态、新模式，并处理好信息化、自动化给就业带来的冲击。就科技创新而言，尽管发达国家掌握着主要的创新资源，但发展中国家也应当积极作为，充分发挥后发优势，通过增加科技投入，尽可能在数字经济、智能制造、互联网等方面实现"弯道超车"。除科技创新外，这里所说的创新也包括理念创新和制度创新，即超越单纯依靠财政、货币政策刺激经济的传统模式，树立标本兼治、综合施策的思路。

二是要坚持开放共赢，促进世界经济的联动发展。经济全球化并没有终结各国的特殊利益，因此，每个国家基于对自身利益的考量进行决策是很自然的事情。但是，由于整个世界经济已经形成了"一荣俱荣、一损俱损"的连带效应，"在追求本国利益时兼顾别国利益，在寻求自身发展时兼顾别国发展"③已成为各国谋求自身利益最大化的明智选择。也就是说，各国应该在更加广阔的层面考虑自身利益，而不是狭隘地以邻为壑、转嫁危机，任何以损害其他国家利益为代价的发展都将被证明是损人不利己的愚蠢做法。习近平指出："我们要坚定不移发展开放型世界经济，在开放中分享机会和利益、实现互利共赢"④，"反对保护主义，反对'筑墙设垒'、'脱钩断链'，反对单边制裁、极限施压"⑤。只有这样，才能使整个人类在

① 《习近平谈治国理政》第 2 卷，外文出版社 2017 年版，第 480 页。
② 《习近平谈治国理政》第 2 卷，外文出版社 2017 年版，第 542 页。
③ 《习近平谈治国理政》第 1 卷，外文出版社 2018 年版，第 336 页。
④ 《习近平谈治国理政》第 2 卷，外文出版社 2017 年版，第 481 页。
⑤ 习近平：《高举中国特色社会主义伟大旗帜　为全面建设社会主义现代化国家而团结奋斗——在中国共产党第二十次全国代表大会上的报告》，《人民日报》2022 年 10 月 26 日第 1 版。

经济全球化的过程中实现"你好我好大家好"。

三是要坚持与时俱进，打造公正合理的世界经济治理模式。近年来，国际经济力量对比发生了深刻变化，新兴市场国家和发展中国家已成为推动世界经济增长的重要动力。然而，现行的世界经济治理模式还未能充分适应这一新变化，对于新兴市场国家和发展中国家的代表性和包容度还远远不够。因此，习近平倡议："全球经济治理应该以平等为基础，更好反映世界经济格局新现实，增加新兴市场国家和发展中国家代表性和发言权，确保各国在国际经济合作中权利平等、机会平等、规则平等。"① 众所周知，不公正不合理的世界经济、贸易、金融规则是造成广大发展中国家相对贫困的制度性原因。也正因如此，当发展中国家经过自身长期艰苦努力，终于有机会推进决策平等、权利共享、义务共担的时候，它们对变革现行的世界经济治理模式表现出了前所未有的迫切愿望和坚定决心。当然，西方发达国家并不会主动放弃自身享有的特权，而这就要求新兴市场国家和发展中国家坚持团结合作，"合力引导好经济全球化走向，提供更多先进理念和公共产品，推动建立更加均衡普惠的治理模式和规则，促进国际分工体系和全球价值链优化重塑。"②

四是要坚持平衡普惠，使各国人民共享世界经济发展成果。在自发的人类命运共同体中，发展失衡、贫富分化问题一直都非常突出。统计表明，当前世界基尼系数已经达到0.7左右，超过了公认的0.6"危险线"。在发达国家民众普遍享有较高生活水平的同时，全球仍有7亿多人口生活在极端贫困之中。习近平指出："这是当今世界面临的最大挑战，也是一

---

① 习近平：《中国发展新起点　全球增长新蓝图——在二十国集团工商峰会开幕式上的主旨演讲》，《人民日报》2016年9月4日第3版。

② 习近平：《论坚持推动构建人类命运共同体》，中央文献出版社2018年版，第472—473页。

些国家社会动荡的重要原因。"①如果放任发展鸿沟的存在和持续扩大，那么势必会使世界经济在贫困和动荡中逐渐丧失发展的可持续性。因此，国际社会必须行动起来，通过强化南北合作、推动社会变革，"让发展更加平衡，让发展机会更加均等、发展成果人人共享"②。在这里需要注意的是，消除贫困和饥饿、推动世界范围内的共享发展不仅是国际社会的道义责任，而且也是世界经济持续健康发展的内在要求，因为它能够"释放出不可估量的有效需求"③，从而为世界经济注入新的增长动力。

（四）开放包容

当今世界有 200 多个国家和地区、2500 多个民族和多种宗教。不同的历史和国情、不同的民族和习俗，孕育了丰富多彩的文明，使文明多样性成为人类社会的基本特征。如果说在各个民族、国家相对隔绝的时代，文明与文明之间尚保持着一定"安全距离"的话，那么，随着历史转变为世界历史，不同文明如何互动、怎样相处，就成为一个关系整个人类前途命运的重大问题。在自发的人类命运共同体中，起源于希腊、发展于西欧、兴盛于北美的西方文明凭借自身的经济、科技、军事实力，成为占据绝对优势地位的文明形态。它处处以高级文明自居，并按照文明冲突的零和思维，试图摧毁一切非西方文明的自信并最终取而代之。西方文明的这一做法不仅加剧了东西方的矛盾冲突，还催生了以反全球化为特征的文化民族主义，成为世界动荡不安的重要原因。也正因如此，习近平强调，在推动构建自觉的人类命运共同体的过程中，必须妥善处理不同文明之间的

---

① 《习近平谈治国理政》第 2 卷，外文出版社 2017 年版，第 480 页。
② 《习近平谈治国理政》第 2 卷，外文出版社 2017 年版，第 482 页。
③ 习近平：《中国发展新起点　全球增长新蓝图——在二十国集团工商峰会开幕式上的主旨演讲》，《人民日报》2016 年 9 月 4 日第 3 版。

关系问题。为此，他提出了"平等、互鉴、对话、包容的文明观"①，倡导以文明对话取代文明隔阂、以文明平等取代文明优越、以文明包容取代文明改造、以文明互鉴取代文明冲突，建设一个开放包容的新世界。

第一，以文明对话取代文明隔阂。在经济全球化的时代语境下，不同文明之间是否需要对话，这本来并不是一个问题。但是，迄今为止的文明对话充斥着"高级文明"的傲慢和偏见，它在一定程度上变成了强者对弱者的教化和训诫，结果反而在相对落后的民族和国家中催生了保守、排外的文化民族主义，后者成为文明对话新的障碍。即使是身处西方文明之中的法国，在面对美国文化的强势入侵时，也不得不举起捍卫本民族"文化认同"的大旗。从这个意义上说，当今世界中的文明隔阂并不是真正意义上的相互隔绝，而是不平等的文明关系所造成的抵触和逆反。要消除文明隔阂，关键不在于要不要文明对话，而在于如何实现不同文明之间的平等交流。

第二，以文明平等取代文明优越。习近平指出："文明没有高下、优劣之分，只有特色、地域之别。"② 西方文明之所以被许多人认作"高级文明"，是由于其冒险进取、崇尚理性、个人主义的特质满足了以资本扩张和科技进步为特征的现代化的要求，从而使西方国家成为迄今为止世界历史的主导力量。但是，从另一个方面看，西方文明所内在包含的二元对立的思维方式却又引发或加剧了人与自然的对立、人与人的对立和人与自身的对立，使整个人类不得不面临深刻的现代性危机。相反，某些亚洲或非洲的文明形态虽然看似原始、蒙昧，但却崇尚天人合一、强调人情伦常，因而更能够给人以精神滋养。总之，"各种人类文明在价值上是平等的，都各有千秋，也各有不足。世界上不存在十全十美的文明，也不存在一无

---

① 《习近平谈治国理政》第 3 卷，外文出版社 2020 年版，第 441 页。
② 《习近平谈治国理政》第 2 卷，外文出版社 2017 年版，第 544 页。

是处的文明"①。只有确立了这样的文明平等观，才能够以包容、谦虚的态度了解其他文明的真谛，进而开展富有成效的文明对话。就这一点而言，西方文明尤其需要收起其傲慢自大的偏见、改变其居高临下的姿态，在与其他文明的交流互鉴中取长补短，为走出现代性危机找寻新的灵感。

第三，以文明包容取代文明改造。在自发的人类命运共同体中，文明优越论的一个必然推论，便是以"高级文明"影响、改造乃至取代"低级文明"。而事实上，西方文明历来也是以各种手段推动自身生活方式、价值观念和政治制度的全球普及，以求实现其自身利益的最大化。对此，习近平指出："认为自己的人种和文明高人一等，执意改造甚至取代其他文明，在认识上是愚蠢的，在做法上是灾难性的!"②反观自觉的人类命运共同体，由于这一理念内在地包含着文明平等观，因此，任何致力于构建自觉的人类命运共同体的人们都应当以海纳百川的宽广胸怀对待每一种文明，包容各式各样的文明差异，推动不同文明相互尊重、和谐共处。俗话说"一花独放不是春，百花齐放春满园"，为了避免人类文明在一元主导下变得单调、枯燥，进而丧失生命活力，我们必须捍卫所有非西方文明存在和发展的权利。

第四，以文明互鉴取代文明冲突。美国学者亨廷顿认为，冷战结束后，文明冲突已成为世界和平的主要威胁。因此，为了降低爆发冲突的风险，各大文明必须放弃相互干涉，通过合作协商寻求彼此之间的共性。应当承认，亨廷顿有关世界文明新秩序的设想在一定程度上体现了文明对话、文明平等和文明包容的原则，因而有助于人们更全面地审视和平问题。但是，从总体上看，他的观点偏向于消极和否定性的方面，未能从更积极的角度展望不同文明间互学互鉴、兼收并蓄的可能。相比亨廷顿，

---

① 《习近平谈治国理政》第 1 卷，外文出版社 2018 年版，第 259 页。
② 《习近平谈治国理政》第 3 卷，外文出版社 2020 年版，第 468 页。

习近平在消除文明冲突的问题上无疑具有更加宽广的视野和更加乐观的态度。他指出："人类历史就是一幅不同文明相互交流、互鉴、融合的宏伟画卷。"①文明交流互鉴不仅是各国人民的共同愿望，而且也是文明发展的本质要求。既然古人能够克服山海相隔，实现不同文明间的取长补短、共同进步，那么，我们今天的人类就更应该"让文明交流互鉴成为增进各国人民友谊的桥梁、推动人类社会进步的动力、维护世界和平的纽带"②。也只有如此，才能夯实自觉的人类命运共同体的人文基础。

（五）清洁美丽

如前所述，人类在面对生态危机时的安危与共、风险共担，是自发的人类命运共同体得以形成的重要原因。也就是说，为了免于毁灭，整个人类必须以一种协调一致的方式共同应对生态危机。与自发的人类命运共同体一样，自觉的人类命运共同体也非常重视生态危机的解决，但它反对仅仅从"免于毁灭"这样一个消极、被动的角度考虑问题，而主张全人类自觉走出一条绿色、低碳、循环、可持续的发展道路，以更加积极有为的态度实现生态文明与经济社会发展的协调统一，建设一个清洁美丽的世界。那么，如何才能实现这一目标呢？习近平2015年11月30日在气候变化巴黎大会开幕式上的讲话为我们提供了以下重要思路。

一是努力实现经济发展和生态文明的双赢。建设一个山清水秀、清洁美丽的世界，并不是要否定物质文明的发展、回到前工业时代田园牧歌的状态，而是要提升物质文明发展的质量和效益，将生态友好作为发展的价值导向。例如，在讨论《巴黎协定》的基本原则时，习近平指出："既要

---

① 《习近平谈治国理政》第2卷，外文出版社2017年版，第524—525页。
② 《习近平谈治国理政》第1卷，外文出版社2018年版，第262页。

有效控制大气温室气体浓度上升，又要建立利益导向和激励机制，推动各国走向绿色循环低碳发展"①。这表明，只有确保参与主体在物质利益上的满足，全球生态文明建设才有可能行稳致远，取得实实在在的成效。从这个角度看，绿色循环低碳发展就不仅仅是一种生态文明的选择，它同时也是新一轮科技革命和产业变革所催生的新的经济增长点。当然，这里所说的利益导向和激励机制也包括相应的生态补偿，即通过经济手段对因环境保护而在一定程度上丧失了发展机会的民族和国家进行资金、技术、实物上的补偿，以调动其参与生态文明建设的积极性。

二是提高公众参与意识，形成合力。应对生态危机是全人类共同的事业，只有各国同舟共济、共同努力，才能凝聚起推动生态文明建设的全球力量。这种力量的获得，不仅需要物质利益上的激励，也离不开生态文明意识上的引导。习近平指出："我们应该坚持人与自然共生共存的理念，像对待生命一样对待生态环境，对自然心存敬畏，尊重自然、顺应自然、保护自然，共同保护不可替代的地球家园"②。如果这一观念能够成为各国民众的普遍共识，那么势必将推动各国政府、企业和非政府组织等全社会资源都参与到生态文明建设的国际合作之中。在这一过程中，我们还要格外警惕西方极端环保主义的消极影响。之所以如此，是由于这种思潮将环境保护和经济发展完全对立起来，它只会加剧社会撕裂、激化发展中国家与发达国家的矛盾，从而阻碍生态文明建设的国际合作。

三是加大投入，强化行动保障。应对生态危机固然是全人类共同的事业，但具体来看，发达国家和发展中国家由于所处的发展阶段不同、资金和技术水平差异较大，因而所承担的历史责任也有大小之分。发达国家除了完成自身的绿色发展目标外，还应当在资金和技术方面给予发展中国家

---

① 《习近平谈治国理政》第 2 卷，外文出版社 2017 年版，第 528 页。
② 《习近平谈治国理政》第 3 卷，外文出版社 2020 年版，第 435 页。

以有力支持，提高其发展绿色经济的能力。否则，全球生态文明建设便只能停留在落后产业国际转移的水平，其后果便是继续放任发展中国家生态环境的恶化。当然，发达国家也不可能独善其身，它们或许能够摆脱高污染、高耗能产业，但终究无法逃离生态环境恶化的威胁。也正是在这个意义上，习近平指出："对气候变化等全球性问题，如果抱着功利主义的思维，希望多占点便宜、少承担点责任，最终将是损人不利己。"①

四是照顾各国国情，讲求务实有效。如前所述，绿色发展是实现经济增长与生态文明相互协调的根本出路。但是，对于技术落后、资金匮乏的发展中国家而言，在短期内进入绿色发展状态绝非易事。也就是说，在发展中国家那里，生态环境保护和经济社会发展之间还存在着一定的矛盾，过高的环保标准只会打消发展中国家参与全球生态文明建设的热情。因此，习近平指出："应该尊重各国特别是发展中国家在国内政策、能力建设、经济结构方面的差异，不搞一刀切。"② 例如，在国际温室气体减排问题上，如果按照发达国家的标准约束发展中国家，那么，事实上就等于限制了发展中国家人民的发展权甚至是生存权；只有本着平等、正义的原则具体问题具体分析，才能制定出真正科学合理的减排标准。

五是奉行法治，确保协议实施。在应对生态危机特别是气候变化方面，国际社会已经先后达成了《联合国气候变化框架公约》（1992）、《京都议定书》（1997）、《巴黎协定》（2016）等多个协议文件，为全球生态文明建设创造了良好的政策环境。接下来的问题，是如何确保这些协议文件的有效遵守和贯彻实施。习近平指出："我们应该创造一个奉行法治、公平正义的未来。要提高国际法在全球治理中的地位和作用，……坚持民主、平等、正义，建设国际法治"③。由此可见，全球治理的法制化才是解决问

---

① 《习近平谈治国理政》第 2 卷，外文出版社 2017 年版，第 529 页。
② 《习近平谈治国理政》第 2 卷，外文出版社 2017 年版，第 528 页。
③ 《习近平谈治国理政》第 2 卷，外文出版社 2017 年版，第 529 页。

题的关键，只有使国际生态协议对各国形成真正的法律约束力，才能确保各方合力的持久凝聚。例如，《巴黎协定》作为全球气候治理史上的里程碑，正是以法律文件的形式确定了发达国家和发展中国家在应对气候变化问题上的不同责任，它对各国具有实实在在的法律约束力。

四、从自发的人类命运共同体到自觉的人类命运共同体

上述表明，习近平所说的"构建人类命运共同体"，指的是超越在资本增殖逻辑主导下自发形成的全球性社会，自觉按照合作共赢的理念应对全球性挑战、为整个人类争取一个更加美好的发展前景，简言之，就是完成从自发的人类命运共同体到自觉的人类命运共同体的转变。这一转变虽不是中国一国能够控制或左右的，但中国作为一个负责任的大国，有义务也有能力去推动这一转变的发生，使越来越多的人参与到构建自觉的人类命运共同体的事业中来。这正如习近平所说的那样："构建人类命运共同体是世界各国人民前途所在。"① 那么，中国应当如何推动构建自觉的人类命运共同体呢？ 在上文中，我们已经从持久和平、普遍安全、共同繁荣、开放包容、清洁美丽五个方面入手，较为具体地论述过一些细节性的内容。在这里，我们希望再从总的原则的角度出发，对这个问题作进一步的阐述。

（一）强化人类命运共同体的自觉意识

既然我们要推动构建的是自觉的人类命运共同体，那么，首先就必须

---

① 习近平：《高举中国特色社会主义伟大旗帜 为全面建设社会主义现代化国家而团结奋斗——在中国共产党第二十次全国代表大会上的报告》，《人民日报》2022 年 10 月 26 日第 1 版。

解决"自觉"的问题。也就是说，必须在思想和认识上尽可能统一世界各国人民对于人类前途命运的看法，使"全人类休戚相关""有必要争取合作共赢""有可能实现合作共赢"的观念成为人们的普遍自觉。

一是要使世界各国人民普遍认识到，人类已经成为一个"你中有我、我中有你"的命运共同体。随着科学技术的迅速发展，国际交往日益频繁密切，从而使得国与国之间的相互影响越来越显著。应该说，这已经成为当今时代人们普遍认同的一种常识。但是，国与国之间的相互影响究竟大到什么程度？是否已经到了"一荣俱荣、一损俱损"的地步，以致于在全球范围内形成了一个"命运攸关"的利益共同体？对于这些问题，不同国家、不同阶层、不同角色的人们的看法还很不统一。例如，有些人质疑生态危机的紧迫性，宣称"气候变化"不过是一些政客和科学家编造出来的"谎言"或"骗局"；还有一些人基于对全人类"安危与共、风险共担"状况的否定或忽视，仍然幻想自身能够置身于各种危机和挑战之外；特别是一些自私自利而又目光短浅的政客和商人，往往会为了自身的特殊利益而加剧各种全球性问题，如煽动战争、破坏环境、纵容恐怖主义、放任病毒扩散等。所有这些观念和做法，都是缺乏普遍联系观点和世界历史思维的表现，都极其不利于自觉的人类命运共同体的构建。因此，我们有必要在全球范围内大力宣传"利益交融、命运与共"的人类整体观，使各国人民特别是青年一代认识到构建自觉的人类命运共同体的重要性和紧迫性。尽管这样做可能会遭遇到各种各样的阻挠，但我们相信，越来越多的鲜活例证会逐渐证明，"人类命运与共、休戚相关"才是审视并解决各种全球性问题的基本出发点。

二是要使世界各国人民普遍认识到，现实中的人类命运共同体并不是天然合理的，并不会自动走向"天下大同"。如何评价现实中的人类命运共同体？这是一个仁者见仁、智者见智的问题。不同国家、不同阶层、不同角色的人们可能会依据不同的标准，作出大相径庭的评价。但无论如何，"和平、发展、公平、正义、民主、自由的全人类共同价值"① 都理应成为最基本的评价标准。而从这样的标准出发，我们就会看到：现实中的人类命运共同体不仅远远没有满足世界各国人民的美好生活愿望，而且其运行逻辑本身就不是"以人为本"的，那些把整个人类联系在一起的共同利益纽带，要么脆弱无力（如不平等的国际分工），要么只能以消极的形式（如"免于毁灭"）发挥作用。因此，我们必须让人们普遍认识到，当代的各种全球性问题并不是不可避免的，也不会在人类不作出任何积极改变的情况下自动消失；问题的关键仅仅在于全人类能否团结起来，去争取一个更加公正、合理的国际秩序。在这里，我们特别要反对一些西方学者的盲目乐观的观点。这些观点基于西方世界的优势地位，把现实中的人类命运共同体描绘成通向美好未来的路径，仿佛人类循此路径就可以顺利步入"大同世界"。例如，英国历史学家汤因比就曾经"期待着出现一个新的世界宗教，作为大同世界各国人民的精神纽带"②；美国社会学家罗兰·罗伯森也坚信"走向世界同一性的趋势是不可抗拒的"③。这类盲目乐观的观点，必然会对人们产生某种迷惑作用，使人们放弃构建自觉的人类命运共同体的努力。

　　三是要使世界各国人民普遍认识到，在当今时代，建设一个持久和平、普遍安全、共同繁荣、开放包容、清洁美丽的世界，是有其现实的可能性的。必须承认，在历史上并不乏关于人类平等、社会和谐的畅想，但这类畅想由于缺乏得以实现的条件，因而最终都沦为空想。那

---

① 习近平：《高举中国特色社会主义伟大旗帜　为全面建设社会主义现代化国家而团结奋斗——在中国共产党第二十次全国代表大会上的报告》，《人民日报》2022 年 10 月 26日第 1 版。

② ［英］汤因比、［日］池田大作：《展望二十一世纪》，荀春生、朱继征、陈国梁译，国际文化出版公司 1985 年版，第 304 页。

③ ［美］罗伯森：《全球化——社会理论和全球文化》，梁光严译，上海人民出版社 2000年版，第 37 页。

么，自觉的人类命运共同体作为一种有待实现的理念，是否也难逃这样的命运呢？习近平指出："当今世界是一个变革的世界，是一个新机遇新挑战层出不穷的世界，是一个国际体系和国际秩序深度调整的世界，是一个国际力量对比深刻变化并朝着有利于和平与发展方向变化的世界"①，"和平、发展、合作、共赢的历史潮流不可阻挡，人心所向、大势所趋决定了人类前途终归光明"②。而这正是中国推动构建自觉的人类命运共同体的最大底气。不可否认，在观察人类的前途命运时，有很多人会被消极、负面的事件遮住双眼，进而得出某些悲观的结论。但是，事物的性质终究取决于矛盾的主要方面。为了正确认识和把握世界大势、国际潮流，我们必须不畏浮云、登高望远。习近平指出："尽管当今世界霸权主义和强权政治依然存在，但推动国际秩序朝着更加公正合理方向发展的呼声不容忽视，国际关系民主化已成为不可阻挡的时代潮流。尽管各种传统和非传统安全威胁不断涌现，但捍卫和平的力量终将战胜破坏和平的势力，安全稳定是人心所向。尽管单边主义、贸易保护主义、逆全球化思潮不断有新的表现，但'地球村'的世界决定了各国日益利益交融、命运与共，合作共赢是大势所趋。尽管文明冲突、文明优越等论调不时沉渣泛起，但文明多样性是人类进步的不竭动力，不同文明交流互鉴是各国人民共同愿望。"③ 只要认同上述四点判断，世界各国人民就一定能树立起追求更美好未来的坚定信心，凝聚起构建自觉的人类命运共同体的磅礴力量。

---

① 《习近平谈治国理政》第 2 卷，外文出版社 2017 年版，第 442 页。

② 习近平：《高举中国特色社会主义伟大旗帜　为全面建设社会主义现代化国家而团结奋斗——在中国共产党第二十次全国代表大会上的报告》，《人民日报》2022 年 10 月 26 日第 1 版。

③ 《习近平谈治国理政》第 3 卷，外文出版社 2020 年版，第 440—441 页。

（二）强化人类共同利益纽带

推动构建自觉的人类命运共同体，仅仅解决思想或认识上的问题无疑是不够的。只有最大限度地满足世界各国人民的美好生活需要、特别是物质利益需要，才能使大家真正自觉地参与到人类命运共同体的构建之中。也就是说，强化人类共同利益纽带，是使自觉的人类命运共同体变为现实的关键。当然，这里所说的人类共同利益，已不再是以否定形式表现出来的安危与共、风险共担，而是以肯定形式表现出来的共同发展、共同繁荣，是在公正、平等、开放、包容的国际分工新模式下形成的优势互补、互利共赢。在理解肯定形式的人类共同利益时，我们必须破除零和博弈的思维模式。这种思维模式有一个基本判断，即认为博弈各方的收益和损失相加总和永远为零，因而根本不存在合作共赢的可能。而事实上，某些发达国家正是由于抱着这样一种思维模式，才会千方百计地遏制别国的发展、阻挠别国在国际分工体系中的角色升级。对此，习近平指出："零和思维已经过时"[①]，"要跟上时代前进步伐，就不能身体已进入 21 世纪，而脑袋还停留在冷战思维、零和博弈的旧时代。"[②] 当今世界，人类所面临的复杂问题和严峻挑战已一再表明，"损人"不一定会"利己"，"利己"也不一定要"损人"，只有自觉追求"你好我好大家好"的共赢结果，不断强化全人类共同利益，才能最有效地维护和发展各方自身的长远利益、根本利益。

那么，应当如何强化人类共同利益纽带呢？中国在这一方面能够发挥怎样的作用呢？习近平的回答是：倡导和推动"一带一路"建设。所谓"一带一路"，是"丝绸之路经济带"和"21 世纪海上丝绸之路"的总称，它贯穿欧亚非大陆，一头是活跃的东亚经济圈，一头是发达的欧洲经济

---

① 《习近平谈治国理政》第 1 卷，外文出版社 2018 年版，第 250 页。
② 《习近平谈治国理政》第 1 卷，外文出版社 2018 年版，第 354 页。

圈，中间广大腹地国家经济发展潜力巨大。中国之所以提出共建"一带一路"倡议，就是为了联合各沿线国家在经济发展问题上践行共商、共建、共享的原则，努力实现政策沟通、设施联通、贸易畅通、资金融通、民心相通，从而为构建自觉的人类命运共同体打造一个有共同利益支撑的实践平台。

第一，政策沟通的目标体现了自觉的人类命运共同体理念对于"对话不对抗、结伴不结盟"的坚守。对话协商既是化解矛盾、维护和平的需要，也是协调政策、发展经济的需要。具体到"一带一路"建设，沿线各国只有就经济发展战略和规划进行充分交流对接，形成共识，才能为后续的务实合作和项目实施提供有力的政策保障。习近平指出："'一带一路'建设……不是中国一家的独奏，而是沿线国家的合唱"①。这表明，中国充分尊重沿线各国对自身经济发展的规划和设计，愿意不断寻求各方意见的"最大公约数"。

第二，设施联通的目标体现了自觉的人类命运共同体理念致力于消除发展失衡的努力。发展失衡是当今世界诸多问题的重要根源，而"一带一路"沿线国家中的大部分恰恰属于欠发达经济体，面临着紧迫而繁重的发展任务。那么，如何帮助这些国家更好地发展经济呢？习近平指出："道路通，百业兴"，"丝绸之路首先得要有路，有路才能人畅其行、物畅其流"②。也就是说，以互联互通为目标的基础设施建设是"一带一路"建设的重点。我们有理由相信，一个囊括铁路、公路、港口、航空、能源、通信的复合型基础设施网络将为解决"一带一路"沿线地区发展失衡问题发挥重要作用。

第三，贸易畅通的目标体现了自觉的人类命运共同体理念对于构建开

① 习近平：《迈向命运共同体　开创亚洲新未来——在博鳌亚洲论坛 2015 年年会上的主旨演讲》，《人民日报》2015 年 3 月 29 日第 1 版。

② 《习近平谈治国理政》第 2 卷，外文出版社 2017 年版，第 498 页。

放型世界经济的希冀。开放、透明、包容、非歧视性的多边贸易体制是全球范围内资源高效配置的前提，实行贸易保护主义、画地为牢，只会损人不利己。因此，"一带一路"建设非常重视推动贸易和投资自由化便利化，希望通过改善营商环境、降低交易成本，进一步提升沿线各国参与经济全球化的广度和深度。习近平指出："我们要将'一带一路'建成开放之路"，"欢迎各国结合自身国情，积极发展开放型经济，参与全球治理和公共产品供给，携手构建广泛的利益共同体"①。不可否认，一些相对落后的沿线国家对于开放发展和自由贸易还抱有疑虑。因此，"一带一路"合作更应当确保经贸投资规则的公正、合理、透明。

第四，资金融通的目标体现了自觉的人类命运共同体理念对于包容发展、普惠发展的追寻。对于"一带一路"沿线的许多发展中国家而言，基础设施陈旧、产业落后的一个重要原因，便是融资困难。高额的投资需求和巨大的资金缺口之间的矛盾，已经成为严重困扰这些国家的发展难题。因此，只有在"一带一路"国际合作框架内建立起稳定、可持续、风险可控的金融保障体系，并重点发展普惠金融，才能有效解决沿线发展中国家的燃眉之急。习近平指出："大家一起发展才是真发展，可持续发展才是好发展。"②亚洲基础设施投资银行、丝路基金等服务于"一带一路"建设的新型金融机构正是以此为遵循，本着互帮互助的精神，努力为沿线国家提供稳定、透明、高质量的资金支持。

第五，民心相通的目标体现了自觉的人类命运共同体理念对于文明交流互鉴的重视。"一带一路"跨越中华文明、印度文明、伊斯兰文明、西方文明、非洲文明等人类文明的主要形态，为不同文明之间的平等对话、互学互鉴提供了适宜的机会和场合。那么，如何确保沿线不同文明之间的

① 《习近平谈治国理政》第 2 卷，外文出版社 2017 年版，第 512、513 页。
② 《习近平谈治国理政》第 2 卷，外文出版社 2017 年版，第 524 页。

和谐相处呢？习近平指出："国之交在于民相亲，民相亲在于心相通"①。沿线各国只有强化人文交流，在教育、体育、旅游、卫生、智库、民间交往等各个领域广泛开展合作，才能拉近人们心与心的距离，为"一带一路"建设夯实民意基础、筑牢社会根基。尽管人文交流不能解决所有问题，但它至少能够引导各国民众以最大的耐心倾听彼此，以最大的善意理解彼此，而这也正是"丝路精神"的题中之意。

通过以上对"五通"目标的分析，我们可以看到，尽管"一带一路"建设并没有涵盖世界上所有国家，但它已经在欧亚非大陆开启了区域命运共同体的构建；尽管"一带一路"合作主要聚焦于经济领域，但由于它抓住了共同利益这一核心纽带，因而集中体现了自觉的人类命运共同体的理念和要求。从这个意义上说，共建"一带一路"可以被视为构建自觉的人类命运共同体的一种试验或探索。而习近平本人也曾明确说过："我提出'一带一路'倡议，就是要实践人类命运共同体理念"②。在该倡议提出之后的近10年时间里，"一带一路"建设推动合作共赢、造福沿线国家，已成为"完善全球发展模式和全球治理、推进经济全球化健康发展的重要途径"③。我们相信，以共建"一带一路"为实践平台，构建自觉的人类命运共同体的目标也一定能逐步实现。

---

① 《习近平谈治国理政》第 2 卷，外文出版社 2017 年版，第 510 页。

② 习近平：《携手建设更加美好的世界——在中国共产党与世界政党高层对话会上的主旨讲话》，《人民日报》2017 年 12 月 2 日第 2 版。

③ 《习近平谈治国理政》第 3 卷，外文出版社 2020 年版，第 487 页。

结　语
新时代马克思主义哲学中国化的新境界

习近平新时代中国特色社会主义思想的世界观和方法论，亦即习近平新时代中国特色社会主义思想的哲学基础，就是由前述习近平新时代中国特色社会主义思想的辩证唯物论基础、马克思主义哲学方法论以及唯物史观基础三大方面构成的，其中，习近平新时代中国特色社会主义思想的辩证唯物论基础包括习近平的实事求是论、知行统一论和生态文明思想，习近平新时代中国特色社会主义思想的哲学方法论包括习近平的战略思维、辩证思维、历史思维、创新思维、精准思维、底线思维和系统思维，习近平新时代中国特色社会主义思想的唯物史观基础包括习近平的人民主体论、社会发展观和构建人类命运共同体理念，它们分别是辩证唯物论、马克思主义哲学方法论和唯物史观在新时代的发展。习近平新时代中国特色社会主义思想的世界观和方法论是新时代马克思主义哲学中国化的标志性成果，对马克思主义哲学中国化作出了重大理论贡献，开辟了新时代马克思主义哲学中国化的新境界。

一、对马克思主义哲学中国化传统的重大推进

马克思主义哲学中国化，就是把马克思主义哲学同中国的具体实际相结合，创造并不断发展中国马克思主义哲学。在这里，中国的具体实际既

包括中国的现实实际即不同时期中国社会经济、政治、文化等各个领域的现实状况和发展态势，也包括中国的历史实际，特别是在 5000 多年文明发展中孕育的中华优秀传统文化。与此相应，马克思主义哲学中国化也包括两大方面的内容：一是把马克思主义哲学同中国的现实实际相结合，即运用马克思主义哲学观察和分析中国社会发展中的各种问题，探索不同时期中国社会的发展道路，总结中国革命和建设的实践经验，并通过这种研究丰富和发展中国马克思主义哲学；二是把马克思主义哲学同中华优秀传统文化相结合，即运用马克思主义哲学改造中华优秀传统文化，促进中华优秀传统文化的创造性转化和创新性发展，并由此既推进中国先进文化建设，又丰富和发展中国马克思主义哲学。

马克思主义哲学中国化是中国马克思主义哲学的传统，中国马克思主义哲学的百年发展历程也就是马克思主义哲学中国化不断推进的过程。中国马克思主义哲学的这一传统，是由中国早期马克思主义者奠基的。五四运动后，李大钊、陈独秀、李达、瞿秋白、蔡和森等人在中国传播马克思主义哲学的过程中，特别是在与各种非马克思主义和反马克思主义思潮之间的一系列思想论战中，运用马克思主义哲学的立场观点方法考察中国社会的各种问题，回答了"中国向何处去"的时代之问，得出了中国必须进行无产阶级革命、实行无产阶级专政和走社会主义道路的重要结论。因此，五四运动后马克思主义哲学在中国的广泛传播，已然开启了马克思主义哲学中国化的历史进程。

在领导新民主主义革命过程中，以毛泽东同志为主要代表的中国共产党人把马克思主义哲学同中国革命的具体实际相结合，正式开创了马克思主义哲学中国化传统，其主要表现是：第一，毛泽东对中国革命的实践经验进行了深刻的哲学总结和概括，创立了毛泽东哲学思想，从而形成了马克思主义哲学中国化的第一个标志性成果，这也是马克思主义中国化第一次伟大飞跃即毛泽东思想的核心内容。第二，毛泽东撰写了《实践论》《矛盾论》等中国马克思主义哲学的经典文本，从而使马克思主义哲学中国化传统有了稳定的思想资源并由此得以定型。第三，毛泽东正式提出了"马克思主义中国化"命题，从而也正式提出了马克思主义哲学中国化命题，并由此正式命名了马克思主义哲学中国化传统。第四，毛泽东明确提出应当总结、承继"从孔夫子到孙中山"的珍贵文化遗产，从而克服了中国早期马克思主义者大多将马克思主义与中国传统文化完全对立起来、对中国传统文化持根本否定态度的缺陷，并由此使马克思主义哲学中国化即把马克思主义哲学同中国具体实际相结合获得了完全的意义。第五，毛泽东还阐明了马克思主义中国化包括"使马克思主义在中国具体化"和"使中国革命丰富的实际马克思主义化"两个方面的内容，从而完整地揭示了包括马克思主义哲学中国化在内的马克思主义中国化命题的含义，由此科学地定制了马克思主义哲学中国化传统的基本内涵①。中华人民共和国成立后，毛泽东提出把马克思主义同中国具体实际进行"第二次结合"，赋予包括马克思主义哲学中国化在内的马克思主义中国化以鲜明的开放性特征，并进一步丰富和发展了毛泽东哲学思想，使马克思主义哲学中国化传统更加丰满和完善。

在进行改革开放和社会主义现代化建设时期，以邓小平、江泽民、胡锦涛同志为主要代表的中国共产党人在接续探索中国特色社会主义建设事业的过程中，先后创立了邓小平理论、"三个代表"重要思想和科学发展观，形成了中国特色社会主义理论体系。中国特色社会主义理论体系是把马克思主义同改革开放新时期中国具体实际相结合的伟大理论成果，是马克思主义中国化的第二次伟大飞跃。中国特色社会主义理论体系内在地贯穿和体现着对于马克思主义哲学立场观点方法的自觉运用。对此，习近平曾作过专门的论述。他指出，中国特色社会主义理论体系所贯穿的马克思

---

① 参见汪信砚：《马克思主义哲学中国化传统的形成和发展》，《哲学动态》2014 年第 1 期。

主义立场，就是始终站在人民大众立场上，立党为公、执政为民，把服务群众、造福百姓作为最大责任；中国特色社会主义理论体系所贯穿的马克思主义观点，就是辩证唯物主义和历史唯物主义的基本观点，包括关于人类社会发展规律及其历史趋势的观点、关于物质生产活动是人类社会存在和发展根本前提的观点、关于经济政治文化社会协调发展的观点以及关于人的全面发展的观点；中国特色社会主义理论体系所贯穿的马克思主义方法，就是与马克思主义世界观相统一的方法论，包括唯物辩证的思想方法、实事求是的思想方法、群众路线的工作方法等①。显然，这些立场观点方法都是马克思主义哲学的立场观点方法，它们铸就了邓小平理论、"三个代表"重要思想和科学发展观的哲学基础。通过把马克思主义哲学的立场观点方法创造性地运用于分析和解决改革开放新时期中国经济社会发展中的各种问题，邓小平理论、"三个代表"重要思想和科学发展观坚持和弘扬了马克思主义哲学中国化传统。

党的十八大以来，以习近平同志为主要代表的中国共产党人把马克思主义哲学同新时代中国具体实际相结合，创造了习近平新时代中国特色社会主义思想的世界观和方法论，对马克思主义哲学中国化传统作了重大推进。这主要表现在以下几个方面。

第一，对新时代中国现实实际作出了深刻分析和重大科学判断。把马克思主义哲学同中国具体实际相结合，其核心和根本是把马克思主义哲学同中国现实实际相结合；把马克思主义哲学同中国历史实际相结合，本质上也是为把马克思主义哲学同中国现实实际相结合服务的。而要把马克思主义哲学同中国现实实际相结合，首先必须准确把握中国现实实际。习近平对党的十八大以来我国社会发展新的历史方位作了深入考察和分

---

① 参见习近平：《深入学习中国特色社会主义理论体系　努力掌握马克思主义立场观点方法》，《求是》2010 年第 7 期。

析。习近平指出，当代中国最大的客观实际和基本国情，就是我国仍处于并将长期处于社会主义初级阶段。一方面，经过改革开放以来几十年的快速发展，我国现代化建设取得了巨大成就，实现了从生产力相对落后的状态到经济总量跃升世界第二位的历史性突破，使中华民族迎来了从站起来、富起来到强起来的伟大飞跃，由此使我国经济社会发展表现出一系列新的阶段性特征。另一方面，我国经济发展的总体水平还不高，人均国民生产总值的世界排名仍然很落后，经济社会发展还面临许多困难和挑战，发展不平衡、不充分的问题非常突出，民生领域还有不少短板，社会文明水平尚需提高，社会矛盾和问题交织叠加，改革和发展的任务依然十分繁重。正是基于以上分析，习近平在党的十九大报告中作出了"中国特色社会主义进入新时代，我国社会主要矛盾已经转化为人民日益增长的美好生活需要和不平衡不充分的发展之间的矛盾"的重大科学判断。这既是习近平运用马克思主义哲学的世界观和方法论分析当代中国经济社会发展所得出的科学结论，也是习近平把马克思主义哲学同新时代中国具体实际相结合的根本基础。习近平新时代中国特色社会主义思想的世界观和方法论的全部理论创造，都是以对新时代我国现实实际的这一重大科学判断为立足点的。

第二，突出强调新时代必须把马克思主义哲学同中华优秀传统文化相结合。习近平在庆祝中国共产党成立 100 周年大会上的讲话中指出，要发展当代中国马克思主义、21 世纪马克思主义，"必须继续推进马克思主义中国化"，"坚持把马克思主义基本原理同中国具体实际相结合、同中华优秀传统文化相结合"[①]。在党的二十大报告中，习近平进一步阐述了这一论断。人们通常认为，习近平的这一重要论断强调了马克思主义中国化就是"两个结合"。虽然这一概括简明扼要，但它容易引起这样一种误解，即似乎把马克思主义同中国具体实际相结合并不包含把马克思主义同中华优秀

---

① 《习近平谈治国理政》第 4 卷，外文出版社 2022 年版，第 10 页。

传统文化相结合。正如前述，马克思主义中国化即把马克思主义同中国具体实际相结合，已经内在地包含着把马克思主义同中华优秀传统文化相结合，就是说，后一个"结合"本身就是前一个"结合"的题中应有之义，因此，这里实际上只有一个"结合"，并不存在"两个结合"的问题。实际上，习近平将把马克思主义同中国具体实际相结合、同中华优秀传统文化相结合并提，并不是说它们是不同的"两个结合"，而是为了突出强调把马克思主义同中华优秀传统文化相结合的重要性。这一强调是具有非常重要的意义的。

一方面，尽管把马克思主义同中国具体实际相结合内在地包含和要求把马克思主义与中华优秀传统文化相结合，但这并不意味着人们致力于马克思主义中国化就必然会注重和自觉做到把马克思主义同中华优秀传统文化相结合。如前所述，虽然五四运动后中国早期马克思主义者在中国广泛传播马克思主义过程中就已开启了马克思主义中国化，但在他们那里，把马克思主义同中国具体实际相结合是缺少同中华优秀传统文化相结合这个维度的，因为中国传统文化对他们来说只是一种消极、落后的东西，他们中有的人甚至还把中国传统文化一概都视为"粪秽"①。

另一方面，更为重要的是，强化马克思主义同中华优秀传统文化相结合，是新时代继续推进马克思主义中国化的本质要求。把马克思主义同中华优秀传统文化相结合的重要内容之一，是吸取中华优秀传统文化的思想智慧，用以丰富和发展中国马克思主义。习近平指出，党的百年奋斗伟大成就表明，"中国共产党为什么能，中国特色社会主义为什么好，归根到底是因为马克思主义行，是中国化时代化的马克思主义行"②。而"马克思

---

① 参见《陈独秀文集》第 2 卷，人民出版社 2013 年版，第 431—432 页。

② 习近平：《高举中国特色社会主义伟大旗帜　为全面建设社会主义现代化国家而团结奋斗——在中国共产党第二十次全国代表大会上的报告》，《人民日报》2022 年 10 月 26日第 1 版。

主义之所以行，就在于党不断推进马克思主义中国化时代化并用以指导实践"①。显然，这里所说的马克思主义"行"，指的是作为马克思主义中国化的理论成果的中国马克思主义"行"。在新的时代条件下，要继续赋能中国共产党、继续发展中国特色社会主义，必须继续推进马克思主义中国化，它同样要求我们高度重视把马克思主义同中华优秀传统文化相结合。正如习近平所说，如果没有中华优秀传统文化，就不会有什么"中国特色"，就不会有今天我们这么成功的中国特色社会主义道路。显然，上述习近平所强调的把马克思主义同中华优秀传统文化相结合，也内在地包含着把马克思主义哲学同中华优秀传统文化相结合。

第三，创造了新时代马克思主义哲学中国化的标志性成果。习近平新时代中国特色社会主义思想的世界观和方法论是继毛泽东哲学思想以及邓小平理论、"三个代表"重要思想和科学发展观的马克思主义哲学立场观点方法之后马克思主义哲学中国化的又一标志性成果，它们一脉相承而又与时俱进：

一是都以回答"中国向何处去"的时代之问即探索不同时期的中国道路为根本理论旨趣。毛泽东哲学思想是在探寻中国革命道路的过程中形成的，并在探索中国社会主义建设道路的过程中得到了进一步的丰富和发展，是民主革命时期和中国社会主义建设初期中国道路的哲学表达。邓小平理论、"三个代表"重要思想和科学发展观的马克思主义哲学立场观点方法是在开创中国特色社会主义道路的过程中形成的，是改革开放和社会主义现代化建设时期中国道路的哲学表达。习近平新时代中国特色社会主义思想的世界观和方法论则是在探寻和推进新时代中国特色社会主义道路的过程中形成的，是中国特色社会主义新时代中国道路的哲学表达。

二是都以实现中华民族的伟大复兴和中国人民的根本利益为价值诉

---

① 《习近平谈治国理政》第 4 卷，外文出版社 2022 年版，第 29 页。

求。毛泽东哲学思想聚焦于解决帝国主义与中华民族、封建主义与人民大众的矛盾，引领我们党成功地找到了中国特色的革命道路，使中华民族和中国人民实现了"站起来"的伟大飞跃。邓小平理论、"三个代表"重要思想和科学发展观的马克思主义哲学立场观点方法着力于解决人民日益增长的物质文化需要同落后的社会生产之间的矛盾，引领我们党成功地开创了中国特色社会主义道路，使中华民族和中国人民实现了"富起来"的伟大飞跃。习近平新时代中国特色社会主义思想的世界观和方法论则紧紧围绕着解决新时代人民日益增长的美好生活需要和不平衡不充分的发展之间的矛盾而展开，引领我们党在新时代全面推进了中国特色社会主义道路，使中华民族迎来了从"站起来""富起来"到"强起来"的伟大飞跃。

三是都实现了对马克思主义哲学的创造性运用和创新性发展、对中华优秀传统文化的创造性转化和创新性发展。马克思主义哲学中国化，实质上是运用马克思主义哲学的立场观点方法以及经过马克思主义哲学改铸的中国传统哲学智慧，研究和回答不同时期中国经济社会发展中的各种重大问题，因此，马克思主义哲学中国化的标志性成果必然在各个方面都体现出对马克思主义哲学的创造性运用和创新性发展，以及对中华优秀传统文化的创造性转化和创新性发展。作为马克思主义哲学中国化的最新标志性成果，习近平新时代中国特色社会主义思想的世界观和方法论既创造性地运用马克思主义哲学改造和诠释中华优秀传统文化，赋予中华优秀传统文化以鲜活的生命力，特别是充分激活了中国传统哲学智慧，又创造性地运用马克思主义哲学以及经过创造性转化和创新性发展的中华优秀传统文化研究和回答新时代中国经济社会发展中的各种重大问题，由此把对马克思主义哲学的创造性运用和创新性发展以及对中华优秀传统文化的创造性转化和创新性发展推进到了一个新的高度，突出地体现了对马克思主义哲学中国化传统的重大推进。

二、对中国马克思主义哲学的极大丰富和发展

马克思主义哲学中国化的理论目标，是创造和不断发展中国马克思主义哲学。换句话说，中国马克思主义哲学是马克思主义哲学中国化的理论成果。近百年来，由于并随着马克思主义哲学中国化的不断向前推进，中国马克思主义哲学不断丰富和发展。也正因如此，作为习近平新时代中国特色社会主义思想的哲学基础，习近平新时代中国特色社会主义思想的世界观和方法论在实现对马克思主义哲学中国化传统的重大推进的同时，也极大地丰富和发展了中国马克思主义哲学。

第一，丰富和发展了中国马克思主义哲学的实事求是思想。在马克思主义哲学中国化历程中，毛泽东通过对中华优秀传统文化的创造性转化和创新性发展，把马克思主义哲学的世界观和方法论概括为"实事求是"，并科学地定制了实事求是的基本内涵，强调实事求是是共产党人应有的思想方法和工作方法以及应有的思想作风和工作作风，从而实际上已将实事求是确立为党的思想路线。党的十一届三中全会以来，以邓小平、江泽民、胡锦涛同志为主要代表的中国共产党人从不同时期的中国实际出发，分别为党的实事求是的思想路线增添了"解放思想""与时俱进"和"求真务实"的重要内容，使中国马克思主义哲学的实事求是思想不断丰富和发展。在此基础上，习近平结合新时代的中国实际特别是党的建设需要，构建了具有鲜明特色的新时代的实事求是论。习近平的实事求是论不仅突出强调实事求是是马克思主义的精髓和灵魂、是马克思主义中国化理论成果的精髓和灵魂以及兴党兴国之魂，而且深刻揭示了实事求是作为党的思想方法、工作方法和领导方法以及作为党的思想作风和工作作风的本质规定及实践路径，特别是全面阐述了实事求是的思想作风和工作作风的新时代蕴涵及实践要求。他把实事求是的思想作风和工作作风即求真务实具体

化为"讲实情、出实招、办实事、求实效"，强调新时代党的实事求是作风建设的重点是"说老实话、办老实事、做老实人"，由此赋予"实事求是"的"实"较之于"实事"远为丰富的内涵，为新时代加强党的作风建设、反对和克服形式主义、官僚主义、享乐主义和奢靡之风"四风"提供了有力思想武器。

　　第二，丰富和发展了中国马克思主义哲学认识论。在创造马克思主义哲学中国化第一个标志性成果即毛泽东哲学思想的过程中，毛泽东立足于实践观点是马克思主义认识论的首要的基本的观点，吸取中国传统哲学认识论的合理因素，把实践规定为"主观见之于客观"的活动①，把认识过程概括为"实践、认识、再实践、再认识""循环往复以至无穷"的过程②，由此构建了旨在实现"主观和客观、理论和实践、知和行的具体的历史的统一"的"知行统一观"③，从而为中国马克思主义哲学认识论作了奠基。应该说，毛泽东的"知行统一观"是内在地含蕴于其实事求是思想中的，它是毛泽东的实事求是思想在实践中认识真理又在实践中检验和发展真理这一核心内容的具体展开。邓小平理论、"三个代表"重要思想和科学发展观的马克思主义哲学立场观点方法丰富和发展了中国马克思主义哲学认识论。例如，以邓小平同志为主要代表的中国共产党人领导的真理标准问题讨论，在中国马克思主义哲学史上第一次就真理标准问题展开广泛讨论和深入研究，不仅澄清了实践是检验真理的唯一标准这一马克思主义认识论的基本原理，而且极大地深化了人们对于为什么实践是检验真理的唯一标准、实践如何检验认识的真理性、实践标准的确定性与不确定性、实践检验与逻辑证明的关系等一系列重要问题的理解，有力促进了党的十一届三中全会后党的实事求是的思想路线的恢复和重新确立。习近平进一步丰

① 参见《毛泽东选集》第 2 卷，人民出版社 1991 年版，第 477 页。
② 参见《毛泽东选集》第 1 卷，人民出版社 1991 年版，第 296—297 页。
③ 参见《毛泽东选集》第 1 卷，人民出版社 1991 年版，第 296、297 页。

富和发展了中国马克思主义哲学认识论，构建了具有鲜明特色的新时代的知行合一论。习近平的知行合一论围绕"'知'是基础、是前提，'行'是重点、是关键，必须以'知'促'行'、以'行'促'知'，做到知行合一"这一关于知行关系的精辟概括而展开，它通过对中国传统哲学的知行关系学说的创造性转化和创新性发展，对知与行或认识与实践的关系作了全面深刻的阐述。习近平的知行合一论的最大特色是同时赋予知和行以德性的维度，他所说的"知"，不仅包括"见闻之知"即关于客观事物的知识，也包括"德性之知"即理想信念和道德修养；他所说的"行"，不仅包括改造客观世界的活动，也包括对理想信念的践履和道德实践。正是通过对"知""行"范畴的创造性阐释，习近平赋予知行关系较之以往更为丰富的内涵，并把知行合一化为共产党人的党性要求，因此，习近平的知行合一论既是新时代中国马克思主义哲学认识论，也是新时代共产党人的党性修养论，它所提出的知行合一的实践要求，如知行相资、学用相长，言行一致、表里如一，知重负重、担当作为，同时也是新时代共产党人党性修养的基本途径。这样一种知行合一论，极大地丰富和发展了中国马克思主义哲学认识论。

第三，丰富和发展了中国马克思主义哲学方法论。马克思主义哲学本身是科学的世界观与方法论相统一的理论体系。中国马克思主义者致力于马克思主义哲学中国化，是为了用马克思主义哲学改造中国、回答"中国向何处去"的时代之问即探寻中国道路，因而必然重视马克思主义哲学的方法论性质，并在把马克思主义哲学同中国具体实际相结合的过程中着力构建中国马克思主义哲学方法论。毛泽东哲学思想在整体上具有鲜明的方法论特征，他的大部分著作都是在运用马克思主义哲学的立场观点方法考察和分析政治、经济、文化、军事和党的建设问题。即使是他的哲学著作如《实践论》《矛盾论》《人的正确思想是从哪里来的?》等，其理论重心也在方法论上。同时，毛泽东还构建了一个哲学方法论体系，其内容包括实事求是的方法、调查研究的方法、矛盾分析方法、群众路线的方法等，它是毛泽东哲学思想对马克思主义哲学的独特贡献，开创了中国马克思主义哲学注重方法论构建的传统。邓小平理论、"三个代表"重要思想和科学发展观也注重哲学方法论的构建，这突出表现在其先后为党的实事求是的思想路线注入了"解放思想""与时俱进""求真务实"等新的内容上，它们使实事求是的思想方法、工作方法和领导方法不断丰富和发展。同时，邓小平理论、"三个代表"重要思想和科学发展观还对唯物辩证的思想方法、实事求是的思想方法、群众路线的工作方法、统筹兼顾的方法等作了创造性的运用。习近平突出重视马克思主义哲学方法论建设，他通过对马克思主义哲学特别是唯物辩证法的创造性运用，明确提出、系统阐述和自觉坚持了战略思维、辩证思维、历史思维、创新思维、精准思维、底线思维、系统思维等一系列方法论原则，构建了一个内容极其丰富的马克思主义哲学方法论体系。其中，战略思维就是高瞻远瞩、统揽全局，全面观察和把握事物发展的总体趋势和根本方向，并由此在战略上作出准确判断、科学谋划和赢得战略上的主动；辩证思维就是用联系和发展的观点看问题，注重把握和解决事物的内在矛盾，特别是自觉坚持"两点论"和"重点论"的统一；历史思维就是重视通过学习和研究历史，拓展观察和分析问题的历史视野，总结和借鉴历史经验，从历史中汲取智慧和精神力量，把握和灵活运用历史规律；创新思维就是求新求变、勇于开拓，不断提升创新能力，谋求创造性地分析和解决问题，用创新驱动发展；精准思维就是准确把握事物的各种规定性特别是事物的量的规定性，坚持问题导向、精准把脉、精准施策和精准落实，使党的路线、方针和政策精准对接发展所需、基层所盼和民心所向；底线思维就是凡事从坏处准备，同时努力争取最好的结果，努力实现有守与有为的辩证统一；系统思维就是把握事物的系统整体性，坚持系统思维原则，注重运用系统思维方法，特别是加强顶层设计、注重整体推进和着力重点突破。这样一个马克思主义哲学方法论体系是习近平新时代中国特色社会主义思想的世界观和方法论中最富创造性的内容之一，它极大地丰富了中国马克思主义哲学方法论的理论宝库。

第四，丰富和发展了中国马克思主义哲学的人民史观。马克思主义的历史观即唯物史观是一种群众史观，深刻揭示了人民群众在历史发展中的决定作用，明确表达了"为绝大多数人谋利益"的价值诉求。作为马克思主义哲学中国化的理论成果，中国马克思主义哲学一开始就牢固确立了人民史观。毛泽东强调，唯有人民才是创造世界历史的动力，共产党人必须坚持全心全意地为人民服务、一切从人民的利益出发和向人民负责①。邓小平理论、"三个代表"重要思想和科学发展观也"始终站在人民大众立场上"②。例如，邓小平强调要把人民是否拥护、赞成、高兴作为一切工作的出发点和归宿，他提出的衡量党和国家各项工作成败的"三个有利于"标准说到底就是一种人民标准；而"三个代表"重要思想所强调的"三个代表"之一，就是"代表中国最广大人民的根本利益"。习近平对中国马克思主义哲学的人民史观作了进一步的丰富和发展，构建并系统阐述了新时代的人民主体论。习近平的人民主体论强调坚持人民立场、坚持人民主体地位、虚心向人民学习、倾听人民呼声、汲取人民智慧、把人民放在心中最高位置、把人民对美好生活的向往作为党的奋斗目标，深刻诠释了党的根本宗旨、政治品格和价值追求，深刻回答了"为了谁、依靠谁、我是谁"的问题。正如前所述，习近平新时代中国特色社会主义思想的世界观和方法论乃至整个习近平新时代中国特色社会主义思想都是围绕着破解新时代人民日益增长的美好生活需要和不平衡不充分的发展之间的矛盾这一主题而展开的，因此，习近平的人民主体论就像一根红线一样贯穿于习近平新时代中国特色社会主义思想及其哲学基础的方方面面。习近平的

---

① 参见《毛泽东选集》第3卷，人民出版社1991年版，第1031、1094—1095页。

② 习近平：《深入学习中国特色社会主义理论体系 努力掌握马克思主义立场观点方法》，《求是》2010年第7期。

人民主体论的核心内容主要包括三个方面，即一切为了人民、一切依靠人民和发展成果由全体人民共享。这三个方面中，如果说前两个方面即一切为了人民、一切依靠人民也是以往中国马克思主义哲学人民史观的重要内容，那么，第三个方面即对于发展成果由全体人民共享的强调，则是习近平的人民主体论的全新理论创造。习近平还把人民主体论具体化为以人民为中心的社会发展观，对发展目的、发展动力、发展理念、发展战略、发展路径作了系统阐述，其中，发展目的在于增进民生福祉和促进人的全面发展，发展动力就是新时代我国社会主要矛盾即人民日益增长的美好生活需要和不平衡不充分的发展之间的矛盾；而创新、协调、绿色、开放、共享五大发展理念，科教兴国、人才强国、创新驱动、乡村振兴、区域协调发展、可持续发展、军民融合发展七大发展战略以及全面深化改革的发展路径，其目的都是为了有效化解新时代我国社会主要矛盾、更好地满足人民日益增长的美好生活需要。习近平的人民主体论，是中国马克思主义哲学人民史观在新时代的重大发展。

第五，开拓了中国马克思主义哲学的两个全新理论领域。一是生态文明思想，它是习近平新时代中国特色社会主义思想的辩证唯物主义自然观基础的核心内容。哲学的自然观是关于人与自然关系的哲学理论，而人与自然的关系有两个重要方面，即人对自然的利用和改造以及人对自然的尊重、顺应和保护。中国马克思主义哲学自然观对人与自然关系这两个方面的关注经历了一个变化发展过程。受当时我国社会主要矛盾决定，毛泽东、邓小平所关注的主要是人与自然关系前一个方面的内容，其理论聚焦点是如何通过有效地利用和改造自然而促进社会生产力的发展。进入21世纪以后，中国马克思主义哲学自然观日渐重视人与自然关系后一个方面的内容。例如，2002年党的十六大报告强调要促进人与自然的和谐、走"生态良好的文明发展道路"；2007年党的十七大报告则指出，"建设生态文明"是"实现全面建设小康社会奋斗目标的新要求"。在此基础上，习近平通过把马克思主义自然观同新时代中国具体实际相结合，特别是通过对中国传统哲学天人合一思想的创造性转化和创新性发展，构建和阐述了新时代的生态文明思想。习近平的生态文明思想的核心理念包括人与自然是生命共同体、绿水青山就是金山银山、良好生态环境是最普惠的民生福祉、全方位全地域全过程开展生态文明建设、用最严格制度最严密法治保护生态环境、共谋全球生态文明建设等，它们建立在对人与自然关系的深刻思考、对人类文明发展历史经验的深刻总结基础之上，表现出既重视人对自然的利用和改造又强调人对自然的尊重、顺应和保护即坚持人与自然和谐共生的鲜明特点，不仅为我国生态文明建设提供了理论遵循，而且为全球生态文明建设提供了中国方案，是马克思主义哲学自然观中国化的新的重大成果。

二是构建人类命运共同体理念，它是习近平新时代中国特色社会主义思想的唯物史观基础的重要组成部分，是马克思主义世界历史理论中国化的重大成果。马克思、恩格斯在《德意志意识形态》中指出："各民族的原始封闭状态由于日益完善的生产方式、交往以及因交往而自然形成的不同民族之间的分工消灭得越是彻底，历史也就越是成为世界历史。"[1]应该说，中国的改革开放实际上是对马克思主义世界历史理论的自觉实践，但直到习近平提出构建人类命运共同体理念，中国马克思主义哲学才对马克思主义世界历史理论作出系统的理论回应。习近平指出，马克思、恩格斯的上述预言已经成为现实，今天人类交往的世界性比过去任何时候都更深入广泛，各国相互联系和彼此依存比过去任何时候都更加紧密，人类已经成为你中有我、我中有你的命运共同体。但是，这种自发形成的人类命运共同体即实然的人类命运共同体内存在着深刻的危机：一方面，自发的人类命运共同体是建立在不平等的国际政治经济秩序基础上的，这种不平等

---

① 《马克思恩格斯文集》第 1 卷，人民出版社 2009 年版，第 540—541 页。

的国际政治经济秩序与经济全球化的本质完全相悖谬，使全球各国特别是广大发展中国家的经济社会发展面临着严重挑战；另一方面，与一切人类共同体一样，自发的人类命运共同体也是由某种共同利益的纽带维系而成的，而维系自发的人类命运共同体的纽带，除了经济全球化背景下全球分工、全球协作带来的彼此依存关系①外，还有一种否定形式的共同利益，即人类在面对全球性问题时的安危与共、风险共担，它使整个人类的生存和发展面临着严重威胁。因此，习近平反复强调要建设好人类命运共同体，并倡导一种以合作共赢为核心理念的人类命运共同体，亦即以持久和平、普遍安全、共同繁荣、开放包容、清洁美丽为根本特点的人类命运共同体。这种以合作共赢为核心理念的人类命运共同体是与自发的或实然的人类命运共同体根本不同的自觉的或应然的人类命运共同体。习近平所说的构建人类命运共同体，就是指要从自发的或实然的人类命运共同体走向自觉的或应然的人类命运共同体。习近平的构建人类命运共同体理念，是新时代中国马克思主义哲学的全新理论创造，为应对当代人类面临的共同挑战、促进全球治理、维护和实现全人类的共同利益提供了中国方案。

总之，习近平新时代中国特色社会主义思想的世界观和方法论从许多不同的方面丰富和发展了中国马克思主义哲学，在新时代把中国马克思主义哲学推进到了一个全新的理论高度。

三、赋予新时代马克思主义哲学以鲜明的中国特性

毛泽东曾经指出，离开中国的特点来谈马克思主义，必然是抽象、空

---

① 按照恩格斯的看法，彼此分工的人们之间的相互依存关系就是一种共同利益。参见《马克思恩格斯选集》第 1 卷，人民出版社 1995 年版，第 84 页。

洞的马克思主义；要学会把马克思主义应用于中国的具体环境、使马克思主义在中国具体化，使之在其每一个表现中带着必须有的中国的特性①。毛泽东哲学思想以及邓小平理论、"三个代表"重要思想和科学发展观的马克思主义哲学立场观点方法都是把马克思主义哲学应用于不同时期中国具体环境的马克思主义哲学中国化理论成果，因而都突出表现出毛泽东所强调的中国特性。习近平新时代中国特色社会主义思想的世界观和方法论同样如此，它将马克思主义哲学应用于新时代中国的具体环境，赋予新时代马克思主义哲学以鲜明的中国特性。

首先，习近平新时代中国特色社会主义思想的世界观和方法论聚焦于新时代的中国问题。

马克思指出，问题是时代的口号，是表现时代精神状态的最实际的呼声②。习近平也强调，"问题是时代的声音，回答并指导解决问题是理论的根本任务。"③习近平把马克思主义哲学应用于新时代中国具体环境，就具体地表现为运用马克思主义哲学研究、解答和解决新时代的中国问题。聚焦新时代的中国问题是习近平新时代中国特色社会主义思想的世界观和方法论的鲜明特点，回答新时代的中国之问、人民之问，是习近平新时代中国特色社会主义思想的世界观和方法论的根本理论旨趣。

新时代最根本的中国问题就是我国社会的主要矛盾，即人民日益增长的美好生活需要和不平衡不充分的发展之间的矛盾，它就是新时代的最强音，是新时代"表现自己精神状态的最实际的呼声"，构成了习近平新时代中国特色社会主义思想的世界观和方法论乃至全部习近平新时代中国特

---

① 参见《毛泽东选集》第 2 卷，人民出版社 1991 年版，第 534 页。

② 参见《马克思恩格斯全集》第 40 卷，人民出版社 1982 年版，第 289—290 页。

③ 习近平：《高举中国特色社会主义伟大旗帜　为全面建设社会主义现代化国家而团结奋斗——在中国共产党第二十次全国代表大会上的报告》，《人民日报》2022 年 10 月 26 日第 1 版。

色社会主义思想的中心问题。习近平新时代中国特色社会主义思想的世界观和方法论的全部内容都是围绕并为了解决这一问题而展开的。

习近平新时代中国特色社会主义思想的世界观和方法论是作为新时代党的指导思想的哲学基础构建的，属于新时代党的理论建设的根本内容。中国共产党的领导是中国特色社会主义最本质的特征，也是解决新时代我国社会主要矛盾、满足人民日益增长的美好生活需要的根本保障，正是为了使这种保障更加坚强有力，习近平新时代中国特色社会主义思想的世界观和方法论特别着力于新时代党的思想和作风建设。习近平的实事求是论、知行合一论、马克思主义哲学方法论、人民主体论都是直接服务于新时代党的思想和作风建设、为在党的领导下更好地解决新时代我国社会主要矛盾、满足人民日益增长的美好生活需要保驾护航的。其中，习近平的实事求是论是要为解决新时代我国社会主要矛盾提供思想方法、工作方法和领导方法以及思想作风和工作作风方面的保证，习近平的知行合一论是要使广大党员干部的党性修养适应解决新时代我国社会主要矛盾的要求，习近平的马克思主义哲学方法论是要为解决新时代我国社会主要矛盾提供根本方法论原则，而习近平的人民主体论则是要为解决新时代我国社会主要矛盾确立价值理念和基本立场。习近平新时代中国特色社会主义思想的世界观和方法论的其他内容也都是服务于解决新时代我国社会主要矛盾、满足人民日益增长的美好生活需要的。例如，习近平的生态文明思想旨在促进人与自然和谐共生、满足人民日益增长的优美生态环境需要，其核心理念强调良好生态环境是最普惠的民生福祉；习近平的社会发展观是其人民主体论在社会发展问题上的具体化，旨在通过贯彻创新、协调、绿色、开放、共享的新发展理念，实施科教兴国、人才强国、创新驱动发展、乡村振兴、区域协调发展、可持续发展、军民融合发展等系列发展战略，并经由全面深化改革的发展路径，更好地解决新时代我国社会主要矛盾；习近平的构建人类命运共同体理念则以世界视野来思考如何解决新时代我国社会主要矛盾，力图通过解决当代人类面临的共同问题而为解决新时代我国社会主要矛盾创造更为有利的国际环境。可以说，习近平新时代中国特色社会主义思想的世界观和方法论就是从哲学上对于解决新时代我国社会主要矛盾的顶层设计。

其次，习近平新时代中国特色社会主义思想的世界观和方法论充分体现了中国智慧。

习近平指出，理论创新的过程就是发现、筛选、研究和解决问题的过程，在这一过程中，我们特别要把握好三个方面的资源，包括马克思主义的资源、中华优秀传统文化的资源、国外哲学社会科学的资源，坚持古为今用、洋为中用，融通古今中外各种资源，体现继承性、民族性①。作为新时代中国共产党人的理论创新成果，习近平新时代中国特色社会主义思想的世界观和方法论在聚焦中国问题、思考和解决新时代我国社会主要矛盾及其在各个领域的表现时处处都显示出继承性、民族性，充分体现了中国智慧。

一是充分体现了中国马克思主义哲学智慧。中国马克思主义哲学是马克思主义哲学中国化的理论成果，是把马克思主义哲学"应用于中国的具体的环境"的产物，它既内在地体现着马克思主义哲学的立场观点方法，又包含着中国马克思主义者的独特理论创造，是对马克思主义哲学的创造性运用和创新性发展。毛泽东哲学思想、邓小平理论、"三个代表"重要思想和科学发展观的马克思主义哲学立场观点方法都是中国马克思主义哲学智慧的结晶，习近平新时代中国特色社会主义思想的世界观和方法论则是新时代中国马克思主义哲学智慧的集中体现。一方面，习近平新时代中国特色社会主义思想的世界观和方法论充分继承了中国马克思主义哲学智

---

① 参见习近平：《在哲学社会科学工作座谈会上的讲话》，《人民日报》2016 年 5 月 19 日第 2 版。

慧。习近平指出，"毛泽东思想活的灵魂是贯穿其中的立场、观点、方法，它们有三个基本方面，这就是实事求是、群众路线、独立自主。"①实事求是、群众路线和独立自主都是毛泽东的独特理论创造，其中，实事求是是毛泽东以中国智慧对于马克思主义哲学世界观和方法论的精辟概括，群众路线是毛泽东对于马克思主义哲学的唯物史观和认识论的创造性运用，而独立自主则闪耀着唯物辩证法的智慧光芒。正如前所述，习近平也曾对邓小平理论、"三个代表"重要思想和科学发展观中所贯穿的马克思主义立场观点方法作过概括，它们也饱含着中国马克思主义哲学智慧。所有这些，都成为涵养习近平新时代中国特色社会主义思想的世界观和方法论的重要思想资源。另一方面，习近平新时代中国特色社会主义思想的世界观和方法论也丰富和发展了中国马克思主义哲学智慧。前述习近平对中国马克思主义哲学的实事求是思想、中国马克思主义哲学认识论、中国马克思主义哲学方法论、中国马克思主义哲学的人民史观的丰富和发展，以及对中国马克思主义哲学的两个全新理论领域的开拓，都充分证明了这一点。

二是充分体现了中国传统哲学智慧。马克思主义哲学中国化即把马克思主义哲学同中国具体实际相结合本身内在地包含和要求把马克思主义哲学同中国传统哲学智慧相结合。习近平不仅突出强调中国传统哲学智慧的现代价值，强调必须把马克思主义思想精髓特别是马克思主义世界观和方法论同中华优秀传统文化精华贯通起来、同中国传统哲学智慧结合起来，而且身体力行地致力于这种结合，实现了中国传统哲学智慧在新时代的创造性转化和创新性发展。习近平指出，道法自然、天人合一、天下为公、自强不息、厚德载物、民为邦本、为政以德、革故鼎新、与时俱进、实事

---

① 习近平：《在纪念毛泽东同志诞辰 120 周年座谈会上的讲话》，《人民日报》2013 年 12 月 27 日第 2 版。

求是、知行合一、任人唯贤、讲信修睦、亲仁善邻、俭约自守、和而不同、居安思危等等，都是中华文明的智慧结晶①。而这些作为中国传统哲学观念的"智慧结晶"也构成了习近平新时代中国特色社会主义思想的世界观和方法论的思想来源。习近平不仅运用这些中国传统哲学智慧来思考和求解中国特色社会主义新时代人与自然、人与人以及人与自身关系上的各种问题，而且也运用它们来探寻当代人类面临的共同问题的解决之道，由此为应对当代人类面临的共同挑战贡献了中国智慧。习近平的实事求是论、知行合一论、生态文明思想、马克思主义哲学方法论、人民主体论、社会发展观和构建人类命运共同体理念，都充分体现了对中国传统哲学智慧的激活，处处都闪耀着中国传统哲学智慧的光芒。

三是充分体现了中国共产党人的智慧。在推进马克思主义哲学中国化过程中，中国共产党人历来注重对自身实践经验的哲学总结。毛泽东哲学思想就包含着对中国革命经验的深刻哲学总结，其核心文本《实践论》《矛盾论》的主旨就在于揭示曾屡次给中国革命造成惨痛损失的主观主义的认识论和方法论根源及其克服途径。习近平新时代中国特色社会主义思想的世界观和方法论同样深刻地总结了中国共产党人长期奋斗实践的宝贵经验。他关于"坚持实事求是，就能兴党兴国；违背实事求是，就会误党误国"②、"'知'是基础、是前提，'行'是重点、是关键，必须以'知'促'行'、以'行'促'知'，做到知行合一"③、"我们的事业越是向纵深发展，就越

---

① 参见习近平：《在纪念孔子诞辰 2565 周年国际学术研讨会暨国际儒学联合会第五届会员大会开幕会上的讲话》，《人民日报》2014 年 9 月 25 日第 2 版；习近平：《高举中国特色社会主义伟大旗帜　为全面建设社会主义现代化国家而团结奋斗——在中国共产党第二十次全国代表大会上的报告》，《人民日报》2022 年 10 月 26 日第 1 版。

② 习近平：《坚持实事求是的思想路线》，《学习时报》2012 年 5 月 28 日。

③ 中共中央文献研究室、中央党的群众路线教育实践活动领导小组办公室编：《习近平关于党的群众路线教育活动论述摘编》，党建读物出版社、中央文献出版社 2014 年版，第 39 页。

要不断增强辩证思维能力"①、"良好生态环境是最普惠的民生福祉"②、"我们必须始终坚持人民立场,坚持人民主体地位"③ 等等的论述,都是关于党的实践经验的哲学总结。习近平尤其重视从哲学上总结新时代党的伟大实践经验,他在党的二十大报告中把新时代中国特色社会主义思想中贯穿的立场观点方法概括为人民至上、自信自立、守正创新、问题导向、系统观念、胸怀天下六个方面④,充分体现了新时代中国共产党人的独特智慧。

再次,习近平新时代中国特色社会主义思想的世界观和方法论突出彰显了中国作风和中国气派。

毛泽东在论述如何赋予马克思主义中国特性问题时,特别强调要使马克思主义具有"新鲜活泼的、为中国老百姓所喜闻乐见的中国作风和中国气派"⑤。这里所谓的"中国作风和中国气派",主要是指中国化的马克思主义语言表达形式,它是马克思主义中国特性的一个重要方面。作为新时代马克思主义哲学中国化的标志性成果,与毛泽东哲学思想以及邓小平理论、"三个代表"重要思想和科学发展观的马克思主义哲学立场观点方法一样,习近平新时代中国特色社会主义思想的世界观和方法论也具有鲜明的中国作风和中国气派。这主要表现在以下几个方面。

一是旁征博引中国古代经典名句。基于中华优秀传统与马克思主义的高度契合性,灵活自如地援引中国传统文化典籍中的经典名句来阐述马克思主义的道理,是习近平新时代中国特色社会主义思想的鲜明特点,并在

---

① 习近平:《论党的宣传思想工作》,中央文献出版社 2020 年版,第 129 页。

② 《习近平谈治国理政》第 3 卷,外文出版社 2020 年版,第 362 页。

③ 习近平:《在第十三届全国人民代表大会第一次会议上的讲话》,《人民日报》2018 年 3 月 21 日第 2 版。

④ 参见习近平:《高举中国特色社会主义伟大旗帜　为全面建设社会主义现代化国家而团结奋斗——在中国共产党第二十次全国代表大会上的报告》,《人民日报》2022 年 10 月 26 日第 1 版。

⑤ 《毛泽东选集》第 2 卷,人民出版社 1991 年版,第 534 页。

习近平新时代中国特色社会主义思想的世界观和方法论中得到了充分体现。例如，他用"圣人无常心，以百姓之心为心"（《老子·四十九章》）、"治国有常，而利民为本"（《文子·上义》）、"政之所兴在顺民心，政之所废在逆民心"（《管子·牧民》）、"乐民之乐者，民亦乐其乐；忧民之忧者，民亦忧其忧"（《孟子·梁惠王下》）、"民惟邦本，本固邦宁"（《尚书·五子之歌》）、"天视自我民视，天听自我民听"（《尚书·泰誓》）、"人视水见形，视民知治不"（司马迁《史记·殷本纪第三》）、"足寒伤心，民寒伤国"（荀悦《中鉴·政体》）、"治政之要在于安民，安民之道在于察其疾苦"（张居正《请蠲积逋以安民生疏》）、"去民之患，如除腹心之疾"（苏辙《上皇帝书》）、"先天下之忧而忧，后天下之乐而乐"（范仲淹《岳阳楼记》）、"利民之事，丝发必兴；厉民之事，毫末必去"（万斯大《周官辨非·天官》）等等来阐述人民主体论，用"和实生物，同则不继"（《国语·郑语》）、"见骥一毛，不知其状；见画一色，不知其美"（尸佼《尸子》）、"蠹众而木折，隙大而墙坏"（《商君书·修权》）、"独阴不成，独阳不生"（穀梁赤《春秋穀梁传·庄公三年》）、"多言数穷，不如守中"（《老子·五章》）、"合抱之木，生于毫末；九层之台，起于累土"（老子·六十四章》）、"君子和而不同，小人同而不和"《论语·子路》、"骐骥一跃，不能十步；驽马十驾，功在不舍。锲而舍之，朽木不折；锲而不舍，金石可镂"（《荀子·劝学》）、"千丈之堤，以蝼蚁之穴溃；百尺之室，以突隙之烟焚"（《韩非子·喻老》）、"苟日新，日日新，又日新"（《礼记·大学》）、"变化者，乃天地之自然"（葛洪《抱朴子·内篇》）、"穷则变，变则通，通则久"（《周易·系辞下》）、"凡益之道，与时偕行"（《周易·益卦》）、"积羽沉舟，群轻折轴"（司马迁《史记·张仪列传》）、"秉纲而目自张，执本而末自从"（傅玄《傅子》）、"事必有法，然后可成"（朱熹《孟子集注》）"得其大者可以兼其小"（欧阳修《易或问》）、"操其要于上，而分其详于下"（陈亮《中兴五论·序》）、"大厦之成，非一木之材也；大海之阔，非一流之归也"（冯梦

龙《东周列国志》)、"新故相推，日生不滞"（王夫之《尚书引义·太甲》)、
"不谋全局者，不足谋一域"（陈澹然《迁都建藩议》）等等来阐述马克思
主义哲学方法论，用"亲仁善邻"（《左传·隐公六年》)、"国虽大，好战
必亡"（司马穰苴《司马法·仁本》)、"前事不忘，后事之师"（《战国策·赵
策一》)、"己所不欲，勿施于人"（《论语·卫灵公》)、"物之不齐，物之情
也。无偏无党，王道荡荡"（《尚书·洪范》)、"协和万邦"（《尚书·虞书》)、
"大道之行也，天下为公"（《礼记·礼运》)、"万物并育而不相害，道并行
而不相悖"（《礼记·中庸》)、"万物得其本者生，百事得其道者成"（刘向
《说苑》)、"单则易折，众则难摧"（《北史·吐谷浑传》)、"和羹之美，在
于合异"（《三国志·夏侯玄传》)、"海纳百川，有容乃大"（林则徐自勉联）
等来阐述构建人类命运共同体理念。诸如此类的引用在习近平新时代中国
特色社会主义思想的世界观和方法论的其他各个方面也都不胜枚举，它们
使习近平新时代中国特色社会主义思想的世界观和方法论具有浓郁的民族
特色，展现出高度的文化自信。

二是大量运用人民群众的鲜活语言。与各种讲坛哲学不同，习近平新
时代中国特色社会主义思想的世界观和方法论是面向人民群众、讲给大
众听的。习近平指出："群众的思想最鲜活、语言最生动。深入群众，就
来到了智慧的大课堂、语言的大课堂，我们的文件、讲话、文章就可以
有的放矢，体现群众意愿，让群众愿意看、看得懂，愿意听、听得进。"①
习近平就经常用人民群众"愿意看、看得懂，愿意听、听得进"的鲜活语
言阐释马克思主义哲学的立场观点方法。例如，在阐述"德性之知"的重
要性时，他把世界观、人生观、价值观比作精神世界的"总开关"，把共
产党人的理想信念比作精神上的"钙"和思想的"压舱石"，强调"革命
理想高于天"，形容说那些缺失理想信念的人得了"软骨病"、那些"总开

---

① 习近平：《努力克服不良文风，积极倡导优良文风》，《求是》2010 年第 10 期。

关没拧紧"的人在各种问题上难免"跑冒滴漏",并因此要求领导干部把马克思主义哲学作为自己的"看家本领"。在论析实事求是的思想作风和工作作风时,他把求真务实的要求概括为"讲实情、出实招、办实事、求实效",要求领导干部搞调研既要"身入"基层更要"心到基层"即"扑下身子、沉到一线",反对搞"作秀式调研""盆景式调研"和"蜻蜓点水式调研";强调"空谈误国,实干兴邦",倡导"抓铁有痕、踏石留印""撸起袖子加油干"和"一分部署,九分落实",批评搭"花架子"、摆"假样子"、造"典型"、建"盆景"、亮"样板"、搞"形象工程"等各种装门面掺水分的"假""大""虚""空"是"水中月、镜中花",要求领导干部要有"功成不必在我"的境界、"一张蓝图干到底"的胸襟、"咬定青山不放松"的决心、"久久为功"的毅力以及"钉钉子的精神",着力解决政策落实过程中的"最后一公里"问题。在论述知行合一与新时代共产党人的党性修养问题时,他把新时代共产党人的知行合一的党性要求概括为"知行相资、学用相长""言行一致、表里如一"和"知重负重、担当作为",要求党员干部对马克思主义理论"真学真懂真信真用"即"学思用贯通、知信行统一",批评一些精神上缺"钙"的人"不问苍生问鬼神"、热衷于求神拜佛或迷信"气功大师"、随时准备"跳船"到国外。在谈到党的建设问题时,他强调"打铁还需自身硬"、要"把权力关进制度的笼子里",要以"刀刃向内"的勇气、"猛药去疴、重典治乱"和"刮骨疗毒、壮士断腕"的决心、零容忍的态度、"老虎""苍蝇"一起打的策略反腐惩恶,强调党员干部要在党的群众路线教育实践活动中"照镜子、正衣冠、洗洗澡、治治病",告诫干部不要在心里打"小九九"、不要在执行制度时留"暗门"、开"天窗",并肯定在党的群众路线教育实践活动中许多"领导班子成员脱去'隐身衣',捅破'窗户纸',相互批评不留情面","敢于揭短亮丑、真刀真枪、见筋见骨,点准了穴位,戳到了麻骨,开出了辣味,起到了脸红心跳、出汗排毒、治病救人、加油鼓劲的作用"①。在论述生态文明建设问题时，他用"绿水青山就是金山银山"说明经济发展与生态环境保护的辩证法，用"让居民望得见山、看得见水、记得住乡愁"来说明如何把城市建设成为人与自然和谐共处的美丽家园。在阐释人民主体论时，他强调要"始终把人民放在心中最高的位置""江山就是人民，人民就是江山""老百姓是天、老百姓是地"。在阐述马克思主义哲学方法论时，他用牵住"牛鼻子"来说明应该着重抓主要矛盾，用"锚定正确方向""制定正确战略""保持战略定力"来阐释战略思维，用"历史是一面镜子"来说明历史思维的重要性，用"创新是第一动力"说明创新思维的地位，把居安思危、未雨绸缪、防患未然概括为"底线思维"。在论述全面深化改革时，他提出必须把加强顶层设计和摸着石头过河相结合，强调要有"明知山有虎，偏向虎山行"、敢于"啃硬骨头"的改革精神。所有这些，使得习近平新时代中国特色社会主义思想的世界观和方法论具有非常接地气的大众化风格。

三是善于生动讲述中国故事。习近平非常善于运用古往今来的中国故事阐释马克思主义哲学的道理。他讲过的中国故事，既包括中华文明、中国历史故事和中国共产党的故事，也包括中国革命和建设特别是中国特色社会主义新时代的故事，故事的题材和内容各式各样，但他讲述这些故事的主旨都在于用以说明在治国理政中应该坚持马克思主义哲学的立场观点方法。例如，他讲述中国古代诸子百家的思想及其永不褪色的时代价值，用以说明我们应该科学对待民族传统文化、推动中华优秀传统文化的创造性转化和创新性发展；他讲述秦汉唐清治乱兴衰、李自成和李秀成从揭竿而起到最后失败、《红楼梦》里大族人家"自杀自灭"以至一败涂地等方面的故事，用以告诫广大党员干部要慎微慎独、心中始终装着人民、时刻

---

① 习近平：《在党的群众路线教育实践活动总结大会上的讲话》，《人民日报》2018年12月19日第2版。

绷紧严于律己这根弦，明大德、守公德、严私德，永葆清正廉洁的政治本色；他讲述两晋学士虚谈废务、康熙不取灵芝等方面的故事，用以强调领导干部要做到求真务实、知行合一，力行真抓实干、担当作为，力戒坐而论道、光说不练；他讲述李大钊、陈望道、朱德、刘胡兰、赵一曼、杨靖宇、邱少云、黄继光、雷锋、焦裕禄等党史人物的英雄事迹以及"半截皮带""半条被子"、江西省苏维埃政府主席刘启耀背着金条乞讨、红军长征途中管被装的军需处长被冻死等党史故事，用以说明理想信仰的无穷力量和广大党员干部要始终坚持为人民服务、把人民对美好生活的向往作为奋斗目标；他还讲述抗战英雄母亲邓玉芬、沂蒙六姐妹、沂蒙母亲、沂蒙红嫂、梁家河父老乡亲等的故事，用以说明人民群众是我们力量的源泉、我们必须始终依靠人民群众。这些亲切、生动的故事，使习近平新时代中国特色社会主义思想的世界观和方法论具有极大的心灵穿透力和感染力。

后　记

本书系 2018 年度国家社会科学基金重点项目"习近平新时代中国特色社会主义思想的哲学基础"的最终研究成果，于 2023 年 2 月结项，结项鉴定等级为优秀。

我曾先后主持和完成 6 项国家社会科学基金项目（含重大项目 1 项、重大项目滚动支持项目 1 项、重点项目 1 项和一般项目 3 项）的研究工作，其中，本项目的研究是我感到难度较大的之一。这不仅是因为它涉及的理论主题和领域众多，而且也因为它所要研究的文本一直处于不断生成和创造过程中。同时，作为本人多年来所从事的马克思主义哲学中国化研究的重要组成部分，本项目研究的对象即习近平新时代中国特色社会主义思想的哲学基础具有特殊重要性。正如书中所述，习近平新时代中国特色社会主义思想的哲学基础也就是习近平新时代中国特色社会主义思想的世界观和方法论，它实现了对马克思主义哲学中国化传统的重大推进，从多方面丰富和发展了中国马克思主义哲学，并赋予新时代马克思主义哲学以鲜明的中国特性，开辟了新时代马克思主义哲学中国化的新境界。因此，要准确理解和完整把握本项目的研究对象、高质量地完成项目研究工作，并不是一件容易的事情。在项目研究的头 3 年，课题组主要着力于收集研究资料和进行专题研究，并努力探索和形成整体研究思路。直到 2021 年 9 月，课题组才开始着手撰写作为课题最终成果的专著。至 2022 年 9 月，课题组终于完成了本书初稿的写作。而在书稿修改基本完成之际，我们又迎来了党的二十大召开。为了体现党的二十大精神和习近平新时代中国特色社会主义思想的世界观和方法论的最新发展，我们再次对书稿作了修改和完善。至 2022 年 12 月，我们才最终完成了本书的写作，形成了国家社会科学基金项目最终成果的结项送审稿。项目结项后，我们又按照有关出版规范对书名、目录及相关内容作了进一步的修订，形成了最终的出版稿。

本书是我与我所在的武汉大学马克思主义哲学学科的周可和刘秉毅两位青年学者合作完成的。其中，导论、第一编（包括第一、二、三章）及结语由我撰写，第二编（包括第四、五、六、七、八、九、十章）由周可撰写，第三编（包括第十一、十二、十三章）由刘秉毅撰写。全部书稿最后由我统改和定稿。

本书的写作和出版得到了马克思主义理论与中国实践湖北省协同创新中心的大力支持。责任编辑李航女士为本书的编校付出了辛勤劳动。武汉大学马克思主义哲学专业博士研究生刘文彬、陈思齐、王剑武、翁路、张琪钰和武汉大学马克思主义原理专业博士研究生冯浩、万璐鸣承担了书中引文核对工作。在此，一并致以衷心的感谢！

汪信砚

2023 年 5 月 6 日

策划编辑：崔继新

责任编辑：李　航

封面设计：汪　莹

图书在版编目（CIP）数据

新时代的马克思主义哲学中国化/汪信砚，周可，刘秉毅 著 . — 北京：
　人民出版社，2024.3
ISBN 978 − 7 − 01 − 026081 − 5

I.①新… 　II.①汪… ②周… ③刘… 　III.①马克思主义哲学 − 发展 −
　研究 − 中国 　IV.① B27

中国国家版本馆 CIP 数据核字（2023）第 205746 号

新时代的马克思主义哲学中国化

XINSHIDAI DE MAKESI ZHUYI ZHEXUE ZHONGGUOHUA

汪信砚　周 可　刘秉毅　著

人民出版社 出版发行

（100706　北京市东城区隆福寺街 99 号）

环球东方（北京）印务有限公司印刷　新华书店经销

2024 年 3 月第 1 版　2024 年 3 月北京第 1 次印刷
开本：710 毫米 ×1000 毫米 1/16　印张：34.75
字数：465 千字

ISBN 978 − 7 − 01 − 026081 − 5　定价：128.00 元

邮购地址 100706　北京市东城区隆福寺街 99 号
人民东方图书销售中心　电话（010）65250042　65289539